普通高等教育“十一五”国家级规划教材

高等院校公共课系列规划教材

湖北省礼仪学会推荐教材

社交礼仪

（第四版）

李荣建 主编

WUHAN UNIVERSITY PRESS
武汉大学出版社

图书在版编目(CIP)数据

社交礼仪/李荣建主编 .—4 版.—武汉:武汉大学出版社,2020.11
普通高等教育“十一五”国家级规划教材
高等院校公共课系列规划教材
ISBN 978-7-307-21512-2

Ⅰ.社… Ⅱ.李… Ⅲ. 社交礼仪—高等学校—教材 Ⅳ.C912

中国版本图书馆 CIP 数据核字(2020)第 084175 号

责任编辑:胡国民　　责任校对:汪欣怡　　版式设计:马　佳

出版发行:**武汉大学出版社**　(430072　武昌　珞珈山)
(电子邮箱:cbs22@ whu.edu.cn 网址:www.wdp.com.cn)
印刷:湖北恒泰印务有限公司
开本:787×1092　1/16　印张:19.75　字数:453 千字　插页:1
版次:2005 年 10 月第 1 版　2010 年 9 月第 2 版
2016 年 1 月第 3 版　2020 年 11 月第 4 版
2020 年 11 月第 4 版第 1 次印刷
ISBN 978-7-307-21512-2　定价:46.00 元

前言

礼仪是人类文化的结晶，社会文明的标志。我国是文明古国、礼仪之邦，讲“礼”重“仪”是中华民族世代相传的优良传统，源远流长的礼仪文化是祖辈传承的丰富遗产。继承和发扬我国优秀的传统礼仪文化，是每位炎黄子孙神圣的责任。

社交礼仪作为礼仪的一个分支，它是人们进行交往的行为规范与准则，被誉为步入社会的“通行证”、走向成功的“立交桥”。学习社交礼仪，有益于培养高尚的情操和卓越的交际能力。

《社交礼仪》是为大学生编写的礼仪教材。主要针对在校大学生的特点，本着理论与实践相结合的原则，将礼仪的基础知识和应用礼仪的技巧传授给同学们，让他们学有所获，学以致用。

本教材适用于各类本专科院校学生的素质教育，也可作为广大青年读者自学社交礼仪的有益读物和基本参考书。我们感谢大家选择本教材，并欢迎业界同仁和热心读者提出宝贵意见，以便日后再作修订，逐渐完善本教材。

李荣建

2019 年 5 月于武昌珞珈山麓

目录

Contents

第一章　礼仪概论

礼仪是人类文明的结晶，随着社会的发展逐渐形成。古今中外，许多学者对礼仪的理论和实践进行了广泛探讨和深入研究，硕果累累，其中一些优秀著作成为人类文化宝库中的精品，至今仍放射出熠熠光彩。

东西方地理环境、历史文化背景有所不同，因此各有千秋的中外礼仪存在着一定的差异。尽管中外礼仪种类纷繁、异彩纷呈，但总体来看，其反映人们追求真善美的愿望是一致的，其基本礼仪均为社会各阶层人士所共同遵守的准则与行为规范。

中国和外国的礼仪教育均由来已久，且积累了大量成功的经验。目前，中国不少大专院校开设了礼仪学课程，旨在提高学生的文化素质和礼仪水平。为了帮助学生全面学习和掌握现代礼仪知识，有关教师在现代礼仪教学中应注重礼仪知识的系统性、礼仪教学的直观性和礼仪理论的实践性。

第一节　礼仪的起源与发展

礼仪起源于人类社会形成之初，经历了漫长的发展过程。

一、中国礼仪的起源与发展

中国自古就以礼仪之邦著称于世，其漫长的礼仪发展史大致可以分为礼仪的萌芽时期、礼仪的草创时期、礼仪的形成时期、礼仪的发展和变革时期、礼仪的强化时期、礼仪的衰落时期、现代礼仪时期和当代礼仪时期8个时期。礼仪的形成和发展，经历了一个从无到有、从低级到高级、从零散到完备的渐进过程。

(一)礼仪的萌芽时期(公元前5万年—公元前1万年)

礼仪起源于原始社会时期，在长达100多万年的原始社会历史中，人类文明的开化程度逐渐提升。在原始社会中、晚期(约旧石器时期)出现了早期礼仪的萌芽。例如，生活在距今约1.8万年前的北京周口店山顶洞人，就已经知道打扮自己。他们用穿孔的兽齿、石珠作为装饰品，挂在脖子上；他们在去世的族人身旁撒放赤铁矿粉，举行原始宗教仪式，这是迄今为止在中国发现的最早的葬仪。

(二)礼仪的草创时期(公元前1万年—公元前22世纪)

公元前1万年左右，人类进入新石器时期，不仅能制作精细的磨光石器，并且开始从事农耕和畜牧。在其后数千年的岁月里，原始礼仪渐具雏形。例如在今西安附近的半坡遗址中，发现了生活距今约5000年前的半坡村人的公共墓地。墓地中坑位排列有序，死者的身份有所区别，有带殉葬品的仰身葬，还有无殉葬品的俯身葬等。此外，仰韶文化时期的其他遗址及有关资料表明，当时人们已经注意尊卑有序、男女有别；而长辈坐上席，晚辈坐下席，男子坐左边，女子坐右边等礼仪日趋明确。

(三)礼仪的形成时期(公元前21世纪—前771)

公元前21世纪至公元前771年，中国由金石并用时代进入青铜时代。金属器物的使用，使农业、畜牧业、手工业生产跃上新的台阶。随着生活水平的提高，社会财富除消费外有了剩余并逐渐集中在少数人手里，因而出现阶级及阶级对立，原始社会由此逐渐解体。

公元前21世纪至公元前15世纪的夏代，中国开始从原始社会末期向早期奴隶社会过渡。在此期间，尊神活动升温。

在原始社会，由于缺乏科学知识，人们不理解一些自然现象。他们猜想照耀大地的太阳是神，由此，风有风神，河有河神……因此，他们敬畏“天神”，祭祀“天神”。从某种意义上说，早期礼仪是原始社会宗教信仰的产物，包含原始社会人类生活的若干准则。礼的繁体字“禮”，左边代表神，右边是向神进贡的祭物。因此，汉代学者许慎说：“礼，履也，所以事神致福也。”(《说文解字》)

以殷墟为中心展开活动的殷人，在公元前14世纪至公元前11世纪活跃在华夏大地。他们建造了中国最早的可以肯定确切位置的古都——地处现河南安阳的殷都，而他们在婚礼习俗上的建树，被其尊神、信鬼的狂热所掩盖。

推翻商朝并取而代之的周朝，对礼仪建树颇多。特别是周武王的兄弟、辅佐周成王的周公，对周代礼制的确立起了重要作用。他制作礼乐，将人们的行为举止、心理情操等统统纳入一个尊卑有序的模式之中。全面介绍周朝制度的《周礼》，是中国流传至今的第一部礼仪专著。《周礼》(又名《周官》)，本为官职表，后经整理，成为讲述周朝典章制度的书。《周礼》原有六篇，详细介绍了六类官名及其职权，现存五篇，第六篇用《考工记》弥补。六官分别称为天官、地官、春官、夏官、秋官、冬官。其中，天官主管宫事、财货等；地官主管教育、市政等；春官主管五礼、乐舞等；夏官主管军旅、边防等；秋官主管刑法、外交等；冬官主管土木建筑等。

春官主管的五礼即吉礼、凶礼、宾礼、军礼、嘉礼，是周朝礼仪制度的重要方面。吉礼，指祭祀的典礼；凶礼，主要指丧葬礼仪；宾礼，指诸侯对天子的朝觐及诸侯之间的会盟等礼节；军礼，主要包括阅兵、出师等仪式；嘉礼，包括冠礼、婚礼、乡饮酒礼等。由此可见，许多基本礼仪在商末周初已初步形成。此外，成书于商周之际的《易经》和在周代大体定型的《诗经》，也有一些涉及礼仪的内容。

在西周，青铜礼器是个人身份的表征。礼器的多寡代表身份地位的高低，形制的大小显示权力的等级。当时，贵族佩戴成组饰玉为风气。相见礼和婚礼[包括纳采、问名、纳吉、纳征(徵)、请期、亲迎等“六礼”]成为定式，流行民间。此外，尊老爱幼等礼仪，也已明显确立。

(四)礼仪的发展和变革时期(前770—前221)

西周末期，王室衰微，诸侯纷起争霸。公元前770年，周平王东迁洛邑，周朝自此史称东周。承继西周的东周王朝已无力全面恪守传统礼制，出现了所谓“礼崩乐坏”的局面。

春秋战国时期是我国的奴隶社会向封建社会转型的时期。在此期间，相继涌现出孔子、孟子、荀子等思想巨人，发展和革新了礼仪理论。

孔子，中国古代大思想家、大教育家，他首开私人讲学之风，打破了贵族垄断教育的局面。他删《诗》《书》，定《礼》《乐》，赞《周易》，修《春秋》，为历史文化的整理和保存作出了重要贡献。他编订的《仪礼》，详细记录了战国以前贵族生活的各种礼节仪式。《仪礼》与前述《周礼》和孔门后学编的《礼记》，合称“三礼”，是中国古代最早、最重要的礼仪著作。

孔子认为，“不学礼，无以立”(《论语·季氏篇》)。“质胜文则野，文胜质则史。文质彬彬，然后君子。”(《论语·雍也》)他要求人们用道德规范约束自己的行为，做到“非礼勿视，非礼勿听，非礼勿言，非礼勿动”(《论语·颜渊》)。他倡导的“仁者爱人”，强调人与人之间要有同情心，互相关心，彼此尊重。总之，孔子较系统地阐述了礼及礼仪的本质与功能，把礼仪理论提高到一个新的高度。

孟子，战国时期儒家主要代表人物。在政治思想上，孟子把孔子的“仁学”思想加以发展，提出了“王道”“仁政”的学说和民贵君轻说，主张“以德服人”。在道德修养方面，他主张“舍生而取义”(《孟子·告子上》)，讲究“修身”和培养“浩然之气”等。

荀子，战国末期的大思想家。他主张“隆礼”“重法”，提倡礼法并重。他说：“礼者，贵贱有等，长幼有差，贫富轻重皆有称者也。”(《荀子·富国》)“礼之于正国家也，如权衡之于轻重也，如绳墨之于曲直也。故人无礼不生，事无礼不成，国家无礼不宁。”(《荀子·大略》)荀子还提出，不仅要有礼治，还要有法治。只有尊崇礼制、完善法制，国家才能安宁。荀子重视客观环境对人性的影响，倡导学而至善。

(五)礼仪的强化时期(前221—1796)

公元前221年，秦王嬴政最终吞并六国，统一中国，建立了中国历史上第一个中央集权的封建王朝，秦始皇在全国推行“书同文”“车同轨”“行同伦”。秦朝制定的集权制度，成为后来延续2000余年的封建体制的基础。

西汉初期，叔孙通协助汉高祖刘邦制定了朝礼之仪，突出发展了礼的仪式和礼节。而西汉思想家董仲舒把封建专制制度的理论系统化，提出“唯天子受命于天，天下受命于天子”的“天人感应”之说(《汉书·董仲舒传》)。他把儒家礼仪具体概括为“三纲五常”。“三纲”即“君为臣纲，父为子纲，夫为妻纲”。“五常”即仁、义、礼、智、信。汉武帝刘彻采纳董仲舒“罢黜百家，独尊儒术”的建议，使儒家礼教成为定制。

西汉中期，孔门后学编撰的《礼记》问世。《礼记》共计49篇，包罗宏富。其中，有讲述古代风俗的《曲礼》(第1篇)；有谈论古代饮食居住进化概况的《礼运》(第9篇)；有记录家庭礼仪的《内则》(第12篇)；有记载服饰制度的《玉藻》(第13篇)；有论述师生关系的《学记》(第18篇)；还有教导人们道德修养的途径和方法，即“修身、齐家、治国、平天下”的《大学》(第42篇)等。总之,《礼记》堪称集上古礼仪之大成,上承奴隶社会、下启封建社会的礼仪汇集,是封建时代礼仪的主要源泉。

盛唐时期,《礼记》由“记”上升为“经”,成为“礼经”三书之一(另外两本为《周礼》和《仪礼》)。

宋代时,出现了以儒家思想为基础,兼容道学、佛学思想的理学,其中以程颢、程颐兄弟和朱熹为主要代表。“二程”认为:“父子君臣,天下之定理,无所逃于天地之间。”(《二程遗书》卷五)“礼即是理也。”(《二程遗书》卷二十五)朱熹进一步指出:“仁莫大于父子,义莫大于君臣,是谓三纲之要,五常之本。人伦天理之至,无所逃于天地间。”(《朱子文集·癸未垂拱奏礼·二》)朱熹的论述使二程“天理”说更加严密、精致。

家庭礼仪研究硕果累累,是宋代礼仪发展的另一个特点。在大量家庭礼仪著作中,以司马光的《涑水家仪》和以朱熹的《朱子家礼》最为著名。

明代时,交友之礼更加完善,而忠、孝、节、义等礼仪日趋繁多。

(六)礼仪的衰落时期(1796—1911)

满族入关后,逐渐接受了汉族的礼制,并且使其复杂化,导致一些礼仪显得虚浮、繁琐。例如清代的品官相见礼,当品级低者向品级高者行拜礼时,轻则一跪三叩,重则三跪九叩(《大清会典》)。清代后期,政权腐败,民不聊生,古代礼仪盛极而衰。而伴随着西学东渐,一些西方礼仪传入中国,北洋新军时期的陆军便采用西方军队的举手礼等,以代替不合时宜的打千礼。

(七)现代礼仪时期(1912—1949)

1911年末,清王朝土崩瓦解,当时远在美国的孙中山先生火速回国,于1912年1月1日在南京就任中华民国临时大总统。孙中山先生和战友们破旧立新,用民权代替君权,用自由、平等取代宗法等级制;普及教育,废除祭孔读经;改易陋俗,剪辫子、禁缠足等,从而正式拉开了现代礼仪的帷幕。

民国期间,由西方传入中国的握手礼开始流行于上层社会,后逐渐普及民间。

20世纪三四十年代,中国共产党领导的苏区、解放区,重视文化教育事业及移风易俗,进而谱写了现代礼仪的新篇章。

(八)当代礼仪时期(1949年至今)

1949年10月1日,中华人民共和国宣告成立,中国的礼仪建设从此进入崭新的历史时期。自中华人民共和国成立以来,礼仪的发展大致可以分为三个阶段:

1. 礼仪革新阶段(1949—1966)

1949—1966年,是中国当代礼仪发展史上的革新阶段。此间,摒弃了昔日束缚人们的“神权天命”“愚忠愚孝”以及严重束缚妇女的“三从四德”等封建礼教,确立了同志式的合作互助关系和男女平等的新型社会关系,而尊老爱幼、讲究信义、以诚待人、先人后己、礼尚往来等中国传统礼仪中的精华,则得到继承和发扬。

2. 礼仪扭曲阶段(1966—1976)

1966—1976年,中国进入“文化大革命”时期。“文革”使国家遭受了难以弥补的严重损失,也给礼仪带来了一场“冲击”。许多优良的传统礼仪被当做“封、资、修”而扫进垃圾堆。礼仪受到摧残，社会风气逆转。

3. 礼仪复兴阶段(1977年至今)

1978年党的十一届三中全会以来，改革开放的春风吹遍了祖国大地，中国的礼仪建设进入新的全面复兴时期。1981年2月25日，全国总工会、团中央、全国妇联、中国文联、全国爱卫会、中国伦理学会、中华美学学会等9个单位联合发出《关于开展文明礼貌活动的倡议》，号召全国人民特别是青少年开展"五讲四美"活动。"五讲"即讲文明、讲礼貌、讲卫生、讲秩序、讲道德，"四美"即语言美、心灵美、行为美、环境美。随后，"五讲四美"活动和"三热爱"(即热爱祖国、热爱社会主义、热爱党)活动相结合，在华夏大地轰轰烈烈地开展起来。1983年3月11日，中共中央成立了以万里为主任的"五讲四美三热爱"委员会。之后，各省、市、自治区也都分别成立了"五讲四美三热爱"委员会。通过在全国范围内开展此项活动，许多中国人开始重新树立正确的礼仪文化观念。

1996年10月10日，党的十四届六中全会通过了《中共中央关于加强社会主义精神文明建设若干重要问题的决议》，提出"在把物质文明建设搞得更好的同时，切实把精神文明建设提到更加突出的地位……使物质文明建设和精神文明建设相互促进，协调发展……吸收外国优秀文明成果，弘扬祖国传统文化精华"，以期"精神文明建设有一个大发展"。中央及省、市、自治区各级文明办相继成立，全社会积极行动起来，开办市民学校，学习礼仪知识。从推行文明礼貌用语到积极树立行业新风，从开展"18岁成人仪式教育活动"到制定市民文明公约，努力创建全国文明城市(区)、文明村镇、文明单位，中国礼仪文化进入新的发展期。《公共关系报》《现代交际》等一批涉及礼仪文化的报刊应运而生，《中国应用礼仪大全》《称谓大辞典》《外国习俗与礼仪》等介绍和研究礼仪文化的图书不断问世；中国文明网、西安文明网、社交礼仪网等礼仪文化网站纷纷建立。广阔的华夏大地上再度兴起礼仪文化热，具有优良文化传统的中华民族又掀起了精神文明建设的新高潮……

2001年9月20日，中共中央印发《公民道德建设实施纲要》(中发〔2001〕15号)，号召全国人民"继承中华民族几千年形成的传统美德……促进整个民族素质的不断提高"。《公民道德建设实施纲要》是新时期对中华民族几千年形成的优良传统道德的继承和弘扬，是中国礼仪文化的新发展、新标杆，它"大力倡导'爱国守法、明礼诚信、团结友善、勤俭自强、敬业奉献'的基本道德规范，努力提高公民道德素质；大力倡导以尊老爱幼、男女平等、夫妻和睦、勤俭持家、邻里团结为主要内容的家庭美德，鼓励人们在家庭里做一个好成员"。认为"开展必要的礼仪、礼节、礼貌活动，对规范人们的言行举止，有着重要的作用。要提倡在重要场所和重大活动中升国旗、唱国歌，开展入队、入团、入党宣誓、成人仪式以及各种形式的重礼节、讲礼貌、告别不文明言行等活动，引导公民增强礼仪、礼节、礼貌意识，不断提高自身道德修养"。

随着《公民道德建设实施纲要》的贯彻、落实，"爱国守法、明礼诚信、团结友善、勤俭自强、敬业奉献"20字基本道德规范日益深入人心，使人们的思想感情得到熏陶，精神生活得到充实，道德境界得到升华，社会风气明显好转。

2005年10月8—11日在北京举行的中国共产党第十六届中央委员会第五次全体会

议，进一步提出了“按照构建民主法治、公平正义、诚信友爱、充满活力、安定有序、人与自然和谐相处的社会主义和谐社会”的要求，吹响了向礼仪文化进军的集结号。全国人民意气风发，齐心协力构建和谐社会。

2006年3月4日，胡锦涛总书记在参加全国政协十届四次会议民盟、民进界委员联组讨论时发表讲话，号召“全社会大力弘扬爱国主义、集体主义、社会主义思想……坚持以热爱祖国为荣、以危害祖国为耻，以服务人民为荣、以背离人民为耻，以崇尚科学为荣、以愚昧无知为耻，以辛勤劳动为荣、以好逸恶劳为耻，以团结互助为荣、以损人利己为耻，以诚实守信为荣、以见利忘义为耻，以遵纪守法为荣、以违法乱纪为耻，以艰苦奋斗为荣、以骄奢淫逸为耻”。

胡锦涛总书记提出的社会主义荣辱观，简要概括了新时期社会主义道德规范，继承了中华民族的传统美德，体现了新形势下的时代要求与精神风貌；明确提出当代人最基本的行为准则是科学发展观的重要组成部分，是新形势下社会主义思想道德建设的行动指南。

2013年12月30日，中共中央政治局就提高国家文化软实力研究进行第十二次集体学习。中共中央总书记习近平在主持学习时强调，提高国家文化软实力，关系到“两个一百年”奋斗目标和中华民族伟大复兴中国梦的实现。习近平指出，提高国家文化软实力，要努力展示中华文化独特魅力。在5000多年的文明发展进程中，中华民族创造了博大精深的灿烂文化，要使中华民族最基本的文化基因与当代文化相适应、与现代社会相协调，以人们喜闻乐见、具有广泛参与性的方式推广开来，把跨越时空、超越国度、富有永恒魅力、具有当代价值的文化精神弘扬起来，把既继承传统优秀文化又弘扬时代精神、既立足本国又面向世界的当代中国文化创新成果传播出去。要系统梳理传统文化资源，让收藏在禁宫里的文物、陈列在广阔大地上的遗产、书写在古籍里的文字都活起来。要以理服人、以文服人、以德服人，提高对外文化交流水平，完善人文交流机制，创新人文交流方式，综合运用大众传播、群体传播、人际传播等多种方式展示中华文化魅力。

2014年2月24日，中共中央政治局就培育和弘扬社会主义核心价值观、弘扬中华传统美德进行第十三次集体学习。中共中央总书记习近平在主持学习时强调，把培育和弘扬社会主义核心价值观作为凝魂聚气、强基固本的基础工程，继承和发扬中华优秀传统文化和传统美德，广泛开展社会主义核心价值观宣传教育，积极引导人们讲道德、遵道德、守道德，追求高尚的道德理想，不断夯实中国特色社会主义的思想道德基础。

习近平指出，要按照社会主义核心价值观的基本要求，健全各行各业规章制度，完善市民公约、乡规民约、学生守则等行为准则，使社会主义核心价值观成为人们日常工作生活的基本准则。要建立和规范一些礼仪制度，组织开展形式多样的纪念庆典活动，传播主流价值，增强人们的认同感和归属感。要把社会主义核心价值观的要求融入各种精神文明创建活动之中，吸引群众广泛参与，推动人们在为家庭谋幸福、为他人送温暖、为社会作贡献的过程中提高精神境界、培育文明风尚。

2014年9月24日，中国国家主席习近平在人民大会堂出席纪念孔子诞辰2565周年国际学术研讨会暨国际儒学联合会第五届会员大会开幕会并发表重要讲话。他强调，不忘历史才能开辟未来，善于继承才能善于创新。只有坚持从历史走向未来，从延续民族文化血脉中开拓前进，我们才能做好今天的事业。推进人类各种文明交流交融、互学互鉴，是让世界变得更加美丽、各国人民生活得更加美好的必由之路。

习近平强调，中国优秀传统思想文化体现着中华民族世世代代在生产生活中形成和传承的世界观、人生观、价值观、审美观等，其中最核心的内容已经成为中华民族最基本的文化基因，是中华民族和中国人民在修齐治平、遵时守位、知常达变、开物成务、建功立业过程中逐渐形成的有别于其他民族的独特标识。中国人民的理想和奋斗，中国人民的价值观和精神世界，是始终深深植根于中国优秀传统文化沃土之中的，同时又是随着历史和时代前进而不断与日俱新、与时俱进的。

习近平指出，在21世纪的今天，几千年来人类积累的一切理性知识和实践知识依然是人类创造性前进的重要基础。只有不断发掘和利用人类创造的一切优秀思想文化和丰富知识，我们才能更好地认识世界、认识社会、认识自己，才能更好地开创人类社会的未来。

习近平的多次重要讲话，深刻论述了包括中国优秀礼仪文化在内的中国优秀传统文化的价值、作用、影响等，为传承、弘扬、发展中国优秀传统文化指明了方向。

二、西方礼仪研究成果举要

爱琴海地区和希腊是西方古典文明的发源地。公元前6000年左右，爱琴海诸岛居民开始从事农业生产。此后，相继产生了克里特文化和迈锡尼文化。公元前11世纪，古希腊进入因《荷马史诗》而得名的“荷马时代”。

《荷马史诗》包括《伊利亚特》和《奥德赛》两部分。这部著名的叙事诗主要描写特洛伊战役和希腊英雄奥德赛的故事，其中也有关于礼仪的论述，如讲礼貌、守信用的人才受人尊重。

古希腊哲学家对礼仪有许多精彩的论述。例如毕达哥拉斯率先提出“美德即是一种和谐与秩序”的观点。苏格拉底认为，哲学的任务不在于谈天说地，而在于认识人的内心世界，培植人的道德观念。他不仅教导人们要待人以礼，而且在生活中身体力行，为人师表。柏拉图强调教育的重要性，指出理想的四大道德目标：智慧、勇敢、节制、公正。亚里士多德指出，德行就是公正。他说：“人类由于志趣善良而有所成就，成为最优良的动物，如果不讲礼法、违背正义，他就堕落为最恶劣的动物。”(《政治学》)

公元1世纪末至公元5世纪，是罗马帝国统治西欧时期。此间，教育理论家昆体良撰写了《雄辩术原理》一书。书中论及罗马帝国的教育情况，认为一个人的道德、礼仪教育应从幼儿期开始。而诗人奥维德通过诗作《爱的艺术》，告诫青年朋友不要贪杯，用餐时不可狼吞虎咽。

公元476年，西罗马帝国灭亡，欧洲开始封建化过程，12—17世纪是欧洲封建社会鼎盛时期。中世纪欧洲形成的封建等级制，以土地关系为纽带，将封建主与附庸联系在一起。此间，制定了严格而繁琐的贵族礼仪、宫廷礼仪等。例如于12世纪写定的冰岛诗集《埃达》，就详尽地叙述了当时用餐的规矩，嘉宾贵客居上座，举杯祝酒有讲究。

14—16世纪，欧洲进入文艺复兴时期。该时期出版的涉及礼仪的名著有：意大利作家加斯梯良编著的《朝臣》，该书论述了从政的成功之道和礼仪规范及其重要性；尼德兰人文主义者伊拉斯谟(约1466—1536)撰写的《礼貌》，着重论述了个人礼仪和进餐礼仪等，提醒人们讲究道德、清洁卫生和外表美。英国哲学家弗兰西斯·培根指出："一个人若有好的仪容，那对他的名声大有裨益，并且，正如女王伊莎伯拉所说，那就'好像一封永久的推荐书一样'。"(《培根论说文集·论礼节与仪容》)

17—18世纪是欧洲资产阶级革命浪潮兴起的时期，尼德兰革命、英国革命和法国大革命相继爆发。随着资本主义制度在欧洲的确立和发展，资本主义社会的礼仪逐渐取代封建社会的礼仪。资本主义社会奉行"一切人生而自由、平等"的原则，但由于社会各阶层经济上、政治上、法律上的不平等，因此未能做到真正的自由、平等。不过，资本主义时期也出现了大量礼仪著作。例如，捷克资产阶级教育家夸美纽斯编撰了《青年行为手册》等。英国资产阶级教育思想家约翰·洛克于公元1693年写作了《教育漫话》。《教育漫话》系统、深入地论述了礼仪的地位、作用以及礼仪教育的意义和方法。德国学者缅南杰斯的礼仪专著《论接待权贵和女士的礼仪，兼论女士如何对男士保持雍容态度》，于1716年在汉堡问世。英国政治家切斯特菲尔德勋爵在其名著《教子书》中指出："世界最低微、最贫穷的人都期待从一个绅士身上看到良好的教养，他们有此权利，因为他们在本性上是和你相等的，并不因为教育和财富的缘故而比你低劣。同他们说话时，要非常谦虚、温和，否则，他们会以为你骄傲而憎恨你。"

西方现代学者编撰、出版了不少礼仪书籍，其中比较著名的有：法国学者让·赛尔著的《西方礼节与习俗》，英国学者埃尔西·伯奇·唐纳德编的《现代西方礼仪》，德国作家卡尔·斯莫卡尔著的《请注意您的风度》，美国礼仪专家伊丽莎白·波斯特编的《西方礼仪集萃》，以及美国教育家卡耐基编撰的《成功之路丛书》等。

三、中西礼仪的异同

礼仪是人类文明的产物，是人们进行社会交往的行为规范与准则。不论在东方，还是在西方，人们都以讲文明、懂礼貌为荣。但是，由于东西方自然环境、历史背景和文化传统观念有所不同，因此，中西礼仪在一些方面存在明显的差异。

(一)大相径庭的问候语

中国人相遇时，大多习惯用这种方式和对方打招呼："你好，吃了吗"或"你好，去哪里"。对于相遇的双方来说都清楚，这只是熟人在路上相遇时说的一句客套话，没有其他意思。但西方人相遇时却很少这样寒暄，清晨相见习惯互道"早安"，或者简单地招呼一声"Hi"(嗨)。倘若中国人用自己的习惯用语"你好，吃了吗"或"你好，去哪里"问候不太了解中国国情、风俗习惯的西方人，对方可能会纳闷："难道我没有足够的钱吃饭吗?"或误以为"你要请我吃饭"。至于"去哪里"本来是一句礼节性问候语，可有的"老外"说不定会把你的好心善意误解为干涉其私事的不礼貌行为。因此，中外人士有必要了解彼此的风俗习惯。

(二)毁誉不一的"老"

在中国，人们尊敬地称呼上了岁数的长者为"老先生""老师傅""老专家""老大爷"

“老奶奶”等，“老”象征着经验丰富。不过，假如我们满怀敬意地用“老”字称呼一些西方人，效果可能会适得其反。例如，美国一所大学的中国留学生在欢迎校长的母亲光临时，尊称她为“老夫人”，结果“老夫人”很生气，欲拂袖而去。因为对她来说，“老”意味着“魅力丧失”或“风韵不存”。无独有偶，一群欧洲游客在北京附近登长城时，导游热情地招呼一位上了年纪的游客，想搀扶老先生登长城，却遭到老人的“白眼”：“我不是‘老先生’，我自己能行。”在西方国家，“老”意味着“精力不济，走下坡路”。“老”有时就是“不中用”的代名词。西方老人独立意识强，不愿意麻烦别人，不想拖累子女。他们不言老、不服老，自然也不乐意被别人尊称为“老人”。故此，当我们与西方老年人打交道时，要充分理解和尊重他们的意愿。

(三)截然不同的宴请语

宴请是一种联络感情、增进友谊的方式，东西方人士都乐于此道。但是，同样是请客，中国主人和西方东道主致辞的风格却截然不同，使用的宴请语也不同。中国人请客人动筷子时，往往客气地说：“没什么菜，请随便用。”一些西方客人听了中国人讲的客气话后感到很奇怪，明明是满满一大桌子菜，主人怎么说没什么菜呢？西方客人之所以疑惑不解，皆因不熟悉中国人的生活习性。中国人一向认为，“满招损，谦受益”，因此，视谦虚为美德的中国人说话时十分谨慎，甚至过分谦虚。相比之下，如西方人请客时即便只上了很少的菜，却也振振有词：“这是我的拿手好菜!”或者热情洋溢地说：“这道菜，是我夫人特地精心为你做的。”在中国人看来，这些西方人似乎有点自吹自擂，真不知天高地厚。但这恰恰表现出西方人的热情与直爽。这里顺便指出，中国人请客时，桌子上的食物若被客人一扫而光，主人的面子会很不好看。因为，这也许表明食物准备不足，客人或许还没有吃饱；而西方女主人见到此情景，一定会感到欢欣鼓舞。她若瞧见盘子里还剩下不少菜，反而会垂头丧气，因为剩菜说明其烹饪水平有待提高。

(四)泾渭分明的送礼礼仪

送礼是人际交往的一种重要形式，中外人士都讲究送礼。然而，中国人和西方人在礼品选择及馈赠礼仪上却各有千秋。

在中国，虽然大家都会说：“千里送鹅毛，礼轻情意重。”但是在现实生活中，有一些人爱面子或迫不得已，专拣价格高的物品买。有的人为买一件名贵的礼品，不惜破费甚至举债。一般来说，送礼者很重视礼品的价值，对礼品的包装却不太在意。

西方人送礼比较讲究礼品的文化格调与艺术品位。例如，送同事一本装帧精美的好书，献给女主人一束美丽的鲜花，带给朋友一瓶名酒或一件做工别致的工艺品等。在一般情况下，西方人既不送过于贵重的礼品，也不送廉价的东西，但却普遍重视礼品的包装。即便是很普通的礼品，他们也会用彩纸包装、用丝带包扎，力求包装尽善尽美，借此表达其深情厚谊。

在接受礼品时，中国人和西方人的习惯做法更是泾渭分明。中国人收礼时，通常会客气地推辞一番。接过礼品后，一般不当着送礼者的面拆看礼物。西方人收礼时一般不推辞，而是先对送礼者表示谢意，接过礼品后总是当面拆看礼物，并对礼物赞扬一番。他们认为，赞扬礼物宛如赞扬送礼者。

第二节 礼仪的原则与功能

一、礼仪的概念与特征

（一）礼仪的概念

礼仪是人类文明的产物，是人们进行社会交往的行为规范与准则，具体表现为礼貌、礼节、仪表、仪式等。

礼貌是指人们在交往过程中表示敬重、友好的行为规范，如尊老爱幼、热情待客等。

礼节是指人们在交际活动中待人接物的形式，如拜会、回访、挥手致意等。

仪表是指人的外表，如容貌、服饰、表情、姿态等。

仪式是指在一定场合举行的具有专门程序的活动，如开业典礼、迎送仪式等。

（二）礼仪的特征

礼仪具有以下三个主要特征：

1. 共同性

礼仪的产生往往与民族的生活环境、文化背景和历史传统有密切的关系。因此，世界上不同民族的礼仪有所不同。尽管如此，尊老爱幼、礼貌待客、礼尚往来、遵时守约等符合大多数人价值取向的基本礼仪，却是世界各民族所共同遵循的准则。这就是礼仪的共同性。

2. 继承性

礼仪是一种文化现象，在人类社会交往中逐渐确立或约定俗成。礼仪一旦形成，通常会长期沿袭，经久不衰。特别是诸如尊老敬贤、父慈子孝、礼尚往来等一些反映民族传统美德的礼仪，一代接一代流传至今，并将被子孙后代所继承，直至发扬光大。

3. 发展性

礼仪是逐渐形成的，并随着时代的发展而变化。任何时代的礼仪，都体现着时代的要求。如从封建时代的“三从四德”到社会主义时代的男女平等，礼仪随着社会的进步而更新，以符合时代的要求。

二、礼仪的原则

礼仪的核心是“尊敬”。礼仪主要起规范作用，规范则有标准和尺度；而礼仪水平的高低，则反映出个体或群体的修养和境界。礼仪可大致概括为以下四条原则：

（一）尊重原则

《礼记·典礼》开宗明义第一句“毋不敬”，点出了礼仪的核心。尊敬包含自尊和尊敬他人，以尊敬他人为主。自尊就是要保持自己的人格和尊严，自强不息，注意修养，如此才能赢得他人的尊重。而尊敬他人就是要以礼待人，尊重他人的人格。一般说来，尊重上级是一种礼貌，尊重同事是一种本分，尊重下级是一种美德，尊重客户是一种常识，尊重所有人是一种教养。在与人交往时，要使用礼貌语言，遵循行为规范。在社会交往中，人与人之间彼此尊重，才能保持和谐、愉快的关系。

(二)遵守原则

作为社会生活的准则，礼仪反映了人们的共同利益，社会上各民族、各党派、各阶层人士都应当共同维护、自觉遵守礼仪。每个人都应该尊老爱幼，遵时守约，遵守公共秩序……谁违背了礼仪规范，自然会受到公众的批评和谴责。

(三)适度原则

礼仪是人类智慧的结晶。礼仪作为人际交往的规范，有一定的标准和分寸。犹如楚国文学家宋玉在《登徒子好色赋》中描写的美女，(其身材)“增之一分则太长，减之一分则太短”；(其肤色)“著粉则太白，施朱则太赤”。应用礼仪也是如此，要把握分寸，适可而止。例如与人交往时，要彬彬有礼，但不能低三下四，应做到不卑不亢、落落大方。

(四)自律原则

礼仪宛如一面镜子。对照礼仪这面“镜子”，可以发现自己的形象是英俊或美丽，是丑陋或俗气。因此，要知礼、守礼，自我约束，在社会生活中时时处处自觉遵守礼仪规范，努力树立良好形象，做一个受大家欢迎的人。

三、礼仪的种类及功能

(一)礼仪的种类

现代礼仪大致可分为以下几种：

(1)按性质分，礼仪可分为个人礼仪、家庭礼仪、社交礼仪、公务礼仪、公关礼仪、商务礼仪、外事礼仪、旅游礼仪、求职礼仪、宗教礼仪等。

(2)按场合分，礼仪可分为家庭礼仪、学校礼仪、办公室礼仪、公共场所礼仪、客房服务礼仪等。

(3)按身份分，礼仪可分为教师礼仪、学生礼仪、公务员礼仪、营业员礼仪、司门员礼仪、主持人礼仪等。

(4)按表现形式分，礼仪可分为交谈礼仪、待客礼仪、书信礼仪、馈赠礼仪、电话礼仪、交换名片礼仪等。

(二)礼仪的功能

礼仪是人类文明的结晶，内容十分丰富。不仅如此，礼仪还具有多种功能。

1. 礼仪的教育功能

礼仪是人类社会进步的产物，是传统文化重要的组成部分。礼仪蕴含着丰富的文化内涵，体现着社会的要求与时代的精神。学习礼仪，可以潜移默化地熏陶人们的心灵，促使其成为通情达理的模范公民。

2. 礼仪的美化功能

礼仪是人类生活经验的总结。礼仪讲究和谐，重视内在美和外在美的一致。礼仪使美好的心灵与美丽的仪表、优美的举止形成一个有机的整体，使人们注意塑造良好的形象，充分展现各自的风采。

3. 礼仪的协调功能

礼仪是人们在生活中和社会交往活动中逐渐形成的行为规范与准则。礼仪指导人们立身处世，协调人与人之间的关系，以及人与社会的关系；使人们友好相处，社会井然有序。

4. 礼仪的沟通功能

礼仪是人们交际生活中的礼节和仪式。热情的问候、友善的目光、亲切的微笑、文雅的谈吐、得体的举止等，是人们沟通与交流的前提，有利于扩大社会交往，促进事业的成功。

5. 礼仪的维护功能

礼仪是营造温馨的灵丹、伸缩有度的准绳、和睦相处的法则、人际交往的规范。人们知礼、守礼，讲文明、守纪律，有助于保持家庭的和睦，有利于促进社区的和谐，有益于维护社会的稳定。

第三节　社交礼仪教学方法

礼仪教学的方法很多，各教学单位可以因人、因时、因地自行掌握。这里介绍礼仪教学的三种基本方法，供参考。

一、注意礼仪教学的系统性

礼仪是人类文化的结晶，也是社会文明的标志，内容十分丰富。教师在进行礼仪教学时，应注意礼仪知识的系统性和完整性。教师的教学活动可以从以下几个方面展开：讲解礼仪概论，让学生了解古今中外礼仪的演变，熟悉礼仪的特征与原则；讲解个人礼仪，让学生明白言为心声、行为心表，自觉提高思想修养和文化素质；介绍家庭礼仪，指导学生充分意识到自己的责任和义务，尊老爱幼，与亲人一起共同营造温馨的家庭氛围；介绍学校礼仪，帮助学生通晓基本礼貌，尊师爱校；讲解公共场所礼仪，指导学生进一步了解公共场所行为规范，自觉参与净化社会环境；介绍求职礼仪，使学生全面了解求职的技巧和面试礼仪，促进事业成功；讲解公务礼仪，指导学生在走向工作岗位后明确自己的位置，掌握处理上下级关系和同事关系的技巧；讲解社交礼仪，让同学们掌握人际交往的常识，以便结交良朋益友；介绍公共礼仪，增强学生的协调能力，提高其沟通水平；讲解商务礼仪，帮助同学们掌握销售技巧和谈判艺术，顺利走向成功；介绍外事礼仪，使同学们了解国际交往的规范，更好地与外国友人打交道；讲解旅游礼仪，指导学生熟悉操作要领，笑迎天下客；介绍宗教礼仪，帮助学生理解宗教文化背景，礼待教徒；介绍外国习俗与礼仪，让同学们认识五光十色的大千世界，为构建和谐世界作贡献。总之，礼仪教学应循序渐进，使学生获益良多。

二、讲究礼仪教学的直观性

社交礼仪是社会交往的行为规范，具有重要的指导作用。在进行礼仪教学时，教师应为人师表，率先垂范。在讲解礼仪知识的同时，适当做些示范动作，可以吸引学生的注意力。除了自身表演外，应尽可能使用多媒体展示有关图片资料和播放影像资料。若有可能，组织学生观看礼仪知识录像片，以加深他们的印象。

三、重视礼仪教学的实践性

学习礼仪贵在实践，力求学以致用。在进行礼仪教学时，要重视礼仪教学的实践性，尽量安排学生多实习。例如，在讲完握手、介绍、交换名片礼仪后，可安排学生上台表演握手、介绍、交换名片等；在讲完电话礼仪后，让学生表演打电话小品；讲完求职礼仪后，组织学生进行模拟求职；讲完外事礼仪后，尽可能给学生提供观摩外事活动的机会；讲完旅游礼仪后，组织学生到宾馆、饭店参观、实习，让学生练习导游解说；讲完中国礼俗后，把学生分成若干小组，让每个小组分别收集一个少数民族的风俗习惯资料，进行课堂交流。此外，还可以开展校园礼仪情形调查和礼仪知识竞赛等活动。

☞思考题：

1. 礼仪是怎样形成的？
2. 中西礼仪有何异同？
3. 礼仪有哪些功能？

☞礼仪故事两则：

一、善有善报

汉武帝喜欢微服私访，体察民情。有一次，汉武帝微服私访，晚上在一个叫恒谷的村子投宿。汉武帝感到十分疲惫，很想喝两杯酒解乏。他问开店的老翁："请问，这里有酒吗？"

老翁不耐烦地回答："没有酒，只有尿！你喝吗？"

老翁觉得汉武帝不像一个好人，倒像一个窃贼。到了半夜，他召集村子里的年轻人，准备将汉武帝揍一顿。

老翁的妻子却觉得汉武帝虽然身着布衣，但他器宇轩昂，仪态举止与一般人不同。于是她劝老翁："这个客人不是寻常人，我们应该好好招待他。以礼待之，视为上宾。"

老翁不听妻子的劝告，仍固执己见。老妇左思右想后，将老翁灌醉，用绳子捆起来，并打发村中的年轻人各自回家去了。

老妇杀鸡烹煮，用好酒招待汉武帝。

汉武帝回去后，专门召见了老妇，并赏赐了黄金，还给老翁封了官职。

二、电车里的礼貌课

在西方社会，"女士优先"是男士们恪守的社交原则，在一些不起眼的小事上谦让和照顾女士，被认为是男子汉气质与绅士风度的表现。因此，在不少西方国家有一条不成文的规矩，即女士乘搭公共汽车的时候，同车的男士应主动让座。在这种情况下，女士无须推让，只要一声“谢谢”，便可安然入座。

一天，正是上班时的交通高峰时间，一辆搭载了不少乘客的电车，缓缓地停靠在站台上。一位太太登上了电车，她穿着合体的套装，拎着一只小小的漆皮包，在车厢里走了一步，便犹豫地站住了，因为乘客很多，已经没有空座位了。一位先生见状，便客气地站起身对她说：“请坐这儿吧。”这位太太走上前，看也没看他一眼，便一声不吭地坐下了。让座的先生颇为诧异，周围的乘客也都对她这种不礼貌的行为感到不满。

这位先生站在她的身边，想了一下，俯下身问她：“太太，您刚才说什么？我没有听清楚。”那位太太抬头看着他，奇怪地说：“我什么也没有说呀。”“喔，对不起，太太。”那位先生淡淡地说：“我还以为您在说‘谢谢’呢。”

车里的其他乘客都笑了起来，那位不讲礼貌的太太在众人的笑声中羞得满脸通红。

第二章 个人礼仪

中国是著名的礼仪之邦，中华民族具有重德贵义的优良传统。作为炎黄子孙、龙的传人，我们有责任继承先辈优良的思想文化传统，同时应积极吸收国外优秀成果，努力创造新文明，使中国永远雄居世界先进民族之林。

作为中华民族的成员，要做合格的公民，就需要不断加强自身的道德修养和文化素养，从自己做起、从现在做起，为中华民族的振兴和腾飞而奋斗。

几乎每个人都渴望完美、追求完美，而只有真正做到心灵美、外表美和行为美，才能趋于完美。

第一节 心 灵 美

高尚的道德情操和深厚的文化素养，是心灵美的基础。通过加强思想品德修养，提高文化艺术素养，可以美化自己的心灵。

一、思想品德修养

(一)思想修养

掌握正确的思想方法，是加强思想修养的有效途径。

1. 学会辩证地看问题

任何事物都存在正反对立的两个方面。在自然界，大与小，多与少，远与近；在人类社会，美与丑，善与恶，真与假……事物的矛盾着的两个方面，是互相对立又互相依存的，是对立的统一，而事物又在矛盾和斗争中有条件地转化。这就要求我们认识事物的两个方面，学会辩证地看问题，分清主次，明辨是非。

2. 学会历史地看问题

任何事物都有一个发展过程。例如现代礼仪是由原始社会礼仪、奴隶社会礼仪、封建社会礼仪等发展而来；人类社会由低级阶段向高级阶段发展。只有弄清楚事情的来龙去脉，才能明了事情的发展过程；只有学会历史地看问题，从而得出正确的判断。

3. 学会全面地看问题

所谓“见仁见智”，是因为看问题的角度不同。“盲人摸象”，自然受到局限，“不识庐山真面目，只缘身在此山中”。因此，只有站得高，才能看得远；只有全面看问题，才能够识大体、顾大局，避免“见树不见林”或顾此失彼。

(二)品德修养

遵守道德规范，品行端正，是做人的基本准则。我们应不断提高自身的品德修养，通过修身养性，陶冶情操，做一个道德品质高尚的人。

1. 加强社会主义道德修养

加强社会主义道德修养，首先应该学会尊重他人，关心他人，热爱集体，热心公益，扶贫帮困，为社会多做好事，反对和抵制拜金主义、享乐主义和个人主义。要认识到“国家兴亡，匹夫有责”，努力做到“富贵不能淫，贫贱不能移，威武不能屈”(《孟子·滕文公下》)。

2. 讲究社会公德和职业道德

在社会生活中讲文明，讲礼貌，遵纪守法，保护环境，爱护公物，助人为乐；在工作单位爱岗敬业，诚实守信，办事公道，服务群众，奉献社会，做一名有理想、有道德、遵纪守法的模范公民。

3. 陶冶情操，培育美德

伟大的中华民族产生了无数优秀儿女，他们高尚的情操和优良品德，一直为世人所景仰。例如，中国古代大诗人屈原的忧国忧民、疾恶如仇；三国谋略大师诸葛亮的鞠躬尽瘁、死而后已；唐代著名谋士魏征的忠心耿耿、刚直不阿；宋代爱国将领岳飞的精忠报国、气吞山河；范仲淹的“先天下之忧而忧，后天下之乐而乐”；明朝文天祥的大义凛然、视死如归；现代著名文学家鲁迅的“横眉冷对千夫指，俯首甘为孺子牛”；人民的好总理周恩来的廉洁奉公、兢兢业业……他们的高风亮节和丰功伟绩感动了一代又一代人。时至今日，人们仍然敬仰和怀念他们。

二、语言文学修养

语言是人们进行思想交流、联络感情、传递信息的重要工具。要想把话说得清楚明白，就得不断加强语言修养，多学多练；而要把话说得生动有趣，富于感染力，就需要博览群书，不断提高文学水平和文化修养。

(一)语言修养

在现实生活中，人们比较羡慕那些言谈风趣、出口成章的人。说实话，要想做到这一点甚至超过他们，并不是一件轻而易举的事。但是，只要有恒心，肯下工夫，一定会有所提高。一个人肚子里“有货”，才能口若悬河。因此，多学习、勤练习，做到学富五车、满腹经纶，谈起话来自然会条理清晰、灼见迭出。

在与人交流时，首先要做到态度诚恳、谦虚，谈话的内容要简明扼要，语言表达要准确、精练、通俗易懂，便于对方明白自己想表达的意思。有的青年朋友在与人交流时啰嗦了半天，对方也不清楚他到底想说什么，导致谈话索然无味，甚至不欢而散。因此，青年朋友平时应注意加强语言修养，并且留意学习和收集书本上和生活中的一些佳句妙语，以便不断提高语言表达能力。

除了加强汉语修养外，若有可能，学习、掌握一门外语，不仅便于对外交流，拓宽自己的视野，而且还可以及时掌握第一手外文资料，吸收优秀的外国文化、科技知识。

(二)文学修养

不断加强文学修养，既有利于提高自己的文化素质，也有利于提高自己的欣赏水平。中国文学作品汗牛充栋，浩如烟海。阅读时，不妨选读其中一些有代表性的佳作。例如，在古代诗歌方面，不妨浏览一下《诗经》和屈原的《离骚》，重点阅读选收了李白、杜甫、白居易、李贺、杜牧等名家诗歌代表作的《唐诗三百首》。在现代诗歌方面，可以选读郭沫若、柳亚子、郭小川、贺敬之、艾青、徐志摩、徐迟、臧克家、曾卓、李瑛、余光中、北岛、舒婷、顾城、海子等优秀诗人的代表作，如郭沫若的《女神》、艾青的《大堰河——我的保姆》等。在古代散文方面，可以重点选读唐宋八大家韩愈、柳宗元、欧阳修、苏洵、苏轼、苏辙、王安石、曾巩的散文名篇。在当代散文方面，可以选读当代四大名家杨朔、秦牧、魏巍、刘白羽的散文佳作。在古代小说方面，不妨重点阅读中国四大名著：罗贯中的《三国演义》、施耐庵的《水浒传》、吴承恩的《西游记》、曹雪芹的《红楼梦》。在现代小说方面，可以选读鲁迅、茅盾、沈从文、巴金、老舍、张恨水、孙犁、金庸、柳青、赵树理、王蒙、浩然、张承志、贾平凹、刘心武、路遥、方方、池莉、刘醒龙、陈应松等小说家的佳作。

在外国文学方面，可以选读莎士比亚、易卜生、萧伯纳的戏剧佳作，浏览薄伽丘、雨果、狄更斯、巴尔扎克、列夫·托尔斯泰、莫泊桑、高尔基、海明威、奥斯特洛夫斯基、肖洛霍夫、纳吉布·马哈福兹等优秀作家的小说代表作；着重选读但丁、歌德、拜伦、雪莱、普希金、惠特曼、泰戈尔、马雅可夫斯基和聂鲁达等著名诗人的诗歌精品。

三、艺术修养

作为现代青年，如果条件许可，不妨学习或了解一些琴棋书画或音乐舞蹈或摄影等方面的知识。这样不仅可以陶冶情操，还可为生活增添不少情趣。

1. 音乐欣赏

音乐是通过有组织的乐音形成的艺术形象。欣赏音乐是一种审美活动，通过欣赏音乐可以提高自己的音乐艺术修养。在欣赏音乐时，首先需要了解作者和作品的时代背景，从而深刻领会作品的思想内容。此外，还要知晓旋律、节奏、节拍、音区、音色、和声等音乐语言要素，以便更好地享受音乐的艺术美。

2. 声乐曲欣赏

声乐曲是指人们用嗓子唱的歌曲、戏曲等。大多数青年会唱歌，也知道声乐有独唱、齐唱、轮唱、合唱等多种形式。

中国是个戏曲大国，截至2015年8月，全国的戏曲剧种有348种。[①] 如果有条件和机会，不妨了解一些戏曲方面的知识，学会演唱或者欣赏中国的国粹——京剧，或了解昆曲、评剧、豫剧、黄梅戏等剧种的有关知识，以利于领会各剧种所表现的内容，获得美的艺术享受。

---

① 文化部发布全国地方戏曲剧种调查成果[EB/OL].[2017-12-26].http://www.mct.gov.cn/whzx/whyw/201712/t20171226_830165.htm.

3. 学会一种乐器

若有可能，不妨学会演奏一种乐器，或吹口琴、笛子，或拉二胡、小提琴，或弹钢琴、电子琴等。空闲时，友人们聚在一起吹拉弹唱，快乐无比。这样既可以陶冶情操，丰富业余生活，又可以加深朋友之间的友谊。

4. 书法欣赏

书法是一种线条艺术，被称为“无声的音乐，有情的图画”。书法不仅是汉字结构、意义的艺术性再现，而且往往表现出时代特点、情趣和意境，反映书法家的思想、感情和风格。在欣赏书法作品时，要根据书法艺术的审美特点，领会其中的情趣和韵味。

5. 中国画欣赏

中国画简称“国画”。国画分为人物、山水、花卉、禽鸟、走兽、虫鱼等画种，有工笔、写意、勾勒、水墨等技法形式。国画的特点是强调以形写神，形神兼备，追求“写意”与“传神”。

品画是欣赏绘画作品的气、韵、思、景、笔、墨。“气”者心随笔运，“韵”者隐迹立形，“思”者凝想形物，“景”者搜妙创真，“笔”者随心所欲，“墨”者浓淡相宜。

6. 西洋画欣赏

中国把欧美等西方国家的绘画统称为“西洋画”。西洋画包括油画、水彩画、水粉画、素描等多种艺术形式。

古典西洋画追求真实性，采取明暗造型和色彩造型的方法。现代西洋画派林立，各画派的主张和艺术追求不尽相同，但都比较重视形式和创新。

现代青年人的志趣还可以更广泛一些，可根据兴趣爱好，选择自己的学习领域。例如欣赏健美比赛、时装表演，学习雕塑、摄影、插花、茶艺等。

第二节　外　表　美

一个人在努力塑造心灵美的同时，也要注重外表美。因为，仅有心灵美，若不注意外表美，蓬头垢面，衣冠不整，则不能称为完美。

外表包括身材、相貌、服饰、神情等。人的身材高大魁梧是美，小巧玲珑也是美；浓眉大眼是美，眉清目秀同样是美；穿着笔挺的西装显得庄重，穿着轻松的休闲服显得潇洒随意；衣服虽然是旧的，但干净、整洁同样是美。无论是在生活中还是在职场上，表情自然、面带微笑迷人，神色凝重照样动人。

固然，一个人的内涵很重要，他的气质和优雅是由内而外的，正如我们常说的“腹有诗书气自华”，但我们不可否认，“以貌取人”也存在着一定的合理性。无论我们认为从外表衡量人是多么肤浅和愚蠢的观念，但社会上的所有人每时每刻都在根据你的服饰、发型、手势等自我表达方式判断着你。外表是一种无声的语言，在一定意义上反映出一个人的修养、性格、社会地位等特征，尤其是在初次交往中会给人留下鲜明的印象。

有一项让人触目惊心的调查结果：人与人交往形成第一印象只要 7 秒钟，也就是说，比系鞋带的时间还要短，而要改变不良印象却要花费很长时间。我们常说的“第一印象”多半来自一个人的外表。

外表主要指的是仪容和服饰。仪容即人的容貌，它由发型、面容以及人体所有未被服饰遮掩的肌肤等内容所组成；服饰作为一种文化，能反映一个人的社会地位、文化修养和审美情趣，也能表现一个人对生活的态度。从礼仪学角度，我们分别称之为仪容礼仪和服饰礼仪。

一、仪容礼仪

容貌之美，一方面得之于遗传，另一方面则可用科学的、艺术的手法使之更具美感，即对仪容进行相应的修饰。

仪容修饰的基本原则有两个：一是要干净整洁，二是要与场合相适宜。本节重点阐述第二个原则，即仪容修饰要与场合相适宜原则。

人们工作、生活和学习场合归纳起来主要分为三大类：职业场合、社交场合、休闲场合(私人场合)。不同的场合，对仪容修饰要求不一样。例如休闲场合对仪容没有特殊的要求，自我感觉舒适就行。下面分别从发型、面容美化、手部等方面入手，简单地介绍职业场合和社交场合下的仪容礼仪。

(一)发型

在职业场合，发型的选择应注意以下几点：

第一，发型要与职业相协调。如销售业人士女性发型以盘发为佳，这样可让自己看起来像个内行而不是花瓶；演艺业、广告业人士可选择时尚新潮的发型，以表现其创造力；教师、医护人员发型要端庄，既要显得自信，又要使自己看起来谦逊。

第二，发型要与年龄身份相协调。年轻人发型可活泼些，比如可适当挑染发色，但颜色选择上一定要内敛；年长者发型要稳重，应以短而清爽的发型为主。

总之，职场上最重要的是要体现出良好的职业形象：成熟大方，干净利索。

在社交场合，发型的选择应注意以下几点：

第一，发型要与脸型相协调。

圆脸：适宜将头顶部的头发梳高，使脸部视觉拉长；要用头发遮住两颊而不是额头，这样做能够使脸颊宽度减少；分发线最好是中分。

长脸：适宜加多脸部两旁的头发，以增加厚度；分发线宜采用侧分。

方脸：宜在颈部结低发髻，有优雅感；或让头发披在两颊，减少脸的宽度；分发线宜采用侧分，并使分发线向头顶斜伸。

三角脸：应该增加侧部头发的分量，用头发稍遮两颊；分发线可自中心向外侧斜伸。

倒三角脸：应将头发往上梳，显得头部稍长；增加两侧发量，尽量梳得蓬松；分发线可采用直线中分。

菱形脸：适合以蓬松的大波浪增加侧面厚度，用头发遮住颧骨，增加脸型柔和感；分发线宜采用侧分。

大脸型：应使头发自然伏贴遮住两颊，以减少脸的宽度；宜将头发剪短，全向后梳，不要分发线。

第二，发型要与体型相协调。

体型高大者可留长发、直发或大波浪的卷发；体型矮小者可选择精致的短发型，女士可将头发盘于头顶。

第三，发型要与服饰相协调。

如女士着运动休闲装可束马尾，着晚装可盘发，着连衣裙可披发等。相对来说，男士可选择性要小些。

总之，社交场合最重要的是要体现“好看”，女士要体现“靓丽”，男士要体现“英俊”。

(二)面容美化

面容是人的仪表之首，是人体暴露在外时间最长的部位，也是最动人之处。俗话说，“三分长相，七分打扮”，如果一个人不懂得必要的修饰，即便礼节周到，多少也会有一种遗憾。

目前，面容的美化主要采取整容与化妆两种方法。整容是通过外科手术来改变人的容貌，具有一劳永逸的功效，但却要冒因手术失败而毁容的风险，故不为大多数人所选用；而化妆有便利、易改的优势，是当今面容美化的首选方法。

随着时代发展和人们对美的评判标准不一样，化妆术也在不断更新，具体方法我们就不在此阐述，但我们必须掌握化妆的基本礼节：

1. 正式场合要化妆

当出席正式的场合时，女士应适当化妆，让自己容光焕发、富有活力；男士也要进行面容的适当修饰，比如刮干净胡须。依据我国当代风俗，男子不应蓄胡须，最好每天剃一次，胡须比较多的人在出席重要活动时，事先也应刮一次。特别要指出的是，不可以当众剃须，更不可以在人前一根根地拔胡须，这既不文明又不卫生。男士还要定期检查自己的鼻毛是否过长，如过长应用小剪刀剪短。

2. 不要在公共场所化妆

女士在公共场所化妆是非常失礼的，这样做既可能有碍于人，也不尊重自己。如果真的要补妆的话，要在化妆间或无人的地方去做。另外，女士化妆宜避开男士。

3. 化妆要与场合相协调

化妆的浓淡要视时间、场合而定。白天在工作时间，适合化淡妆，妆色应淡雅自然；晚上参加社交活动，妆色可浓烈些；外出旅游运动时，可用一些具有特殊功效的护肤品。

4. 不要非议他人的妆容

由于民族、肤色和个人文化修养的差异，每个人的妆容不可能都是一样的。因此，既不要少见多怪，也不要以为自己的妆容才是最好的。

除了面部化妆之外，人们在修饰仪容时还常常使用香水。适当使用香水，其芬芳的香味不但能使自己风度迷人、魅力倍增，而且还能提神醒脑、去除异味。使用香水时同样要注意场合。在出席宴会、舞会时可使用浓香型香水，一般性交际使用清香型香水，工作时间使用淡香型香水，健身运动时可使用运动型香水。

(三)手部

俗话说，“手是人的第二张脸”，手的清洁状况能反映出一个人的修养和卫生习惯，所以要随时清洗自己的手，指甲要及时修剪整齐，但不要在任何公众场合修剪。手部肌肤和脸部肌肤一样，同样需要我们耐心细致地养护。

平时我们就要尽量避免用热水洗手，在洗手时，要使用刺激性较小的香皂或不含刺激性的洗手液，并及时把手上的水分擦干。特别是在冬天，手部肌肤极易损伤，洗手之后最好使用油脂类护肤品来保护手部肌肤。另外，要保持手部柔嫩光洁，最好在入睡前在指甲根部和手指间涂抹营养霜。经常这样做，就能保持手的光滑柔美。

只有当你的仪容与所处场合相协调了，才会让旁人看着感觉舒服，这是产生仪容美的基础。完善自身的仪容既要重视仪容的修饰，还要保持良好心态及充足睡眠，适当参加体育锻炼，注意合理的饮食，坚持科学的养护方法。

二、服饰礼仪

英国大作家莎士比亚曾说：一个人的穿着打扮就是他教养、品位、地位的最真实的写照。从某种意义上说，服饰是一门艺术，服饰所能传达的情感与意蕴甚至不是用语言所能替代的。在不同场合，穿着得体、适度的人，给人留下良好的印象，而穿着不当，则会降低人的身份，损害自身的形象。在社交场合，得体的服饰是一种礼貌，一定程度上直接影响着人际关系的和谐。影响服饰效果的重要因素：一是要有文化修养和高雅的审美能力；二是要掌握着装原则和服饰礼仪的知识，这是达到内外和谐统一美的不可或缺的条件。

(一)着装原则

通俗地说，服装礼仪就是着装规范。首先必须得了解着装原则。

1. TPO 原则

TPO 是英文 time、place、object 三个词首字母的缩写。T 代表时间、季节、时令、时代；P 代表地点、场合、职位；O 代表目的、对象。着装的 TPO 原则是世界通行的着装打扮的最基本的原则。着装要与时间、季节相吻合，且应符合时令；要与所处场合环境，与不同国家、区域、民族的不同习俗相吻合，符合着装人的身份；要根据不同的交往目的和交往对象选择服饰。总之，人们的服饰应力求和谐，以和谐为美，给人留下良好的印象。

2. 配色原则

恰到好处地运用色彩，不但可以修正、掩饰身材的不足，而且能突出你的优点。如对于上轻下重的形体，宜选用深色轻软的面料做成裙或裤，以此来削弱下肢的粗壮之感。身材高大丰满的女性，在选择搭配外衣时，亦适合用深色。这条规律对大多数人适用，除非你身体完美无缺，不需要以此来遮掩什么。

服饰的美，并不在于价格高，关键在于配饰得体，适合年龄、身份、季节及所处环境的风俗习惯，要全身色调一致，取得和谐的整体效果。“色不在多，和谐则美。”正确的配色方法，应该是选择一两个系列的颜色为主色调，占据服饰的大面积；其他少量的颜色为辅，作为对比、衬托或用来点缀、装饰重点部位，如衣领、腰带、丝巾等，以取得多样统一的和谐效果。

总的来说，服装的色彩搭配分为两大类：一类是同类色搭配，另外一类则是强烈色搭配。同类色搭配指深浅、明暗不同的两种同一类颜色相配，比如：青配天蓝，墨绿配浅绿，咖啡配米色，深红配浅红等，同类色配合的服装显得柔和文雅。强烈色搭配指两个相隔较远的颜色相配，如：黄色配紫色，红色配青绿色，这种配色比较强烈。

在日常生活中，我们常看到的是黑、白、灰与其他颜色的搭配。黑、白、灰为无色系，所以，无论它们与哪种颜色搭配，都不会出现大的问题。一般来说，如果同一个色与白色搭配时显得明亮，与黑色搭配时就显得昏暗。因此在进行服饰色彩搭配时应先衡量一下，你是为了突出哪个部分的衣饰。

3. 个性原则

个性原则要以前两个原则为基础，如果不注意色彩、体型、场合的协调，一味讲求个性、讲求独持，不仅不能张扬个性的特点，还会给人留下“不会穿衣”的坏印象。奇装异服或衣冠不整的标新立异，不仅不会突出个性特点，在社交中也不会取得什么好的效果。

(二)男士着装礼仪

随着礼仪向简单化、趋同化方向发展，男士着装，除了特别隆重正式的场合穿礼服外，一般社交场合穿礼服的机会不多，国际上社交场合比较正式、通行的着装是西服。西服是一种国际性服装。一套合体的西服，可以使着装者显得潇洒、精神、风度翩翩。

1. 西服的选择

挑选一套面料上乘、做工精细、款式大方、适合于多种场合穿着的西服，需要关注其面料、色彩、图案、款式、造型、尺寸、做工这七个方面的细节。

(1)面料。鉴于西服适用于多种场合，且往往在正式场合充当正装或礼服之用，故此，其面料的选择应力求高档。多数情况下，毛料应为西装首选的面料。

(2)色彩。西服的色彩必须庄重、正统，而不应过于亮丽和花哨。据此，适合于男士在正式场合中穿的西服的颜色，应当首推藏蓝(青)色。除此之外，还可以选择灰色、棕色或黑色。按照惯例，男士在正式场合不宜穿色彩过于鲜艳或发光、发亮以及朦胧色、过渡色的西服。越是正式的场合，越要求穿纯色的西服。

(3)图案。男士要求看上去成熟稳重，过多的图案会适得其反，所以其西服一般以纯色无图案的为好。

(4)款式。西服的具体款式有两种最常见的分类方法：按照西服的件数来划分，西服有单件与套装之分。所谓西服套装，指的是上衣与裤子成套，包括两件套与三件套两种。两件套西服套装包括一件上衣和一条裤子。三件套西服套装则包括一件上衣、一条裤子和一件背心。在参加高层次的商务活动时，以穿三件套的西服套装为好，因为它看起来要更加正式一些。按照西服上衣的纽扣数量来划分，西服上衣有单排扣与双排扣之分。一般认为，单排扣的比较时尚，双排扣的则较为传统。

(5)造型。西服的造型又称西服的板型，指的是西服的外观形状。目前，常见的西服板型有欧式、英式、美式、日式四种。欧式西服洒脱大气，英式西服剪裁得体，美式西服宽大飘逸，日式西服则贴身凝重。男士应根据自己的身材和气质来选择，一般来说，欧式西服要求穿着者高大魁梧，美式西服穿起来稍显散漫。相比较而言，英式西服与日式西服似乎更适合于中国人穿着。

(6)尺寸。穿着西服，要大小合身，宽松适度。在任何场合，所穿的西服过大或是过小，过松或是过紧，过肥或是过瘦，都会影响整体效果，损害其个人形象。

(7)做工。做工精致与否是判断西服质量的一个重要因素。在挑选西服时，检查其做工的优劣，要注意以下几点：一看其衬里是否外露，二看其衣袋是否对称，三看其纽扣是否缝牢，四看其表面是否起泡，五看其针脚是否均匀，六看其外观是否平整。

在选择西服时，除了上述七个方面的细节必须加以关注之外，还要了解正装西服与休闲西服的区别。一般来说，正装西服适合在正式场合穿着，其面料多为毛料，色彩多为深色，款式则讲究庄重、保守，并且基本上是套装。休闲西服则恰好与其相反，大多适合在非正式场合穿着，但有时也用于舞台表演，其面料可以是棉、麻、丝、皮，也可以是化纤、塑料，其色彩多半鲜艳、亮丽，并且多为浅色，其款式强调宽松、舒适、自然，有时甚至以标新立异见长。通常，休闲西服基本上是单件的。

2. 西服的穿法

俗话说，“西服七分在做，三分在穿”。怎样穿西服才符合礼仪呢？根据西服礼仪的基本要求，男士在穿西服时，要注意以下几个方面的问题：

(1)要拆除衣袖上的商标。西服上衣左边袖子上的袖口处，通常会缝有一块商标，有时，那里还同时缝有一块纯羊毛标志，在正式穿西服之前，一定要将它们先行拆除。有的人故意将商标露在外面显示其西服的品牌和档次，这是十分不妥的。

(2)要熨烫平整。一套平整挺括、线条笔直的西服不仅会使其本身看上去质地精良、美观大方，也会给穿着者带来意想不到的效果。西服的保养除了要定期对其进行干洗外，还要在每次正式穿着前进行熨烫，穿着后及时挂起，这样才能保证下次穿着时平整挺括。

(3)要系好纽扣。穿西服时，上衣、背心与裤子的纽扣，都有一定的系法。通常，单排两粒扣式的西服上衣，讲究“扣上不扣下”，即只系上边那粒纽扣，或全部不系。单排三粒扣或四粒扣式的西服上衣，要么保留最下边那粒纽扣，要么系上所有纽扣。而双排扣的西服上衣必须系上所有的纽扣，以示庄重。

穿西服背心，不论是将其单独穿着，还是与西服上衣配套，都要认真地系上纽扣。在一般情况下，背心只能与单排扣西服上衣配套。背心也分为单排扣式和双排扣式两种。根据着装惯例，单排扣式西服背心的最下面那粒纽扣可以不系，而双排扣式西服背心的纽扣则必须统统系上。

目前，在西裤的裤门上“把关”的，有的是纽扣，有的是拉链。前者较为正统，后者使用起来更加方便。不管穿何种西裤，都要时刻提醒自己，将纽扣全部系上，或是将拉链认真拉好。

(4)要不卷不挽。穿西服时，一定要保持其原状。在公众场合，一般情况下不要将西服上衣的衣袖挽上去，也不要随意卷起西裤的裤管；否则，极易给人以粗俗之感。

(5)要慎穿毛衫。成功人士要将一套西服穿得有“型”有“款”，除了衬衫与背心之外，在西服上衣里面，最好不要再穿其他任何衣物。在气候寒冷的地区，只能加一件薄型“V”字领羊毛衫或羊绒衫。这样既不会显得过于花哨，也不会妨碍自己打领带。不要穿色彩、图案十分复杂的羊毛衫或羊绒衫，也不要穿扣式的开领羊毛衫或羊绒衫；否则会使西服显得鼓鼓囊囊，变形走样，给人以臃肿感。

(6)要巧妙搭配。西服的标准穿法是衬衫之内不再穿其他衣物。至于不穿衬衫，而以T恤直接与西服搭配的穿法，在正式场合是不允许的。

(7)要少装东西。为使西服穿着时在外观上保持笔挺、不走样，应当在西服的口袋里少装东西或不装东西。具体而言，在西服上，不同的口袋发挥着各不相同的作用。上衣左侧的外胸袋除可以插入一块用以装饰的真丝手帕外，不宜再放其他任何东西，尤其不应当放钢笔、挂眼镜。内侧的胸袋，可以用来放钢笔、钱夹或名片夹，但不要放过大、过厚的东西或叮当响的钥匙等物。外侧下方的两个口袋，原则上不放任何东西。

3. 西服的搭配

成功地穿着西服还必须考虑与其他衣饰的搭配。因此，男士穿着西服时，必须掌握衬衫、领带、鞋袜和公文包与之进行搭配的基本常识和技巧。

(1)衬衫。与西服搭配的衬衫，应当是正装衬衫。正装衬衫要具备以下几个特征：

① 正装衬衫要选用高织精纺的纯棉、纯毛面料。以棉、毛为主要成分的混纺衬衫，亦可酌情选择。

② 正装衬衫必须为纯色。在正规的商务应酬中，白色衬衫是男士的最佳选择。除此之外，蓝色、灰色、棕黑色，亦可根据场合选择。

③ 正装衬衫一般没有其他任何花色。较细的条纹衬衫可以在一般场合中穿着，但条纹衬衫不宜与条纹西服相搭配。

④ 正装衬衫的衣领多为方领、圆领和长领。在进行选择时，要考虑本人的脸形、脖长以及领带结的大小。

⑤ 正装衬衫的衣袖必须为长袖，且必须盖过手掌的虎口。

⑥ 正装衬衫一般不设计胸袋，以免有人在胸袋里乱放东西。即使穿有胸袋的衬衫，也要尽量不放或少放东西。

(2)领带。男士穿西服时最重要的配件就是领带。在欧美各国，领带与手表、装饰性袖扣并称为“成年男子的三大饰品”。男士在挑选领带时，要注意以下几点：

① 面料。最好的领带，应当是用真丝或羊毛制作而成的。涤丝制成的领带售价较低，易于打理，有时也可以使用。除此之外，由棉、麻、绒、皮、革、塑料、珍珠等制成的领带，在正式场合里均不宜佩戴。

② 色彩。在商务活动中，蓝色、灰色、棕色、黑色等单色领带是十分理想的选择。切勿使自己佩戴的领带多于三种颜色。同时，也尽量少打浅色和颜色鲜艳的领带。

③ 图案。主要是以单色无图案的领带为主，有时也可选择以条纹、圆点、方格等

规则形状为主的领带。

④ 款式。领带的款式往往受到时尚潮流的影响。因此，职业人士应注意以下四点：一是领带有箭头与平头之分。下端为箭头的领带，显得比较传统、正规；下端为平头的领带，则显得时髦、随意一些。二是领带有宽窄之别。除了要尽量与流行保持同步以外，领带的宽窄最好与本人的胸围和西服上衣的衣领形状相一致。三是简易式的领带，如"一拉得"领带、"一挂得"领带等，均不适合在正式的场合中使用。四是领结宜与礼服、翼领衬衫搭配，并且主要适用于出席宴会等高级社交场所。

⑤ 配套。有时，领带与装饰性手帕会被组合在一起成套销售。与领带配套使用的装饰性手帕，最好与其面料、色彩、图案完全相同。

⑥ 质量。一条好的领带，其质量必须符合以下要求：外形美观、平整，无跳丝、无疵点、无线头，衬里不变形，悬垂挺括，较为厚重。宁可不打领带，也不要以次充好。

(3)鞋袜。俗话说："鞋袜半身衣。"就是说，光有好看的衣着是不够的，还要配上合适的鞋袜，穿西装也要注意鞋袜的搭配。穿西装一定要穿皮鞋，最好是黑色皮鞋，而不能穿布鞋或旅游鞋。如果是米色、咖啡色调的西装配深褐色皮鞋也可以，但是浅色皮鞋只适宜配浅色西装，而不能配深色西装。同时，穿皮鞋还应注意鞋面的干净光亮，不要蒙满灰尘。袜子一般应穿与裤子、鞋类颜色相同或较深颜色的袜子。在正式、半正式的场合，男性宜穿中长筒的袜子，这样可以避免坐下谈话时露出皮肤或腿毛。公务人员如果穿着浅色或亮色的袜子会显得轻浮。

(4)公文包。公文包被称为职业人士的"移动办公桌"，是外出时不可离身之物。男士所选择的公文包，面料以真皮为宜，并以牛皮、羊皮制品为最佳。在一般情况下，黑色、棕色的公文包是最适宜的选择。标准公文包是手提式的长方形公文包，箱式、夹式、挎式、背式等其他类型的皮包，均不能在正式场合里使用。

(三)女士着装礼仪

女性的服装种类、样式、花色繁多。在一般情况下，我国女性在比较正式的社交场合，通常以西装套裙、连衣裙、旗袍作为礼服。旗袍是最适宜中国女性穿着的民族服装，它既能最大限度地表现女性柔美婀娜的身姿，又能使女性显得端庄典雅。在涉外活动中，女性穿旗袍往往会受到外宾由衷的赞美。

相对于男士来说，女士着装的样式很多，出席社交活动，着装可选择的范围比较大，可以根据自身的特点和喜好以及社交活动的要求选择合适的服装，在较为隆重的典礼活动中，女士穿长裤和超短裙是失礼的。

在裙式服装中，套裙又是首要的选择。在多数人眼里，套裙与职业女装直接画上了等号。

一套经典的、可供女士在正式场合穿着的、做工考究的套裙，应当是由高档面料缝制而成的，上衣与裙子应当采用同一质地、同一颜色的素色面料，款式上讲究为着装者扬长避短，提倡量身定做。一般而言，套裙的上衣注重平整、挺括、贴身，较少使用饰物、花边进行点缀，裙子则以窄裙为主，并且裙长应当及膝或过膝。

着套裙要注意以下几个方面：

(1)套裙的上衣可以短至腰部，也可长达小腿的中部。在一般情况下，上衣不宜太短，裙子也不可以过长。上衣的袖长不超过着装者的手腕，裙子不盖过脚踝。

(2)穿着到位。在穿着套裙时要将上衣的领子完全翻好，衣袋的盖子要拉出来盖住衣袋；不允许将上衣披在身上，或者搭在身上，裙子要穿着端端正正，上下对齐。

按照规矩，女士在正式场合穿套裙时，上衣的衣扣必须全部系上，不允许将其全部或部分解开，更不允许当着别人的面随便将上衣脱下。

(3)考虑场合。商务礼仪规定：女士在各种正式的商务交往之中，一般穿着套裙为好。在出席宴会、舞会、音乐会时，可酌情选择适合参加这类活动的礼服或时装。

(4)兼顾举止。穿上套裙之后，女士在站立时，可采用丁字步，不可以将双腿叉得太开，站得东倒西歪，或是倚墙靠壁而立。就座以后，两脚并拢斜放，不可双腿分开过大，或是翘起一条腿来，脚尖抖动不已，更不可以用脚尖挑鞋晃动，甚至当众脱下鞋来。另外，由于裙摆所限，穿套裙者走路时不能跑动或大步流星地向前奔去，而只宜以小碎步疾行。行进之中，脚印应成一条直线，步子以轻、稳为佳。

(5)衬衫搭配。衬衫面料上讲求轻薄、柔软，真丝、麻纱、府绸、罗布、花瑶、涤棉等都可以用作其面料。

从色彩上讲，衬衫的要求主要是雅致和端庄，且不失女性的妩媚。除了白色以外，其他颜色只要不是过于鲜艳，与所穿的套裙色彩不互相排斥，均可选用，但以单色为最佳。同时，衬衫的色彩应与所穿套裙的色彩协调，要么外浅内深而形成两者之间的对比。

(6)鞋袜搭配。选择鞋袜时，应当以皮鞋和丝袜为主。在颜色上，黑色皮鞋和肉色丝袜最为正统，也可选择与套裙色彩一致的皮鞋。鞋子在与套裙搭配穿着时，款式以高跟、半高跟的船型皮鞋为主，不宜采用系带式皮鞋和丁字式皮鞋。在正式场合，皮靴和皮凉鞋也不宜与套裙搭配。袜子多采用连裤袜，这是与套裙的标准搭配。

(四)穿制服礼仪

就职业人士而言，制服是自己在工作岗位上穿着的，体现服务特性的上班装或工作服。穿着制服，必须严格遵守有关礼仪规范和本单位的具体规定。

(1)忌脏。穿着制服，必须使其在任何情况都保持干净整洁的状态。制服要定期或不定期地换洗。

(2)忌皱。穿着制服，要求其整整齐齐、外观完好。对于面料容易产生折皱的制服，必须采取一些必要的防范措施。例如，脱下来的制服应当挂好或叠好，切勿随手乱扔，洗涤后的制服，要熨烫或上浆。穿制服时，不要乱倚、乱靠、乱坐。

(3)忌破。在工作之中，职业人士穿的制服经常会在一定程度上形成破损，发现后，就不宜在工作岗位上继续穿着，特别是在“窗口”部门工作的人，应当立即采取必要的补救措施。

(4)忌乱。在单位里穿制服，最忌讳一个“乱”字。一些人虽然穿了制服，但是却太过随便，如敞胸露怀、不系领扣、高卷袖筒、挽起裤腿、不打领带、衬衫下摆不束起来，等等。如此做法，不仅有损制服的整体造型，也有损企业的对外形象。

职业人士在穿制服时，应按规定使用与其配套的衣饰。要将衬衫、帽子、鞋袜、皮带与制服系统地、有机地搭配起来，使其在整体风格上与制服保持一致。

(五)饰物礼仪

饰物与人类不可离开的服装有所不同的是，它可以使用，也可以不使用；然而从审美的角度来看，它却与服装和化妆一道被列为人们用以装饰美化自身的三大方法之一。较之于服装，它更具有装饰、美化人体的功能。现在越来越多人认可它是服装的有机组成部分，发挥着画龙点睛的作用，在社交场合，饰物尤为引人注目，并发挥着一定的交际功能。

饰物的功能主要体现在两个方面：第一，它是一种无声的语言，可以借以表达使用者的知识、阅历、教养和审美品位；第二，它是一种有意的暗示，可借以了解使用者的地位、身份、财富和婚恋情况。特别是第二种功能是普通服装所难以替代的。

(1)墨镜。选择墨镜时，不仅要考虑其颜色、款式、质地，还要考虑自己的脸形、头饰、肤色等，尤其是它们的整体效果。

值得注意的是：室内活动不要戴墨镜，室外礼仪性的活动也不应戴墨镜。

(2)帽子。帽子不仅防寒抗晒，也是服饰搭配的一个组成部分。对于服饰来说，帽子款式、颜色的选用是十分讲究的，它直接关系到服饰整体效果的好坏。男士进入室内必须取下帽子，不论是什么帽子，而女士的帽子如果是服装的一部分就可以不取。

(3)装饰性饰物。它们没有什么实用性质。比如耳环，胸针、手链脚链等首饰，在佩戴和使用时需要注意以下三个原则：

第一，应当遵从有关的传统和习惯。

第二，在正式场合可以不戴首饰，若戴就要戴精致之物。

第三，注意场合，以少为佳。

第三节　行　为　美

英国哲学家培根说："在美的方面，相貌的美，高于色泽的美，而秀雅合适的动作美又高于相貌美。"也许有的人并不完全赞成培根的观点，但不少人对动作美是行为美的重要性的看法，与这位先哲却是一致的。

"言为心声，行为心表。"的确，美好的行为是美丽心灵的表现。要追求真善美，希望做一个成功者，那么，就应当注意自己的面部表情、言谈举止，让自己的一言一行、一举一动都符合行为规范，展现出美丽的光彩。

举止是人际交往过程中的礼仪表现形式。在心理学上，举止被称为"形体语言"，是指人在站立、就座、行走时的肢体动作或面部表情。在日常生活中，人们的一个眼神、一个表情、一个微小的手势和体态，都可概括为举止。

举止是一种无声"语言"，它用人体的动作、表情作为词汇来象征人的心灵，表达人的思想感情，是一种动态中的美，是一个人德、才、学、识等各方面修养的外化。在社会交往中，举止不仅能在一定程度上反映一个人的文化水平、道德修养等综合素质，更关系到一个人整体形象的塑造。

端庄含蓄的行为，给人以深沉稳健的印象；从容潇洒的动作，给人以清新明快的感觉；坦率真诚的微笑，则使人赏心悦目。优雅得体的举止不是天生就有的，只有掌握正确的礼仪规范，积极主动地参与形体训练，矫正不良习惯，才能达到自然美与修饰美的最高境界。

一、规范的站姿

站立是人们社会交往中一种最基本的举止，是人的一种本能。常言说，“站如松”，就是说，站立要像松树那样端正挺拔、优美典雅。站姿显现的是静态美，是训练其他优美举止的基础，是表现不同姿态美的起始点。

1. 站姿的基本要领

(1)头正。两眼平视前方，嘴唇微闭，微收下颌，表情自然平和，面带微笑。

(2)肩平。双肩放松，稍向下压，身体有向上的感觉，呼吸自然。

(3)臂垂。两臂放松，自然下垂于体侧，中指对准裤缝；也可两手交叉置于体前。

(4)躯挺。收腹，挺胸，立腰，提臀。

(5)腿并。双腿贴紧立直，脚尖分开，脚跟并拢，两脚夹角呈60°，身体重心放在两脚中间。

2. 不同场合的站姿

掌握了站姿的基本要领后，在不同的场合还可在此基础上作些调整。

(1)女性在站立时，可将两脚平行靠紧，或前后略微错开呈小丁字步，即一脚稍微向前，脚跟靠在另一脚内侧。双臂下垂置于腹部，右手搭握在左手的四指上。在站立中身体重心还可以在两脚间转换，以减轻疲劳，这是一种常用的接待站姿。

(2)男性在站立时，可将两脚平行站立，与肩同宽或略窄于肩宽，左手握住右手腕，贴住腹部。或采用背手站姿，即双手在身后交叉，右手贴在左手外面，贴在两臀中间。两脚可分可并。分开时，不超过肩宽，脚尖展开，两脚夹角呈60°，挺胸立腰，收颌收腹，双目平视。

(3)在晃动的车(或其他交通工具)上，可将双脚略分开(不超过肩宽)以保持平衡；重心放在全脚掌，膝部不要弯曲，稍向后挺，即使低头看书，也不要弯腰驼背。

(4)在与人交谈或等人时，可采取较为轻松的站姿。脚或前后交叉，或左右开立，肩、臂不要用力，尽量放松，可自由摆放，头部须自然直视前方，背部挺直。采用此姿势，不要频繁转移重心，否则会给人以不稳重的感觉。

3. 其他注意事项

(1)站立时，竖看要有直立感，即以鼻子为中线的人体应大体呈直线；横看要有开阔感，即肢体和身段应给人舒展的感觉；侧看要有垂直感，即从耳朵到脚踝骨应大体呈直线。男子的站姿应刚毅洒脱，挺拔向上；女子应站得端庄秀美，优雅大方。

(2)良好的站姿应该真正像松树一样舒展、挺拔、俊秀。站立时要注意：

① 不要左顾右盼，东倒西歪，亦不可左摇右晃，耸肩、驼背、塌腰。

② 身体不要靠门、靠墙、靠柱；不能一肩高、一肩低；两脚间距不能大于肩宽。

③ 与人交谈时，要面向对方站立，保持一定距离，太远或过近都是不礼貌的。

④ 可根据说话的内容做一些手势，但不能太多太大，以免显得粗鲁。

⑤ 在正式场合站立时，不要将双手插入裤袋、插在腰间或交叉在胸前，更不能做一些诸如摆弄打火机、香烟盒、玩弄衣带、发辫、咬手指甲等小动作，这样做会让人觉得你过于拘谨或缺乏自信。

二、优雅的坐姿

俗话说，“坐如钟”。舒适自然、端庄优美的坐姿，会给人以文雅、稳重、大方的美感。坐也是一种静态造型，是非常重要的举止仪态。

1. 坐姿的基本要领

(1) 入座时，动作要轻盈和缓，自然从容。落座要轻，不能猛地坐下，发出响声。

(2) 上半身要自然挺直，双肩正平，两手放在两腿或扶手上。

(3) 双膝自然并拢(男士可略分开)，小腿垂直地落于地面，两脚自然分开呈 45°。

(4) 双目平视，嘴唇微闭，略收下颌。

(5) 起座要端庄稳重，站起时，右脚向后收半步，轻轻站起来。

(6) 坐在椅子上时，不要前俯后仰，把腿架在椅子或沙发扶手和茶几上；与人谈话时，勿将上身往前倾或以手支撑着下巴；如沙发椅较为宽大，不要坐得太靠里面。

2. 男士的坐姿

(1) 前伸式：在标准坐姿的基础上，两小腿前伸一脚的长度，左脚向前半脚，脚尖不要翘起。

(2) 重叠式：右腿叠在左腿膝上部，右小腿内收，贴向左腿，脚尖自然地向下垂。

(3) 前交叉式：小腿前伸，两脚踝部交叉。

(4) 屈直式：左小腿回屈，前脚掌着地，右脚前伸，双膝并拢。

3. 女士的坐姿

女士如果穿的是裙装，则不能露出衬裙，在落座时要用双手在后边从上往下把裙子拢一下，以防坐出褶皱或因裙子打褶被坐住，而使腿部裸露过多。坐下后，上身挺直，双肩平正，两臂自然弯曲，两手交叉叠放在两腿中部，并靠近小腹。两膝并拢，小腿垂直于地面，两脚保持小丁字步。

(1) 前交叉式：在标准坐姿的基础上，两小腿向前伸出两脚并拢，然后右脚后缩，与左脚交叉，两踝关节重叠，脚尖不要翘。

(2) 重叠式：在标准式坐姿的基础上，两腿向前，一条腿提起，腿窝落在另一腿的膝关节上边。要注意上边的腿向里收，贴住另一腿，脚尖向下。

(3) 后点式：两小腿后屈，脚尖着地，双膝并拢。

(4) 侧点式：两小腿向左斜出，两膝并拢，右脚跟靠拢左脚内侧，右脚掌着地，左脚尖着地，头和身躯向左斜。注意大腿小腿要呈 90°，小腿要充分伸直，尽量显示小腿的长度。

(5)侧挂式：在侧点式基础上，左小腿后屈，脚绷直，脚掌内侧着地，右脚提起，用脚面贴住左踝，膝和小腿并拢，上身右转。

三、稳健的走姿

“挺胸立腰双臂摆，提髋提膝小腿迈，跟落掌接趾推送，步幅适当一线踩，两眼平视肩放松，自然协调有神采。”这是对行走姿势比较形象的描述。行走也是人们在社会交往中一种重要的举止，因为人行走总比站立的时候多，而且一般是在公共场所进行的，人与人之间自然地构成了审美对象。优雅、轻盈、敏捷、矫健的走姿，会让人觉得精神抖擞或庄重优雅，给人以美的享受。行走时，每个人都是一个流动的造型体，创造的都是一种动态美。

1. 规范的走姿

(1)头正。两眼平视前方，嘴唇微闭，微收下颌，表情自然平和，面带微笑。

(2)肩平。两肩平稳，防止上下前后摇摆。双臂前后自然摆动，两手自然弯曲，在摆动中离开双腿不超过一拳的距离。

(3)躯挺。收腹，挺胸，立腰，提臀，重心稍前倾。

(4)步位直。两脚尖略开，脚跟先着地，两脚内侧落地，女士着裙装时，两脚走出的轨迹要在一条直线上；男士着裤装时，两脚走出的轨迹可以是两条平行线。

(5)步幅适当。行走中保持两脚着地的距离大约为一个脚长，即前脚的脚跟离后脚的脚尖相距一个脚的长度。

(6)步速平稳。行进的速度应当保持均匀、平稳，不要忽快忽慢。

(7)行走时要防止“外八字”或“内八字”；不要低头驼背，摇晃肩膀，双臂大甩手；不要扭腰摆臀，左顾右盼；脚不要擦地面；多人一起行走时，不要排成横队，不勾肩搭背；遇急事可加快步伐，但不可慌张奔跑。

2. 其他行走时的姿势

(1)引路时。引导时要尽可能走在宾客左侧前方，整个身体半转向宾客方向，保持两步左右的距离，遇到上下楼梯、转弯、进门时，要伸出左手示意，并提示客人上楼、转弯、进门等。

(2)告别时。与人告别时，应当先后退两三步，再转身离去，退步时脚轻擦地面，步幅要小，先转身后转头。

(3)上下楼梯时。上下楼梯均从右边单线行走，避免互相撞到；多人同时上下楼时不要交谈，更不能排成一排。

(4)通过走廊时。通过走廊时应尽量单排靠右行走，碰到对面有人过来时，可放慢脚步，面朝墙壁，给别人留出足够的空间。

(5)进出电梯时。在电梯里不要大声喧哗；进出电梯时应做到先出后进，先进的人尽量往里走，不要堵在电梯门口。

四、得体的蹲姿

蹲姿不像站姿、走姿、坐姿那样使用频繁，因而往往被人所忽视。一件东西掉在地上，一般人会随便弯下腰，把东西捡起来。但这种姿势会使臀部后撅，上身前俯，显得非常不雅。特别是对女士而言，常常会一不小心“走了光”。得体的蹲姿是：左脚在前右脚在后向下蹲，左小腿垂直于地面，全脚掌着地，大腿靠紧，右脚跟提起，前脚掌着地，左膝高于右膝，臀部向下，上身稍向前倾，以左脚为支撑身体的主要支点。男士也可以这样做，不过两腿不用靠紧，可以有一定的距离。

五、优雅的手势

手势也是人们常用的一种肢体语言，它可以加重语气，增强感染力。大方、恰当的手势可以给人以肯定、明确的印象和优美文雅的美感。

1. 规范的手势

规范的手势应当是手掌自然伸直，掌心向内向上，手指并拢，拇指自然稍稍分开，手腕伸直，使手与小臂成一直线，肘关节自然弯曲，大小臂的弯曲以140°为宜。

在出手势时，要讲究柔美、流畅，做到欲上先下、欲左先右，避免僵硬死板、缺乏韵味，同时配合眼神、表情和其他姿态，使手势更显协调大方。

例如在表示“请”“请进”时，正确的做法是五指并拢，手掌自然伸直，手心向上，肘微弯曲，腕低于肘。开始做手势应从腹部之前抬起，以肘为轴轻缓地向一旁摆出，到腰部并与身体正面呈45°时停止。头部和上身微向伸出手的一侧倾斜，另一手下垂或背在背后，目视宾客，面带微笑，以表现对宾客的尊重、欢迎。

2. 国际交往中的手势

在国际交往中，手势是一种交流符号，具有十分重要的意义。了解和熟悉某些常见的手势，有助于更准确地相互理解和交流；否则容易产生误解。

例如：某些中国人爱以食指指点着别人说话，这往往会引起欧美人士的极大反感，因为在欧美这是不礼貌的责骂人的动作。“到这边来”的手势用得很多，中国人习惯手臂前伸，手心向下，弯动手指，示意“过来”；而在欧美，这一动作却是招呼动物的表示。他们招呼人时，是将手掌向上伸开，伸屈手指数次；而在中国，这一动作又被误解为招呼幼儿或动物。竖起大拇指表示“好”和“行了”，通行于世界多数国家，而在澳大利亚，这个手势是粗野的表示。在希腊和尼日利亚人面前摆手是对他们的极大侮辱，手离对方越近侮辱性就越大。美国人手指弯曲，手心向前，拇指与食指弯曲合成圆圈，表示“OK”，这个手势在日本却表示钱，在拉丁美洲则是低级庸俗的动作。

六、自然的微笑

在某些国际交往中，如果因为语言障碍无法交流，微笑则是迅速达到交流目的的“润滑剂”。微笑就是在脸上露出愉快的表情，是善良、友好、赞美的表示。在绝大多数国际交往场合中，微笑都是礼仪的基础。亲切、温馨的微笑能使不同文化背景的人迅速缩小彼此间的心理距离，创造出交流与沟通的良好氛围。

七、克服不良习惯，改善个人的举止行为

(1)在公众场合，应尽量避免从身体内发出各种异常的声音，咳嗽、打喷嚏、打哈欠等均应侧身掩面为之。

(2)公众场合不得用手抓挠身体的任何部位。文雅起见，最好不要当众抓耳挠腮、挖耳鼻、揉眼、搓泥垢，也不可随意剔牙、修剪指甲、梳理头发。若身体不适非做不可，则应去洗手间完成。

(3)公开露面前，须把衣裤整理好。尤其是出洗手间时，你的样子最好与进去时保持一样，或更好才行；边走边扣扣子、拉拉链、擦手甩水都是失礼的。

(4)参加正式活动前，不宜吃带有强烈刺激性气味的食物(如葱蒜、韭菜、洋葱等)，以免因口腔异味而引起交往对象的不悦甚至反感。

(5)在公众场合，高声谈笑大呼小叫是一种极不文明的行为。在人群集中的地方特别要求交谈者加倍地低声细语，声音的大小以不引起他人的注意为宜。

(6)对陌生人不要盯视或评头论足。当他人正在私人谈话时，不可接近。他人需要自己帮助时，要尽力而为。见别人有不幸之事，不可有嘲笑、起哄之举动。自己的行动妨碍了他人应致歉，得到别人的帮助应立即道谢。

(7)在人来人往的公众场合最好不要吃东西，更不要出于友好而逼着在场的人非尝一尝你吃的东西不可。爱吃零食者，在公共场所为了维护自己的美好形象，一定要有所克制。

(8)感冒或其他传染病患者应避免参加各种公众场合的活动，以免将病毒传染给他人，影响他人的身体健康。

(9)对一切公众场合的规则都应无条件地遵守与服从，这是最起码的公德观念。不随地吐痰，不随手乱扔烟头及其他废物。非吐非扔不可，那就必须等找到污物桶后再做。乘电梯、走楼道的时候靠右行走。乘车时主动给老弱妇孺让座。购物、办事时按序排队。

(10)在公众场合，不要趴在或坐在桌上，也不要在他人面前躺在沙发上。走路时脚步要放轻，遇到急事时，不要急不择路、慌张奔跑。

总之，追求完美的人着装上应注意做到衣冠整洁，穿着要与年龄、体形、职业、季节、场所相协调。言谈上应注意谈吐文雅，发音准确，语言优美，谈吐风趣、幽默，给人以彬彬有礼、尊老爱幼、不卑不亢、礼貌周到的印象。举止上应注意潇洒自如，男士要自然大方，举止得当，显示出“阳刚之美(壮美)”；女士应端庄、娴静，动作优雅，表现出“阴柔之美(秀美)”。

☞**思考题：**

1. 为什么要加强文学艺术修养？
2. 怎样做到举止得当？
3. 穿西服有哪些讲究？

☞礼仪故事两则：

一、美与善的化身

——著名记者侯波眼中的宋庆龄

首次见到宋庆龄，给我的印象是美丽、高贵、优雅。她像高山白雪，令人叹为观止。住到一起，我深切地感受到的又是端庄、宁静、温柔、睿智、贤惠。她是美与善的化身，每一个动作都十分自然，无论是一瞥目光、一个微笑，还是一声轻唤，都充满了美的魅力，令人陶醉，使人着迷。难怪有人说，她只要往那一站，就为中国人争了光……但是，她决不孤傲。进餐时，她礼貌、优雅，很讲卫生，搞分餐制；她将甜饼子夹到卫士面前的碟子里，然后给翻译等人员都夹了甜饼子，自己才坐下来吃饭。

二、畅销书与《神曲》

在学校里，不少学生非常喜欢阅读时下流行的畅销书，对阅读畅销书的热情远胜过阅读世界文学名著。

一天，某大学中文系正在上课，一名女生问上课的教授是否读过一本正在流行的畅销书，教授回答说自己没读过。这名女生非常惊讶地对教授说：“这本书已经快发行3个月了，您怎么还没有读过呢？这可是现在最热门、最畅销的书。”

教授听了这名女生的话后，笑了笑，然后反问道：“这位同学，你读过但丁的《神曲》吗？”

女生回答：“没有，没读过这本书。”

教授说：“那你可要抓紧了，这本书已经问世好几百年了。”

教授的一句话，听起来好像简单，其实，教授委婉地表达了几层含义。首先，一些富有社会价值、文学价值的文学经典作品值得阅读；其次，一些畅销书虽然流行一时，但却经不起时间的考验；其三，大学生应该阅读品位较高的文学作品，以提高自己的文学修养水平和鉴赏能力。

在场的学生听了教授的这句话，都颇有感悟。

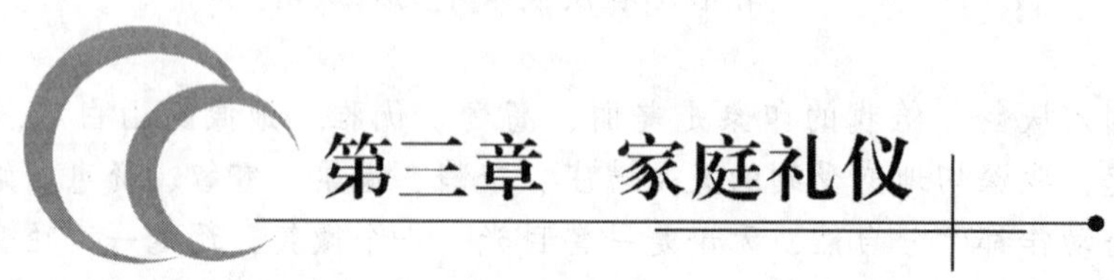

第三章 家庭礼仪

家庭是人类社会生活的基本单位，是社会肌体的细胞。家庭由家庭成员构成，是建立在血缘和婚姻关系基础上的小型群体。

每个人都想拥有一个美满、幸福的家庭。每位家庭成员都希望家庭关系和谐、亲密。但是，怎样才能让家庭充满欢声笑语和温馨气氛呢?

家庭生活的行为规范和准则——家庭礼仪，在这方面可以发挥重要的纽带作用和有效的调节作用。

家庭礼仪主要包括家庭成员礼仪、应酬礼仪及邻居礼仪等。为了处理好家庭关系，首先要通晓家庭成员礼仪，彼此和睦相处。此外，还应熟悉迎来送往礼仪与邻居礼仪，和左邻右舍搞好关系。

第一节 家庭成员礼仪

家庭成员礼仪是家庭成员在家庭生活中处理相互关系的行为规范与准则。父母善待子女，晚辈孝敬长辈，父慈子孝，家庭关系更加亲密。夫妻关系是家庭关系的核心，夫妻互敬互爱，互相关心，家庭生活自然会充满温馨。婆媳之间虽然没有血缘关系，但却有法律关系。婆婆心疼媳妇，媳妇孝敬婆婆，婆媳能够和睦相处，的确是全家的福气。用一句流行的话说：“只有婆媳亲，才能全家和。”

一、父母与子女相处的礼仪

(一)言传身教

常言道：“近朱者赤，近墨者黑。”父母的言行举止，往往对子女起着潜移默化的作用。孩子身上总是刻有父母影响的痕迹，他们对家长的一言一行、一举一动都看在眼里、记在心上，甚至加以模仿。父母热爱工作，办事公正，待人热情，平易近人，好学上进，知识丰富，等等，都可以通过工作、学习、家庭生活对孩子产生一定的影响。父母在孩子面前以身作则，为孩子树立一个可以信赖、可以效仿、可以直接感受到的好榜样非常重要。父母作为孩子的第一位老师，不仅要有做好父母的愿望，而且还应深入了解子女，尊重子女的独立人格、志向、兴趣和合理的选择。平时在家中要用正确的语言教育子女，以模范的行动影响子女。例如，不说违背社会生活准则和社会公德的话，不做违背社会准则和社会公德的事。在生活中，夫妻要互相关心，相互体谅，尤其不要当着孩子的面吵架。对子女的同学、朋友来家中做客，应表示欢迎。在日常生活中，父母说话要算数，任何时候都不要对孩子撒谎。许诺孩子的事，要尽量兑现。在这方面，古代教育家曾参，为后人树立了很好的榜样。

中国古代大教育家孔子的学生曾参，非常重视子女的教育问题。“曾参杀猪”的故事一直流传至今，曾给无数家长以启迪：

曾参的妻子准备出门去集市买东西。

“妈妈，妈妈，我也要去，我也要去!”一个两三岁的小男孩边哭边从屋里扑了过来。

“好孩子，别去了，去集市要走很远的路，路也不好走。你乖乖地在家里玩，我回来后，让你爸爸杀猪给你吃，好不好?”曾参的妻子哄儿子说。

“杀猪，杀我们家那头猪，真的吗？那我就有肉吃了，我喜欢吃肉，我不去了。”儿子终于改变了主意。

儿子高兴地把这件事告诉了父亲曾参，曾参立即请人来家捉猪，准备杀猪。

妻子从集市回来见丈夫正准备杀猪，赶忙阻止：“你疯了吗？我只不过跟孩子说着玩儿的，你怎么当真呢?”

“孩子是不能随意跟他说着玩的。”曾参严肃认真地说：“小孩子还没有学会做人处世的知识，只能跟我们做父母的学，听从父母的教诲。现在你欺骗他，将来他会欺骗别人。况且，母亲欺骗了儿子，儿子就不信赖母亲了，今后你再教育他，他能听吗?”

曾参的妻子不好再说什么了，只好听由丈夫让人把猪杀了，兑现了对儿子的许诺。

“曾参杀猪”的故事，说明了对孩子进行早期教育的重要性。要培养孩子诚实守信的品格，必须从父母做起，从日常行为做起。

(二)一视同仁

父母与子女之间应保持一种亲密无间的关系。虽然20世纪80年代后，城市里大多数家庭只有一个孩子，但从全国范围来看，只有一个孩子的家庭还是少数。俗话说：“手心手背都是肉。”父母对子女应一视同仁，“一碗水端平”，对每个孩子都给予同样的爱。不要亲一个、疏一个，厚此薄彼，让孩子的心灵受到创伤。

(三)教育有方

创造良好的家庭环境，需要家长根据不同情况对子女进行热情鼓励和及时的批评教育。批评要讲究方式方法，要循循善诱，启发引导，少训斥和唠叨，尽量不要当着外人的面批评孩子，否则会使孩子觉得在众人面前丢了脸，容易产生没脸见人、破罐子破摔的想法。父母平时应注意观察和表扬子女的优点，多鼓励孩子。对孩子提出的问题，父母要尽量给予答复，让他们从小就树立自尊心和自信心。教育子女要善于抓住时机，采取正确有效的方法。在现实生活中，若子女不求上进或犯错误，绝大多数父母亲会采取一定的方式予以教育和帮助，听之任之的父母亲极少。问题在于，有些父母亲企图仅仅以“爱心”来感化孩子，结果“慈爱”过度，变成了溺爱，不但未使子女上进或改正缺点，反而使其更加不在乎。有些父母亲则对子女过于严厉，动辄训斥、责骂，甚至采用暴力解决的方式，这常使子女产生逆反心理，变本加厉地做坏事。由此看来，“棍棒底下出孝子”的古训已经过时，而循循善诱的教育方法，依然可放射出理性的光彩。

在教育子女方面，中国古代著名的“孟母断织”的故事，至今仍对后人有启发意义：

孟子到了该上学的年龄，因家贫，孟母反复考虑，决定借一台织布机，靠织布供儿子上学。

孟子高高兴兴地上学了。学校的一切是那么新鲜，开头他学习劲头很高，可日复一日地读书、背书，使他渐渐感到枯燥无味了。有一天，尚未放学，他就偷偷地溜回了家。正在织布的母亲发现了，便问儿子：“你这么早回家，该不是逃学吧？”孟子满不在乎地说：“念书没意思，我不想念了。”孟母听了这番话，心里一阵颤抖，半晌说不出话来，一阵沉默。

突然，她拿起剪刀，把正在织的布“咔嚓”一声剪断了。这突如其来的举动，把孟子惊呆了，他小声问：“妈……妈妈，你，你怎么啦？”孟母长叹一声，缓缓地说：“你看，这布是一根根丝织起来的，人的学问也是一点点积累起来的。你不好好读书，半途而废，就像我剪断了这织成的布一样，成了废品。你年纪这么小就不愿读书，长大了怎么能成才呢？”

孟母语重心长的话语和忧伤的表情，深深地打动了孟子的心，他惭愧地说：“妈妈，我错了，请原谅我，我今后一定要好好读书！”

从那以后，孟子勤奋学习，为后来成为一名大学者打下了坚实的基础。

(四)作风民主

“海阔凭鱼跃，天高任鸟飞。”进入信息化社会后，行业竞争日趋激烈，人们的生活节奏越来越快，竞争意识也越来越强。胸怀大志的青年人奋发上进，学文化、学技术、学外语、学管理等。细心的家长不仅关心子女的衣食住行，而且格外重视他们的成长和进步。一般来说，朝气蓬勃的青年人更喜欢自由、宽松的生活、学习、工作环境。因此，作风民主、开明的父母要多理解子女的心愿，在家庭生活中尽量给孩子创造较宽松的氛围，当子女在生活、学习、工作中遇到困难时，父母可多提供些参考意见，少发一些命令。

二、子女与父母相处的礼仪

子女都希望有良好的成长环境、和谐的家庭氛围。子女在家庭中的言行、与父母相处的礼仪，对于营造温馨的家庭气氛，同样可以起到重要的作用，只是有一部分子女尚未意识到这一点。那么，作为子女，究竟应该怎么做呢？

大家都清楚这样一个事实：自己的成长、进步，都凝结了父母的心血和汗水，有的子女虽然很爱父母，但在日常生活中，往往不能忍受父母的唠叨和事事过问，不少人为此而烦恼，有人甚至采取相对抗的态度顶撞父母。这样一来，父母和子女之间就免不了发生口角和冷战。如果换一种态度来对待父母的这种关心，情况就会不一样。例如先听父母说，不急于表明自己的想法，或者以征求他们意见的方式，阐述自己的想法，询问一下我这样是否合理？因为无论与父母有多大的分歧，有一个前提是不该违背的，那就是尊重父母。虚心学习父母的优点，当父母有错误时，要耐心地说服，委婉地批评，做到这一点，父母也会变得心平气和起来。

有的年轻人在外面比较活跃，回到家里却变得比较沉闷，不愿意主动与父母沟通，甚至对父母的关心也比较反感，最多是父母问一句才回答一句；有的年轻人常和父母发生争吵，没有意识到这样做会给家庭带来不愉快。如果家庭成员每天能抽出点时间进行交流，通报一下各自的情况，也许会比偶尔为家人送个小礼物更令他们高兴。因为他们不仅通过交谈了解你的状况，而且从你的交谈中，还使他们了解到一个很重要的信息：你依然爱他们，愿意向他们倾诉。

在家中孝敬长辈，可以从许多细微之处做起。例如晨起之后，向长辈道声早安；外出或回到家后，和父母打声招呼；平时吃东西前，先问问父母吃不吃；父母身体不适时，更要多关心、多问候，尽可能地多陪伴他们。生活中多为父母分担家务，主动为父母分忧，也是最好的尽孝方式。远离家乡的子女，可通过电话、短信、电子邮件等问候父母，等等。这些看起来似乎微不足道、做起来非常容易的小事，却可以给长辈带来莫大的精神安慰。

三、夫妻之间的礼仪

对于已经结为夫妻的夫妇来说，夫妻关系的好坏，常常是家庭生活幸福与否的关键。有些年轻人认为，两人结了婚，都是一家人了，还有什么可见外的。于是，有些夫妻彼此谈话很随便，开玩笑也没有了尺度，有时无意中伤害了对方，自己还毫无察觉，时间长了就会影响夫妻感情。由此看来，夫妻在家庭生活中朝夕相处，若要保持爱情的甜蜜，就应当讲究夫妻相处礼仪。

众所周知，中国有一对夫妻一辈子相敬如宾，堪称夫妻的楷模，这对令人敬佩的夫妻就是周恩来和邓颖超。他们从几十年的恩爱生活中总结出夫妻相处的宝贵经验——“八互”，即互敬、互爱、互学、互助、互让、互谅、互慰、互勉。这八条宝贵的经验，值得每一对夫妻学习和借鉴。

(一)互敬

夫妻互敬即相互尊重、相敬如宾。例如在一次青年联合会上，女教师小吕准备上台参加歌唱比赛，她的丈夫大张悄悄叮嘱她，别紧张，你一定能成功。小吕说，谢谢你的鼓励。这段话听起来再平常不过，但事后，大张的朋友小于提起这件事，竟说了一句，跟你媳妇还虚虚假假的，太酸了。其实，夫妻虽然是一家，相互间多说几句“谢谢”“请帮帮忙”或鼓励之类的话，并不是多余的。这样做既体现了互相尊重，又能加深彼此的感情。

(二)互爱

夫妻互爱即互相体贴、温情脉脉。俗话说：“知夫莫若妻”“知妻莫若夫”。夫妻在一起生活，应先相互了解彼此的性格、爱好和生活习惯等，丈夫不要在婚后变得粗暴，妻子也不要在婚后变得俗气。夫妻虽然不再常有恋爱时花前月下的浪漫，但体贴对方的话要常讲，关心对方的话要常说，不要忘了感情交流，一个眼神、一个手势、一声亲切呼唤，无不包含深情厚谊。

（三）互学

夫妻互学即互相学习、取长补短。夫妻各有长处，不论在事业上还是在日常生活中，要多看对方的长处，学习对方的优点，弥补自己的缺点，不断进步。

（四）互助

夫妻互助即互相支持、互相帮助。夫妻应共同承担家务，丈夫不妨多干点力气活。夫妻在事业上更要互相帮助、互相支持，共同走向人生的辉煌。

印度诗圣泰戈尔年轻时听从父命，与一位社会地位低下、长相平平、文化水平较低的姑娘结婚。但这种差别并未给诗人的生活和创作带来不利影响；相反，妻子的高尚品德却成了诗人生活和创作中不可缺少的组成部分。

婚后，泰戈尔的妻子在泰戈尔的热情关怀和严格要求下，学习并掌握了孟加拉语，同时也学会了英语和梵语，她用孟加拉语改写了梵语的简易读本《罗摩衍那》，还登台演出了泰戈尔的戏剧《国王和王后》。她的这些出色表现，在泰戈尔心中很快赢得了位置。

一次，泰戈尔身患重病，贤惠的妻子日夜守护在床头，亲自调理汤药，整整两个月不曾离开丈夫的病榻。她以真诚的爱情抚慰这颗被疾病折磨得痛苦不堪的心灵，使泰戈尔的身体终于康复。

泰戈尔希望以隆重而热情的方式接待客人和来访者，每当这种时候，一贯崇尚简朴的妻子便亲自下厨操持烹调，以其精湛的手艺使客人满意，让丈夫高兴。她做的馅饼，堪称一绝。他们外出旅行时，她也悄悄带上必要的炊具，为丈夫做美味馅饼。

直到1902年她去世为止，在整整20年的漫长岁月里，她把丈夫的理想和事业视为自己的最高追求，始终精心照料他的生活，为他分忧解难。

泰戈尔夫妇在相貌、社会地位等诸方面存在着显著差别，但他俩互相靠拢、互相帮助，家庭生活美满和谐，在事业上比翼双飞，堪称“模范夫妻”。

（五）互让

夫妻互让即互相谦让，切莫唯我独尊。夫妻之间要提倡平等，遇事多商量。丈夫不要以“大男子主义者”自居，妻子也不要让丈夫得“气管炎”（“妻管严”）。你敬我一尺，我敬你一丈，彼此多给对方一些理解和空间，夫妻感情会更加亲近、牢固。

（六）互谅

夫妻互谅即学会宽容，互相谅解。俗话说：“金无足赤，人无完人。”何况“人有失手”。丈夫可能做事比较粗心，妻子要能够容忍；妻子或许比较啰唆，丈夫要予以谅解，彼此求同存异，互相靠拢。

（七）互慰

夫妻互慰即互相关照、彼此安慰。人生的道路曲折、漫长，不可能事事称心如意、一帆风顺。当一方在前进的道路上遇到挫折时，另一方不要讽刺、挖苦甚至奚落，而应当多安慰对方，一起分析受挫折的原因，总结经验教训，让失败变为成功之母。

(八)互勉

夫妻互勉即互相勉励、互相鼓舞。当一方取得成功时，另一方应表示热烈祝贺，并一起分享成功的欢乐，同时激励对方再接再厉，不断开拓、前进。夫妻不论在顺境还是逆境，都要互相理解，互相信任，互相支持，携手并肩，一步步走向胜利的彼岸。

第二节 家庭应酬

一、待客

礼貌待客是中华民族的传统美德。“有朋自远方来，不亦乐乎!”孔子的这句名言，千百年来一直被好客的国人所传诵。

邀请亲朋好友到家里做客，最好事先做些准备，诸如整理房间，备点水果、饮料等。客人应邀而至时，主人应该起身迎接，或提前到门口等候。

将客人迎进屋后，应安排客人就座。给客人端茶时，应用双手，一手抓住杯耳，一手托住杯底。夏天天气炎热，主人可为客人打开电扇或空调，也可递一把扇子，以消暑气。

主人与客人交谈时，态度要诚恳，不要频繁地出出进进，更不要总是看表或打哈欠，以免对方误解是在下“逐客令”。

当客人告辞时，主人可诚意挽留或主随客便，等客人起身后再起身相送。送客时，请客人走在前面。快到门口时，主人应上前替客人把门打开，让客人先出门。如果送客人乘电梯，主人应当等电梯关门后再离开。对年长的客人或长辈，主人住在楼上则应送到楼下，再握手道别，目送客人离去。

如果来客不是自己的客人，而是父母或兄弟姐妹的朋友等，也应该热情接待，不要因为不认识而态度冷淡；相反，要帮助家人招待好客人。如为客人倒茶水，然后再去继续做自己的事。善待自己和家人的朋友，不仅能使自己有广泛的交往，还会由此加强家人之间的情感交流，反之则会使亲友疏远。好客并讲究待客礼仪的家庭，朋友会多，亲戚会越走越亲。

二、馈赠

王先生和李小姐不久前喜结良缘。可在大喜的日子里，他俩却有点犯愁。原来亲朋好友送来的贺礼中，多数是电饭煲。看着一大排电饭煲，王先生和李小姐不知如何处理才好。由此看来，送礼也应当有所讲究。

(一)见机行事

送礼是人之常情，也是人际交往的一种重要形式，人们通过送礼表达心意。送礼要掌握好时机，逢年过节，亲友间你来我往，互赠礼品，以联络感情；同学、同事过生日或乔迁，送去一份礼品，以示祝贺；接受别人帮助后，适时送一些礼物，以表达感激之情；探望生病住院的友人时，送上水果、营养品或一束鲜花(需要注意的是，有的人对鲜花过敏)等，以示关心；应邀做客时，给主人带份礼物，以表敬意。此外，给即将出远门的老乡送点旅行用品，以及给生活困难的亲友必要的接济，等等，都是表达心意的方式。总之，应见机行事，合乎情理，彼此会觉得正常、自然和心安理得，而不要盲目地、无缘无故地送礼；否则，自己破费了不说，还让受礼人感到突然和莫名其妙。

送礼贵在及时，要“雪中送炭”，送在“节骨眼上”，而不要“雨后送伞”。譬如，一位好友的生日过了几天后，方才想起应送一份贺礼。此时，时过境迁，再送贺礼缺乏底蕴与情趣，倒不如另择时机，聊表心意。

(二)“投其所好”

送礼的对象多种多样，由于每个人的阅历、爱好不同，故而对物品的喜欢也不尽相同。因此，送礼若想博得对方的“欢心”，就需要了解对方的爱好，“投其所好”，选送对方钟爱的物品。例如，给书法爱好者送一套文房四宝——笔、墨、纸、砚；给酷爱垂钓者送一副渔具；给乒乓球爱好者送一件运动衣或一对乒乓球拍；给喜欢“吞云吐雾”的烟民送一条好烟或一个精制的打火机。

送礼应讲究针对性，因人而异。例如，给腿脚不便的老人送一根雕刻精美的手杖；给天真活泼的儿童送一盒智力玩具或学习用品；给恋人送一枚雅致的叶脉书签；给丈夫送一条漂亮的领带；给妻子送一条美丽的围巾等。给家境宽裕者送礼，宜讲究礼品的艺术性；给经济拮据者送礼，则应注重礼品的实用性，如送食物、衣料等实惠的东西。

常言说：“千里送鹅毛，礼轻情义重。”送礼贵在情真意切。送礼者切不可“打肿脸充胖子”，应量力而行，尽可能选择新颖、别致、稀奇的礼品，不落俗套，而不必一味追求贵重的礼品。此外，赠送的礼品应避免与他人雷同。倘若与受礼人关系很好，不妨打听一下送礼对象近期需要什么，以便选购奉上，满足对方的需要，甚至可以邀他一起去商场购买中意的物品，效果也许更佳。

(三)讲究礼仪

送礼要选择恰当的时机，准备合适的礼品。此外，还应讲究送礼礼仪。

选购好礼物后，可请售货员帮忙包装好。礼品上若有价格标签，送人前应取下标签。若是自己制作的礼品，最好用专用的礼品纸包好，然后用彩带系成花结。经过精心包装的礼品看起来更精美，也更能显示出送礼人的深情厚谊。

送礼一般由送礼人当面送给受礼人，通常在刚见面时或临分手之前送上。送礼时要热情大方，礼貌地用双手或右手把礼品交给受礼人，同时讲几句表达心意的话。送礼时切忌摆出一副救世主的面孔，仿佛施舍于人，否则会令受礼人一肚子不痛快，进而产生抵触情绪；当然也不要畏畏缩缩或表现出无可奈何、不得已而为之的样子；更不要到处宣扬送礼事宜，以免使受礼人产生不快甚至精神上的压力。

作为受礼人，双手接过礼品时要表达谢意，而不要显得无动于衷。即使收到的礼品不称心，也不能表露在脸上。作为受礼人，应重视别人的情谊，而不必太在乎礼物的价值和功能。

接受别人馈赠后，除了办丧事等特殊情况，接受赠礼后不宜立即还礼外，一般宜尽快还礼，或待适当时机给予回赠，以加强交流、增进情谊。“礼尚往来”是中国人民世代相传的传统美德，值得继承和发扬光大。

(四)送花礼仪

花是大自然的精灵，美的化身。五颜六色、香气四溢的鲜花，不仅让人们赏心悦目，心旷神怡，而且可作为人们联络感情、交流思想的使者。

花，千姿百态，习性各异。人们根据花卉各自的特征，赋予其一种象征意义，进而用花来表达自己的思想、感情和语言，通过赠送鲜花传情达意。人们把这一方式称为“花语”。例如，玫瑰花表示爱情，秋海棠表示友谊，白色百合花和丁香表示纯洁，水仙花则意味着冷酷无情。

随着人们生活水平的不断提高，人们在交往中越来越多地用花来表达自己的思想、感情。因此，需要了解赠送花卉的礼仪常识。

1. 花语

(1)玫瑰——求爱、初恋、爱情、爱与美。

红色玫瑰：热情、热爱。

粉红色玫瑰：初恋、浪漫。

白色玫瑰：纯洁。

(2)康乃馨——母亲，我爱您；健康长寿、热情、真情。

红色康乃馨：相信你的爱。

粉红色康乃馨：热爱、亮丽。

白色康乃馨：我爱永在、真情、纯洁。

(3)百合——顺利、心想事成、百年好合、祝福。

香水百合：纯洁、文静、高贵、婚礼的祝福。

白色百合：庄严、心心相印。

(4)天堂鸟——大鹏展翅、自由、幸福、快乐、热恋中的情人。

(5)满天星——关怀、淡泊名利、清纯、高雅(主要用于配花)。

(6)非洲菊——热情、大方、坚强。

(7)勿忘我——永恒、真挚。

(8)并蒂莲——夫妻恩爱、吉祥如意。

(9)郁金香——爱情、胜利、祝福。

红色郁金香：爱的宣言。

粉红色郁金香：热恋、幸福。

黄色郁金香：珍重、财富。

紫色郁金香：忠贞、最爱。

(10)剑兰——生活美满、步步高升、健康安宁。

(11)红掌——大展宏图、热情、奔放。

(12)向日葵——光明、忠诚、爱慕、活力。

(13)牡丹花——高贵、美丽、繁荣、昌盛。

2. 送花的艺术

(1)为老人贺寿，一般选送百合花、长寿花、万年青等鲜花，以祝贺老人健康长寿。如果为老人举办寿辰庆典，为表示隆重、喜庆，可送玫瑰花篮，也可以根据老人的喜好进行选择、搭配。

(2)为中青年人祝贺生日，可以选送百合花、一品红、石榴花等鲜花，以表示火红年华和前程似锦。

(3)祝贺热恋中的青年男女或朋友新婚，可选送玫瑰花、郁金香、天堂鸟、百合花、并蒂莲、非洲菊等，还可以送花篮，表示热烈吉庆，以象征新婚夫妇幸福美满、白头偕老。

(4)探视病人，最好选择香味清淡的鲜花，如兰花、马蹄莲、水仙花等，不宜选择颜色太艳、香味太浓的花；对容易过敏的病人则不宜送花。建议不要给病人选送盆花，以免病人误会成“久病生根”。

(5)春节时，可以选择表示吉祥、喜庆、欢乐、富贵寓意的玫瑰、剑兰、水仙、百合、天堂鸟等鲜花送给亲友。

(6)母亲节来临时，可选择康乃馨或香水百合、玫瑰等鲜花献给母亲。

(7)父亲节来临时，可选择表示威严意味的百合或飞燕草、剑兰等鲜花献给父亲。

3. 送花的禁忌

送花要因人、因场合而异，要了解地区、国家、民族不同的送花习俗。

桃花含有红火之意，如果给中国南方和港澳台地区的生意人送花最好送桃花，而不要送梅花和茉莉花。因为，梅花的“梅”字和“霉”发音相同，茉莉花的“茉莉”两字和“没利”相同，被认为不吉利。

在中国的广州、香港地区，探望病人的时候，要避免送剑兰，因剑兰和“见难”发音相近。

第三节　邻居礼仪

俗话说：“远亲不如近邻。”近些年来，城乡居民的住房条件得到较大改善，但目前住别墅的市民，毕竟只是极少数，绝大多数城市家庭，还是与楼上楼下、左邻右舍的居民为邻。

住在居民楼里，大家都希望处理好邻里关系。可仍有不少家庭事与愿违，或为噪音烦恼，或为楼上的住户乱丢乱扔烦恼，或为孩子打架等产生纠纷，甚至反目。而凡是与邻居保持良好关系的家庭，大多比较讲究邻居礼仪。

邻居礼仪有许多讲究，最基本的礼仪有以下两点：

一、彼此尊重

一栋楼或一个院子里，住着各种各样的人。但不论从事什么工作，职位高低，每个人在人格上和法律面前都是平等的。因此，大家应彼此尊重，见面时互相问候，至少应点头致意。邻里之间，因同居一处，容易了解各家的生活习性，不要打听别人家的隐私，更不要东家长、西家短，捕风捉影，搬弄是非，以免产生矛盾和纠纷。

二、互相关照

生活在一个共同的空间之中，大家应讲究社会公德，注意维护环境卫生，合理使用院内天井和楼道空间。公用电灯坏了，可主动买新灯泡换上；楼梯脏了，亦可及时打扫干净。做一些事情和娱乐时，要为邻居着想。例如，不要在隔壁邻居午休时，往墙上敲敲打打；晚上听歌曲或唱卡拉OK时，不要把音响的声音开得太大，以免影响邻居的生活和休息。

邻里之间要相互关照，有事互相帮忙，而不要以邻为壑，“老死不相往来”。还没有安装煤气管道的住户，见邻居换液化气罐，不妨搭把手帮忙抬上楼。当邻居家夫妻吵嘴、打架，闹得不可开交时，作为关系不错的邻居，不要袖手旁观，更不能火上浇油，而应当酌情劝架，积极做调解工作。

俗话说：“邻里好，赛金宝。”讲究邻居礼仪，妥善处理好邻里关系，才能建立真诚的友谊；而友好、祥和的邻里关系，能给生活增添不少乐趣，使家庭生活更温馨，邻里生活更快乐，社区生活更和谐。

☞思考题：

1. 怎样营造温馨的家庭氛围？
2. 送礼的原则是什么？
3. 如何处理好邻里关系？

☞礼仪故事两则：

一、丰子恺待客教子

我国著名漫画家、书法家丰子恺先生十分重视对儿女的教育，他主张走近儿童的心灵，保持童心，同时他也不放松对儿女品德的教育。

丰子恺十分好客，常有美术界人士登门拜访。有一次，丰子恺在一家餐馆宴请一位远道而来的朋友，让自家几个孩子作陪。长女丰陈宝早早吃饱了，她就向父亲嚷嚷着撒娇，要提前回家去睡觉。丰子恺不好意思大声制止她，就在她耳边悄悄地说：“客人还没走，主人不能急着回家。”丰陈宝似懂非懂地点了点头，便安静下来。

事后，丰子恺又和颜悦色地向丰陈宝解释不能早走的原因：“我们家请客，小孩子当然也是主人。主人比客人先走，对客人的不尊敬。就好像嫌弃客人吃得多，这很不好。”

丰陈宝就问：“家里来客人，我们怎么做？”丰子恺教导她说：“见了客人应面带微笑，起立主动问好。对客人的提问，必须认真回答。要以小主人的身份热情招待客人，为客人端茶送水。在父母与客人交谈时，不要随便插话、吵闹。不对客人评头论足，不讨要礼物等。”父亲的话，儿女们都牢牢地记在了心里。

二、永恒的爱

在美国芝加哥市的西北角，有一个名叫罗爱德的小镇。前不久，该镇的教育机构为镇里一位女教师举办了一次摄影展览，展出的都是该教师以女儿为主人公拍摄的生活照片。出人意料的是，从美国各地来了2800多位记者，打破了美国个人摄影展览采访记者人数的历史纪录。

这位女教师名叫路易丝，自1991年起一直在当地小学任教。她生活很一般，与众不同的是，她坚持每天给女儿珍妮照一张相，从女儿出生到20周岁，足足照了20年，照了7300多张。她把这项活动称为“女儿每天都是新的”。

然而，就是这些平凡的照片轰动了整个美国，路易丝也被评为优秀教师。

第四章　学校礼仪

学校是培养和造就高素质人才的摇篮。教师肩负着教书育人的神圣使命，故应带头学习有关礼仪，率先垂范。学生在学校里不仅要学习知识、学习文化，而且要学会合作和做人，力求获得德、智、体、美全面发展。

第一节　教 师 礼 仪

一、教师形象礼仪

教师形象礼仪包括教师仪容礼仪、仪表礼仪和教态礼仪。

（一）教师仪容礼仪

教师仪容礼仪，主要是指教师的容貌，主要包括面部、头部、颈部、手部等直接裸露在外的部分。修饰得当的仪容，看上去精神焕发、神采飞扬，具有自信与敬人的双重功效。所以，每一位教师都应注意自己仪容的修饰，给学生留下温文尔雅、亲切端庄的印象。

教师要勤洗脸，应除掉脸上的灰尘（粉笔灰）、污垢、汗渍、泪痕及分泌物，还要重视脖梗、耳朵的卫生。胡须、鼻毛要及时修剪；口气要清新无异味；牙齿要注意清洁，不能挂着菜叶，或全是茶垢、烟垢；脸上长了疱疹、疖子，要立即去看医生，不要乱挤、乱掐，弄得脸上伤痕累累。女教师上岗时，可化简约、清丽、素雅的淡妆，不要化浓妆；男教师注意保洁即可。

教师的头发要整齐、干净，不能有异味，不能蓬松凌乱。在发型的选择上，要注意与自己的脸形、体形、性别、年龄相适应，做到雅致大方、统一协调。女教师的发型不要过于夸张，染发不要选用不自然的颜色，不要佩戴过于花哨的发饰；男教师的发型不要过短或过长。任何怪异新潮的发型都不适合教师职业。此外，爱掉头发和头屑的教师，每次出门以前应对自己的头发进行精心的检查和梳理，并将落发和头屑认真地清理干净。

教师的双手犹如自己的“第二张名片”，教师在办公室伏案写字、在课堂板书、在课余辅导学生时都需要用手。所以，不论饭前便后、板书完毕、外出回来以及接触各种东西后，都应及时洗手。指甲缝里更要清洗干净，不要有残留物。不得蓄长指甲，不得使用醒目的指甲油，不得在他人面前修剪指甲。有“暴皮”的，要及时用指甲刀或剪子去除，不要留在手上，也不要用嘴撕咬。腋毛不应展示在他人面前，尤其是异性面前，女教师在夏季穿无袖上衣时，应先除去腋毛。

(二)教师仪表礼仪

教师仪表礼仪，主要是指教师在不同社会活动中应讲究仪表和服饰。服饰主要包括衣服、裤子、裙子等服装，帽子、鞋袜、皮带、手表、皮包及其他饰物。教师的仪表既起着重要的自身修饰作用，也起着对学生潜移默化的美感教育。所以，每一位教师都应十分注意自己仪表的修饰，给学生留下端庄、富有亲和力的印象。

教师在服装的选择上，要以身体条件为依据，根据自己的高矮、胖瘦、肤色深浅，选择不同质地、颜色和样式的衣服，以便扬长避短，通过服装起到一定的修饰作用。年长的教师着装要注意庄重、雅致、整洁，给学生以德高望重、沉稳通达之感；青年教师着装则要鲜艳、活泼、随意一些，给学生以朝气蓬勃、充满活力之感。服装的选择，应随课程性质、课程内容的不同而不同，例如文化课、体育课、艺术课教师的着装不同，语文老师讲低沉的《一月的哀思》和明快的《秋色赋》的着装也可不同。着装时还要考虑到教育对象的年龄、知识、能力、性格等因素，面对低年级学生时，服装要色泽鲜艳、明快；而面对较高年龄段的学生时，则要朴素、整洁、端庄。

教师的着装不能露出乳沟、肚脐、脊背、胸毛、腋毛、腿毛，女教师不穿超短裙、吊带背心、短裤，男教师不穿短裤、背心。夏天天气再热，也不能让内衣、背心、文胸、内裤等若隐若现，甚至一目了然。衣服不要过紧，不能让内衣、内裤的轮廓“原形毕露”。一方面，教师不是时装模特，不能过分新奇古怪，招摇过市。另一方面，教师又不得不注意形象，卷袖子、敞扣子，颜色过乱、饰物乱配，衣服脏、破、皱，不烫不熨，油垢、牙膏遗迹“昭然若揭”，这种邋里邋遢、衣衫褴褛、不修边幅的仪表，不仅不利于教师树立良好的个人形象，同时也会给学生带来负面的影响。

教师可以恰当地佩戴饰物，以达到衬托仪表、体现个性、展示内在气质和高雅品位的作用。佩戴饰物时，要少而精，使风格、外形、颜色、质地与服装相配，考虑场合和季节，并与个人的体形、发型、脸形、肤色及年龄协调一致。此外，戴首饰时，要懂得寓意，遵守民间地域文化习俗，以避免尴尬。女教师可根据恋爱及婚否来选择戴戒指的手指；耳环要么不戴、要么戴一对，不要戴一只或三只以上；不要在室内戴墨镜和帽子；有外事活动时，不要戴有十字架或猪、蛇生肖挂件的项链；课堂上不提倡戴手镯。男教师皮带的颜色应与裤子同色或相近；皮夹中不宜塞满东西；笔应放入公文包内或上衣内侧的口袋中，不要插在西装外侧；公文包不要选用发光发亮、印满广告或图案的，也不要塞得鼓鼓囊囊，甚至内物外露。

(三)教师教态礼仪

教态是教师在教学过程中的姿容、形态、风度等方面表现出来的整体的仪态。表现为教师的站立、走动、坐下等体态语，目光、微笑等表情语以及指点、示意、评价等手势语。教师的教态自然、亲切、大方，动作协调、声情并茂，能使课堂教学更加生动形象。所以，每一位教师都应十分注意自己的教态训练，以给学生更强的感染力和亲和力。

1. 体态语

教师在教学时，应保持站立姿势。要做到直立、挺胸、收腹、梗颈，给人以端庄、稳重、自然、亲切之感。要站在讲台中央，这样既利于自己随时参阅教案、提笔板书；又利于学生视力健康和身体卫生，不会让学生形成斜视，或因唾沫而传染疾病。学生在思考或做练习时，教师应到学生座位行间巡视。教师在擦黑板时，要稳，不能全身猛抖；在讲课时，要面对学生，不要侧身甚至面对黑板站立。另外，教师不要靠在讲台、黑板或课桌上；不要双手交叉抱在胸前；不要两脚分得太开，也不要交叉两腿而站。学生在回答问题时，教师应身体微微前倾，不要把手放在裤兜里或反在背后，更不要背对学生，自己板书。

教师在课堂上授课时应适当走动。要做到抬头、挺胸、收腹；两臂自然摆动，前摆约 35°，后摆约 15°；步幅适度、频率适中、步态轻盈，重心落在前脚掌，两脚内侧落在同一条直线的边沿上，脚尖偏离中心线约 10°。不论是一字步走姿，还是便步式走姿，都不要东张西望、面无表情、内外八字、身板不直、蹭着地走，更不要在课堂上走动过频，以免分散学生注意力。走动时，不要吃东西或吸烟。

上年纪的大学教师可根据身体状况坐着讲课，入座时，动作要轻、稳。落座后，头要端正、上身直立，手可放在双腿、桌子或椅子扶手上，双腿自然并拢或微微分开。不要两腿叉开过大，或直伸出去，甚至放在桌椅上。不要抖腿，不要趴在讲台上，不要翘起并晃动二郎腿。

2. 表情语

教师和学生沟通时，要善于使用目光交流。上课时，教师不要瞪、眯、盯、斜视同学，不能长时间凝视某一位同学或某一个点，而应目光和蔼、前后左右扫射到教室里的每一位同学。要控制转动幅度与频率，眼睛注视学生的区域一般是学生眼睛到嘴巴的“三角区”，标准注视时间是交谈时间的 30%~60%。如果碰到学生回答问题错误，或课下交谈缄默无语时，不要老是盯着对方，以免引起尴尬。学生离开办公室时，应目送其离开。

教师要学会用微笑来表达关注、关爱、激励和宽容之情，让学生感受到自己在教师心目中的地位，感受到来自教师的关心、爱护和尊重，感受到教师的认同和鼓励，甚至感受到教师对自己不良行为的理解和宽容，引起自我反思和觉醒。

3. 手势语

为了澄清和描述事实、强调事实或吸引注意力，教师可以用模拟状物的形象手势，表示抽象意念的象征手势，传递感情的情意手势和指示具体对象的指示手势来辅助语言进行表达。使用手势要自然、准确，动作大小要适度。教师要根据教育的对象，适合教材、教学情境的要求，符合课堂人际关系的特点来选择手势。举手、扬手、翻手、合手等都要运用得当，不要词不达意、乱用手势。

教师讲课时不要敲击讲台、黑板，或做其他过分动作。不要用手指指点学生，必要时应以手掌示意。动作要有一贯性，不要经常变化，使学生产生理解上的歧义。双手无规律地乱动，手势动作过多、过大，都会起到负面影响。不要玩弄粉笔、衣扣，不要搓手或抠指甲，不要频繁地看表。一些女教师习惯性拢发和个别男教师喜欢将手插在裤兜里，这些都不是好习惯。

二、教师言谈礼仪

教师承担着教书育人的重任，所开展的各项工作都离不开语言表达。教师要具备良好的言谈技巧，要善于根据具体的谈话情景，针对具体的谈话对象，说出合乎交际场合的语言、说出让交际对象满意的语言。此外，还要注意表达语言时应遵守的礼仪礼节，这样才能顺利地开展各项教学工作。

(一)教师与学生交谈礼仪

教师找学生谈话时，要注意交谈礼仪。要先确定谈话的目的、内容、思路和方法，应提前通知学生，让对方有思想准备。要注意场合的选择，表扬、商讨或研究工作等方面的谈话，可在办公室进行；批评或了解不宜公开的情况，则应选择较清静、不引人注意的地方。学生到来时，要真诚地叫出学生的名字，不要用昵称或绰号。要热情迎候，不能在屋里站着或在门口谈话。座位和距离的安排上，不要高高在上，要让学生有平等的感觉。谈话时，要注意自己的仪表举止，做到服饰整洁、稳重端庄、落落大方。此外，教师说话还要灵活多变、因人而异、因事而异。

(二)教师与家长交谈礼仪

教师和家长交谈时，应注意交谈礼仪，谈话时要目的明确、事先准备充分。教师可采用家庭访问、召开家长会、电话联系、邀请家长来学校谈心、组织“家长委员会”、开办“家长学校”等形式与家长联系。在交谈中，要树立家庭教育、学校教育、社会教育相互影响，密切配合的“大教育”观念，以激发家长教育子女的积极性；树立素质教育的观念，以激发家长教育子女要全面发展的责任心。要帮助家长掌握科学的教育方法，及时纠正那些“物质金钱刺激”“打骂体罚”和“揠苗助长”的错误做法。要尊重家长的意见，不能说侮辱家长人格的话，不能做侮辱家长人格的事。要尊重家长的感情，不能当众讽刺、指责甚至贬损其子女。

(三)教师与同事交谈礼仪

教师和同事交谈时应注意交谈礼仪，如尊重同事、语言得体，不要词不达意。交谈时要看对象，该说则说，不该说的则一句也不说。与同事交谈时不要自吹自擂、过分夸耀自己，或以己之长对人之短。要善待同事、语言真诚；不能过于客套、过分粉饰雕琢，以免给人以虚伪之感。不能文人相轻、心生嫉妒，不能对同事讥讽挖苦、尖酸刻薄，甚至进行人身攻击，更不能在背后飞短流长地评论非议他人。不要当场纠正同事话语里的错误和时常修改、补充对方的意见，要尊重对方的观点，有争议时，言语要委婉，切不可强词夺理，以显示自己一贯正确。

(四)教师与领导交谈礼仪

教师和领导交谈时也应注意交谈礼仪，说话要得体，要尊重领导，但不应阿谀奉承、一味逢迎，只说恭维话。说话不仅要注意适可而止，还要符合下级的身份，不能讲一些过头的话。在接受领导布置的任务时，语言要干脆利索，避免推诿、不情愿的口气。如有困难，应说明原因，举荐其他替代人选，委婉地加以拒绝。若领导坚持自己的意见，教师应尽力去完成。向领导汇报工作时，要做到语气平缓、紧扣中心，多用请示语沟通、一事一报，不要情绪过于激动、离题万里、语气生硬或同时汇报几件重要的事情。给领导提建议时，要注意语气，不要提过高或不切实际的要求。

三、教师教学礼仪

教师礼仪主要是以教学活动为载体来实现的。教师的素质和修养在教学活动中将直接影响教学效果，因此在教学过程中，教师应时时处处讲究文明礼仪，自觉规范自己的言行举止，恰当地展示内在美与外在美的统一、动态美与静态美的协调，以树立知书达理的谦谦君子形象。

(一)课前准备礼仪

课堂教学是整个教学工作的中心环节，为优化课堂教学效果，提高教学质量，教师必须在课前认真、充分地做好各项准备工作。

在课前准备阶段，教师要注意三个方面的礼仪要求：

1. 备课礼仪

备课是教师在一定的教学观念指导下，根据教学需求，为实现教学目标所做的准备工作，是组织好课堂教学的前提和基础。为了优化课堂教学，教师在备课过程中要符合教学礼仪和规范，体现高尚的职业道德。

(1)钻研教材，态度认真。任课教师深刻地理解教材、准确地把握教材、恰当地处理教材，是上好课的前提，也是教师教学水平高低的重要标志。教师在备课时，应该端正态度，认真钻研教材。应该依据教学大纲规定和教学内容要求，逐一列出知识点、重难点，以便在教学中有的放矢、逐一落实；把握各知识点的深度、难度和广度，注意突破重难点，归纳其方式、方法，以便授课时切中要害，化难为易。教师备课时需精心揣摩、反复推敲，才能真正理解和把握教材。

教师切忌把备课当任务，敷衍了事，不要简单地照搬现成的教学资料、投机取巧，或满足于已有经验的浅尝辄止，这些都不可能使教学达到应有的深度和广度。

(2)依据教学大纲和教材。教师备课必须以教学大纲和经批准使用的教材为依据，不能根据个人兴趣和爱好随意取舍，而应力求体现一门课程的完整性和科学性。

(3)求新求实，与时俱进。近年来，各种大众传播媒介迅速发展，使得学生能通过各种图书、报刊、电视、电脑及自身的生活实践，不断地接受知识的刺激，学生的感性知识变得前所未有的丰富，这就要求课堂教学内容应紧跟时代要求，与时俱进，及时地反映新的知识信息。教师备课要善于利用学科的最新研究成果和教学资料。一要博览，拓宽视野；二要取其精华，灵活运用。通过对教案的编排、设计，选择最佳的教学方法，因势利导，因材施教，给学生解惑、点拨和指导，以达到最佳学习效果。教师切忌一份备课笔记或教案多年不变，或者以教材和胸中的知识储备代替备课笔记。

(4)以学生为本。教师应摆正位置，以学生为中心，尊重学生，把爱心和耐心体现到备课当中。教师备课既要对大纲“心中有数”，还要“胸中有书”，更要“目中有人”。现代教学理论强调学生是学习的主体，教师的“教”要落实到学生的“学”上。教师如何引导学生的思路？如何调动学生学习的积极性、主动性？师生之间选取什么样的交流方式？这些问题都需要周密思考，并体现在备课之中。教师备课要从重视教师的“教”的构思转向重视对学生“学”的引导，才能让学生成为学习的主人，让更多的学生体会到学习的乐趣，融入活跃的学习生活。

(5)熟悉学生，关注差异。教师备课时既要研究教材知识体系，更要熟悉学生的实际水平，应将学生与课本知识之间的差距作为教学设计的着眼点，以系统、整体、联系的观点去把握学生已具备的知识水平和潜在的接受能力。

教师在备课时不仅要分析班级的整体情况，还要熟悉不同层次水平的学生个体。教师在备课时要针对不同类型的学生和教学内容，选择不同的教学方法，不仅要保证水平高的学生能够“吃得饱”，更要保证水平低的学生“能消化”，使全体学生都能得到提高。

(6)教学设计富有创造性。教师备课时应充分发挥智慧，创造性地设计教学，而不应过分依赖教科书和教学参考书；应力求备课时备“活”课，绝不能把教案当做唯一“向导”，而要活用教参，凭自己的深刻领悟，备出新颖独特、有个性化特点的课。要跳出“教教材”的圈子，引导学生体验和领悟教材的精华，让教材成为学生积极发展的广阔天地，通过激活教材使教学达到一种新的境界。

(7)注重实效，提高课堂效率。教师备课不能搞形式主义，不能为了应付学校的考核，只注重书写是否漂亮工整，而应该把精力主要放在教学目标和重难点的确定、教具的运用、教学过程的精心设计等方面。教师备课要注重实效，以提高课堂效率为目的。

2. 请教礼仪

如果教师在教学准备工作中遇到自己不能解决的问题，可以向其他教师或职工请教。在请教过程中，教师需要注意的礼仪规范有以下几个方面：

(1)语言文明礼貌。一个人的语言反映一个人的精神世界，教师在向别人请教时，应尽量使用礼貌用语：①“您好，打扰您一会儿”；②“我有一个问题向您请教”；③“请多指教”；④“这方面的问题还请您多指导，多帮助”；⑤“谢谢您的建议”；⑥“麻烦您了”；⑦“以后还要向您多学习”。

(2)态度诚恳谦虚。教师向其他教师请教问题时，态度要诚恳谦虚，说话要真诚、坦然。“能者为师”，自己不知道或不清楚的问题就应该虚心向别人请教。所提问题应简洁、明了，语气谦恭、和善，语速应均匀适当，语言表达委婉得体、有艺术性。

(3)认真耐心倾听。倾听时要保持良好坐姿，面带微笑，态度认真。不要目光游离、漫不经心，而应通过点头、微笑、提问等方式积极响应。不要随便打断对方的话，有疑问或不同意见时，应等对方说完后，再诚恳商讨。必要时，应选用做笔记的方式，记录重要内容，以表示对对方谈话的重视。

3. 调课、停课礼仪

教师如有特殊情况，不能按课程表上课，要按照学校调课、停课的规定来办理，遵守相关的程序和规范，体现教师应有的礼仪素质。

(1)课程需要进行调整的教师，应在规定的时间之前提出书面申请，按照校方程序办理具体手续，不能私自到教务部门要求调整课程，更不能私自变更上课时间、地点，甚至任课教师，否则均属于教学事故。

(2)尽量不要调课、停课或少调课、停课。课程表是学校教务部门的指令性安排，不能随便调动。教师应根据课程表合理安排其他事情，不能因为其他事情任意影响教学。

(3)尊重学生。教师在填写调课、停课申请表前，应征求教学班学生的意见，临时调课的教师应负责向学生说明原因，及时解释并做好善后事宜的处理。

(4)教师要确认教学班学生得到调课、停课的通知。

(5)课程调整批准后，教师应按照调好的新时间、地点上课。

(二)课堂教学礼仪

课堂教学礼仪是指教师在课堂教学活动中应该注意的行为规范。教师的行为会潜移默化地影响学生，因此，教师在课堂上应讲究礼节、风度，时时谨慎、处处垂范，以良好的礼仪风范为学生树立榜样。

1. 课堂问候礼仪

师生相互问候是课堂教学的起始阶段，也是教师课堂礼仪必经的第一程序。为此，教师应做到：

(1)坚持预备铃响后1分钟内到位。教师到达教室门口时，面向学生侧身站立，检查班级学生课前准备的情况，以此创造良好的教学氛围。

(2)上课铃响起，教师进入课堂走上讲台，学生要全体起立并向教师行注目礼；教师应环顾全体学生，然后向学生点头致意，学生等教师还礼后坐下。

(3)下课铃响后，教师应结束讲课，待全体学生起立站好后，师生互道“再见”。如果有本校或校外人员听课，教师应示意学生请听课人员先行，必要时鼓掌欢送。

2. 课堂语言礼仪

课堂语言是教师教学的特定语言，是师生实现沟通、交流的主要载体。教师要自觉培养文明修养，注重自己的礼貌谈吐，遵守语言的规范性，掌握语言的使用方法，讲究语言的艺术性，准确表达授课内容，唤起学生的求知欲，从而充分发挥语言的作用。

(1)课堂语言的礼仪规范。

① 语言文明健康。教师是学生的榜样和楷模，可以通过课堂语言来塑造学生磊落的人格魅力，培养学生坚强的意志品质和高尚的道德情操。因此，课堂语言必须注意积极向上、文明健康，符合语言美的要求。课堂上不应讲述低级趣味、庸俗无聊的话语，也不应列举荒诞无稽、迷信古怪的事例。

② 使用普通话，讲求语言规范。标准的普通话是教师的职业语言。在实际教学中，如果教师能用一口纯正、流利的普通话文雅规范地授课，无疑会对学生学习产生良好效果。此外，教师语言规范还表现在遣词造句方面要符合普通话的规范和现代汉语的习惯。

③ 语言准确，讲求科学性。教师在课堂上要准确地使用概念，科学地做出判断，合乎逻辑地进行推理，从而准确无误地讲解知识，透彻精辟地说明道理。各科教学都有其严密的科学性和系统性，教师上课必须使用准确、严密的语言。

④ 语言简洁，条理清晰。教师讲课要做到语言精练，条理清晰，表达准确，避免冗长。用简洁的语言传达丰富的信息，节省时间以增加课时应有的容量。中心明确、有的放矢、有层次，才能更好地讲清重点、突破难点。

⑤ 语音自然清晰，语调抑扬顿挫。教师的课堂语言应注意语音柔和动听，亲切自然，吐字清晰，发音纯正饱满；音量要适中，以教室里后排的学生能听清所讲内容为准。同时，在讲课过程中，教师的语调应抑扬顿挫、变化有致，避免始终一个音调，令学生昏昏欲睡。

⑥ 语言生动形象，具有艺术美。好的语言表达往往含蓄深刻、生动活泼，具有启发性和幽默感，使人能从中得到高雅的享受。教师的课堂语言更应讲究分寸、锤词炼句、蕴含深远，生动活泼、风趣幽默、通俗易懂。课堂语言应集思想、学术、智慧及灵感于语言表达之中，在营造良好教学氛围的同时，用哲理启迪学生，这才是教师语言的最高境界。

(2)课堂语言的禁忌。

① 忌“一言堂”。对话是交流的基础，有对话才有交流，有交流才能产生情感。课堂是师生双边活动的场所，不是教师独领风骚的舞台。教师在课堂上要根据授课内容启发学生理出学习思路，独立思考，摸索学习方法，自主学习；还应排除思想顾虑与同学讨论交流等。教师在认真倾听学生的发言后，要及时评价，触发学生学习的动机，使他们能围绕学习内容，有滔滔不绝的话题。

② 忌污言秽语。在课堂上，无论何时何事，教师都不能使用脏话、粗话、黑话，这些不文明的语言都有失教师身份，并会给学生带来恶劣影响。

③ 忌挖苦谩骂。教师应语言亲切，不讽刺、挖苦、谩骂学生，不能伤害学生的自尊心和自信心。

④ 忌带口头禅。口头禅是一种语病，傲语口头禅，如“你懂什么”等常会给人自以为是、盛气凌人的感觉；而废话口头禅，如“怎么说呢”“对不对”等的反复出现，会使句子拖沓、紊乱，令人厌烦。不论是哪一种口头禅，教师都应尽量改正，以免影响学生。

⑤ 忌话题庸俗。诙谐幽默的课堂语言绝不是戏剧丑角的插科打诨，或胡说些与教学无关的笑料。要注意语言“通俗”而不是“庸俗”。

⑥ 忌心态灰暗。学生是蓬勃向上的，教师不要在课堂上随心所欲地发表自己的不满情绪，任意攻击他人、学校甚至社会。

3. 课堂提问礼仪

课堂提问是教师根据教学目标联系教学重点，向学生提出问题，并引导学生经过思考，对所提出的问题得出结论，提出自己的看法，从而获得知识、发展智力的教学方法。课堂提问的成功与否是课堂教学成败的关键。因此，在课堂教学中，教师掌握必要的课堂提问的礼仪规范，对提高教学质量具有重要意义。

(1)提问的目标要明确。问题的设计必须紧扣本节课的教学目标，围绕教学内容的重难点和学生原有的认知结构。问题应精挑细选，使之切中学生的疑惑之处，并设置悬念，启发学生思维。提问时，要克服随意性，不应偏离教学目标，不应又怪又偏，更不应为了提问而提问。

(2)提问的难度要适宜。教师设计课堂提问要能激发学生积极思维，既不能提过深、过难，让学生觉得高不可攀的问题，也不能提过浅、过易，让学生觉得唾手可得的问题。让学生“跳一跳，够得着”，才能向学生的智力和创造力提出挑战。

(3)提问的机会要均等。教师提问的机会要平均分配给全班学生，不要只向少数课堂表现积极的学生发问。对于不同的对象，提出的问题也可有所差别。对优秀生多提一些较难和相对需要快速反应的问题；对中等生多提一些适中、利于其提高自觉参与意识的问题；对较差的学生，教师可提低难度问题，在其回答后，另请成绩好的学生补充，最后自己点评。

(4)提问的时机要恰当。在一个完整的教学单位时间内，只有少数几个瞬间时刻是提问的最佳时间，教师必须善于抓住这些最佳时刻。在上课初期，应多提一些回忆性的问题；在学生思维高度活跃期，应多提一些说明性、分析性和评价性的问题；在学生思维转入低潮期时，应多提一些强调性、巩固性和非教学性的问题。此外，提问后要留有充分时间给同学们思考，不要即问即答。

(5)提问的对象要随机。不宜按学号、座位号等顺序依次发问，所提问题表述清楚后，就不要再重复；否则学生能轻易推测出下面该轮到谁来回答，或等到被点起来之后再去重听问题、进行思考，而不注意听讲了。

(6)对提问的评价要中肯。教师应以表扬为主，批评也要体现爱心，不要伤害学生的自尊心。应允许学生有不同的见解，鼓励学生的个性化理解，不要用统一的标准去划定学生的答案。当遇到差生确实不会回答问题时，可复述问题或改变提问角度加以引导，也可先请他坐下，听别人的回答后再复述一遍。这样将利于转变差生，有利于整体提高教学质量。

(7)提问的态度要积极。教师提问时的面部表情、身体姿势和体态以及师生间的空间距离，这些因素都能支持、修饰和替代言语行为所难以表达的感情。因为教师本身的动机、兴趣、态度、情绪等方面，影响着学生的思维发展，所以教师应用积极、愉悦的态度，传递鼓励、信任的感情，而绝不能表现出不耐烦甚至是责难的态度。

4. 课堂板书礼仪

板书是课堂教学中的一个重要组成部分。好的板书能加强理论教学的直观性，能更加突出教学重点，条分缕析，起到提纲挈领、画龙点睛的作用。因此，教师要认真设计好每节课的板书，重视板书的礼仪规范。

(1)板书的礼仪规范。

① 板书文字应简明扼要。要注意重难点，分清主次，抓住关键性环节。预先明确板书的内容，文字要反复推敲、筛选，力保简单，尽量做到在黑板上“写下的是真理”。

② 板书字迹要端庄秀丽，大小适度，不写错别字、潦草字和不规范的简化字。

③ 板书线条，符号要运用得体。常用虚线、实线来表示“连接”的意思。虚线有时表示“暗线”，实线则表示“明线”；虚线表示“远距离”，明线表示“近距离”。折线表示升降、曲折，箭头指示方向，三角符号表示重点提示。除此之外，还有开合号、括号、标点符号等。

④ 板书布局、组合要合理。布局上，主板书居中，辅板书置两侧。组合上，对比式适于比较揭示异同，回环式适于直观显示联系，开合式适于表现结构，阶梯式适于体现空间位移，等等。

⑤ 板书色彩要搭配适宜。恰当地运用色彩既能突出重点，又能起到“点缀”作用。板书中用色要少而精，切忌五彩斑斓。

⑥ 板书图示应具有形象性和启发性。图示较直观，可降低教学难度，但需用时一定要几笔成形、简洁明了。

⑦ 板书与其他教学方法要达到有机的统一。讲写要同步，分层板书时，要适时插入演示、分析、设问等灵活多变的其他方法，使教学双边活动错落有致，动静交替。

(2)板书的禁忌。板书时要字体、大小、风格一致，清晰工整，不要写不规范的简化字或已淘汰的繁体字，不要英文花体字和手体杂糅，数字或字母难以辨认。内容忌讳拉杂，形式忌讳单调呆板、零星杂乱。

(三)课后反馈礼仪

1. 课后辅导礼仪

课后答疑时，教师不宜对学生提出的问题简单地直接给出答案，更不能越俎代庖，而要引导学生分析、讨论，注意启发和点拨。当学生出错时，教师不必全都正面纠错，适当地反问有时可以启迪学生，让学生自己认识到出错的根源，从而加深理解。对于超前或离奇的问题，不要简单回绝，而应循循善诱，给予鼓励和引导，培养学生思维的主动性和积极性。教师要主动热情，鼓励学生多提出问题，引导帮助他们解决问题。同时，不能厚此薄彼，只对优秀生热情有加、有问必答，而对后进生冷眼相待、敷衍了事。其实，后进生往往存在畏惧心理，教师更应主动多和他们交流，帮助他们找出存在的问题，使他们对教师产生好感和信任，树立信心，提高学习的积极性。

2. 批改作业礼仪

批改作业一律使用红色墨水或红色圆珠笔。按照教学常规中各学科设置的作业，要求做到全批全改。批改符号原则上应求一致，圈画要有规范，自成体系，不要简单用“√”“×”来判断对错；选用丰富的反馈信息、个性化的批示，效果会更好一些。每次作业的分数、批改日期要写在作业结尾的下一行里。作业要尽快发还，不能批改周期过长，校正措施不力。作业如有错误，应予以订正，指导学生自行订正或重做直至正确为止，订正的作业，也应按同样的标准进行批改。教师应自己字迹工整，同时对书写整洁、解题有独到之处的学生，进行针对性批注。要善于通过批改作业，发现教学中存在的问题并及时补救，要有启发性、鼓励性的批语，以激发学生的上进心。

3. 点评试卷礼仪

批阅试卷一律要用红笔，扣分应在试卷内对应项目处标明，而得分也应在试卷首页或答题纸相应的栏目框内注明。总分必须准确，切忌发生加减错误。判分或修改分数后，阅卷教师均应签名。讲评试卷要及时，讲前要明确考查目的、吃透试题内容、分析失误原因、总结失误类型，选取重点的、典型的内容，有针对性地准备好讲评材料。讲评时应采用多肯定、少责备的方式，以表扬鼓励为主，切忌只顾分数、不管其他，一味地表扬好学生、批评后进生。教师要注重讲评技法，采用适当的、有鼓励性的语言表达方式，让学生感到自己的行为得到了教师的肯定，有一种成就感。对学生表示肯定，除直接表达外，还可采用各种体态语来暗示鼓励，这种方式适用于所有的学生。

四、教师交往礼仪

教育工作就是在不断地与学生、与家长、与同事、与领导的交往中进行思想与文化的沟通与交流。因此，作为一名教师，不可以忽视校园交往礼仪。

(一)教师与学生交往礼仪

教师要尊重学生，要把学生看做是与自己地位完全平等的人，要敢于承认自己的错误，不要以权威者自居，不要傲慢与粗鲁。要对不同相貌、性别、种族、籍贯、出身、智力、个性和关系的学生一视同仁，喜欢他们、关心他们。既忌讳对学生冷漠无情、没有爱心，也忌讳对个别优秀生过分偏爱而冷落后进生，造成后进生心理上的自卑及师生间的隔阂与对立。要主动与学生交往，学会站在学生的角度去分析问题。要多鼓励学生，要严爱结合。与学生交谈时，要营造轻松愉快的谈话氛围，谈一些他们感兴趣的事，多给学生表达的机会，学会用心沟通、耐心倾听。

(二)教师与家长交往礼仪

教师要热情接待来校的学生家长，认真倾听家长的叙述，实事求是地介绍学生在校的情况，对学生多表扬、少批评，不要把家长当做发泄的对象，而应尽量营造轻松、愉快的谈话氛围。要多给家长一些发言机会，对家长要用商量的口吻，不要以专家自居。开家长会时，要做好充分准备、提前书面通知家长，会上要努力营造和谐氛围，与家长平等交流、友好协商，并重视会后反馈。家访时，要提前预约、按时到达，衣着要整齐，敲门进入后可先寒暄再进入正题，不要未经邀请就在学生家东转西瞧，家访时间不宜过长，不要借家访解决私事。如需学生回避，应事先与家长预约学生不在家的时间进行家访，不可强行让学生回到自己房中。

(三)教师与同事交往礼仪

同事之间的交往要以相互信任、相互尊重为基础，不冷淡也不过分热情。应保持适当的人际交往距离，要主动去帮助、关心和体贴同事，真诚相待、互利互惠、达到双赢；而不要过分关心别人的私事，四处议论同事的“隐私”。要学会求同存异，不要对同事过分苛求，发生摩擦时要严于律己、宽以待人。批评一定要是善意的，要注意说话的用语措辞；要私下单独交流，不要当着领导和其他同事的面，横加指责，更不要尖酸刻薄、文人相轻、自以为是、到处逞能。对同事要多赞美、少嫉妒。同时，那种喋喋不休、滔滔不绝、逢人诉苦、博取同情的方法也是不可取的。借人钱物，要及时归还，若一时难以还上，要立下书面字据，并每隔一段时间向对方说明一下，才能保持同事间的亲密关系。

(四)教师与领导交往礼仪

教师要尊重领导、冷热有度，既不能对领导的失误袖手旁观、冷嘲热讽，也不要在公开场合顶撞领导、求全责备，也不应乱开玩笑、称兄道弟、不分彼此。教师要支持领导的工作，一方面要恪尽职守、做好本职工作；另一方面还应主动领悟领导的意图，为学校积极出谋划策。对领导的指示，要认真服从，如有不同意见，应以适当的方式向上反映，或加以保留，不应将其作为拒绝服从领导的一个借口。但如果领导的错误涉及道德、法律问题，则可以选择离开，甚至采取合法措施。

第二节　学 生 礼 仪

一、学生交往礼仪

(一) 师生礼仪

1. 学生尊师礼仪

教师是辛勤的园丁，肩负着教书育人的责任，除了要认真备课、辅导学生、批改作业，还要广泛查阅资料，进行科学研究。所以，在教师上课时，学生应主动帮教师擦黑板、打开水等；课后，应根据需要帮助教师整理实验室等。当教师生病或发生意外时，应及时前去看望和慰问。师生之间的交往重在真诚，应保持师生情谊，而不能演变成庸俗关系。

2. 学生请教礼仪

学生有问题需要请教教师时，应讲究请教礼仪，如主动请教师落座。若教师不坐，学生应该和教师一起站着说话。只有等教师坐下，并请学生坐，学生方可坐下与教师说话。学生无论是站着还是坐着，都应姿势端正，不可东张西望、抓头摸耳、抖腿搁脚。学生与教师交谈时应双目凝视教师，认真地听教师说话。不可一只耳朵进，另一只耳朵出。如果学生对教师说的话感到不理解或无法接受，并有不同看法时，可不必隐瞒，应谦虚而诚恳地向教师请教，直到弄明白为止。

3. 学生进办公室礼仪

学生进教师办公室要讲究有关礼仪，注意仪表、仪态及着装。进门前，要有礼貌地轻轻敲门，在征得教师同意后方可进入；进入办公室后要向在场的教师问好，未经教师邀请不可随意坐下，而应站着聆听教师讲话。如要找的教师不在，应礼貌地询问一下办公室的其他教师，可根据情况说明自己的姓名或所在班级、有什么事、何时再联系等，然后告辞。

4. 学生拜访教师礼仪

学生去教师家拜访，不论是咨询知识、祝贺节日、探望，还是请教师帮助排难解疑等，都要事先通知教师，以免吃“闭门羹”，或弄得教师措手不及。拜访教师时要做到服饰整洁，按时到达。进门后，称呼要得体。如在场的人多，又不熟悉，则可泛泛问候“大家好”。当教师或其家人递茶水时，应起立双手接过，并道谢。当有新客人来访且教师作了介绍时，应主动起立招呼、问候，若发现因自己在场有所不便或拜访时间已经不短时，应马上告辞。告辞时，若教师相送，应请教师留步。如果因故学生不能赴约，一定要设法提前通知，以免教师等候与牵挂。

(二) 同学礼仪

1. 一般交往礼仪

同学之间相处，不论自己与对方关系如何，均应对其表现出应有的尊重，并且以礼相待、以诚待人、与人为善。对待同学要态度谦虚随和，不要狂傲自满，拒人千里之外。要团结同学、互相帮助、共同进步、理解宽容。不能无事生非、心胸狭隘、语言粗俗，更忌打听别人的隐私。

去同学家串门，要礼貌称呼其家人，对其父母应称“伯父”“伯母”“叔叔”“阿姨”，对于同学的其他亲属，可以随同学的称呼而称呼。在同学家做客，不能乱翻东西，也不要停留时间过长，以免给对方添麻烦。

2. 异性交往礼仪

男女同学交往时，应该坦然相处、大大方方，不必顾虑重重、躲躲闪闪。一般情况下，男生比女生力气大，因而在体力劳动等方面，男生应主动关心、帮助和照顾女生。异性之间串门，要事先预约，进门前应先敲门，获得允许后，方可入内。

异性之间要注意举止得体、彬彬有礼、文雅大方，不要过于随便或粗俗，男生不要对女生凑得太近，或用手随意触碰。男生或女生背后议论或贬低对方，或给对方的长相、身材、性格打分都是不礼貌的行为，极易伤害同学的自尊心，从而妨害异性同学之间的友谊。

学生时代，不宜早恋。但在拒绝同学的追求时，采取的措施要文明、有分寸，不可讥笑对方，更不可公开异性的求爱信，以免伤害对方的自尊心。

二、学生学习礼仪

(一)课堂礼仪

课堂是教师对学生传授知识与技能的场所。讲究课堂礼仪，对于促进教师与学生的沟通，提高教学质量，极为重要。

1. 提前两分钟

上课前的两分钟，学生必须进入教室，做好准备工作。这本身是一种应有的礼貌，也是对老师的尊敬。学生可以利用这两分钟时间从容地做好上课准备，如找出上课要用的教材、笔记本和其他文具，关闭手机或把手机调成静音状态。

2. 认真听课

学生上课时要专心听讲、精神饱满、做好笔记。不要心不在焉、打哈欠、打瞌睡；不要与同学说悄悄话、听音乐、看其他书报，更不要吃东西。

学生提问和回答问题时要先举手，待老师示意后方可进行。发言时应自觉起立，目光正视老师，声音清晰、洪亮，使老师和学生都能听清。学生的站姿和表情要大方，不要搔首弄姿或者故意做出滑稽的举止引人发笑。

老师讲课时，一般不允许学生中间离开教室。如果学生有特殊情况，必须中途离开，则应该在老师讲完一个问题时再举手请假；得到允许后，要迅速而轻盈地走出教室。

老师在教学过程中出现差错，如由于笔误写错字，由于发音不准念错字，由于一时记混而说错等，这并不一定说明老师水平低。作为学生，应该正确对待老师在教学过程中出现的疏忽和差错，发现后应该选择适当的时机和方式，如写纸条或等老师走到身边时悄悄地告诉他。沟通时，应使用请教或商量的口气以及谦和的态度，让老师有思考的余地，不应使老师当场难堪。

3. 文明下课

老师尚未宣布下课，学生不要急于收拾东西，下课后应让老师先走。老师走后，学生方可自由活动。自由活动时，不宜在教室或教学楼里大声喧哗、追逐打闹。

(二)实验室礼仪

理工科学生在校期间，除了在课堂学习知识外，还要上实验课，接触实验设备，进行实际操作，以增强理论与实践相结合的能力。由于实验课都在实验室完成，因此，同学们在做实验时，要听从老师的安排，爱护实验室设备，遵守实验室礼仪。

1. 听从安排，遵守纪律

在操作实验设备过程中，同学们要听从老师统一安排，按老师要求正规操作。老师指导具体操作时，同学们应放下手中设备，站立听讲，记住操作要点，掌握操作程序，不得违反纪律。

2. 爱护实验室设备

实验室存放的药品、标本、用具、实验设备等物品较为贵重，同学们操作时一定要爱护，轻拿轻放，注意节约、节省。实验中，如果损坏仪器设备，应及时向老师报告，不得相互推诿，甚至溜之大吉。如果是做剧毒危险药品或细菌实验，要严格执行操作程序，保护自身的安全，以免发生意外。一旦出现危情，应立即报告老师，及时进行处理，必要时送医院急救。

做实验时，如遇到这样或那样的问题，应向老师请教，不要擅自处理。

3. 整理实验设备

实验室是教学工作的重要场所，里面有水、电、易燃品等，上完实验课以后，应自觉打扫实验室，保持实验室干净、整洁，扔掉杂物、废弃物，还要检查好水、电、门窗关闭情况。总之，要有安全意识。

(三)自习室礼仪

自习室是“无声的课堂”。在自习室学习，最重要的是维护室内安静的环境。讲究自习室礼仪，也是取得良好学习效果的保证。自习虽无老师授课却仍然是课堂教学的延续，任何与学习内容不相干的事情都不宜在自习室里进行。在自习室里与他人说话、打闹、玩扑克等，都是与教室学习环境格格不入的失礼行为。进入教室，不管是先来者，还是后到者动作都应特别轻，相识的同学见面时彼此可以点头或挥手示意，言语的问候是不合时宜的。自习期间要尽量减少走动，离开座位时，需要坐在外边的同学起立让路时，应向其表示歉意并致谢。有不明白的问题需要与其他同学商量或请教时，最好到自习室外边去交谈。在自习室学习，开门、关门、起立、入座动作要轻，尽量避免发出响声影响他人。自习期间在楼道内也要轻手轻脚，低声细语，不要在楼道内打电话，或追逐打闹、高声喧哗。

在自习室学习，要遵守学校教学楼的有关规定：一是不要在教室内乱丢废弃物品，保持室内卫生；二是要准时下课，不要拖延过久。

在教室，对桌椅要爱护，不在上面乱刻乱画，杜绝“课桌文字”的出现。

(四)志愿者礼仪

近年来，许多大学生主动担任志愿者，积极参加多种公益活动。作为志愿者，要自觉践行下述礼仪。

(1)着装规范。在岗时着统一服装，佩戴证件，保持仪容整滞。

(2)态度友善。热情待客，微笑服务，善待他人。

(3)爱岗敬业。熟悉岗位职责，尽职尽责，一丝不苟。

(4)语言文明。用词准确，语调亲切，声音高低适度。

(5)动作规范。站姿优雅，手势标准，举止有度。

(6)乐于奉献。助人为乐，服务社会，为服务对象提供高效优质服务。

三、学生食宿礼仪

(一)学生宿舍礼仪

在我国，全日制的大中专院校基本采用学生住宿制。集体宿舍是学生的一个基本生活单位，也是学生课余休息的重要场所。学生的一半时间在宿舍度过，宿舍是大学生的“第一社会，第二家庭，第三课堂”，所以，每一个大学生都应讲究宿舍礼仪，共同把第一社会风气搞好，把第二家庭生活过好，把第三课堂的课上好。

1. 保持宿舍卫生

集体宿舍是大家共同生活的场所。要创造一个整洁、美观舒适、充满生活情趣的生活环境，需要大家共同设计和保持。

东汉时期，有个叫陈蕃的人，年轻时很想干一番大事业，他立志要“扫除天下”。但是，他却从来不肯动手把自己家里的环境打扫干净。有人批评他说：“一屋不扫，何以扫天下?”陈蕃不愿做扫地这样的事，说明他的大志是不实在的。

对住校的学生来说，正因为宿舍是他们的主要生活环境之一，它的面貌在一定程度上也能体现和反映学生的文化修养和思想修养。所以在寝室内应注意以下礼仪：

(1)讲究个人卫生，培养良好的生活习惯。被褥要折叠得整齐美观，衣服、鞋帽要整齐地安放在一定的地方。换下的脏衣服、脏鞋袜要及时清洗和晾干，未洗之前不可乱丢，要安置在隐蔽的地方，并将自己的其他物品归类安放整齐。

(2)自觉遵守值日制度，并爱护寝室内的公用物品。在每日值日和定期大扫除之后，还应共同做好保洁工作，以保证宿舍内没有杂物、纸屑、痰迹，门窗洁净，桌面及公用物品摆放整齐。

(3)窗外不是垃圾堆。不能向楼下倒污水、扔废物、摔酒瓶。

(4)水房卫生离不开大家。不要往水池里倾倒废物，剩饭剩菜要倒进泔水桶，以免堵塞下水道。发现堵塞后，要主动进行处理，必要时通知楼长或修理工，不要置之不理。

(5)保持厕所卫生。如厕时，大小便要入池，否则应用纸擦或水冲干净；脏纸或卫生巾等应投入指定的垃圾篓，以免引起堵塞；便后要放水冲厕所。

2. 美化宿舍环境

宿舍可以分为两个部分加以美化，即室内公共部分和个人小天地。两部分的美化既要各具特色，又要协调一致。公共部分一般以花卉、盆景、书画、牌匾、工艺品等装饰，该部分确定了寝室的基调。个人天地的美化是对该基调的丰富和深化，要突出个人的生活情趣，富于幻想和创造，不拘泥于统一的形式。个人小天地一般用图片、手工艺品、玩偶、小型字匾来美化。个人小天地的美化要注意与整个宿舍的美化相协调，不要过于强调自己的个性，而破坏了整体的和谐美。切忌张贴或悬挂不健康的海报、照片，应努力营造大学生应有的奋发向上、多姿多彩的宿舍文化氛围。另外，宿舍的美化还应考虑季节的变化，夏天应注意清爽，冬天应充满暖意。

3. 不妨碍他人休息

在宿舍中，学生应遵守共同制定的文明公约和作息时间，养成良好的生活习惯。

(1)按时起床。现今校园里，总有那么一部分学生晚上不愿睡，早上不愿起，有的甚至旷操、旷课。校园里流传着一种“九三学社”的说法，指有些学生早晨睡到九点，下午则睡到三点，成天都当“卧龙先生”。这样既影响学习，也不利于宿舍适时开窗通风换气。而另一部分学生起床太早，尤其是动作幅度比较大时，更使得别人欲起不忍、欲睡不成，时间久了会造成他人心中不悦，甚至可能影响同学之间的关系。因事偶尔需要早早起床，应提前向室友打招呼，起床时要特别注意动作轻柔，尽量不要弄出大的声响，尽快离开宿舍，以免影响他人睡眠。

(2)准时归宿。只有准时归宿才能确保在熄灯前洗漱完毕，按时上床休息。无论是为了在教室苦读，还是为了其他事情造成夜半归宿，干扰其他同学睡眠，都是非常不礼貌的行为。实在事出有因不得不推迟归宿，应该向室友表示歉意，并努力把这种惊扰减到最低程度。

(3)适时就寝。在学校规定的或宿舍约定的就寝时间之前上床睡觉。应及时关闭光源、声源，不要点击电脑，或开“卧谈会”，以免妨碍他人休息。

(4)当有人休息时，上下动作要轻，拿东西声音要小，说话尽量轻声或耳语。

(5)当与室友同睡高低铺时，晚上如实在睡不着，应适当减少翻转次数，以免殃及上(或下)铺。

(6)休息时间，手机应置于振动状态，如有电话呼入，应出室外接听。如有宿舍固定电话，应由未睡者，或距离最近者，快速接听，避免吵醒所有人。

4. 尊重个人隐私

生活在同一间宿舍，同学之间相互开放的程度很大，但不等于同学之间没有个人隐私和秘密，因此，尊重个人隐私非常重要。

(1)不要随便使用同学的用具，不要翻看同学的笔记、书籍和物品，更不能将同学的东西据为己有。如有特殊情况需要借用，要事先打招呼，征得对方同意。东西用后要及时归还，若有损坏，要照价赔偿。

(2)不能翻看同学的日记，不能私拆、私藏同学信件。

(3)不可打听同学的隐私。

(4)当同学有亲友来访，谈论一些私事时，其他同学要适当回避；不要在一旁偷听，更不要插嘴询问。

(5)某同学离校去处理个人私事，对此，他人不要主动打听甚至刨根问底。

5. 注意语言文明

古人云：“言，心声也；书，心画也。”大学生讲话应注意语言文明，否则将有损自己的形象。个别大学生脏话不离嘴，开口、闭口挂着被鲁迅先生痛斥的“国骂”；有的同学语言粗俗野蛮，稍不满意就出言不逊，轻则讽刺挖苦，重则彼此辱骂；有的同学语言庸俗，开不健康的玩笑等。语言的粗野无聊，是与大学生这个名称极不相称的。大学生在宿舍里如能坚持使用文明礼貌、诙谐的语言、互相关心，互相关照，成员之间的关系必然和睦融洽，生活也会感到舒心、愉快。

6. 以礼相待

中华民族素称“礼仪之邦”，彬彬有礼的风度历来备受人们的称誉，“以礼相待”是家喻户晓的格言。《礼记》中“有礼则安，无礼则危”的论断，深刻地揭示了“礼”的巨大社会作用。待人彬彬有礼，就能在人与人之间架设一座互相尊重和友爱的桥梁，使生活充满愉悦与和谐。相反，待人粗暴无礼，只能带来不满与怨恨。

(1)互相尊重。同宿舍的同学可能会来自不同地区，由于各自家庭的环境、条件不同，造成性格、脾气、爱好及生活习惯也不一样，同学间应互相体谅，做到互相尊重、互相关心、和睦相处、以礼相待。

(2)互相关心。同学们在学习上互相帮助，在生活上互相照顾，才能心情舒畅。当有同学遇到困难时，大家应伸出友谊之手，给予帮助。当有同学取得优异成绩时，大家应当为其感到高兴。另外，遇有同宿舍其他成员的友人来访时，应热情接待，不可表现出“事不关己，高高挂起”的态度。

7. 学会集体生活

集体生活和在自己家里不同，要学会集体生活，谨记集体生活的规则。

(1)在使用水龙头、晾衣绳及电话等公用设施时，应尽量礼让他人。在使用中要小心谨慎，不能故意破坏。

(2)使用自来水要注意节约，使用完毕后要拧紧水龙头。

(3)节约用电，不违章使用电器。

(4)录音机等音源的声音不要开得过大，休息时间音量应调到最小，最好使用耳机。

(5)如厕时，若门已坏、虚掩着，不能确定里面是否有人的话，应先敲门，核实后再进入。

(6)楼上的同学晾晒衣服要拧干，尽量不要滴湿楼下同学已经晾着的衣物。

(7)不要过多地串门或在他人宿舍逗留过久，以免干扰他人正常的生活节律。在午休或晚上休息时，拜访异性同学，应把对方请出来，而不要直奔异性宿舍，以免给对方的室友带来不便。

(8)不要在宿舍里从事商业性营销。

(9)尊重楼长和其他管理人员，配合他们的工作。

(10)注意安全，离开宿舍时要及时关门、关窗，不要擅自将不认识的人或其他来访者引进宿舍，发现可疑情况应及时汇报。

(二)学生食堂礼仪

随着时代的发展，餐饮仅仅维持生存的原始功能已大大减弱了，如今餐饮正在向科学化、多样化的方向发展。

学校食堂就餐人数多，就餐时间集中，工作人员往往比较繁忙。所以，如何营造食堂环境，遵守食堂礼仪显得尤为重要。

1. 注意公共卫生

学生去食堂就餐，要穿着整齐，不要穿背心、拖鞋进入食堂。要讲文明礼貌，不可随地吐痰，不向地面泼水、扔杂物。用餐时，应该吐骨入盘，不要吐在桌上或地面上。用餐后，剩余的饭菜应倒入泔水桶，若使用的是食堂提供的餐具，还应分类放入指定的回收容器中。

2. 维护公共秩序

排队购餐时应遵守秩序、互相礼让，自觉按先后顺序排队，不应硬挤或插队，更不应打闹、起哄或者敲柜台、餐具等。

买饭后入座时，在座位有限的情况下，应互相礼让，避免抢座位、占座位。由于用餐时间人多拥挤，进进出出，所以走路、入座要多加小心，以防碰撞、烫伤同学。如有不慎，应互相谅解。

3. 讲究进餐礼仪

进餐时要讲究进餐礼仪，切忌“狼吞虎咽”，吃东西应闭嘴咀嚼，不要发出声音，喝汤时不要嘬。如菜、汤太烫，可稍凉后再用，切勿用嘴吹。口内的鱼刺、骨头等不要直接外吐，最好用餐巾捂嘴，用手或筷子取出，包在餐巾纸内，更不能吐在地上或别人面前。不要对着餐桌打喷嚏或咳嗽，实在忍不住，要把头转个方向，并用餐巾或手帕遮口，然后向旁边的同学说“对不起”。餐后不要不加控制地打饱嗝儿。需要剔牙时，要用手遮口。

如果是聚餐，用筷禁忌包括：① 半途筷，即夹住菜肴又放下，再夹另一种；② 游动筷，即在菜盘里挑拣或上下翻动；③ 窥筷，即手握筷子，目光在餐桌上各盘碗上扫来扫去；④ 碎筷，即用筷子捣碎菜肴；⑤ 以筷当叉，即叉起菜肴往嘴里送；⑥ 签筷，即用筷子当牙签，挑捅牙缝；⑦ 泪筷，即筷头上的卤汁在持筷途中像泪水一样滴淌；⑧ 吮筷，用嘴吮舔筷头上的卤汁。

4. 尊重职工劳动

食堂工作人员无论是白天黑夜还是酷暑严寒，都起早晚睡，常年如一日地工作。所以，同学们应尊重他们的劳动，珍惜他们的劳动成果，主动协助他们搞好食堂的工作，与他们友好相处，以礼相待。

进餐时，如发现饭菜有质量问题，可找有关管理人员有礼貌地说清楚，以帮助食堂改进工作，提高服务质量。不可感情冲动，大发脾气，失去理智，吵闹不休。如果一味坚持粗暴无理的态度，不但不利于问题的解决，而且还会引起食堂工作人员的反感，甚至造成学生与食堂工作人员之间的关系恶化。

第三节 学校礼仪

学校礼仪主要有学校仪式礼仪和学校通信礼仪。

一、学校仪式礼仪

学校仪式礼仪主要有开学典礼、毕业典礼、校庆典礼等。

(一)开学典礼

每个新学年开学之际，学校一般都要举行开学典礼。开学典礼是宣布新学年开始和欢迎新生入学的仪式。在开学典礼上，通常要介绍学校基本情况，进行必要的入学教育，布置学校新学年的工作，动员全校师生员工为完成新学年的任务而奋斗。

为确保开学典礼顺利进行，有关部门要事先做好以下准备工作：

1. 及时发请柬

学校要在举行开学典礼前一周左右，将请柬送到或寄给当地领导机关和上级有关部门，邀请学校所在地领导人和上级有关部门负责人或代表参加。

2. 精心布置会场

学校要安排专人负责布置会场，把学校大礼堂或露天会场打扫干净。要制作好会标，会标可写“××大学××××年新学年开学典礼”或只写“开学典礼”四个大字。在主席台上安排若干座位，座位前面放置会议桌，会议桌用桌布围好。主席台前可摆设鲜花，放置盆景。

要事先为主席台上的宾客安排好座次，用纸张打印好人名(或人名和职位)，并插入专门的塑料卡座中，立于对应的桌子上。

每位宾客的桌前，还可摆放矿泉水或茶杯。

3. 做好典礼其他准备工作

(1)做好大会发言准备工作。开学典礼一般安排校长、教师代表、学生代表发言。有时也会邀请上级党政领导和有关单位、有关部门的负责同志发言。典礼筹备组应事先通知发言者：典礼程序、发言的长短、字数和次序。领导讲话和代表发言，都要事先准备好发言稿或打好腹稿。发言内容主要是围绕支持教育工作，振兴教育事业，稳步推行教育改革，尊师重教，提高全民族科学文化水平，努力培养社会主义建设人才的核心来进行。发言人要明确自己的身份，语言简明扼要，铿锵有力，带有热烈祝颂的气氛。

(2)做好大会后勤服务工作。典礼筹备组要物色若干名接待人员和工作人员。接待人员中的礼仪小姐可身披礼仪绶带在校门口或会场门口接待来宾，为来宾引路、倒茶等；工作人员负责维持秩序、安全保护、会场记录(包括录像、录音)、车辆接送等工作。

(3)做好大会物资准备工作。开会前应根据会议内容和需要做准备，如签名册和题词、作画所用的文房四宝，准备鞭炮、乐器、音响设备、音乐唱片或录音带等。有时，还需准备饮料、用餐或礼品。

一切与开学典礼有关的准备工作应按时就绪。届时，师生排队入场，分别在指定的位置落座。开学典礼的一般程序如下：

(1)由管教学的副校长或负责学生工作的校党委副书记主持，宣读来宾名单后，宣布大会开始，全体肃(起)立。

(2)唱歌或奏乐(国歌或学校校歌，有的要求升旗)。

(3)礼毕后，校长或书记讲话(主要内容为新学期的计划和要求)。

(4)请上级领导同志和有关方面代表(包括教师代表、老生代表、新生代表等)讲话。

(5)全体起立唱《国际歌》。

(6)主持人宣布开学典礼结束。

(二)毕业典礼

大学生、研究生以及学习班、培训班的学员，完成学习任务，经考试成绩合格时，学校及其院、系或其他办学单位，要为成绩合格的学生发毕业证书或结业证书，并举行毕业(或结业)典礼。

毕业典礼的筹备工作，按照各单位人力、物力、财力的条件确定其规格。要事先统一印好、填好毕业(结业)证书，盖上钢印。邀请参加毕业典礼的领导和来宾等事宜以及典礼会场的布置等，可参照开学典礼的做法。

举行毕业典礼时，除了请上级领导、校方负责人讲话外，安排师生代表发言后，还可邀请用人单位代表发言。

在毕业典礼上，教学单位可以简明扼要地总结几年来教学工作所取得的成绩和经验，总结教学工作中出现的先进典型事例和师生员工中的先进人物，总结教学工作中的某些不足、失误和教训。同时还可以通过为毕业生发证书、奖品等形式，对毕业生表示祝贺并提出希望。成功的毕业典礼活动，不仅能够增进师生之间的友谊，而且还能够增进同学之间的友谊；不仅能够增进校内各部门之间的合作，而且还能够通过邀请上级和有关部门负责人出席的形式，使校外人了解学校、熟悉学校、支持学校，进而达到尊师重教的目的。

(三)校庆典礼

校庆是学校成立日的纪念庆典，学校一般逢十年，即在它成立的10周年、20周年、30周年等之际，要举行庆典活动。校庆活动内容丰富多彩，包括请领导人和著名校友题词，筹办图片、文字、实物展览，筹办教学、科研成果展览，编写校史、校友名册等，出校庆专刊，印制校庆纪念品，组织学术报告会和校庆文艺晚会等。

举办校庆典礼，有助于增强师生的凝聚力，便于相关信息的传播，扩大学校的影响，因此要认真做好校庆典礼的各项工作。诸如提前发校庆消息或广告，事先邀请有关领导和兄弟院校代表参加。校庆典礼的会场布置与活动，可参照开学典礼的做法。但在校庆典礼发言人名单中，应增加兄弟院校代表和校友代表。校庆典礼的气氛要隆重、热烈。

二、网络礼仪

随着信息技术的发展和电脑应用的普及，人类新的生存空间——网络世界应运而生。1994年，中国上网人数只有1万多人；2000年上半年，中国互联网用户迅速上升到1690万户；2004年6月底，已达8700万户。中国互联网络信息中心2005年1月15日发布的第15次《中国互联网络发展状况统计报告》显示，截至2004年年底，我国网民总数已达9400万，其中使用宽带上网的人数达到4280万；上网计算机达到4160万台。而截至 2020 年 3 月，我国网民数量已上升至 9.04 亿，手机网民规模达 8.97 亿。[①] 人们在学习、工作和生活中越来越多地使用互联网。虽说网络看不见、摸不着，但网民在网络世界里应当冷静、理性，坚守法律的底线，坚守道德的良知。世界各地的网络工作者和网民在利用互联网进行传播和交往的过程中，逐渐总结出一些使用网络时应当遵守的规则——网络礼仪(Netiquette)。

(一)网络礼仪规范

网络礼仪是保障网络世界正常秩序的基本规范。国外一些计算机网络组织为其用户制定了一系列相应的规则。如美国计算机伦理学会制定的十条戒律：①不用计算机伤害别人；②不干扰别人的计算机工作；③不窥探别人的文件；④不用计算机进行偷窃；⑤不用计算机作伪证；⑥不使用或复制没有付钱的软件；⑦未经许可不可使用别人的计算机资源；⑧不盗用别人的智力成果；⑨应考虑所编程序的社会后果；⑩应以深思熟虑和慎重的方式使用计算机。

国外有些机构还明确规定了被禁止的网络违规行为，如美国南加利福尼亚大学关于网络伦理的声明指出了六种网络不道德行为的类型：①有意造成网络交通混乱或擅自闯入网络及其相连的系统；②商业性地或欺骗性地利用大学计算机资源；③偷窃资料设备或智力成果；④未经许可接近他人的文件；⑤在公共用户场合做出引起混乱或造成破坏的行为；⑥伪造电子函件信息。

(二)网络礼仪训练

(1)熟悉网络知识。所谓网络，就是将多台电脑连接在一起，使各用户之间能够通过数据库、聊天室、电子邮件和其他方式进行便捷的沟通与交流。网络可分为广域网和局域网两大类：如互联网属于广域网，武汉大学校园网则属于局域网。

(2)了解网络礼仪。现代高科技的发展给人类生活带来许多便利，互联网给世界各地的人们提供了相互交流的平台，相识的和不相识的人都可通过网络进行交流。因此，网民应注意网络礼仪。

(3)记住人的存在。在网络世界漫游的时候，不要忘记网上还有许多朋友，其中有网络管理人员、网络维护者、网友、“黑客”等。因此，上网者要控制上网时间，尊重其他网友。另外，玩网络游戏时不得作弊。此外，还要注意做好保密工作等。

(4)网上网下行为一致。在现实生活中，绝大多数人遵纪守法，注意用法律及道德标准规范自己的行为。同样，互联网上的道德和法律与现实生活也是相同的。因此，在网上交流时，也需要用法律的道德标准规范自己的行为。

(5)入乡随俗。不同的网站、不同的论坛有不同的规则。在某个论坛能做的事情，在另一个论坛可能不宜做。例如，在聊天室畅所欲言和在一个新闻论坛发表意见是不同的。最好先观察后再发言，以便了解论坛的气氛和可以接受的行为。

(6)尊重他人的时间。别人为你寻找答案需要花费时间和资源。因此，在你提出问题之前，应先花些时间进行搜索和研究，然后再提出问题。也许同样的问题以前曾提出

① 中国互联网信息中心.第 45 次《中国互联网络发展统计报告》[R/OL].[2020-03-15].http://www.cnnic.net.cn/hlwfzyj/hlwxzbg/.

过多次，现成的答案触手可及。

(7)在网上留个好印象。由于网络交流的匿名性，因此文字成为网民相互之间印象的唯一判断。网民在交流和沟通时，如果对某一方面不熟悉，可以先阅读相关资料。在发帖前应仔细检查语法和用词的准确性，尤其值得注意的是，不要使用脏话和挑衅的语言。

(8)分享你的知识。除了礼貌地回答别人提出的问题外，当你提出的问题得到其他网民较多的答复时，特别是通过电子邮件得到答复后，最好写份总结与大家分享。

(9)平心静气地争论。争论是正常现象，但要注意以理服人，不要进行人身攻击。

(10)尊重他人的隐私。电子邮件是隐私的一部分。如果你熟悉的某人用笔名上网，你未征得本人同意便将他的真实姓名公开，不是一种好的行为。再则，当你无意中看到别人打开电脑上的邮件或文件，更不应该对其内容进行“广播”。

(11)不要滥用权力。作为管理员、版主，比其他用户享有更多权力，故应珍惜这些权力，而不要滥用特权。

(12)宽容。当看到别人写错字或者提出一个低级问题时，最好不要介意。当然，也可用电子邮件的方式提出自己的建议。

(三)掌握网络沟通技巧

在网上进行交流，需要掌握网络沟通技巧。一是了解在线交流技巧；二是掌握发电子邮件技巧；三是熟悉网络交流常用缩略语及表达符号。

(1)在线交流技巧：

① 避开网络使用高峰时间。一般来说，根据人们的上班时间和生活习惯，每天网络使用高峰时间段有3个：上午8点至11点；中午12点至下午3点；晚上7点至9点。为了避开网络忙导致网速慢的情形，不妨选择网络相对空闲时间上网。

② 熟悉各类网站。网站分门户网站、分类网站。门户网站有内容包罗万象的中华网、网易等网站；分类网站有内容相对单一的中国文化网、中国汽车网等。浏览新闻资讯，可以上新华网、新浪网、凤凰网等；收集工作信息，则可上国家、地方人才网或各类求职网等。

③ 文明交流。网民通常以匿名方式进入网络交流频道或聊天室或论坛。在与“只闻其声，不见其人”的网友交谈时，最好就事论事，并应尽量使用文明语言和简明扼要的语言文字。

④ 礼貌离线。准备离线时，应通知其他成员。

(2)收发电子邮件技巧。随着网络交流方式的发展，收发电子邮件已经成为网民日常生活的一部分。因此，我们有必要掌握收发电子邮件技巧。

收阅电子邮件：

① 定期打开收件箱，查看有无新邮件，以便及时阅读和回复。

② 收到垃圾邮件，一删了之。

③ 收到来历不明的邮件，不要匆忙打开。可以先对来件进行预防性杀毒，然后再打开，也可以直接删除。

撰写与发送电子邮件：

① 主题明确。写一封电子邮件，通常选择一个主题，并且在“主题”栏里注明，使对方一目了然。

② 文字简明。撰写电子邮件，应当简明扼要，为了方便对方阅读，尽可能使用规范的文字，而不要使用生僻字、异体字。

③ 慎用附件和抄送功能，酌情使用网络表达符号。

④ 发送邮件前，再仔细阅读一遍内容，检查是否有漏项、错字或笔误，待补齐或改正之后再发出。

(3)视频聊天礼仪。随着网络技术的发展，人们的社会生活日趋活跃，新颖、便捷的社交软件等网络交流逐渐普及，讲究真诚和文明的网络聊天礼仪应运而生。

① 真诚。聊天伙伴(即网友)很多是陌生人，他们通过视频谈学习，谈工作，探讨人生，交流经验，彼此以诚相待，互相启发。切不可胡编乱造、欺骗对方。

② 文明。网络聊天主要是交流人生经验或倾诉真情实感，以获得对方的意见、同情、安慰和帮助。聊天内容可以海阔天空，但语言要文明，不可使用低级下流的语言，更不能在网上打情骂俏，以网络聊天为诱饵，行坑蒙拐骗之勾当。

(4)网络交流常用缩略语及表达符号。通过网络收集信息和进行交流，是一件很愉快的事。为了保证传输线路的畅通，聪明的网民们巧妙使用英语缩略语，以便节约网络传递时间和提高交流效率。此外，网民们还创造了许多生动有趣的符号，借此表达丰富多彩的感情和心绪。

① 网络交流常用缩略语：IMHO = in my humble/honest opinion(以鄙人之见)；FYI = for your information(仅供参考)；BTW = by the way(顺便说说)。

② 网络交流常用表达符号：

：—)　最基本的笑容，用来表示玩笑和幽默

；—)　眨着眼睛，狡黠地笑

：—(　苦笑，心情沮丧

：—I　漠不关心的笑容

：D　大笑

：—>　辛辣的评价

>：—>　恶作剧式的笑

%—)　在屏幕前坐了很久，两眼发花

：*)　喝醉了

：—7　在讽刺你

：—(　作者在哭

：—@　作者在叫

☞思考题：

1. 学生给老师提意见应注意什么？

2. 如何与同学相处？

3. 怎样做一名文明网民？

☞全国青少年网络文明公约：

要善于网上学习，不浏览不良信息；
要诚实友好交流，不侮辱欺诈他人；
要增强自护意识，不随意约会网友；
要维护网络安全，不破坏网络秩序；
要有益身心健康，不沉溺虚拟时空。

☞师生礼仪故事两则：

一、冯玉祥尊师的故事

冯玉祥将军在担任国民政府军事委员会副委员长期间，因为没有实权，比较清闲，于是开始学习作白话诗，他称自己作的诗是“丘八诗”。冯玉祥每次写完诗，都要请秘书代为修改，秘书们感到难以担当此任务，于是建议冯玉祥请知名作家帮助他修改诗作。冯玉祥觉得这是个好建议，便请来老舍、吴组缃等人。冯玉祥对他们非常尊敬，尊称他们“先生”。一有新作就拿去请教，他常说：“请几位先生多多指导我这个愚钝的学生才好。”

一次，冯玉祥命令勤务兵：“去请老舍先生来一下。”勤务兵答：“是，我去叫他来。”

冯玉祥一听，生气地说：“什么，你叫他来？你能‘叫’他来？你应该恭恭敬敬地对老舍先生说，是我请他来，问他有没有时间能过来一叙。”

后来，冯玉祥还特地为此写了一首诗送给老舍先生。

冯玉祥虽然文化水平不高，但他虚心好学。他尊师的故事也被传为佳话。

二、真挚的师生情谊

一位即将毕业离校走向工作岗位的学生，在学校临别座谈会上发表了即兴演讲，以表达对母校和老师的深切留恋之情：“刚才，老师为我们念了送别诗，情真意切，催我泪下。老师的情谊，将是我人生道路上永远吹拂的春风。此刻，我也想起了一首诗：‘俏也不争春，只把春来报。待到山花烂漫时，她在丛中笑。’这首诗虽然是咏梅，但我想用来比喻我们的老师，也是恰当的。无论德、才、学、识、智，我们在座的各位老师可谓‘俏’矣！然而你们与名无争、与利无争、与权无争，年年岁岁，默默耕耘。看着一批批吸取了你们的智慧又将离开你们而去的学生，想着：‘国家又多了一片绿洲。’你们就满足，就幸福，脸上就绽开了灿烂的微笑！你们不就是那报春的红梅吗？我们一定会做烂漫的‘山花’，带着老师的殷切希望开遍海内外，点缀神州的大好春色……”

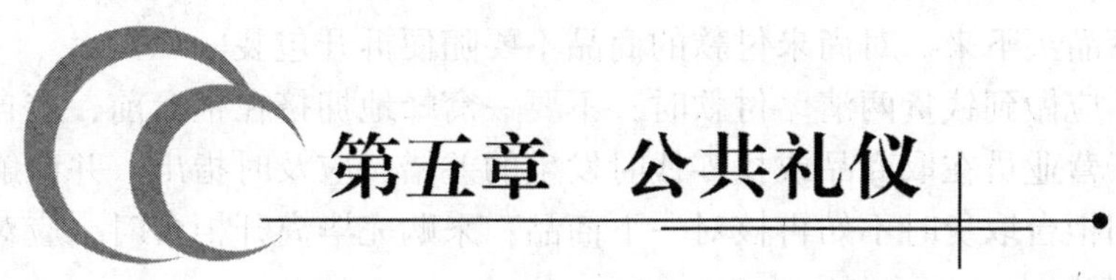

第五章　公共礼仪

公园、商店、图书馆、博物馆、体育场等场所，是供各种社会成员进行多种活动的公共场所。例如：人们在公园里漫步，在商店里购物，在图书馆查阅资料，在博物馆欣赏文物，在体育场锻炼身体或观看比赛等。人们在公共场所活动时，应自觉遵守社会公德，讲究公共场所礼仪，以便共同维护公共生活秩序。

公共汽车、出租车、火车、地铁、轮船、飞机等，是为大众服务的公共交通工具；而公共汽车、火车的车厢、轮船的船舱、飞机的机舱等，也是为公众服务的公共场所。每位乘客都应当讲究公共礼仪，共同营造舒适、祥和的氛围。

第一节　日常礼仪

一、购物礼仪

为了满足日常生活的需要，到商场、去超市或小卖店购物，已成为人们现实生活中的重要环节。绝大多数人有进商店购物的经历。购物似乎不难，就是掏钱买东西。但即便是掏钱买东西，也会产生种种不同的效果。讲文明、懂礼貌的顾客到商店购物，会获得购物的满足和愉快；而缺乏购物礼仪的顾客购物后，常会感到心情不舒畅。因此，在简单的购物过程中，我们也应当讲究购物礼仪。作为一名文明顾客，购物时要注意以下礼节：

进入商店后应讲究文明礼貌，不要在商场里大声喧哗，或旁若无人地高声谈笑，更不要在商场里吸烟、随地吐痰、乱扔糖纸、果皮等。顾客要自觉维护商店的公共卫生，爱护商店的公共设施。

在购物之前，最好先想好自己所需要购买的物品，并将不同品牌的同类商品仔细观察比较后再购买。

在商店购物，应使用礼貌用语称呼营业员。可根据对方的性别、年龄不同使用不同的称呼，如对男营业员称“先生”，对年轻的女营业员称“小姐”，对年龄稍大的女营业员可称“师傅”，对男、女营业员均可统称“同志”。不要以“喂”代替礼貌称呼，也不要隔着柜台伸手拉扯正忙着为其他顾客服务的营业员，或用手敲击柜台，这些动作都是失礼的表现。

顾客在选购商品时要细心，但不要过分挑剔。营业员不太忙时，也可请营业员帮忙参谋。

在自选商场购物时，要爱护商品，对自己挑选的商品如果不中意，应当物归原处，不要随便乱放，对易碎商品则应轻拿轻放。万一不慎将商品损坏，应主动赔偿，或把被自己损坏的商品买下来。对尚未付款的商品不要随便拆开包装。

购物时，应做到钱货两清。付款时，不要一窝蜂地拥挤在柜台前，应自觉地依序排队等候。对于营业员在取商品或找零钱时发生的差错，应及时指出，并谅解对方。顾客付款后，返回柜台取货时不妨再核对一下商品；采购完毕离开柜台时，应对营业员的优质服务表示谢意。

二、住宿礼仪

古人云：“在家千般好，出门时时难。”尽管时代的列车已驶入 21 世纪，但人们出门在外，依然觉得不如在家里方便、安全。但由于多种原因，人们还是需要出远门：或由于工作关系，去外地出公差；或由于研究项目的需要，去外省查资料；或为了开阔视野，外出旅游……一些外出者有时可借宿在亲朋好友家，在夏天甚至可以风餐露宿。但绝大多数外出者通常还是投宿在旅馆、酒店、招待所。

旅客希望旅馆清洁、舒适、安全，而旅馆则希望旅客讲文明、守规矩。其实，只要双方一起努力，就能达到共同的心愿——旅客“出门时时安”。为此，作为一名文明旅客，应自觉遵守下列住宿礼仪：

旅客住店需要办理住宿手续，在走近旅馆服务台时，应先有礼貌地向服务台工作人员打个招呼，然后再询问还有没有客房或床位。若被告知已经客满时，应大方地向服务人员道别，再找其他旅馆。

旅客在办理住宿登记手续时，应耐心地回答服务台工作人员的询问，并按旅馆的规章制度办理登记手续，住房要服从服务台的安排，有事多协商。

旅客住进客房后应讲究卫生，不要到处乱扔果皮、纸屑，应将废弃物扔进纸篓。不要在墙壁上乱涂乱画；应爱护房内设备，不要随便移动电视的位置。

当旅馆服务员进房间送开水时，旅客应待之以礼。当服务员进来做清洁时，旅客不妨先到室外转一转，等服务员忙完再回房间。

旅馆是公众休息的场所，旅客在旅馆中住宿应保持安静，不要大声喧哗或长时间打电话，也不要将电视机的音量调得太大，以免影响他人休息。

作为旅客，应自觉遵守旅馆的规章制度，不要出入无常或玩到深更半夜才回旅馆。若和其他旅客同住一室，应以礼相待，互相关照。晚上就寝不要太晚，以免影响室友休息。

旅客离开旅馆前，应及时到服务台结账，并同旅馆工作人员话别。

第二节　公共场所礼仪

影剧院、图书馆、博物馆、体育场、公园等公共场所，是供各种社会成员进行活动的公共活动空间。在公共场所不仅要积极维护和发扬尊老爱幼的传统美德，还应当自觉遵守公共场所礼仪规范。

在公共场合，注意不要随地吐痰，不要当着别人的面甩鼻涕、搔头发、掏耳屎、打哈欠、剔牙齿。咳嗽、打喷嚏时应捂住口鼻，面向一旁，尽量不要发出太大的声音。

吸烟有害健康，在公共场合最好不要吸烟，以免影响他人。即使吸烟，也应将吸剩的烟头放进烟灰缸，而不要乱扔。在公共场所活动时，讲究公共场所礼仪，行为举止得当，才能受人欢迎和尊敬；反之，则会令人侧目和讨厌。

一、在影剧院

电影院、剧院是比较高雅的文化场所，观众的仪态举止应当与其氛围相协调。

虽然电视机已经走进千家万户，到电影院看电影的观众少了，但仍有不少人喜欢到电影院看电影；特别是年轻人，觉得利用闲暇时间和朋友看一场电影是一件十分惬意的事。作为观众，在影剧院看电影或看歌舞剧，或听歌剧等都应讲究礼仪。去电影院看电影时应衣着整洁，上剧院观看演出，着装应庄重得体，夏天不能穿背心、拖鞋入场，严禁在场内吸烟。

观众去影剧院看电影或观看演出时，应尽量提前或准时入场；在入口处主动出示票证，请工作人员检验，入场后对号入座。若到达较迟，其他观众已坐好，自己的座位在里面，这时应有礼貌地请别人给自己让道。从别人面前经过时，应面向让道者一边道谢，一边朝前走，而不要背对着人家走过去。

从礼仪的角度出发，去剧场观看演出，迟到者应自觉站在剧场后面，只能在幕间入场，或等到台上表演告一段落时赶紧悄然入座。

到剧场观看演出，落座后，戴帽者应摘下帽子。坐下后不要将椅子两边的扶手都占据了，要照顾到“左邻右舍”。观看演出时，不要摇头晃脑、手舞足蹈或交头接耳，以免妨碍后面观众的视线。也不要在场内高谈阔论，以免影响周围观众。观看演出时，切忌起哄、吹口哨、怪声尖叫。爱吃零食的观众要自我约束，不吃带壳的食物，不吃带响声的食物。

在剧院观看演出时，要有礼貌地适时鼓掌，以表达对演员、指挥的尊敬、钦佩和谢意。鼓掌要掌握好时机，例如当受欢迎的演员首次出台亮相时应鼓掌；观看芭蕾舞，乐队指挥进场时鼓掌；演奏会上指挥登上指挥席时应鼓掌；一个个高难的杂技动作完成时应鼓掌；一首动听的歌曲演唱完毕时应鼓掌；演出告一段落时应鼓掌；演出全部结束时应起立热烈鼓掌。

观众在观看演出时，鼓掌若不得当，就会产生副作用。比如演员的台词还没说完，交响乐的一个乐章尚未结束时就贸然鼓掌，不仅影响演出，而且会大煞风景。

在剧院看演出，不宜中途退场。如果临时有急事或确实不喜欢看，应在幕间休息或一个节目结束时离场。观看演出应善始善终。演出结束时，有教养的观众不要匆忙离场，应等演员谢幕或主宾在主人陪同下登台向演员致谢后，再秩序井然地离场。

二、在图书馆

图书馆不仅是人类智慧的宝库，也是读者学习和交流知识、获取信息的场所。读者在图书馆学习应衣着整洁，不能穿背心、拖鞋进图书馆。读者在获取知识的同时，要自觉遵守图书馆的规章制度，保持环境安静和清洁卫生。读者进入图书馆阅览室后，应自觉关闭手机。在图书馆内严禁吸烟。

读者在图书馆学习要讲文明，讲礼貌，不要抢占座位，为自己或他人划地盘。图书馆是公共学习场所，有空位人皆可坐，但欲坐在别人旁边的空位时，应有礼貌地询问其旁边是否有人。读者不应在图书馆占座位后长时间趴在桌上睡觉，影响他人学习。

在图书馆借还图书，进行电脑检索、课题查询、复印资料，或在语音室听录音，收视室看录像等，要按序排队。在图书馆，特别是在阅览室，走路要轻，最好不要穿钉了铁掌的皮鞋；入座和起座时动作要轻，翻书时动作也要轻；与人交谈时，应轻声细语；若需长时间讨论，最好到室外交谈。

读者应自觉维护图书馆的环境，爱护馆内的公共设施，保持室内卫生，不随地吐痰，不乱扔废弃物品。

读者在图书馆阅览时，应自觉爱护图书馆的公共设施和图书报刊。阅览时不要在图书、报刊上涂画或在图书、报刊上开“天窗”。在大学图书馆工作的图书管理员绝大多数都是各学科毕业的本科生、研究生。读者在查阅资料时，若遇到自己解决不了的问题，可以有礼貌地向图书管理员咨询请教。

读者在借阅图书时，必须使用本人的借书证，对工作人员应彬彬有礼。

在图书馆借阅的书刊一定要及时归还或办理续借手续，自己保管使用期间应小心爱护，以便到时候“完璧归赵”。如果图书不慎遗失或发生损坏，要主动说明并照章赔偿。

三、在博物馆

博物馆是收藏、展览珍贵物品的场所。博物馆展厅优雅，展品丰富。参观博物馆，可以增长知识，提高欣赏水平。

博物馆多种多样，如军事博物馆侧重陈列军械和军事纪念品，各省市博物馆重点陈列本地文物等，而美术博物馆的展品则以绘画、图片等美术精品为主。

参观博物馆应讲究参观礼仪。

(一)爱护展品

博物馆陈列的展品，大多具有较高的历史价值或艺术价值，其中一些是国宝和珍贵物品，因此，参观博物馆时一定要爱护展品，做到不抽烟，不随便触摸展品，未经允许不使用闪光灯拍照展品。此外，还应当爱护博物馆内的展台、照明等设施。

(二)文明参观

参观博物馆时应保持安静，不要大声喧哗。听讲解员讲解时要专心，不要出言不逊，妄加评论。参观者应自觉遵守博物馆有关规章制度，不要一边参观一边吃零食。人多时，不要拥挤，而应当按顺序边看边走。不宜在一件展品前长时间驻足，以免影响他人欣赏。

超越他人时要讲礼貌，注意不要从他人面前经过，以免妨碍他人观赏，而应当从其身后走过。如果必须从他人面前经过，则应说："对不起，请让我过一下。"

四、在体育场

体育场是进行体育锻炼和体育比赛的场所。在体育场观看体育比赛，应讲究有关礼仪。

去体育场观看比赛，衣着不必太讲究，但要整洁、大方。人多时，应自觉排队购票，按时入场。倘若姗姗来迟，入座时会影响别人观看比赛。入场后应尽快找到看台座位坐下来。

观看体育比赛时，希望自己喜欢的运动队获胜是人之常情，也是可以理解的。但是，作为一名文明观众，应尽量克制在感情上一边倒的倾向，要为双方队员鼓掌加油，为每位运动员的出色表现喝彩。不要只当一方的啦啦队队员，而对另一方喝倒彩或故意起哄。

"人有失手，马有失蹄。"作为一名观众，对运动员在比赛中竞技发挥失常、失误要给予谅解，而不要发出嘘声、怪声或讥笑声。应尊重运动员、裁判员、服务人员，不嘲讽、辱骂裁判员与运动员。

作为一名文明观众，要自觉维护体育场内的卫生，不随地吐痰，不乱扔果皮、瓜子壳等废弃物，不要乱踩座位，不可翻越栏杆，不能在室内体育馆吸烟。

比赛结束后，散场时应按秩序退场，不要拥挤，遇到老弱病残者应主动礼让。

五、在健身房

健身房是供人们锻炼身体的场所。在公共健身房活动，要讲究以下礼仪：

(1)互相关照。公共健身房内配备多项器材，分别用于锻炼身体不同部位的肌肉。有鉴于此，一个人不要长时间霸占某一项器材，以免妨碍他人进行全身运动。此外，运动完毕，应将器材归回初始状态，计时计数归零。

(2)保持器材干净。在锻炼时汗水弄湿了器材，应用毛巾等擦干器材。

(3)保持安静。健身房是运动场所，应避免高声谈笑或大声喧哗。

(4)致意。离开健身房前，应向指导教练致意，感谢他的指导与陪伴。

六、在游泳池

游泳池是人们健身和消暑的好地方。在游泳池游泳，要讲究以下礼仪：

(1)保持池水清洁。入池前，先冲个澡，把身上的汗水、灰尘等洗干净，以免污染清洁的池水。

(2)为他人着想。在公共游泳池游泳时，最好按照一定的路线前进，不要突然急转弯，以免碰到他人。

(3)注意安全。在游泳池嬉戏，要注意安全，尽可能避免出现呛水或身体碰撞等情况。

七、在公园里

公园是人们休息、娱乐的公共场所。白天，游园者来到公园观光赏景。黄昏时分，忙碌了一天的人们在公园的草径上漫步，借此消除精神疲劳。夜幕降临，一对对正处于热恋之中的情侣相会在公园的花前椅上，倾吐衷肠。每逢周末或节假日，一些家庭全家出动，去公园尽情享受和体会大自然的美。不少学生周末或节假日也来到公园僻静处看书、学习。公园更是少年儿童的乐园。

人人都爱美，热爱美丽的大自然，都喜欢在空气清新、景色迷人的公园里休息、娱乐或举办活动等。因此，人人都有责任和义务爱护公园，注重游园礼仪。

每位在公园里活动和游玩的游客，都应当自觉保持公园的卫生和宁静。在公园内不要乱扔果皮、纸屑、饮料瓶罐，也不要高声喧哗、嬉笑打闹。利用双休日在公园游玩、野餐的年轻人和家庭，不要忘了将废弃物收拾干净。

游客还应自觉遵守公园的规章制度，爱护公园的花草树木和娱乐设施，不能攀树折枝、掐花摘果、践踏草坪，也不要在文物古迹上刻画、书写自己的名字。要知道，人靠建功立业名垂青史，而到处涂抹自己的名字，只会在其他游园者心目中留下不好的印象。

游客在公园里游玩和活动，同样要讲风格，讲礼让，讲互助。白天，游客不要躺在公园的长椅上睡觉；夜晚，不要打扰人家谈情说爱。在景点拍照时，若需要请别人帮忙，应礼貌地说出来，请别人帮忙拍照后，别忘了道声谢。

不少公园里配备有儿童游乐设施，例如，小滑梯、小转马、小秋千等，这是专供孩子们玩的。成年人可以在旁边兴致勃勃地观看孩子们玩耍，但不要抢占为儿童专设的娱乐设施。例如，公园专门为孩子们备的专用小秋千，有些成年人却坐在上面长时间不下来，让儿童们排着长队，眼巴巴地等待着。殊不知，这样做不仅伤了孩子们的心，而且还容易损坏这些儿童专用设施。

八、在洗手间

洗手间是每个人都要使用的场所之一，是否了解和讲究洗手间礼仪，可以从一个侧面反映一个人的文明素质。

(一)洗手间的标志

国际上最通用的洗手间标志是“W. C.”。另外，常用的标志还有：Toilet(盥洗室)、Lavatory(厕所)、Wash Room(洗手间)、Rest Room(休息室)、Bath Room(浴室)和Comfort Station(休息室)。男洗手间的标志有：Men’s Room、Gentlemen、Gent’s、Men等。女洗手间的标志有：Ladies’ Room、Women、Powder Room(化妆室)等。

洗手间除文字外，还有图画标志。男女洗手间通常以男性和女性的头像为标志。此外，女洗手间的标志还有裙子、皮包、丝巾、高跟鞋、女士头像等；男洗手间的标志还有帽子、烟斗、长裤、领带、男士头像等。以颜色区别的话，红色为女洗手间，蓝色为男洗手间。

(二)洗手间的使用

在火车、飞机和轮船上，洗手间是男女共用的。使用前应先了解里面是有人还是没人，不要贸然进去。

出入洗手间时不要用力过猛，将门拉得太开或者撞得直响；在洗手间里的时间不应太长，使用洗手间时应自觉保持洗手间的清洁卫生，不应在洗手间里信笔涂鸦；使用洗手间后一定要自动放水及时冲洗，并关好水龙头；纸屑应扔进纸篓；不要在洗手间内乱吐、乱扔其他东西；注意保持洗脸池的清洁，不留脏水和污物；不要随手拿走洗手间里备用的手纸或乱拉乱用。

走出洗手间之前，应把衣饰整理好。不要一边系着裤扣或者整理着衣裙一边往外走，这样会显得很不雅观。

九、在医院里

医院是救死扶伤的地方，也是特殊的公共场所。人们去医院看病，要讲究看病礼仪；住院治疗，要遵循住院礼仪；探望病人时，则应注意探望病人礼仪。

(一)看病礼仪

人吃五谷杂粮，免不了生病。去医院看病，要遵守医院规矩，自觉排队挂号。就诊时，应尊重医生，如实回答医生的提问。取药时，也应按先后顺序领取。

(二)住院礼仪

住院治疗的病人要听从医生的安排，积极配合医生治疗疾病。住院期间，应尊重医护人员，遵守病房的作息制度，自觉保持病房的卫生，与其他病友友好相处，互相关照。

(三)探望病人礼仪

去医院探望病人时，要讲究下列礼仪：

1. 选择恰当的时间

探望病人要选好时间，应在医院允许的探视时间里进行。注意不要在病人刚住进医院或刚做完手术便去探望，以免影响病人的治疗和休息。

2. 携带合适的礼品

探望病人时，可根据病人所患疾病及其病情，携带合适的礼品，如一束香味淡雅的鲜花、一本优美的小说或一些适合病人食用的水果和营养品等。

3. 讲些安慰的话语

探病者去医院探望病人时，表情宜轻松、自然、乐观，神态不要过于沉重，更不要在病人面前落泪，以免给病人造成精神压力。与病人交谈时应轻声细语，说些宽慰与鼓励的话，使病人增强战胜疾病的勇气。探病者在病房逗留时间不可太长，一般以 10 分钟为宜。

第三节 交通礼仪

一、乘公共汽车礼仪

公共汽车是城市居民最常用的交通工具。平时上下班，双休日上街购物，通常都乘坐票价便宜的公共汽车。乘公共汽车，应讲究以下礼仪：

(一)自觉排队

乘客乘坐公共汽车应自觉排队，依序上车。在中间站，车靠站后，乘客要先下后上，或从前门上后门下。应主动让老弱病残、妇女儿童先上。上了车的乘客应酌情向车厢内移动，不要堵在车门口，以免妨碍后面的乘客上车。

(二)自动购票

乘客上车后应自动购票或出示月票。下车前，应自觉地向售票员出示车票、月票。在不少城市，绝大部分公交车为无人售票车，乘坐无人售票车时应自觉刷卡，或将事先准备好的钱币投入箱内。

(三)互谅互让

在车上遇到孕妇、病人、老人和抱孩子的妇女，有座位的年轻乘客应主动让座。当他人给自己让座时，要立即表示感谢。车上人多时，乘客之间难免拥挤和碰撞，大家都应表现出高姿态，互相谅解。乘客还应尊重司机、售票员的劳动。此外，乘客应注意乘车安全，例如，不要在车上织毛衣，不要将雨伞尖指向他人，以免误伤其他乘客。

(四)注意卫生

在车上要讲究公共卫生，不要吸烟，不要随地吐痰、乱扔果皮纸屑。随身携带机器零件或鱼、肉等的乘客，应将所带物品包好，以免弄脏其他乘客的衣服。

二、乘轿车礼仪

随着城市出租车的普及和私家车的增多，轿车已成为人们常用的交通工具。因此，乘客应当了解轿车有关知识，讲究乘车礼仪。

轿车上的座位有尊卑之分。一般说来，车上最尊贵的座位是后排右座，其余座位的尊卑次序依次是：后排左座、后排中座、前排右座。如果是专业司机开车，贵宾坐在后排右座。但是，如果是轿车主人开车，贵宾也可以坐在前排右座(即副驾驶座)，以便交谈。

亲友一同乘车时，男士和晚辈应当照顾女士和长辈，请他们先上后下，并且为他们开、关车门。

女士上车时，可面朝车门轻轻坐到座位上，然后双腿并拢进入车内。下车时，最好双脚同时着地，不要一前一后。

乘出租车，若无特殊情况，乘客宜坐在后排。乘客应当尊重出租车司机，一般情况下，不要催促司机加快车速，也不要对司机的驾驶技术说三道四。乘客下车时，应向提供优质服务的司机道谢。

三、乘火车礼仪

乘坐火车，应讲究以下礼仪：

(一)对号入座(卧)

乘坐火车的旅客，应提前到火车站候车，到时排队剪票上车。进车厢后应对号入座(卧)，不可占用别人订好的座位(铺位)。

(二)互相关照

旅客上车后，应迅速把携带的物品安放在行李架上，而不要把提箱、包裹等乱放在车厢通道上，以免影响他人通行。吸烟者不要在车厢内吸烟，可在车厢设置的吸烟区吸烟。高铁或动车组列车禁止吸烟。

旅客之间的寒暄、交谈应掌握好尺度，不要随便打听别人的收入等私事。与人聊天时，不要信口开河或大声讲话。打扑克牌时，不要高声喧哗，以免影响他人休息。

四、乘地铁礼仪

随着国民经济的发展与科学技术的进步，我国北京、上海、深圳、南京、武汉等许多城市均修建、开通了地铁。现代交通工具地铁准时、便捷、安全，受到了大众的喜爱。乘坐地铁，应讲究以下礼仪：

(1)先下后上。候车时禁止越过黄色安全线或倚靠屏蔽门；按线排队候车，先下后上。在车门或屏蔽门开关过程中禁止强行上下列车；车门或屏蔽门关闭后，禁止扒门。

(2)注意仪态。禁止在地铁站、车内追逐打闹；禁止在站台、大厅、出入口、通道久留，禁止在出入口平台上坐卧。

(3)讲究卫生。不得随地吐痰、乱扔果皮纸屑、在车厢内吃喝。

(4)保持安静。乘坐地铁时，交谈应尽量轻声细语，不要高声喧哗。使用手机通话时，不要大喊大叫，以免影响其他乘客。

五、乘客轮礼仪

乘坐客轮，应讲究以下礼仪：

(一)遵守规则

乘客上船后，应听从客轮工作人员的安排，到自己的铺位休息，而不要任意挪动铺位。

乘客可在甲板上散步、观景，也可去阅览室读书看报等。但注意不要随便闯入别人的客房，更不要到“旅客止步”之处游逛。“旅客止步”之处，多为船员或工作人员工作或休息的场所。

乘客乘船时还应遵守航行规则。例如，白天不要站在船头或甲板上挥舞衣服或手帕，以免被其他船只误认为打旗语；晚上则不可拿着手电筒乱照，以免被当成灯光信号。

(二)彬彬有礼

乘客应依序排队上船。上船时，男士或年轻者应留意照顾同行的女士和年老者，让他们走在前面。下船时，男士或年轻者可以走在前面，以便帮助同行的女士和年老者下船。

乘客要尊重船员，乘客之间也应以礼相待，友好相处。

六、乘飞机礼仪

乘国内航班应提前半小时到达机场，乘国际航班则需要提前一小时到达机场，以便有足够的时间取登机卡，办理托运行李手续等。

上下飞机时，均有空中小姐和其他机组人员站在机舱门口迎送乘客。乘客进出舱门时，应向热情迎送的机组人员表示感谢或点头致意。

飞机起飞或降落时，颠簸较厉害。为安全起见，乘客看见头顶上方“系好安全带”的信号灯亮时，应迅速系好安全带。

在飞机上使用盥洗室时，动作要迅速，并注意保持其清洁，把用过的纸巾扔进收集脏纸巾的容器内。

乘国际航班，航程较长。在座位上坐久了感觉疲劳时，可以放下座椅靠背仰身休息。放座椅靠背之前，应先看看后面的乘客是否正在饮食，最好等他(她)用餐完毕已不需要座椅后面的托板时，再缓缓放下自己的座椅靠背。

一些飞机的机尾处设有吸烟区。吸烟的乘客取登机卡时，应说明自己是烟民。坐在“禁止吸烟”区的乘客，想吸烟时，应起身到机尾处的吸烟区吸烟。当飞机上亮出“请勿吸烟”的信号时，正在吸烟的乘客应迅速把烟熄掉。

七、自驾车礼仪

自驾外出时，要自觉遵守道路交通安全法规、交通信号和交通标志。保持车身整洁。遇车队、非机动车或行人时，主动礼让。雨天驾驶或蹚过路面积水时，应缓慢行驶，以免把水溅到路人身上。不向车窗外吐痰或抛掷杂物。夜间开车时，应主动转换成近光灯。在允许或指定区域停放车辆。在没有明确禁鸣喇叭的区域，也应尽量少按、轻按喇叭，不要长时间按喇叭。

☞**思考题：**

1. 观看舞蹈演出时，何时鼓掌为宜？
2. 乘坐公共汽车，有哪些礼仪要求？
3. 在游泳池游泳，应注意哪些礼仪要求？

☞**公共礼仪故事两则：**

一、豁　达

一位姑娘乘公共汽车时，不小心踩到了一位小伙子的脚，于是非常紧张地向小伙子道歉：“对不起，我不小心踩了你的脚！”小伙子风趣地回答：“不，是我的脚放错了地方。”看到小伙子如此宽容、豁达，姑娘如释重负地笑了。

二、为他人着想

一日午时，A在街头“打的”。上车后，见驾车者是个中年男子，两鬓白发间生。“你是下岗职工吧?”A凭直觉问。“你说对了。”出租车在他的驾驭下，十分平稳。一会儿，出租车拐进了一条略微窄了些的街道上，突然，他紧急地踏了一脚制动，完成了一次大幅度的减速。A很是受了一惊，将前倾状的身体恢复后，有些不解和不悦地问：“怎么回事？前面没有什么危险嘛!”他歉疚地连声说道：“对不起，对不起!”他快速地瞥了A一眼，又补充道：“前面50米开外是个建筑工地，看，一群民工正在路边用餐，我怕车速太快，裹挟起的灰尘呛着他们……”

出租车慢慢地从民工身旁驶过，A有点不好意思。

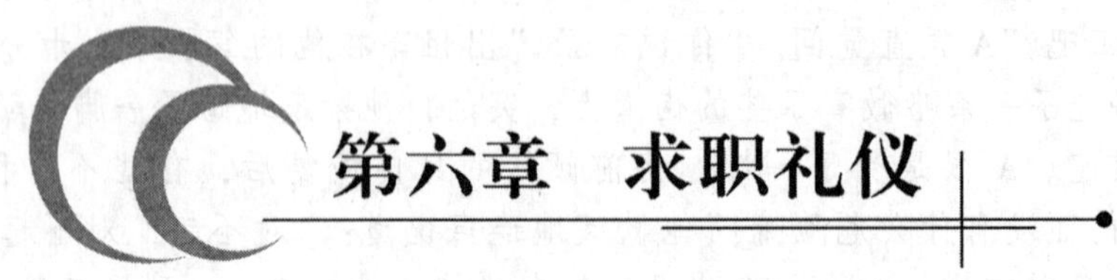

第六章　求职礼仪

在人与人的交往中，礼仪越周到越保险，运气也越好。

——卡莱尔

随着社会主义市场经济体制的建立，就业制度已经发生深刻的变革，求职者与用人单位实行双向选择成为大势。即将毕业的大学生都会面临就业的问题，而一些已经工作的人也会面临再次择业。怎样才能找到称心如意的工作呢？求职者的知识和能力固然重要，但光凭技能还不够，不少才子、才女在人才市场上屡屡碰壁的教训让人深思。他们并不是庸才，可由于缺乏求职技巧，不懂求职礼仪，理想的工作常常与他们擦肩而过。因此，求职者应当学习和掌握求职知识、技巧和礼仪。

第一节　联系单位

一、选择单位

所谓比较理想的工作，是指那些既符合本人兴趣又能发挥自己专长的职业。例如喜欢舞文弄墨者，可以选择需要写作能力强或文秘人员的单位；而乐于经商者，则不妨去贸易部门竞争职位。

求职前，首先要利用各种途径广泛收集人才需求信息，以便对号入座。既可通过官方、校方、厂方和人才供需见面会、人才交流会等渠道了解招聘情况，也可以从广播、电视、报刊、网络、人才市场、劳动力市场、职业介绍所等各种媒介中捕捉就业信息，还可以拜托亲朋好友、老师、同学、老乡等帮忙打听、联系工作。然后，将收集到的信息进行整理，从中筛选出有针对性的信息。

选择单位也有诀窍，究竟是选择蒸蒸日上的大公司还是蓬勃发展的小企业？对个人而言，单位牌子大小、实力强弱并不是最重要的，关键是看用人单位能否给自己充分发挥才能的机会和拓展事业的空间。只要有发展前途，中央机关、省直机关、国有企业、“三资”企业、集体企业、乡镇企业和民营企业等，都可以纳入自己的视野。

求职者一旦选择好了理想的工作单位，不妨立刻联系。可先电话预约，之后直接到用人单位面谈。进行电话联络时，要讲究交谈方式，做到语气亲切，语言简明，声音高低适度。因为声音往往可以反映出一个人的年龄、态度、个性等。与用人单位联系，也可以先放一只试探性“气球”，寄去个人简历和求职信，看对方是否有意。

二、联系单位

求职者与用人单位联系时，要讲究策略。求职材料寄出后，应等一些时日再询问结果。若急不可耐地催促用人单位，会让对方产生反感。若材料寄出很久没有回音，则可去信询问。

有时还可以主动出击。例如美国著名教育家卡耐基先生的一位朋友就是靠胆大心细，才得以进入一家知名的广播公司。当时，有多家公司请他“静候佳音”。他觉得“守株待兔”不是办法，于是开始主动出击。他用十分冷静的语气打电话询问一家大公司：“本人想询问一下贵公司是否还在征求助理制作？”他前后共打了10次电话，每一次的答案都是一样：“对不起，我们部门没有征求任何人员。”他还是不甘心，继续打，终于有人告诉他：“你可以跟特拉多先生或是杜尔先生联络，我们已经开始进行面谈了。”另有人回答说：“是的，我们正在征求助理制作，您可以和崔斯基先生谈谈。”在面试的时候，主考官问他如何得知这个机会？公司并没有向外界透露消息，原打算由内部人员递补。他回答说，他打了多次电话查询，终于侥幸地得到消息。主考官点头笑着说：“这种锲而不舍的精神真是令人敬佩。”

求职并非易事。若遭拒绝不必沮丧，再联系其他单位。

找工作，能够学以致用最好。若无合适单位，则不妨变通一下，不要把自己牢牢地限制在一个狭小的专业圈子里，“退一步海阔天空”。如学历史专业的，既可以选择教育部门，当一名历史教员；也不妨与报社、杂志社、出版社联系，从事编辑工作；还可到机关、企业等单位做行政工作。联系面越宽，机遇就越多。当用人单位觉得合适时，就会通知求职者面试。

第二节 求职准备

要找到合适的工作，求职者除了广泛收集信息外，还应做好充分的求职准备。

一、思想准备

(一)正确评价自己

求职者要实事求是地评价自己，既不盲目自大，也不妄自菲薄，知道自己的长处和短处，在面试时扬长避短。

(二)了解单位情况

“知己知彼，百战不殆。”面试前要通过多种渠道了解应试单位的主要情况，如：单位名称、单位性质、单位规模、声誉、工作条件等。对应试单位了解越多，成功的几率就越大。

(三)心理预期适中

“求上得中，求中得下。”事情的结果往往与预想的有一定差距，要有从最坏处着想、向最好处努力的思想准备。如果对理想职位期望值过高，势必会对较不理想的结果过分恐惧而产生不必要的紧张，进而无法正常发挥。事实证明，适度的紧张有益无害，会让人更严肃，注意力更集中；但过度的紧张只能破坏心理平衡，使头脑迟钝、思维混乱、发挥失常而导致失败。如今就业形势十分严峻，同学们要树立“先就业，再择业”的观念，降低期望值，在就职与期望不符时，先选一份工作干起来，积累工作经验，为后续发展做准备。即便应聘不成功，也要放平心态，把它当做一次有益的尝试。要坚信“天生我材必有用”，大方、坦然地面对求职应聘，这样才不会过于紧张，从而在应试中举止得体，思维敏捷、妙语连珠。

二、物品准备

求职应聘前要准备好公文包、简历、记事本、身份证、照片等材料，还有在校期间获得的职业资格证书、等级证书、荣誉证书等。所有材料要有条理地放在公文包或文件夹里，方便随时取出。其中简历撰写是相当重要的一环。

简历的编写原则：真实、简明、突出。

简历内容一般包括个人基本资料、学历、社会工作、获得奖励及兴趣爱好等方面。

(一)个人简历

个人简历包括姓名、性别、年龄、地址、所学专业、课程及其成绩，其中外语水平应包括是否具有听、说、读、写、译五种能力。此外，不要漏掉工作经历或社会实践及其成就。如果曾担任学生干部，主持或参与的重要活动自然会引起用人单位的注目；倘若是一位勤奋的笔耕者，发表的文章、取得的科研成果，对求职成功亦大有裨益。例如，受新冠肺炎疫情影响，2020 年毕业的大学生也感受到了就业压力。大家纷纷在想办法推介自己，寻找心动的 offer。而广东科技学院财经学院会计学专业的一名大四学生，在 2019 年秋季校园招聘中，他先后收获了中国石油化工集团公司、中国铁路物资集团等数个重量级央企的 offer。他到底有什么秘诀呢？一是平时爱泡图书馆。平日里，他最爱泡在图书馆翻阅科普性的期刊，也经常在老师与同学们面前分享自己的心得和见解。二是有清晰的职业规划。在老师和同学们的眼中，他是一个对学业生涯、人生道路有着清晰思考与规划的年轻人。从大一开始，他便有意识地去努力，他在学好专业知识的同时，通过实习、文献阅读、请教老师等方式去了解本专业前沿的研究热点，努力完善自己的知识结构。整个大学期间，他先后考取了各类各级职业资格证书 15 项，其中绝大部分与他所学的专业相关。过硬的专业知识，清晰的职业规划、有针对性的从业资格证书，使得他受到了多家用人单位的青睐。①

个人简历要简洁明了，重点突出，干净美观，清晰易读，要有个性，突出自己的特点。现举例如下：

1. 文本简历(主要栏目)

简 历

<u>个人信息</u>

<u>彩色照片</u>

姓名：
性别：
年龄：
出生年月：
籍贯：
身高：
学历：
政治面貌：
专业：
第二外语：
学校：
邮箱：
联系方式：
<u>获得证书</u>
<u>获得奖励</u>
<u>教育背景</u>
<u>实践经验</u>
<u>自我评价</u>
附各类奖励证明：

2. 表格简历

① 大学还没毕业 多家央企已向他抛来橄榄枝[EB/OL]. [2020-05-10]. 东莞时间网，http://www.timedg.com/2020-05/07/21122914.shtml.

个人简历

姓　　名		性　　别		出生年月		
民　　族		政治面貌		身　　高		
学　　制		学　　历		户　　籍		
专　　业		就读学校				
技能、特长或爱好						
外语等级		计算机				
在　校　经　历						
联　系　方　式						
通信地址			联系电话			
E-mail			邮　　编			
自　我　评　价						

(二) 求职信

求职者写求职信应实事求是，既不要夸大其辞，也不要贬低自己，力求做到行文规范、表达准确。写好后可打印出来，篇幅不要超过两页纸；文中不宜出现文字错误及涂改痕迹。现举例如下：

我叫×××，女，中共党员，××大学管理学院国际金融专业××届毕业生。在校期间学习成绩优良，专业课平均成绩 91 分，选修课平均成绩 87 分。大学英语已过国家四级，计算机通过国家二级，会操作 Office、PS 等电脑软件，在省级报刊上发表论文 4 篇，曾两次荣获校级“三好学生”荣誉称号，连续三年获一等奖学金。

本人性格开朗，爱好广泛，喜书法，好绘画，有一定的写作能力，组织能力较强。在校期间历任班、系、院学生干部，参与组织了“樱花诗会”等活动。

我希望到贵单位效力，从事与所学专业相关的财务、会计、文秘等工作，以便施展自己的才华。联系电话：××××××××

求职信一般以1500字为宜。写求职信应精心设计，实事求是，恰如其分，文笔流畅，表达准确，重点突出，有针对性。

网上发送求职信时，应以“应聘某某职位”作为邮件标题，把求职信作为邮件正文，再把简历直接粘贴到邮件正文后。求职信和简历一同发送。这样既方便对方阅读，又杜绝了附件携带电脑病毒的可能性。

若通过邮寄求职信，可以选用所在学校的信封，选择有特色的邮票，给对方留下鲜明的印象。

为了加深用人单位对自己的印象，除了求职信和简历外，求职时还可以准备推荐信。推荐信可以请熟悉自己的老师写，他会如实介绍学生的优点和强项；也可以请校方组织部门出具推荐信，一定要盖上公章，以增强权威性。这些都有助于用人单位更好地了解求职者。

第三节 面试礼仪

面谈或面试是用人单位当面观察求职者，考查其修养、能力，继而做出录用决定的关键。因此，求职者必须认真对待，提前做好形象设计与思想准备。

一、面试之前万事俱备

对于求职者来说，形象永远走在能力的前面。求职者的形象给面试官的印象好坏，常常关系到求职的成败。求职应聘时，要给考官留下良好的“第一印象”，就需要形象设计，用恰当的妆容和着装来扬长避短，展现自己的独特气质，从而在面试中脱颖而出。

（一）形象设计

1. 妆容淡雅

应聘时应重视妆容的整洁和适度。男士应注意脸部的清洁，剃净胡须，理好头发，但不宜涂抹过多的护发品。女士头发宜盘起或梳扎好，妆容应简洁、大方、亲切、自然，符合行业要求。化妆越自然淡雅越好，忌浓妆艳抹或另类前卫，不喷洒过浓的香水。

男生可带公文包或大皮夹，以便随身携带一些个人资料；女生可带一个手袋，但不能过于花哨和昂贵，以免给人一种不像是应聘人员的感觉。包内的物品整理有序，尽量把化妆品、笔、零碎的小东西分门别类地收拾好置于小包内。手里东西过多，容易给人凌乱、急躁、办事马虎的感觉。

2. 服饰得体

面试时，合乎形象的着装会给人以干净利落、有专业精神的形象，男生应干练大方，女生应庄重俏丽。

最基本的要求是衣着整洁合体。男士若穿西装，最好为浅色衬衣，系上领带，注意把衬衫下摆扎进裤中；不要穿袖口或裤脚折边已磨损的衣服。女士着装要大方得体，不得穿着短、露、透、紧的服装。女士可穿西装套裙，上装稍短，以体现女性腰部、臀部的曲线美。如果配裤子，上装以稍长为宜。女士正装基本要求：衣服颜色淡雅单一，裙长在膝盖上下5厘米，着肤色丝袜，穿款式简洁皮鞋，可适当运用胸针丝巾装饰。面试时，女士应避免佩戴过多的饰物。不管男士还是女士，面试时都应保持皮鞋整洁光亮，细节之处见精神。

应聘时的着装要尊重社会规范，符合社会大众的审美观。应聘者的着装应与应聘岗位相协调。例如，应聘教师、公务员、工程师等岗位，应该选择庄重、素净、大方的着装，以显示出稳重、文雅、严谨的职业形象。具体来说，法律、金融、教育等行业适用职业装，女士裙装、男士西装是最佳选择；IT行业则不同，休闲装亦可，如休闲西服、T恤衫、牛仔裤等；若是应聘一些非常有创意的工作：市场、广告、平面设计等，可以穿得稍微时髦一点，显示出独特的品位和风格。

(二)问题准备

面谈和面试时，面试官将会向求职者提出一连串问题。求职者对面试官可能提出的问题应事先有所准备，以便做到胸有成竹。下面列出用人单位通常会提出的10个问题，供大家参考。

(1)你的家庭情况、婚姻状况？

(2)你的理想？

(3)你为何选择本单位？

(4)你计划怎样为本单位作贡献？

(5)你对工作待遇有何要求？

(6)你计划今后再调换工作吗？

(7)你打算出国吗？

(8)你喜欢什么样的领导？

(9)你有哪些特长？

(10)你的缺点是什么？

此外，美国恩迪科特博士经过大量调查后总结的美国招聘者招聘大学毕业生时常问的49个问题，其中不少问题值得国内求职者借鉴思考。

(1)你的长期和短期目标是什么？你在什么时间、为什么树立起这些目标？你准备怎样实现它们？

(2)除了与职业相关的目标外，你有什么其他方面的目标吗？你是否有在下一个10年或更长的时间内为之奋斗的目标？

(3)你预料从现在开始的5年内，你将做些什么事情？

(4)在你的一生当中，你想做的最重要的事情是什么？

(5)你的长期的职业方面的目标是什么？

(6)你计划怎样实现你的职业目标？

(7)在职业方面，你希望得到的最重要的奖励是什么？

(8)你希望5年后的收入达到多少？

(9)你为什么要选择你准备从事的职业？

(10)工作类型和收入中的哪一个对你来说比较重要？

(11)你认为你的强项和弱点是什么?

(12)你能形容一下你自己吗?

(13)你认为最了解你的朋友和教师会如何描述你?

(14)什么事情或东西将激发出你最大的热情?

(15)为了你以后的职业生涯，在大学期间你都做了哪些准备工作?

(16)我们为什么要雇佣你呢?

(17)你认为你哪方面的资历将有助于你以后取得职业方面的成功?

(18)你是怎样判断或评估成功的?

(19)你认为怎样才能在像我们这样一家公司取得职业上的成功?

(20)你将以何种方式为我们公司作贡献?

(21)一个成功的管理者应具备什么样的资历?

(22)请形容一下监督者和向其汇报工作的人员之间的关系。

(23)最令你感到满足的成就(你已经实现的)是什么?请举出两三个例子并说明为什么。

(24)请讲一讲最有益的大学经历。

(25)如果你想雇佣一个向你申请想得到的职业的毕业生，你认为该毕业生应具备什么样的资历?

(26)你为什么选择了你所毕业的大学?

(27)什么原因使你选择了你正从事的专业领域?

(28)在大学里你最喜欢的科目是什么?为什么喜欢它?

(29)你不喜欢的科目是什么?为什么不喜欢?

(30)如果可能的话，你将如何改变自己的学业?为什么?

(31)你希望学校有什么样的变化?为什么?

(32)你是否计划继续你的学业或者说得到一个更高级的学位?

(33)你认为好的分数意味着较好的学术水平吗?为什么?

(34)从课外活动中你都学到了什么?

(35)你最适应什么样的工作环境?

(36)在压力下你是如何工作的?

(37)你最感兴趣的临时工作或假期工作是什么?为什么?

(38)为什么你决定申请我们公司的这个职位?

(39)关于我们公司，你都知道些什么情况?

(40)对你来说，工作中最重要的两三件事情是什么?

(41)你对公司的规模有什么要求吗?为什么?

(42)你用什么标准来评价你为之效力的公司?

(43)你对工作地区有什么偏爱吗?为什么?

(44)你愿意迁居吗?迁居对你有什么样的影响?

(45)你愿意出差吗?

(46)你愿意再花至少6个月的时间接受培训吗?

(47)你对我们公司所在的社区有何评价？

(48)你曾遇到的主要问题是什么？你是如何解决的？

(49)你从你的错误中学到了什么？

二、面试过程细节取胜

(一)面试中礼仪

求职者参加面试时要带全有关证件和资料，关掉手机或者把手机设成静音模式。在面试过程中不要硬往主考官手里塞联系名片或向主考官索要名片，一切要自然得体。求职者在面试过程中表现出的礼仪行为，反映出求职者的人品和修养，将直接影响面试官的最终决定。因此，求职者参加面试时，务必注意以下六点：

1. 准时到达现场

守约守时是最基本的礼仪。一个连面试都迟到的人，没有人会相信他会如何敬业。应邀赴约时，一定要按通知的时间到达面谈地点，甚至提前一段时间到达，以便熟悉情况，进一步做好面试前的各项准备，平复心情，不慌不忙地进入现场。切莫让他人陪你入场，入场后不可吸烟，也不可嚼口香糖。

2. 再次整理形象

在赶到面试地点的时候，如果条件或时间允许的话，应该进一趟洗手间，整理一下妆容、服饰，擦拭干净皮鞋，让自己显得更从容、更自信一些。

3. 礼貌等候面试

从你迈入面试地点大门的那一刻，就意味着应聘的开始。对待所有和你接触的工作人员，都应该使用文明用语，一视同仁，比如保安员、秘书等，不要不在乎这些你认为不重要的人。往往这些细节能决定面试的结果：你还没来公司上班，各环节中，你对普通工作人员的态度也是其中重要一环。

如果有前台接待的话，就要礼貌地告诉前台接待，你来这里的目的。如果接待人员安排你坐着等，你就要沉稳地坐着，或者闭目养神，或者翻阅你自己的资料。不要随意和正在工作的工作人员攀谈，或东张西望，或四处走动。即使烟瘾再大，也不要在接待室吸烟。若没有等候室，在面试门外等候，当办公室门打开时应有礼貌地说声“打扰了”，然后向考官表明自己是来参加应聘的，绝不可贸然闯入。

4. 注意进门细节

面试前应耐心在门外等待，直到自己的名字被喊到时，应有力地回答“是”，无论大门开关，都应轻敲两到三下，听到“请进”后准备进入，进门前将门保持原状。开门关门尽量要轻，进门后侧身轻轻将门合上，注意关门时臀部不要朝向对方。再回过身来将上半身前倾15°左右，向面试官鞠躬行礼，面带微笑称呼一声“老师好”或“您好”。要表现出热情、开朗、大方、乐观的精神状态，勿过分殷勤、拘谨或过分谦让。进门后四处打量是不礼貌的。

进门后走路姿势保持正常(不需要继续直视面试官的眼睛)，注意不要驼背，站在椅子旁边(靠近门的那一侧)。男士手臂伸直放于身体两侧，女士双手叠于身前(请将右手放在左手的上面)。听到要求说“请报出大学和名字”后，看着面试官的眼睛说“我是

××学校××专业×××。请多关照”后，简洁流畅地进行自我介绍，当听到“请坐”时，先说“谢谢”，然后行礼(鞠躬15°)落座(说话和行礼不要同时进行)。

求职者进门后，不可主动伸手与考官相握，如果主考官伸出手来，求职者应同他热情握手。若对方端来茶水，求职者应用双手接过，并致谢，不要推辞不喝。若对方只是客气地问：“要茶吗?”求职者则可客气地回答：“不用，谢谢。”

5. 讲究谈话礼仪

双方寒暄完毕，主考人通常让求职者先开口，求职者要注意聆听，一是体现对面试官的尊重，二是准确捕捉有效信息。在交谈中应把握重点，准确客观，态度要热情坦诚。在回答问题时，求职者的眼睛要看着主谈人(主考官)及其助手。回答问题时，要口齿清晰，声音大小适中，答句完整，对答如流，但不要夸夸其谈、炫耀自己。更不要喧宾夺主，切忌打断主谈人的谈话，在主谈人谈话时插话是不礼貌的行为。当不能回答某一问题时应如实告诉对方，别不懂装懂。如果面谈时两个人同时向求职者提问，求职者可以微笑着对其中一位说：“请让我先回答那个问题好吗?”这样处理问题，从一个侧面表现出求职者的修养和处事能力。当然，在面谈时求职者也可以酌情穿插一些提问，如询问未来的工作情况等，以活跃交谈气氛。

面试时少不了求职者作自我介绍，而此时的自我介绍有别于求职信里的自我介绍。应把握以下几点：①以事实说话，多用肯定的陈述句叙述，少用虚词、感叹词；②逻辑清晰，符合常情，内容应合理有序地展开，让优势很自然地逐步显露；③突出优势和特长，并有相当的可信度，可以适当引用他人的言论，如老师、朋友等对自己的评价；④不用简称、方言和口头语，以免对方难以听懂；⑤尽量简短，视现场实情不定，一般3~5分钟。

6. 重视肢体语言

语言交流固然重要，但面部表情、手势、站姿、坐姿等肢体语言，可传递更加丰富而真实有效的信息，阅人无数的面试官会更加重视肢体语言，从中分析判断，挑选他所需要的应聘者。因此，面试时一定不可轻视。现从几个方面简述如下：

(1)自信友好的微笑。赏心悦目的面部表情，会让应聘的成功率远高于那些目不斜视、笑不露齿的人。微笑传递着一个人热忱的生活态度和良好的人际关系，面带微笑可体现出面试者的自信，增进与面试官的沟通，改善与面试官的关系。面试时应面露笑意，和蔼谦逊，但不宜笑得太过，或者面部僵硬，大大咧咧、矫揉造作。听对方说话时，要时而点头，表示自己听明白了，或正在注意听。

(2)透视心灵的眼睛。眼睛是心灵的窗户，恰当的眼神能体现出智慧、自信以及对公司的向往和热情。面试一开始即应全神贯注，目光始终聚焦在面试官身上，以展现出自信及对对方的尊重。正确的眼神应该是：礼貌地正视对方，注视的部位最好是考官的鼻眼三角区(社交区)；目光平和而有神，专注而不呆板；如果有几个面试官在场，说话的时候要适当用目光友善缓慢地扫视其他人，以示尊重；回答问题前，可以把视线投在对方背面墙上，用两三秒钟做思考，不宜过长，开口回答问题时，应该把视线收回来。

(3)恰当的手势。说话时做些手势，可加大对某个问题的形容和力度，交谈很投机时，可适当地配合一些手势讲解。但频繁耸肩，手舞足蹈，也会分散人的注意力。有些求职者由于紧张，双手不知道该放哪里，而有些人过于兴奋，在侃侃而谈时舞动双手，这些均不可取。抓耳挠腮、用手捂嘴说话，会显得不够成熟、自信、专心，亦不可为表示亲切而拍对方的肩膀。另外注意，递简历时应双手奉上，字的正面对着对方。

(4)端庄优雅的坐姿。良好的坐姿是给面试官留下好印象的关键要素之一。注意落座时保持腰部直立，臀尖向下，以坐满椅子的2/3为佳。腰背挺直，男士双手应该自然放在腿上，双腿微微分开。女士应双手相叠放于一条大腿之上，双膝并拢。保持轻松自如的姿势，身体可略向前倾，表示专注倾听。不要弓着腰，也不要把腰挺得很直，这样反倒会给人留下死板的印象。有两种坐姿不可取：一是紧贴着椅背坐，显得太放松；二是只坐在椅边，显得太紧张。切忌跷二郎腿并不停抖动，两臂不要交叉在胸前，更不能把手放在邻座椅背上，或加些玩笔、摸头、伸舌头等小动作，这样容易给人一种轻浮傲慢、有失庄重的印象。

(5)精神挺拔的站姿。站立时最好抬头、下颌微收、挺胸、收腹、提臀，不倚靠外物。双腿并拢，女生双手相叠放在腹部前，右手在上；男生双手垂放在大腿两边，或前搭手。

(二)结束时礼仪

1. 询问决定期限

面试将完的时候，假如对方没表示和你联系，你可以问对方什么时候作出最后决定，或是否在一段时间内来电话询问。不过，有礼貌的公司，不管你成功与否，一定会给你一个答复。不要不敢问及有关未来工作的问题，但不可急于问有关薪水、休假、福利情况，这类事情通常是第二次面试时才讨论的。临别时，说些加深印象的话语，比如："您对这份工作情况的介绍给我留下了十分深刻的印象，谢谢您能会见我。"

2. 注意适时告辞

求职面试犹如奏乐演唱，需善始善终。不少求职者面试开始表现不俗，甚至成为"意中人"，但是在结束时的"不拘小节"露出破绽，致使"煮熟的鸭子飞了"。

首先不要在面试官结束谈话之前表现出浮躁不安、急欲离去的样子。当主谈人说"感谢你来面谈"等诸如此类的话时，意味着面试完毕。有些接见者以起身表示面谈的结束，另一些则用"同你谈话我感到很愉快"或"感谢你前来面谈"这样的辞令结束谈话。对此，求职者应从容不迫地站起来，不失时机地起身告辞。其次，面带笑容地鞠躬30°，感谢接见者花时间同你面谈，如主谈人有意握手，则诚挚与之握手感谢，然后走出房间并轻轻带上门。离开时，别忘了向接待人员道谢告辞。

三、面试结束锦上添花

面试的结束并不意味着整个求职过程的完成，还有很多事要做。

(一)再次表达感谢

为了表达感谢，也为了加深对你的印象，更为了弥补面试时的一些遗漏，应该在面试后两天内给面试官打电话或发封电子邮件。

感谢电话一定要简短，最好不要超过3分钟。

感谢信也要简洁，不要超过一页。在感谢信的开头应提及你的姓名及简单情况。然后提及面试时间，并对招聘人员表示感谢。在感谢信的中间部分要将一些能增加求职成功率的内容加入进去，尽量把之前可能给面试官有不良印象的方面修正一下。结束语主要表达自己对职位的喜爱和信心，以及为公司的发展壮大作出贡献的渴望。

(二)不要过早打听

在通常情况下，考官组从面试到确定录用人选，整个过程需要3~5天。求职者一定要耐心等候消息，不要急于去打听结果。太早很有可能会使面试官对你的印象由好变坏，他们会认为你是个急性子，觉得可能你做事不够稳重。

(三)快速收拾心情

面试结束后，结果没出不必苦等。若你同时向几家公司求职，就要整理好心情，全心投入到下一次面试的状态中，不要放弃任何一个机会。

(四)主动查询结果

一般来说，面试后主考官都会许诺一个通知的时间，如果通知时间到了还没收到答复的话，那么就可以主动给招聘单位或主考官打个电话，询问一下结果是否出来，询问自己是否被录用。

(五)总结反省提升

应聘中很少有人一次成功，当应聘失败后，关键是要总结教训，找出失败的原因，然后针对不足，找到更好的应对方法，重新做准备。或许在一次又一次的求职应聘中，会发现最适合自己的行业、职业和岗位。

☞**思考题：**

一、为什么在求职时要特别讲究礼仪？

二、面试时要注意哪些礼节？

三、求职能力测试：

请在下列选项中选择与你在求职时发生过的情形最相近的答案，或假如你遇到相应情形时可能发生的情况来选择(选项中1~5为分值)。

1. 你不愿意和不认识的人沟通，以获取更多自己所感兴趣职业的相关信息。

1 不是　2 基本不是　3 不确定　4 基本是　5 是

2. 即便某个老板并不缺人，你也会主动向他打听，是否有其他公司需要雇人。

1 不是　2 基本不是　3 不确定　4 基本是　5 是

3. 除非你知道该公司缺人，否则你不会毛遂自荐。

1 不是　2 基本不是　3 不确定　4 基本是　5 是

4. 你不愿意直接向用人单位应征工作，而宁可通过中介公司介绍。

1 不是　2 基本不是　3 不确定　4 基本是　5 是

5. 知道有某个职位空缺时，通常不会主动去打听有关的详情，除非有认识的人。

1 不是　2 基本不是　3 不确定　4 基本是　5 是

6. 面试前，你会与该公司的职员联系，或调查用人单位的一些情况，以求获得更多有关公司状况的信息。

1 不是 2 基本不是 3 不确定 4 基本是 5 是

7. 你相信有经验的职业咨询人员，认为通过他们会更清楚自己适合什么样的工作。

1 不是 2 基本不是 3 不确定 4 基本是 5 是

8. 如果秘书告诉你老板太忙暂时无法和你面谈，你会放弃与该雇主继续联络。

1 不是 2 基本不是 3 不确定 4 基本是 5 是

9. 你认为自己符合条件，而人事部门却拒绝给你面试机会时，你会直接与老板联络。

1 不是 2 基本不是 3 不确定 4 基本是 5 是

10. 当面试官请你陈述自己的工作经验时，你只会陈述曾经实际支付过薪水的工作。

1 不是 2 基本不是 3 不确定 4 基本是 5 是

11. 你会刻意忽视自己的资历条件，这样雇主才不会认为你以高就低。

1 不是 2 基本不是 3 不确定 4 基本是 5 是

12. 面试时，你很少主动提问题。

1 不是 2 基本不是 3 不确定 4 基本是 5 是

13. 你尽量避免用电话与雇主联系，因为你担心他们可能太忙，没时间和你谈。

1 不是 2 基本不是 3 不确定 4 基本是 5 是

14. 你认为得到一个理想的工作，需要很好的运气。

1 不是 2 基本不是 3 不确定 4 基本是 5 是

15. 你宁可直接与将来的顶头上司联络，而不是只与公司的人事部接洽。

1 不是 2 基本不是 3 不确定 4 基本是 5 是

16. 你不太愿意请教授或上司帮你写推荐信。

1 不是 2 基本不是 3 不确定 4 基本是 5 是

17. 除非自己的资格条件符合应聘资格，否则你不会去应聘这个工作。

1 不是 2 基本不是 3 不确定 4 基本是 5 是

18. 如果第一次面试表现不太理想，你会要求安排第二次面谈。

1 不是 2 基本不是 3 不确定 4 基本是 5 是

19. 即使你没被录用，你也会打电话给该雇主询问自己该如何改进，以便将来能获得同样性质的工作。

1 不是 2 基本不是 3 不确定 4 基本是 5 是

20. 向朋友询问招聘信息会使你感到不自在。

1 不是 2 基本不是 3 不确定 4 基本是 5 是

21. 在决定要从事什么职业之前，你会先看看还有哪些工作机会。

1 不是 2 基本不是 3 不确定 4 基本是 5 是

22. 面试官对你说“有职位空缺时，我会与您联络的”时，你认为其实根本就没有机会了。

1 不是　　2 基本不是　　3 不确定　　4 基本是　　5 是

23. 你清楚所应聘的职位能给你带来什么，并知道在这里所能积累的东西对下一步职业发展会有帮助。

1 不是　　2 基本不是　　3 不确定　　4 基本是　　5 是

24. 在找工作迟迟没什么结果时或就业市场不景气时，你希望抓住任何所能找到的工作。

1 不是　　2 基本不是　　3 不确定　　4 基本是　　5 是

计分标准：得分=100+(第 2、6、7、9、15、19、23 题分值)-(其余每题的分值)总和(选项前面的数字，即为该选项的分值)。得分在 80 以下，你应改变思维；得分在 80~100 之间，你有一定的求职能力；得分在 100 以上，你能坚持自己的方向，并主动出击，寻找机会，相信你最终会找到喜欢的工作。

☞招聘实例两则：

一、最好的介绍信

一位先生登报招聘一名办公室勤杂工，有 50 多人前来应聘。这位先生从中挑选了一位青年。他的一位朋友问："你为何喜欢那个青年，他既没有带一封介绍信，也没有任何人推荐。"

"你错了，"这位先生说："他带来了许多介绍信。他在门口擦掉了鞋底上的泥，进门后随手关上了门，说明他做事小心仔细。当他看到那位残疾老人时，就立即起身让座，表明他心地善良、体贴别人。进了办公室，他先脱去帽子，回答我的提问时干脆果断，证明他既懂礼貌又有教养。其他所有人都从我故意放在地板上的那本书上迈过去，而他却俯身捡起书，并把它放到桌子上。他衣着整洁，头发梳得整整齐齐，指甲修得干干净净。难道你不认为这些就是最好的介绍信吗？"

二、文身者求职屡次被拒 为时尚个性付出代价

22 岁的应届毕业生小丽(化名)，从四川某大学工商管理学院毕业后，先后向 23 家单位递交了应聘材料，但在与用人单位接触时，都遭遇到诧异的眼神。小丽本身的条件挺不错的，学习和工作能力在学校都算比较突出，但为什么单单在求职的时候却让用人单位连连"Say No"呢？原来正是因为她手臂上的一条"蛇"，让她被各个用人单位拒之门外。

小丽觉得文身是自己一个人的行为，而且是文在自己的身上，只要自己喜欢别人也没有什么权利阻拦。没想到的是，本以为文身是个人的事却给自己的求职之路带来了这么大的麻烦。因为文身在手臂上，不能用衣服遮掩，所以无论之前小丽的表现有多优秀，但每次到了面试这个环节她都会被刷下来。竟然 23 次应聘被拒！现在的她特别苦

恼，一方面她有过后悔，另一方面她又心有不甘，难道单凭一个文身就能够断定一个人的好坏吗？

http://news.163.com/10/0625/17/6A1R6R6J000146BD.html
新华网（广州），2010-06-25

无独有偶，英国一中年人因遍体奇葩文身求职450次均遭拒。

据英国《每日邮报》5月18日报道，来自英国西约克郡的约瑟夫·哈米德自2012年开始已经找了几十份工作，却都以失败而告终，究其原因竟然都是文身惹的祸。

自从被肉类加工厂解雇以后，哈米德就辗转于各大求职面试之间。但是，面试官总是很难接受哈米德奇特的外貌。

哈米德表示说："面试时，人们往往因为我的文身就断定我工作不努力，面试官也以文身不符合公司形象而把我拒之门外。但是，我有工作资质，也符合应聘要求。所以，我希望各位老板能以我的技能对我进行评判。"

虽然他找了450份工作，有洗车员、街道清洁工等，但都收到了同样的反应，但是哈米德仍然对未来充满希望。他相信总有一家公司能忽略他的文身，给他一个工作机会。

他说："在年轻人心目中，文身是成熟的标志。然而，随着年龄增大，文身却成了一道融入社会的屏障。我现在很后悔，尤其是看到陌生人惊异的反应时。"（实习编译：黄岳，审稿：朱盈库）

http://news.xinhuanet.com/world/2013-05/22/c_124744999.htm
新华网，2013-05-22

第七章　公务礼仪

离开学校，走进工作单位的大门，应尽快调整好心态，熟悉业务工作，使自己尽早进入角色，在工作中不断提高业务水平，同时要积极培养团队精神和协调能力，尽快融入工作单位。

俗话说："一个篱笆三个桩，一个好汉三个帮。"立业既要靠自己努力奋斗，也需要他人的帮助与合作。因此，在工作单位认真学习和努力实践公务活动的行为规范与准则——公务礼仪，与上级处理好关系，与同事和睦相处，便能够在工作单位站稳脚跟，在事业上一步步走向成功。

第一节　工作场所礼仪

一、上岗礼仪

打工族上班，既是为生活，也是为社会作贡献。大家都希望在一个舒适、宽松的环境里工作，而这种环境需要大家共同努力营造和维护。因此，每个人都不应该忽视上岗礼仪。

（一）上班服饰

员工的服饰关系到单位的形象与个人的尊严。目前，我国不少企业、餐饮业等行业、部门都有本单位选定的工作服（职业服）。在统一着装的单位，员工上班时统一穿工作服，既整齐，又安全。倘若单位无统一着装的要求，男士着装要整洁、大方，给人以干净、利落的感觉。女士衣着宜美观、合身，尽量不穿薄、露、透的衣服，也不要打扮得花枝招展，以免给人以轻浮的感觉。

男士上班前应修好边幅，显得精神抖擞；女士上班前可酌情化淡妆，但不要浓妆艳抹，也不宜佩戴过多或叮当作响的首饰，过分打扮会显得俗气。

（二）工作场合行为规范

工作人员应严格遵循工作岗位行为规范，遵守作息时间，按时上下班，不迟到早退。上岗后，要积极做好各项准备工作，上班时间不做私事，也不要长时间用单位电话闲聊。

二、共事礼仪

在工作单位，上级与下级分工不同，既是领导与被领导的关系，同时也是合作关系。上下级如何做到精诚合作，取得良好的工作业绩，讲究上下级关系礼仪，妥善处理好上下级之间关系至关重要。

（一）上级礼仪

1. 任人唯贤

作为领导，不仅应长于科学决策，而且要努力做到知人善任。上级要了解下属的经历、素质、脾气、性格、作风，了解下属的长处与弱点，用其所长，避其所短，量才使用，调动其积极性，充分发挥其聪明才智。

作为领导，要尽量避免感情用事，做到任人唯贤，而不要任人唯亲。对下属，不要亲者近、远者疏，而应当从工作出发，一视同仁，唯才是举，提拔、重用有才干的下属，放手让他们大胆工作。领导应礼贤下士，不委屈勤恳工作的职员，不怠慢具有开拓精神的员工，不排挤德才兼备的功臣。此外，领导不仅要会用人，还要为下属着想，关心他们的疾苦，为他们排忧解难，帮助他们不断进步。

2. 言而有信

作为领导，讲话要谨慎，言而有信，说话算数，做到言必行，行必果。不要信口开河，更不要随便封官许愿。工作中切忌用官话训人，用大话吓人，用假话哄人。对下属承诺的事，应当认真地去兑现，若遇特殊情况一时解决不了，则应坦诚说明原因。一位不放“空炮、哑炮”的领导人，才会有威信，才有可能赢得部下的信赖；反之，就会失去在下属中的威信。

3. 宽宏大量

俗话说：“将军额上能跑马，宰相肚里能撑船。”作为领导，应当严以律己，宽以待人，对下属不要横挑鼻子竖挑眼，而应当多看其优点，对做出成绩的下属要予以表扬和奖励，而不能嫉妒或贬低。领导也应尊重和爱护下属，不要专横傲慢，不要对下属颐指气使、呼来唤去。对心直口快、敢于提意见的下属，应持欢迎的态度。虚怀若谷者比盛气凌人者更容易与群众打成一片，从而带领下属创造新业绩。

（二）下级礼仪

1. 尊敬上级

在工作中，下级服从上级，是基本的原则。下级尊敬上级，不仅表现在口头上，而且体现在行动中。上级布置工作时，下级要认真聆听，对上级的正确指示要坚决执行，对上级布置的任务要努力完成。在执行过程中，适时向领导请示，完成任务后，及时向领导汇报。切忌把上级的指示当做耳旁风，或视为儿戏。在工作中有令不行，或敷衍领导，办事拖拖拉拉，不仅对工作不利，也会降低自己在领导心目中的地位。

2. 讲究方式

领导有时对一些问题考虑不周，工作难免会有不当之处。作为下属，此时不要借机显示自己能干，“喧宾夺主”，当众指出上级的错误。而应当讲究工作方式，单独找领导交换意见，坦陈自己经过深思熟虑的看法，供领导参考。这样做，对改进工作更有利。

3. 注意小节

下级有事找领导人，应先轻轻敲门或按门铃，经允许后方可进入。若非紧急公务，正逢领导开会，应有礼貌地等候或另择时间。向领导汇报工作，应实事求是，简明扼要，切忌啰嗦。未经领导许可，不要随便翻阅领导办公桌上的文件。

上级领导来部门检查工作时，下级员工如果坐在椅子上，应起身迎送。此外，作为下级，不要在背后对领导说三道四。

三、同事礼仪

同事关系是指同一组织中平级工作人员之间因工作而产生的关系，通常具有稳定性。长期共处一室的同事应当讲究同事关系礼仪，彼此尊重，互相帮助，一视同仁，以便建立与保持和谐的同事关系。

（一）彼此尊重

俗话说："同船过渡，八百年修行。"大家从四面八方走进同一个单位，自然也算有缘分。长年累月在一个单位共事，彼此比较熟悉，从对方的喜怒哀乐到爱憎，几乎无所不知。在这种情况下，同事间更应该彼此尊重，以诚相待，但不可揭别人的隐私，更不要东家长，西家短，搬弄是非。向取得成绩的同事表示热烈祝贺，对遇到不幸的同事深表同情，切不可幸灾乐祸。

（二）互相帮助

在一个单位共事的同事，在工作中既有分工又有合作。不论是分内事还是分外事，同事之间要互相支持，互相帮助，同心协力把工作搞好。遇到困难时，彼此鼎力相助；当有需要时，彼此互相支持，携手并肩，共同走向成功。

（三）一视同仁

俗话说："十个手指不一样长。"虽然同事们的工作水平参差不齐，但每个人在人格上都是平等的。因此，同事间切忌意气用事，不要与少数人过分亲密而形成一个小圈子，导致疏远其他同事，造成不必要的隔阂。同事间应一视同仁，提倡"淡如水"的"君子之交"，以便长期保持和谐的同事关系。

第二节　会议礼仪

为了传递信息、沟通思想、协调行动等，有关人员和相关人员集合在一起开会，统称集会。集会应讲究有关礼仪。

怎样组织会议？会议程序有何讲究？会议主持人及与会者应该注意哪些礼仪？这就是本节所要阐述的内容。

一、办会者礼仪

开会是为了解决问题。不论开大型会议、中型会议还是小型会议，当会议的主题和目的确定后，会议举办单位应马上安排有关人员进行会议的筹备和组织工作，具体做法和注意事项如下：

（一）成立会务组

为了保证会议的顺利进行，会议主办方可挑选精明强干的工作人员组成会务组。根据会议的需要，会务组再细分为会务小组和接待小组。会务小组主要负责会场布置、会议文件的准备和分发、维持会场秩序等工作，接待小组则具体负责与会者的迎送、食宿、购票等事宜。

（二）拟发会议通知

按照会议惯例，会议通知应当写明会议主题，举行会议的时间、地点以及举办单位等。必要时，还应写明会费和差旅费报销等事宜。会议通知印好后，应盖上举办单位公章后再发出。

会议通知应尽早发出，以利与会者有所准备。一般情况下，本单位、本系统内部举行会议，可以口头通知、电话通知、广播通知，以及用黑板报或小字报形式发通知。而通知外单位、外地与会者，则以发书面通知（或会议邀请函）为主。对于与会人数较多的会议，可以发登报通知。例如武汉大学于1993年举行百年校庆时，特地在《光明日报》等报纸上发通知，广告在全国各地工作的武汉大学校友；2013年举行120周年校庆活动，人民网等媒体则报道了众校友“帮母校上头条”的活动。

附会议通知（邀请函）一则：

国家人事部人事与人才研究所
知识经济与人力资源开发学术研讨会邀请函

××同志：

您好！

为了适应知识经济时代人事管理的新情况，探讨新形势下人事管理的新特点、新问题、新方法，我所决定在新疆伊犁召开“知识经济与人力资源开发学术研讨会”，特邀请您出席。现将有关事宜告知如下：

一、研讨内容：

1. 国家行政机关机构改革给人才资源开发带来的机遇与挑战；2. 知识经济时代人事管理新特点探讨；3. 知识经济与人力资源开发；4. 现代组织人事管理新方法。

二、会议形式：专家讲座；学术交流与研讨；学术考察。

三、参会对象：有关领导、企业管理人员、专家、学者。

四、会议时间：××××年9月19—22日（9月19日全天报到）。

五、会议地点：新疆伊宁市（伊犁自治州首府）桃园宾馆。

六、参会费：每人1980元（含会期会务费、讲课费、场地费、食宿费，以及其他综合性费用），到会交款。

七、您如决定参会，请收到此函后，速将报名表（附后）寄来或传真过来，会务组将根据报名表安排有关会务事宜。有交流论文的，自印100份，报到时交会务组统一分发。优秀论文经专家审定后颁发荣誉证书并在会上交流，会后编入论文专集。

八、乌鲁木齐市每天有飞机或汽车直达伊宁市，为方便代表参会，会务组决定9月16、17、18日安排专人在乌鲁木齐市机场接站，并协助解决在乌鲁木齐市逗留期间的食宿。报到当日，在伊宁机场有专人接站。

联系地址：北京市东城区和平里中街12号（国家人事部办公楼6层）

邮编：100716

联系单位：国家人事部人事与人才研究所

联系人：×××(办公室副主任)　××(会务)

电话：(010) 69××××××　69××××××　69××××××
69××××××(兼传真)

(报名表请统一寄至北京××××信箱会务组收　邮编：100021)

知识经济与人力资源开发学术研讨会

报 名 表

<table>
<tr><td>姓　名</td><td>性别</td><td>年龄</td><td>民族</td><td>职务/职称</td><td>工作单位</td></tr>
<tr><td></td><td></td><td></td><td></td><td></td><td></td></tr>
<tr><td colspan="4">联系电话</td><td>邮　编</td><td>详细通信地址</td></tr>
<tr><td colspan="4">区号(办)
(宅)</td><td></td><td></td></tr>
<tr><td colspan="6">随 行 人 员</td></tr>
<tr><td>姓　名</td><td>性别</td><td>年龄</td><td>民族</td><td>职务/职称</td><td>工作单位</td></tr>
<tr><td></td><td></td><td></td><td></td><td></td><td></td></tr>
<tr><td></td><td></td><td></td><td></td><td></td><td></td></tr>
<tr><td>备注</td><td colspan="5"></td></tr>
</table>

（三）布置会场

会务人员应根据与会人数和会议规格选择合适的会场。一般应选用专用会议室或会议厅作为会场。会场不宜太小，以免显得拥挤；但也不宜过大，以免与会者仅占会场一个角或者坐得稀稀拉拉，显得冷冷清清；会场面积应大小适中。会务人员要善于营造与会议内容相吻合的会场气氛。例如举行庆功会，气氛要隆重；而举行研讨会，气氛要轻松。在大会主席台上方挂会议名称横幅时，要注意字与字之间的距离。若有可能和必要，不妨在会场入口处张贴“欢迎”之类的标语，在会场附近安设路标等。如果与会者社会地位较高，则要根据礼宾次序细心安排座次，以免顾此失彼，引起与会者的不满。

此外，会务人员要会同有关人员，对会场的灯光、音响、空调等设备进行检查和调试，并事先准备好茶具、饮料等。

（四）做好接待工作

举办有外国或外地与会者参加的会议，应做好与会者的迎送工作。在迎送工作中，要注意与会者的身份与规格，如安排同级人员在机场、码头、车站迎送来宾。对老弱病残与会者，应给予特殊照顾。如果有少数民族同胞与会，在饮食上应适当考虑其风俗习惯。若有不懂中文的外宾与会，还要酌情为其配备翻译人员。在具有同声传译设备的会议室或报告厅举办会议，应提前给耳机安装电池。

二、会议程序

会议程序是指会议议程的先后顺序。会议程序不仅使会议有据可依，使会议有条不紊地进行，而且也从一个侧面反映出会议组织者的礼仪水平。

无论是举办工作例会、庆祝表彰会，还是举办座谈会或代表大会，都无一例外地要事先拟定会议议程。虽然各种会议的内容、形式不同，繁简不一，但都有约定俗成的基本程序。这里仅简要介绍报告会、讨论会的常规程序，读者可举一反三，以此类推。

（一）报告会

报告会通常是邀请某位领导干部、专家学者等作报告的会议，例如形势报告会、学术报告会等。

报告会的常规程序如下：

（1）主持人宣布报告会开始，并向听众介绍报告人的简历及成果等；

（2）报告人作报告；

（3）主持人简评报告内容，并宣布提问开始；

（4）报告人回答听众的书面提问或口头提问；

（5）主持人宣布提问结束，总结报告会，宣布报告会结束。

报告会举办单位，要注意以下礼仪：

（1）对报告人的邀请、迎送以及招待应热情、周到；

（2）事先向报告人简要介绍听众情况，以便报告人有的放矢；

（3）报告会主持人应在场作陪，仔细倾听报告，以便对报告内容做出恰如其分的评价；

（4）维持会场秩序，确保报告会善始善终。

（二）讨论会

讨论会往往就某一专题召集有关人员进行探讨，旨在互通情报、交流意见等。

讨论会的常规程序如下：

（1）主持人宣布讨论会开始；

（2）单位领导致辞；

（3）发言人相继发言；

（4）有关负责人作总结发言；
（5）主持人宣布讨论会结束。
讨论会开始前先介绍来宾，讨论会结束后要及时写出会议报道和会议纪要。会议报道应简明、扼要，会议纪要应客观、准确。

例文一：

会议报道

利比亚长篇小说《昔日恋人》研讨会在汉举行

本刊讯（昌连）

为了加强中国与阿拉伯国家之间的文化交流，增进中国与利比亚两国人民的友谊，湖北省外国文学学会和武汉大学社科处于1997年5月20日在武汉大学人文馆联合举办了利比亚长篇小说《昔日恋人》研讨会。来自中国社科院、武汉大学、华中师范大学、中南民族学院、长江日报社、写作杂志社、长江文艺出版社、楚天广播电台、湖北省作家协会、湖北省翻译工作者协会等单位、团体的30多位专家学者、作家、评论家出席研讨会，武汉大学、华中师范大学部分院系研究生、本科生代表50多人列席了研讨会。

研讨会开始前，武汉大学校长侯杰昌教授热情会见了从埃及专程来汉参加其作品研讨会的利比亚著名作家艾哈迈德·法格海博士，并和湖北省外国文学会会长江伙生教授、湖北省作家协会副主席刘富道先生、湖北省文艺家协会主席陈美兰教授、湖北省翻译工作者协会副会长张泽乾教授、中国阿拉伯文学研究会副会长伊宏先生等与会作家、专家进行了亲切的交谈，然后一起合影留念。

研讨会由湖北省外国文学学会秘书长程雪猛副教授主持，武汉大学社科处副处长王秀英副教授首先代表侯校长致欢迎词，湖北省外国文学学会会长、武汉大学法国研究所所长江伙生教授致开幕词，刘富道、陈美兰、伊宏、蔡先保、叶绪民、安长春、昌切、罗壹邻、车英等专家学者相继作大会发言，山东大学《文史哲》主编蔡德贵教授，武汉大学陶友松教授、杨余森教授作了书面发言。与会专家高度评价长篇小说《昔日恋人》的思想意义和文学价值，一致认为该小说是一部出自文学大家手笔的富有民族特色和时代气息的佳作，并充分肯定武汉大学李荣建副教授在译介利比亚文学方面所作出的贡献，他以传神妙笔译成中文的《昔日恋人》，是一部不可多得的外国文学译著，促进了中国与阿拉伯国家的文化交流。

艾哈迈德·法格海博士在会上作了热情洋溢的讲话，并当场签名赠书。湖北省外国文学学会副会长、华中师范大学文学院戴安康教授作了总结发言，并高声朗诵了长篇小说《昔日恋人》的结尾部分。研讨会自始至终充满热烈的友好气氛和浓厚的学术气氛，取得了圆满的成功。

（原载《湖北作家》总第12期，有改动）

例文二：

会议纪要

利比亚小说《昔日恋人》研讨会综述

谭辉霞

由武汉大学社科处和湖北省外国文学学会联合举办的利比亚长篇小说《昔日恋人》研讨会，于1997年5月20日在武汉大学人文馆举行。研讨会邀请了《昔日恋人》的作者法格海博士、中译者李荣建先生、湖北省外国文学学会会长江伙生教授、湖北省作家协会副主席刘富道、湖北文艺理论家协会主席陈美兰教授等30多位专家、学者、作家、评论家以及新闻工作者出席会议。会议共收到论文30余篇，就《昔日恋人》所反映的社会历史背景以及小说的艺术结构、人物形象及其象征意义进行了认真细致的讨论，并对该书的中译本为中国与世界文化交流所作的贡献予以充分的肯定。

与会的专家学者对这部首次介绍到我国的利比亚长篇小说表现出浓厚的兴趣，并给予较高的评价，现撷其主要综述如下：

好的文学作品总是最直接最真切地反映社会生活。利比亚是北非地中海南岸的一个有着古老文明的国家，经历了自古至今不断地进步和发展。《昔日恋人》的翻译出版，使中国广大读者一览利比亚乡村的社会风土人情和穆斯林人民的生活。江伙生教授指出，《昔日恋人》具有震撼人心的社会认识功能与沁人肺腑的文学审美功能，是一部出自文学大家手笔的富有民族特色和时代气息的佳作。陈美兰教授说，在这部小说中，爱情故事超越了纠葛和普通的关系，反封建、反强权和现代人的意识交织在一起，在艺术技巧上处理得也很高超。车英教授指出，该小说的另一个成功之处在于作者丰富的文化底蕴，只有具有浓厚的本土特色的文学作品，才有可能成为世界性的文学作品。

与会者认为，《昔日恋人》不仅真切地反映了现实生活，而且还具有深刻的思想性和艺术性。蔡先保教授指出，《昔日恋人》不仅思想内容深刻，写作艺术技巧也很出色，小说通过双圆同心结构形式，塑造了各具风姿的人物形象，揭示了他们之间的阶级关系和情感冲突。昌切教授从小说的主题和艺术手法两方面，分析比较了该作品与中国作品的相同和不同之处。他指出，社会动荡时期蒙昧与文明的冲突常成为小说的主题，作者在艺术手法上先用夸大的方式把“沙漠玫瑰”吉米莱的美丽写到极致，然后再推出与美女极不相称的环境。江伙生教授也指出，《昔日恋人》以完整严谨的结构、变化多端的情节、生动简练的语言，真实地反映了饱受磨难的利比亚人民的政治、文化、经济和社会生活，深刻地揭示了利比亚在变革时期的社会阶级关系。

与会者指出，中国和利比亚远隔千山万水，社会制度、文化意识有所不同，但法格海博士以作家的历史使命感和社会责任感，通过小说对利比亚乡村社会的描写，折射出利比亚农村的巨变，这些与中国的社会变迁有许多相似的地方；小说中描写的贫困的生活、愚昧的陋习、沉重的传统、以权谋私的官僚、淳朴的民风离我们并不遥远。昌切教授说，"东海西海，心同理同"。陈美兰教授也指出，地球确实很小，通过文学作品，人类一下子获得了情感上的沟通。

与会者一致认为，该小说的翻译出版，填补了我国译介利比亚长篇小说的空白，促进了中国与阿拉伯国家的文化交流。

《昔日恋人》的作者法格海博士最后指出：这是一次客观的、充满爱的研讨会；人类对真、善、美的理解是一致的，是相通的；文学作品在于爱，在于人与人之间的理解，文学的作用也正在于此。

（原载《武汉大学学报》1997年第4期，有改动）

三、主持人礼仪

研讨会或报告会通常由部门负责人或德高望重的学者主持。会议成功与否在很大程度上取决于主持人。作为主持人，应注意主持人礼仪：

（1）服装整洁，给人以庄重的感觉。男主持人若穿中山装，应扣好领扣、领钩和裤扣；若穿西服，则应按常规系领带。女主持人着装宜高雅，给人以端庄的感觉。根据会议的内容、形式和特色，对主持人的服饰也不必做单一的要求，可以多姿多彩。

（2）提前到会，以便做好相应的准备和安排。主持人宜提前到达会场，检查会场布置、音响效果等。

（3）步伐自然。男主持人的步伐要稳健，表现出刚劲、洒脱的阳刚之美；女主持人的步伐可以略显轻盈，体现出恬静、典雅的阴柔之美。

（4）坐姿端正。主持人落座后，上身挺直而稍向后倾，面对前方。

（5）谈吐文雅。开会时，主持人首先讲明会议主题及有关程序，介绍来宾和发言人等。主持人讲话应尽量使用普通话，力求做到言简意赅。

（6）倾听发言。当发言人开始发言和发言结束时，主持人应带头鼓掌致意。主持人注意倾听发言人的发言，对发言表示重视，而不要埋头看与发言无关的材料或同他人交头接耳、谈笑风生，同时还应尽量避免出现搔头发、挖耳鼻等不雅观的动作。

（7）全神贯注。主持人主持会议时应全神贯注，审时度势，引导会议有条不紊地顺利进行。

（8）掌握时间。主持人应严格掌握会议的时间，适时做出总结，按时结束会议，切忌把讲求实效的短会开成"马拉松"式的长会。

四、与会者礼仪

作为与会者，应讲究出席会议礼仪，出席会议时应衣冠整洁，按时到会。进入会场时应听从会务人员的安排，在事先安排好或临时指定的位置上就座。落座后，上身要正坐，不要瘫坐在椅子上给人一种无精打采的感觉，让别人以为你对会议的内容不重视或者不感兴趣。脚要平放，背靠椅背，身体可略微前倾。不要来回挪动椅子发出噪音，也不要忽站忽坐，东张西望。

当大会发言人发言时，与会者要认真倾听，而不要与邻座交头接耳，以免影响他人。最好事先准备好纸笔，将听到的关键之处记录下来，留作会后提问或者日后参考之用。开会期间，不要因无聊而打盹或者玩弄文具。若无特殊情况，不要中途退场。如有需要提前离会，应事先打招呼，或事后向有关人员说明原委。当大会发言人发言结束时，与会者应礼貌地鼓掌致意。

作为与会者，对会议组织者在接待方面存在的不足之处要予以谅解，可以在合适的时候向东道主提出改进工作的建议，但不要当众非议东道主。

第三节 办公礼仪

公务活动中离不开撰制和办理公文，少不了调研、信访与谈判等，如何在工作中学习和掌握有关礼仪规范，是国家公务员的基本职责，也是国家公务员做好本职工作必不可少的重要保证。

一、公文礼仪

公文礼仪即基层公务员在撰制和办理公文时应当遵守的规范和惯例。我国公文礼仪的基础，是国务院办公厅颁布的《国家行政机关公文处理办法》。

（一）公文的撰制

1. 内容要求

（1）严守法规。公文的观点和内容必须符合国家的法律法规，必须符合党和政府的方针政策。

（2）真实准确。不仅基本的事实材料要真实，而且具体的细节、背景、数据也要准确无误。

2. 格式要求

选择恰当文种。2012 年 4 月 16 日，国务院印发《党政机关公文处理工作条例》（中办发〔2012〕14 号）规定，行政机关公文种类有 15 种，每一种都有近似但却有所区别的格式要求。因此，选择恰当文种是遵守公文格式的基础。

概括地说，公文必有文头、正文、文尾和标记这四部分内容。

3. 语言要求

语言做到准确、朴实、简明。

（二）公文的行文

1. 分类

（1）上行文。下级机关向上级机关呈递的公文。

（2）平行文。平行文即互相没有隶属关系和业务指导关系，同级或不属同一系统的机关部门之间的行文。平行文多采用公函文件。

（3）下行文。上级机关对所属下级机关制发的文件。

2. 规则

（1）明确发文权限。

（2）不可随意越级向上行文。

（三）公文的办理

依照国家有关规定：公文办理一般包括登记、分办、批办、承办、催办、拟稿、审核、签发、缮印、用印、传递、归档、销毁等程序。

基本要求：准确、及时、安全。

二、调研礼仪

公务员在调查研究时，应遵守以下三个方面的礼仪规范。

（一）经常性任务

深入实际、深入基层调查研究，是国家政府部门大力倡导的工作作风，也是国家公务员获取正确的职能信息以资决策或把握民情的一种基本手段。因此，调研是一项国家公务员经常性的职能任务，公务人员理应办好实事，解决工作中存在的实际问题。

（二）有效的方法

国家公务员的调研要取得成效，采用正确的调研方法十分重要。通常，国家公务员可以择机采用的调研方法，大体分为直接调研与间接调研两种类型。

1. 直接调研

直接调研指的是调研者亲自出面、亲临现场进行考察，或是正面同调查对象发生直接接触的调研。具体来说，这种类型的调研又分成三种方法。

（1）现场观察法。这是指调研者通过接近信息主体，直接对其耳闻目睹、观察了解，从而取得新信息的调研方法。其长处是可以使调研者对调研对象亲历亲受，便于及时发现情况，掌握宝贵的第一手材料，其所得信息的可信程度较高。

（2）个别访查法。它指的是调研者面对单个的调查对象，通过与对方进行直接交谈或者问答来取得自己所需信息的调查方法。

个别访查法的优点是针对性强，可以相互启发，集中而又及时地追踪、深化、扩展、校正调研者感兴趣的信息，而且适用于各种层次、各种素质的调查对象。

（3）集体座谈法。它指的是调研者召集多名调研对象举行座谈会，通过自己主持会议、掌握议题、引导发言以取得信息的调研方法。采用此法调研，可以节约时间、集思广益、深化主题，并可对多人的看法相互比较、印证，取得较有代表性的意见。此法多用于定向型调研。

2. 间接调研

间接调研是指调研者不必亲自接近信息主体，而是利用已有的材料进行深入细致的调研，或是通过调查问卷、统计调查等渠道间接地从事的调研。具体方法也有三种。

（1）书面问卷法。这是指调研者事先设计好内容一定的书面调查问卷，通过请求调研对象填写回答，借以取得信息的调研方法。

（2）资料查阅法。这是指调研者通过检索查阅现有的各种载体所贮存的信息，以取得自己所需要的有效信息的调研方法。

（3）统计综合法。这是指调研者运用科学的统计手段，搜集数据，整理信息，进而通过综合归纳以推知或是直接获取定量、定性信息的调研方法。

公务员在调研实践中可以同时并用两种或两种以上的调研法，相互印证并加以修正，以求得真实、科学的结论。

（三）正确的原则

要做好调查研究工作，应遵守以下六项基本原则：

1. 实事求是

实事求是是辩证唯物主义的思想路线，无疑应当成为公务员从事调研活动的最根本的原则。

2. 近源亲受

就具体的调研方法而论，它们各有千秋，难分伯仲。不过对国家公务员来说，近源亲受，即直接接触调查对象的方式，应予以大力提倡的。

3. 切题有效

调研要切题，就是要求其他的一切都要围绕调研的课题中心进行，要集中精力，排除干扰，务求必胜。

4. 讲求效率

讲求调研的效率，重在平日的信息积累，练好调研的各种基本功，并且在工作中注意与其他同事相互支持，友好合作，以避免重复劳动。

5. 调研结合

在调研之中，调查与研究是缺一不可的。调查，是对有关信息的了解与掌握。研究，则是对调查所得信息的处理与加工，是为了达到调研的目的深入认识的过程。公务员应在调研中自觉把二者结合起来，以深化认识，提高成效。

6. 形成制度

在实际工作中，国家公务员进行调查研究应形成风气，形成制度，以必要的措施、制度，来确保调研工作能够持之以恒，长久不衰。

三、信访礼仪

信访工作是国家行政机关的日常性工作之一，准确而言，信访工作主要指的是国家公务员对人民群众来信、来访的受理。

（一）认识信访的重要职能

每一名国家公务员，都需要对信访工作的重要性有所认识。对国家公务员来讲，做好信访工作是非常必要的，因为它对于国家行政机关的整体工作，具有多重的促进功能。

1. 信息功能

信访部门是国家行政机关的一个综合性信息接收站；信访工作者则是国家行政机关的专责世风、民情的调研员。人民群众来信、来访所提出或反映的各种问题是有助于做好行政工作的重要信息。

2. 反馈功能

所谓反馈，是指在实践中对某种认识进行检验之后产生反响，并把它们回传给认识者的过程。国家行政机关的每一项方针、政策出台前后，必然要经过反复实践、认识、再实践、再认识的过程，才能使之趋于完善，更加合理易行。

在人民群众来信来访里，必然会在一定程度上对国家行政机关的各项决策有所反映。这就是其反馈功能。信访工作者一定要对此予以重视，并及时提供给有关部门参考，以使各项决策更加符合客观实际。

3. 民主功能

我国宪法规定：中华人民共和国公民对于任何国家机关和国家工作人员，有提出批评和建议的权利；对于任何国家机关和国家工作人员的违法失职行为，有向有关国家机关提出申诉、控告或者检举的权利。对于公民的申诉、控告或者检举，有关国家机关必须查清事实，负责处理，任何人不得压制或打击报复。

4. 监督功能

国家公务员是人民的公仆，人民有权对国家公务员进行监督，揭露国家行政机关和国家公务员中存在的不关心群众疾苦、草菅人命、贪污腐败、渎职失察、以权谋私、违法乱纪、严重经济犯罪等问题。人民群众的来信、来访，是对国家行政机关和国家公务员实行大众监督的重要渠道。

（二）遵守信访的原则与制度

党和政府历来对信访工作都非常重视。国家行政机关的信访工作已经形成了一整套行之有效的原则与制度，国家公务员对有关信访工作的原则与制度必须加以遵守。

1. 原则

信访工作的基本原则即要以事实为依据，以党和国家的政策、法律为准绳，了解民意、体察民情，及时做到上情下达、下情上知。

以事实为依据，就是要求信访工作者切实弄清事实真相，实事求是。弄清事实的真相，是为其正确定性的基本前提，也是依照法律、政策处理问题的基础。

以党和国家的政策、法律为准绳，就是要求信访工作者自觉成为政策和法律的体现者，在信访工作中坚持原则，不偏不倚，维护党纪国法，敢斗歪风邪气。

2. 职责

根据党和国家的有关规定，国家行政机关的信访工作的基本职责主要有以下三项：

（1）受理任务。按规定，各级政府的信访部门受理本地区、本系统的信访和上级领导机关所交办的有关任务。

（2）下情上知。各级政府的信访部门均应定期研究、综合信访工作的问题和情况，及时向上级领导或有关部门反映，并且提出相应的建议。

对时效性较强的问题和情况，则应随时发现、及时反映，以防影响工作，造成隐患。

（3）协助上级。各级政府的信访部门还须协助上级领导机关检查、改进、完善本地区、本系统的信访工作。信访工作者的一项重要职责，就是要积极贯彻、落实、执行上级机关对信访的指示，并且协助上级领导机关检查、改进、完善本地区、本系统的信访工作。

3. 信访工作的基本制度

（1）登记制度。对所有来访来信，必须进行详细的登记。登记的内容应包括信访者的姓名、性别、政治面貌、工作单位、具体职务、家庭住址、联系方式、主要要求以及反映问题的基本内容。一切信访文书都要统一归档，并且妥为保管。

（2）接待制度。这里所指的是国家行政机关的主要领导亲自接待来信、来访的制度。它的具体含义是：各级国家行政机关不仅要有专门的领导亲自负责信访工作，而且其他每一名领导同志都要有制度确保其在一定的阶段内批办来信、接待来访的时日和次数，以便使之亲自掌握第一手资料，不脱离群众。

（3）转办制度。对人民群众来信来访反映的在本单位、本部门以及本人职权范围之内的情况和问题，要勇于负责，不得推诿、拖延。应由其他单位、其他部门负责办理的，应实行首办责任制，按规定和相关手续，迅速转交其相关部门、人员办理，不得擅自为其代劳，不准无故搁置不转、不办。

（4）催查制度。对某些重要信访案件，信访部门应按有关规定在一定时间内对承办的单位或部门进行催促，这就是催办。而具体承办的单位或部门则必须加以重视，尽快组织专人负责查处，并限期结案，这就是查办。催办与查办，是催查制度的两个不同却又互相关联的主要侧面。

（5）报告制度。为了肯定成绩、吸取教训、发现不足，对信访工作应定期进行统计、总结。

（6）保密制度。信访获得的信息有些涉及社会的安宁与稳定，有些涉及国家的秘密事项，大量的信息还要经过去伪存真、调查核实的过程，因此在没有经过授权的部门或人员公开之前做好保密工作是非常重要的，这也是国家公务员的基本职业操守。

（7）奖惩制度。信访工作要做得好，就必须做到奖优罚劣。对为了国家和人民的利益提出了创造性建议，敢为人民鼓与呼，确属有功的信访者，要给予表彰和奖励。对于反映弄虚作假或是蓄意诬告、陷害他人的信访者，对压制群众、徇私舞弊、打击报复的信访工作者，则必须予以教育、惩处，直至依法追究其刑事责任。

（三）掌握信访工作的有效方法

1. 来信的处理

（1）拆封。在一般情况下，应做到当日接信、当日即拆。在拆信时，须加盖日戳或注明日期，并进行编号，以便日后查阅。

（2）阅信。阅信中应集中精力，详细认真，不厌其烦。在阅信时，特别要切记排除一切主客观干扰，抓住重点，厘清头绪，了解基本内容。

（3）登记。在办信之时，要依照登记制度对所办来信进行登记。对来信登记的内容，可参照有关规定并根据来信的具体情况而定。

（4）报转。报，指的是报请领导阅批。它要力争报得准、不滥报、不漏报。转，则是指将来信转给有关单位或部门处理。对揭发、控告信，未经批准，一律不得转交被控告的对象，而应将其转交被控告对象上级机关的主要负责人。

（5）答复。应根据有关规定，在一定时间内给予来访者以明确的答复。若长期悬而不决、不予答复，是不对的。若来信业已报转，亦须告知来信者来信的下落。

（6）存查。对所有经办的人民群众来信，在结案后都要整理归档，以备查考。要注意为来信者保密，不得任意公开来信内容或来信者姓名。对前来查信者要履行必要手续，严加掌握，以防止泄密事件的发生。

2. 来访的接待

（1）设置专门的接待地点。各级国家行政机关在力所能及的条件下，都要设置专门的信访接待室，并且将其名称与作息时间制成醒目的标志悬挂于门口。

（2）安排专门的接待人员。信访部门对任何来访者都要安排专人负责接待，在弄清对方所反映的情况的性质与主要内容后，再具体指定专人负责接待。

（3）规定专门的接待程序。对来访者的接待，一般是以单独交谈为主要方式。与来访者的交谈，既要认真、负责，又要不失礼貌。对来访者所提的问题，不能不回答，也不可乱作答。对确实难以回答的问题，要向来访者说明拟处理的方法和程序，让对方放心、满意。对来访者反映的情况，应做好笔录，必要时，可予以重复、核对，但不宜当时作结论。

3. 电话的接听

接听监督投诉电话时，一定要采用文明、礼貌的语言，保持热情、友善的态度。对人民群众在电话中所反映的问题，一方面要予以重视，另一方面还须予以保密。在结束通话时，不要忘记向对方道谢。在语言、口气、态度上，均不得失礼。

四、公务谈判礼仪

谈判礼仪重点涉及谈判地点、谈判座次、谈判表现三个具体方面。

（一）谈判地点

在正式谈判中，具体谈判地点的确定很有讲究。它不仅直接关系到谈判的最终结果，而且还直接涉及礼仪的应用问题。

谈判地点应由各方协商确定。

（二）谈判座次

举行正式谈判时，各方在谈判现场具体就座的位次，有着很强的礼仪性。从总体上讲，排列正式谈判的座次，可分为两种基本情况。

1. 双边谈判

双边谈判是指由两个方面的人士所举行的谈判。在一般性的谈判中，双边谈判最为多见。双边谈判的座次排列，主要有两种形式可供酌情选择：

（1）横桌式。横桌式座次排列，是指谈判桌在谈判室内横放，客方人员面门而坐，主方人员背门而坐。除双方主谈者居中就座外，各方的其他人士则应依其具体身份的高低，各自按先右后左、自高而低的顺序分别在己方一侧就座。双方主谈者的右侧之位，在国内谈判中可坐副手，而在涉外谈判中则应由译员就座。

（2）竖桌式。竖桌式座次排列，是指谈判桌在谈判室内竖放。具体排位时以进门时的方向为准，右侧由客方人士就座，左侧则由主方人士就座。在其他方面，则与横桌式排座相仿。

2. 多边谈判

多边谈判是指由三方或三方以上人士所举行的谈判。多边谈判的座次排列，主要也可分为两种形式。

（1）自由式。自由式座次排列，一般在谈判室内选择圆桌，这有助于给谈判各方一个地位平等的感觉，同时也便于交谈，尤其是当谈判中出现争执时，可以查阅一些不便于让他方了解的资料。谈判中各方人士可自由交叉就座，而不必事先正式安排座次。

（2）主席式。主席式座次排列，是指在谈判室内面向正门设置一个主席之位，供各方代表发言时使用；其他各方人士则一律背对正门、面对主席之位分别就座。各方代表发言后，亦须下台就座。

（三）谈判表现

举行正式谈判时，谈判者尤其是主谈者的临场表现，往往直接影响到谈判的现场气氛。一般认为，谈判者的临场表现中，最为重要的是讲究打扮、举止适度、重视细节、保持风度、礼待对手五个问题。

1. 讲究打扮

参加谈判时，谈判人员一定要讲究自己的穿着打扮。因为服饰的颜色、样式以及搭配，一方面体现了谈判人员的精神面貌和对于谈判的重视程度，另一方面也会给对方的印象和感觉等带来一定的影响。

（1）修饰仪表。参加谈判前，应认真修饰个人仪表，尤其是要选择端庄、雅致的发型，一般不宜染彩色发。男士应剃净胡须，女士应化淡妆。总的原则是清新淡雅，自然大方。

（2）规范着装。在参加正式谈判时，应选择深色套装、套裙、白色衬衫，并配以黑色皮鞋。男士穿西服必须打领带，女性的装饰更为重要，一定要给人一种淡雅、整洁、大方的印象，不应过分鲜艳或花哨。总体而言，着装应该充分体现出谈判人员的自信、自尊与自主。

2. 举止适度

举止适度，就是指坐、站、行等的姿态既充满自信，又不孤傲自大；既热情友好，又不曲意逢迎。总之，要求谈判人员的举止符合自己的地位、身份和教养，符合当时的环境气氛，做到适度而得体。

3. 重视细节

细节反映教养和能力。谈判人员要注意谈话的分寸，这种分寸体现在谈话时的距离、语言、手势和目光等方面。

（1）距离。谈判双方的距离一般在 1~1.5 米。过远，会产生疏离感；过近，又有拘束感。两者都不利于谈判。

（2）语言。谈判的语言实际上是一场语言、心理、智力等诸多方面的综合较量。要认真倾听，控制谈判的节奏；要善于根据具体情态，及时调换角度和转换话题。不管对方态度如何，都要遵守谈判语言礼仪规范，语气、音量、语速适中，不紧不慢、泰然自若。

(3) 手势。手势有利于表现自己的情绪，帮助说明问题，增强说服力和感染力。但手势要注意自然，不可刻意而为。

(4) 目光。谈判中一般要求谈判人员以平静的目光注视对方的脸与眼，这样既表示你在认真倾听对方的发言和意见，又可以通过注视对方的脸部表情和眼神来观察对方的心理活动，捕捉对方的思想。

4. 保持风度

谈判桌上风云变幻，谈判者并不一定总是占据上风。因此，在整个谈判进行期间，每一位谈判者都应当自觉地保持风度，以不变应万变。具体来说，应当主要兼顾以下两方面：

(1) 心平气和。在谈判中始终保持心平气和，有助于己方在谈判的瞬息万变之中明察秋毫，以静制动，争取谈判的主动权，这是高明的谈判人员所应保持的风度。

(2) 争取双（多）赢。谈判乃是一种利益之争，因此谈判各方无不希望在谈判中最大限度地维护或者争取自身的利益。但在谈判中，只注意争利而不懂得适当地让利于人，只顾己方目标的实现而指望对方一无所得，既有失风度，也难赢得谈判。

5. 礼待对手

在谈判过程中，谈判人员一定要礼待自己的谈判对手。

(1) 人事分开。谈判中，“两国交兵，各为其主”。谈判桌上，谈判多方互为对手；谈判之外，对手可以成为朋友。要做到人与事分论，即朋友归朋友，谈判归谈判。

(2) 讲究礼貌。在谈判过程中，有关人员不论身处顺境还是逆境，都不可意气用事、举止粗鲁、表情冷漠、语言放肆，不可不尊重、不体谅谈判对手。

五、演讲礼仪

演讲是就某一事件、某一问题对听众发表个人见解或论证某种观点，与一般的交谈或闲聊不同，演讲实际上就是当众所进行的正式发言。

政治家的演讲重在鼓动，科学家的演讲重在论证，公务人员的演讲重在礼仪。如致欢迎词、欢送词、祝贺词、答谢词、介绍词、开幕词等，往往具有临时性、广泛性、应酬性等特点，应特别注重礼仪。

（一）演讲的准备

演讲可针对对象、场合、内容与态度等方面进行精心准备。如欢迎词，针对不同的对象，应准备不同的欢迎词，对上级人员，应当谦恭；对来宾，应当热情；对合作伙伴，应当诚恳。

（二）演讲的程序

从结构上讲，演讲一般可以遵循以下程序：开场白—正文—结束语。演讲的“重头戏”在正文。

1. 开场白

开场白没有固定模式，但可以采取以下形式：一是提纲式的，把要陈述的正题内容列成提纲，简单介绍主要内容，使听众有个整体的认识；二是提问式的，就是先向听众提几个问题，以引起他们的兴趣和注意；三是悬念式的，就是先提出一个问题或摆出一个事例、现象，以激发听众探究真相或原委的好奇心；四是即兴式的，就是结合演讲时的季节、气候、现场气氛以及听众的情绪等即兴发挥，随机应变，使听众在感情上产生共鸣。

2. 正文

演讲的正文即正题，就是演讲者所要发表的见解或陈述的主张，重在运用材料阐述事理，特别要注意材料与观点的统一。从礼仪角度而言，应注意以下三点：一是要逻辑清晰，不要茫无头绪。二是要紧扣主题，不要东扯西拉。三是要留有余地，不要信马由缰。

3. 结束语

演讲结束时应干净利落，结尾要有力度；或发号召、提希望，或引名言、鼓舞人。

（三）演讲的态势语

演讲既是一种听觉艺术，也是一种视觉艺术。“讲”是运用有声的口头语言，“演”是运用无声的态势语言，包括表情、手势、身姿、着装等。成功的演讲是有声语言与态势语言的珠联璧合，具有感人的艺术魅力。

1. 表情

表情是人的思想感情最灵敏、最复杂、最准确、最微妙的“晴雨表”，它可以传递人的内心世界，其使用频率大大高于手势和身姿，作用也更加直接和广泛。伴随着演讲的内容，该喜则喜，该忧则忧，从而潜移默化地感染听众，增强与听众的感情沟通，并对听众施加心理影响，以使演讲产生的效果更为强烈。

2. 手势

手是人体敏锐、丰富的表情器官之一，它以丰富的造型，传递人们的潜在心声，交流人们内心的微妙感情。用优美、自然、得体的手势来辅助口语的表达，是演讲必不可少的手段，但要恰当、适度，不可过多过乱。

3. 身姿

身姿，主要指站姿、坐姿、走姿。身姿不仅可以强化口语信息的表达效果，还可以反映一个人的气质、风度、素养和内心活动。正确的身姿是：站如松，坐如钟，行如风。

4. 着装

演讲者的着装应以整洁、朴实、稳重、大方、文雅为原则。男士的服装一般以西装、中山装、青年装为宜；女士不宜穿戴过于奇异精细、光彩夺目的服饰，以免分散听众的注意力；同时，应当兼顾演讲的具体内容、类型和要求，有意识地与主流听众保持和谐统一，避免“鹤立鸡群”。

☞**思考题：**

1. 应当怎样与同事相处？
2. 从事调研工作，应遵循哪六项基本原则？
3. 如何办理会务？

☞公务礼仪故事两则：

一、小伙子为啥“玩不转”？

某学院计算机专业大三学生小邵，利用暑假到一家公司打工。性格内向的小邵独来独往，很少主动和同事说话、打交道。一个多月过去了，他仍然难以适应公司的工作。

小邵每天的工作是打扫办公室，分发文件。他感到在学校学习的专业知识无用武之地。公司采用的开发软件他不熟悉，同事间讨论业务他也插不上嘴，有时候连一些简单的公务也处理不好。

有一天，上司让他影印40份分套文件，在半小时后部门召开的会议上用。然而，他不知道这台高级复印机有文件扫描和自动分套功能，手忙脚乱地一张张复印，没等他复印完，开会时间就到了。尽管上司没有责备他，但小邵心里特别难过。

这则实例令人遗憾。其实，只要这位同学主动和同事沟通，虚心向能者学习，就能够掌握基本的工作技能，顺利打开工作局面，其结果也会迥然不同。

二、细心的公务员

一天中午，突然听到一名员工大声叫喊：“办公室里的冰箱坏了，带便当的同仁先看看自己的便当坏了没有，然后再送去蒸。”从那天起，每位员工都知道冰箱坏了。过了一个星期，刚好有外宾来，陈秘书要拿饮料招待客人，他一打开冰箱就闻到一股臭味，于是大声问道：“冰箱坏了，是谁的东西没有清掉？”他却没有清理掉已经变质的东西。此后的一段时间，冰箱成了办公室的废物，谁也不碰。直到有一天林主任从外面回来，打算把带回来慰劳加班员工的水果存放在冰箱里时，才发现冰箱已经坏了，从冰箱里传出阵阵恶臭。于是，他把冰箱里里外外进行了清理。林主任想，冰箱买了还不到半年时间，怎么会坏呢？他仔细查看后才发现冰箱并没有坏，只是插头松了。

问题解决了，同时也给员工带来反思。光说不做是管理上的一大禁忌。在办公室，只会动嘴却不动手的人，是不受欢迎的人。

第八章　社交礼仪

现代社会是一个信息社会、开放社会。随着社会的发展，人与人之间的交往日趋频繁、密切。充满朝气、志向远大的青年，再也不愿意自我封闭。“两耳不闻窗外事，一心只读圣贤书”再也不是他们的追求了。他们既要读好书，同时也需要了解社会，参加社交活动。

讲究礼仪，注重礼貌，遵守一定的礼仪规范，已成为文明社会生活的一项重要标志。涉世不深的青年朋友希望顺利地步入社交圈，开拓一片新天地。但怎样才能顺利地步入社交圈，在社交活动中如鱼得水、得心应手、广交朋友呢？这就需要了解见面礼仪和交友艺术等基本的社交礼仪，以便尽快在社交活动中取得成功。

第一节　见面礼仪

人们见面后，首先要礼貌地称呼对方。称呼得体，才会给对方留下良好的印象。称呼有哪些形式和讲究呢？

一、称呼

称呼，一般是指人们在交往中所采用的相互称谓。选择正确的、适当的称呼，既反映自身的教养，也体现了双方关系。因此，人们在正式场合所使用的称呼应当正式，符合礼节。在社交活动中，人们所使用的称呼主要有以下七种形式，分别在不同的场合选用：

（1）称呼职务。人们在人际交往中，此类称呼最为常用。尤其是在对外界的交往中，意在表示交往双方身份有别，如“局长”“主任”等。一般来说，如果被称呼人是担任副职的，为了表达尊重，则往往省去“副”字，如：“刘副主任”可称为“刘主任”。

（2）称呼职称。在交往中为表示对具有技术职称者，尤其是高、中级技术职称者的尊敬，可以其职称相称。可以只称职称，例如“教授”“研究员”“工程师”“医师”，等等。也可以在职称前加上姓氏，例如“李教授”“张研究员”“王工程师”“刘医师”，当然有时可以简化，如将“王工程师”简化为“王工”，但使用简称应以不发生误会、歧义为前提。还可以在职称前加上姓名，它适用于十分正式的场合，例如“吴××编审”“韩××教授”等。

(3) 称呼职业。一般来说，可以直接称呼被称呼者的职业名称，如“记者”“律师”“导游”“医生”“营业员”“服务员”等。

(4) 称呼尊称。用尊称称呼普遍适用于各类被称呼者，诸如“先生”“老师”等，都属于通行尊称。

(5) 称呼姓名。称呼同事、熟人，可以直呼其名，以示关系亲近。不过，称呼异性朋友时使用这种方式要谨慎，因为一般是其配偶才如此称呼，但若不至于引起别人的误会或反感，则但称无妨。面对同事、朋友，也可以只呼其姓，在前面加上“老”“小”，如“老王”“小张”等。

(6) 称呼代词。根据不同对象，使用“你”“您”等第二人称称呼。“您”用来称呼长辈、上级和熟识的人，以示尊重；而“你”用来称呼自家人、熟人、朋友、平辈或晚辈，表示亲切、友好。

(7) 称呼亲属。如亲切称呼年长者为“叔叔”“阿姨”“大伯”等。

在正式场合采用低级庸俗的称呼，是既失礼，又失身份。例如，当面称呼他人的绰号，是不尊重对方的表现。

二、握手

古时候，我国士大夫见面时行拱手礼。民国时期，西方的握手礼传入我国。如今，握手已经成为我国民众见面时常用的一种礼节。

(一) 握手的由来

握手是人类在长期交往中逐渐形成的一种重要礼节，最早可以追溯到“刀耕火种”的原始时代。那时，人们以木棒或石块为武器，进行狩猎或战争。狩猎中遇到不属于本部落的陌生人，或敌对双方准备和解时，双方就要放下手中的武器，伸出手掌，让对方摸一下手心，以示友好。这种习惯后来演变成现代握手礼。

(二) 握手的顺序

在社交场合中，握手作为一种礼节，有一定的讲究。握手的顺序根据握手人的社会地位、年龄、性别和身份来确定。上下级握手，下级要等上级先伸出手；长幼握手，年轻者要等年长者先伸出手；男女握手，男士等女士伸出手后，方可伸手握之；宾主握手，主人应向客人先伸出手，而不论对方是男是女。总而言之，社会地位高者、年长者、女士、主人享有握手的主动权。朋友、平辈见面，先伸出手者则表现出更有礼貌。

(三) 握手的规矩

握手作为见面时的一种礼节，有约定俗成的规矩和要求。戴手套的男士握手前应脱下手套，放好或拿在左手上，再和人握手。

多人同时握手时，注意不要交叉握手，不可左手右手同时与两个人相握，也不宜隔着中间的人握手。不妨等别人先握手，然后再伸手。在来者较多的聚会场所，可只与主人和熟人握握手，向其他人点头致意就行了。

除特殊情况外，通常应站着握手，而不要坐着握手，握手宜用右手。握手力度的大小和握手时间的长短，往往表明对对方的热情程度。一般情况下，握手用力要适当，时间 2 秒钟左右即可。久别重逢的朋友握手，时间可长一点，力度可大一点，还可上下摇动，但也不必太使劲，以免把对方的手握疼。过分热情，效果会适得其反。

男士和女士握手时，女士只需要轻轻地伸出手掌；男士稍稍握一下女士的手指部分即可，不要使用双手握女士的手，也不要握得太紧，更不要握得太久。

三、介绍

介绍是人们在社交场合中相互认识的基本方式。介绍在素不相识的人与人之间起桥梁和沟通的作用。

(一) 介绍的类型

在社交活动中，介绍的形式是多种多样的，主要有以下4种类型：

(1) 按照社交场合的正式与否区分，有正式介绍和非正式介绍。正式介绍是指在较为正规的场合中进行的介绍，而非正式介绍是指在一般非正规场合中进行的介绍。非正式介绍可不必过于拘泥礼节。

(2) 按照介绍者的位置区分，有自我介绍、他人介绍和为他人介绍。

(3) 按照被介绍者的人数区分，有集体介绍和个别介绍。

(4) 按照被介绍者的身份、地位区分，有重点介绍和一般介绍。如对于要人和贵宾，可作重点介绍。

(二) 介绍的方法

在社交场合中使用较多的介绍方法有两种：为他人作介绍和自我介绍。

1. 为他人作介绍

在社交场所为他人作介绍，通常是介绍不相识的人相互认识，或者把一个人引见给其他人。介绍人要注意以下礼仪：

(1) 掌握介绍的顺序。在社交场合，介绍两个人相互认识的时候，要坚持受到特别尊重的一方有了解对方的优先权的原则，即：

① 先把男士介绍给女士；

② 先把年轻者介绍给年长者；

③ 先把客人介绍给主人；

④ 先把未婚者介绍给已婚者；

⑤ 先把职位低者介绍给职位高者。

在介绍过程中，先称呼女士、年长者、主人、已婚者、职位高者。例如，先把职位低者介绍给职位高者时，可以这样说："张总，这是王秘书。"然后介绍说："王秘书，这位是张力总经理。"

当被介绍人是同性别或年龄相仿或一时难以辨别其身份、地位时，可以先把与自己关系较熟的一方介绍给自己较为生疏的一方。例如："刘方，这是我的同学黎平。"然后说："黎平，这位是刘方。"

(2) 讲究介绍的礼仪。在社交活动中，为他人作介绍时，态度要热情友好，不要厚此薄彼。不可以详细介绍一方，粗略介绍另一方。介绍前，应先向双方打招呼，使其有思想准备。介绍时，语言应清晰、准确。此外，手势动作应文雅，无论介绍男士还是女士，都应手心朝上，四指并拢，拇指张开，朝向被介绍的一方，切忌用手指指来指去。

这里顺便指出，作为被介绍者，在被介绍给他人时，一般应面向对方，并做出礼貌反应。例如说："幸会""久仰""认识您非常高兴"等。

2. 自我介绍

在社交活动中，有时需要作自我介绍。例如，由于某种原因，主人对互不相识的客人未作介绍，这时自己可以进行自我介绍。再如，为了结交某位知名人士，自己也可以主动进行自我介绍。自我介绍是社交的一把钥匙，务必运用好。

(1) 注意介绍内容的繁简。在一般社交场合，自我介绍主要介绍自己的姓名、工作单位、身份。例如："我是某某，在某某单位或地方工作。"如果与新结识的朋友谈得很投机，双方都愿意更多地了解对方，介绍的内容还可适当增加，例如自己的籍贯、母校、经历等。自我介绍应当实事求是、态度真诚，既不要自吹自擂、夸夸其谈，也不要自我贬低、过分谦虚。恰如其分地介绍自己，才会给人留下诚恳、可以信任的印象。

在某些场合，自我介绍的内容还可以更丰富，表达更生动。现转引报刊上介绍的三个实例，供参考。

① 从介绍自己姓名的含义入手。例如某单位分来了一位刚毕业的大学生，在所在科室的欢迎会上，他这样进行自我介绍："我姓苏，苏东坡的苏；名杰，杰出人才的杰。自古以来，姓苏的人才辈出，因此父母也希望我成为一个杰出人才。不过，我刚毕业，事业刚刚开始，但我相信在同志们的帮助下，成功之路就在自己的脚下。"借自我介绍之机，恰当地表露自己的谦虚和抱负，不失为明智之举。

② 从介绍自己所属生肖入手。如在一次礼仪先生、礼仪小姐比赛中，一位小姐这样自我介绍："我的生肖第一，属老鼠，我去年进入信宜宾馆工作，今天是我参加工作以来的第一个'五一节'，我也是第一次参加如此大规模的比赛，但愿这么多的'第一'会给我带来好运。谢谢大家。"参赛者的这种介绍，较恰当地引出了自己的年龄、职业、参赛信心，给人留下了深刻印象。

③ 从介绍自己的职业特征入手。一位先生在上述比赛中这样自我介绍："我叫张××，在上海××宾馆公关部工作，也许有的人认为公关工作都是由一些漂亮小姐从事的，一个男子怎么从事公关工作呢？其实这是一种误解，公关是塑造形象和协调工作的科学，只要具有公关知识和素养，男子也同样能从事公关工作。今后希望各位在工作中多多关照。"一番话，使人了解了公关工作，理解了公关先生。

(2) 讲究自我介绍的艺术。自我介绍要寻找适当的机会。当对方正与人亲切交谈时，此时不宜走上前去进行自我介绍，以免打断别人的谈话。而当对方一个人独处或者与人闲谈时，不妨见缝插针，抓住时机进行自我介绍。

自我介绍要看场合。如对方只有一个人时，互致问候后便可进行自我介绍。如有多人在场时，自我介绍前最好加一句引言，例如："我们认识一下好吗？我是×××。"作自我介绍时，不要把目光集中在一个人身上，最好环视大家，然后将目光转向他们中的某个人，大家也会相应地作自我介绍。

此外，进行自我介绍前，也可以引发对方先作自我介绍，诸如："请问您贵姓""您是……"等，待对方回答后再顺水推舟地介绍自己。两人相互认识后如果希望进一步交往，还可以交换名片，以便以后联系。

四、名片

作为交际工具之一的名片，在我国已有两千多年的历史。早在秦汉时期，一些达官贵人便开始使用一种称作“谒”的竹制或木制名片，后改用绢、纸名片。汉末，谒改称刺；六朝时称名片为名；唐朝称门状等；明朝称名帖；清朝称名刺、名片，后统称为名片，沿用至今。

今天，拥有名片不再是高官显贵、名流贤达的特权。无论男女老少，不管地位高低，谁都可以拥有名片。名片不仅用于通报姓名、身份和结交友人，而且还被广泛用于答谢、邀约(代替请柬)、馈赠、祝贺、挽悼等事宜。例如，当您收到友人的赠礼后，可在名片的姓名下写上“领”字，另起一行顶格写上“谢”字，然后把名片装进信封寄给友人；而你赠人鲜花时可附上一张名片，对方看了名片，便明白是你的心意……随着社会进步和科技的发展，名片的功能越来越多，而名片的制作也越来越讲究。

(一) 名片的种类

现代名片的规格一般为10厘米长、6厘米宽，或略小。世界各国名片规格也不统一，如我国名片规格通常为9厘米×5.5厘米，而英国男女皆宜的名片规格为7.62厘米×5.08厘米。制作名片的材料更是多种多样，有布纹纸、白卡纸、合成纸、皮纹纸，以及不锈钢、黄金和光导纤维等。笔者在埃及留学时，曾收到开罗大学文学院教授的纸草名片。

名片大体上可分为三大类：社交名片、职业名片、商务名片。社交名片一般只印姓名、地址、邮政编码、电话号码；职业名片上除了印姓名、地址、邮政编码、电话号码外，还将所在单位、职称、社会兼职等印在上面；商务名片正面内容与职业名片相同，但名片背面通常印上单位经营项目等。

(二) 交换名片礼仪

参加社交活动时，宜随身带上几张名片，以备用。与初次见面的人相识后，出于礼貌或有意继续交往，便适时递上自己的名片。

递、接名片时，如果是单方递、接，应用双手递、双手接；若双方同时交换名片，则应右手递，左手接。接过对方的名片后应点头致谢，真诚地说几句诸如“幸会”之类的客气话，并认真地看一遍名片。最好能将对方的姓名、职务(称)轻声读出来，以示尊重。要妥善收好名片，可以把名片放进上衣口袋里，或放入名片夹中，也可以暂时摆在桌面上显眼的位置，注意不要在名片上放任何物品。

双方交换了名片，意味着彼此之间架起了一座交往的桥梁，但不一定就能够成为朋友。因为此时的友谊犹如一株幼苗，只有经过双方长期共同培育，才有望长成不怕风吹雨打的参天大树。

(三) 名片的保存

在社交活动中，收下对方名片后，应放好，或放进上衣的口袋，或放入名片盒。回家后或回到办公室，则应将接受的名片分类收进专用名片簿。

收到的名片较多时，可按下列三种方法分类收藏，以便日后查找和使用。

(1) 按字母顺序分类。外国友人名片可以按英文字母顺序或其他外国文字字母顺序排列，中国同胞的名片可以按汉语拼音字母顺序或汉字笔画分类排列。

(2) 按行业分类。例如，可以把文化界同行的名片放在一起，把企业界朋友的名片放在一起。

(3) 按国别或地区分类。每一张名片犹如一张记事卡，可在名片背面记录收到名片的时间与地点等，但不要在名片上乱涂乱画。

第二节　交谈技巧与交友艺术

一、交谈技巧与谈判艺术

交谈是人们进行交往的重要方式。人们在办公场所交换工作意见，在花前月下交流思想感情，在汽车、火车上传递各地信息……可以说，人际交往离不开交谈。善于交谈者，常能如愿以偿；若交谈不得法，则有可能“碰钉子”甚至坏事。因此，为了使交谈获得最佳效果，以便交往获得成功，应掌握交谈技巧，重视交谈礼仪。

(一) 交谈技巧

与人交谈时，要做到态度诚恳，表情自然，举止得当，语言文雅。此外，还要学一点交谈技巧，让谈话引人入胜。

1. 见什么人说什么话

俗语说：“人上一百，形形色色。”由于各人的阅历、修养、兴趣、性格等方面千差万别，所以，与不同类型的人交谈时，交谈话题、用语、风格要有所区别。例如，与股民聊股市行情，对方会兴趣盎然；与球迷谈足球大赛，对方会眉飞色舞；与农民朋友唠家常，不必讲文绉绉的话；同文化界人士聊天，不要使用粗俗的语言；与性格豪爽者谈话，不妨畅所欲言，直来直去；和作风稳健者交谈，注意遣词造句，力求言简意赅。反之，交谈效果则会截然不同。在通常情况下，谈话要言之有物，言之有理，不要讲大话、空话、假话、套话。

2. 在什么山上唱什么歌

一对恋人在公园里谈情说爱，人们往往会投去羡慕的眼光，并在心里为他们祝福；而这对恋人若在办公室过于亲昵，则显得不太雅观，说不定还会遭到某位同事的鄙视。由此看来，交谈不仅应因人而异，还要讲究因地、因时、因情而异。

在不同情形下选择适宜的话题，是顺利交谈的关键。如在学校里谈春游计划，或者谈学习体会等同学们都比较感兴趣的话题，容易产生共鸣。在车站、候机室等公共场合，则尽可能选择大家均有所了解而谈起来又相对轻松的公众话题，如天气情况、新闻事件、文艺演出、体育比赛等。此外，也可以讲一些健康的趣闻逸事，以活跃交谈气氛。不过，在严肃的场合则不要随便说浑话、讲笑话。

3. 察言观色，随机应变

与人交谈时，既要会讲，又要会听。听对方讲话时应聚精会神，以便了解对方的意图。交谈时要善于察言观色，当对方脸上出现厌倦神色，说明对方对谈论的话题已失去兴趣，这时不妨换一个话题。若对方频频看表，或坐立不安，则表明对方另有活动安排或暗示欲抽身，这时就该结束这次谈话了。

交谈中万一疏忽失言，要尽快采取补救措施。例如，笔者在与利比亚大作家古维里交谈时，由于事先没有了解其家庭情况，就冒昧地问他的孩子是否爱好文学。当他回答尚无孩子时，笔者意识到自己失言，赶快话锋一转，恳切地说，他的作品就是他的孩子，使古维里先生转悲为喜。

（二）交谈礼仪

笔者有一位大学同窗口才不错，喜欢与人交谈。但他与人交谈时，习惯自己高谈阔论，唱“独角戏”，结果，“被人遗忘的”交谈对象常因为没有机会“表演”而怏怏离去，他为此感到比较困惑。当他和笔者谈起此事时，笔者坦率地对他说，交谈是双向交流，有了双向交流才能达到交流的目的，这是不可忽视的交谈礼仪。

1. 交谈时的目光

两个人面对面交谈时，双方宜相互凝视对方的眼睛，以表达自己的专注之情。目光应是自然、柔和、友善的，而不要目光直直地紧盯着对方，使对方感到不自然。与长辈、领导交谈时，心灵之窗——眼睛应流露出尊敬的神情；与同事、朋友交谈时，目光应流露出友好的神情；与爱人交谈时，目光应充满温情；与不幸者交谈时，则目光应充满同情。

2. 交谈时的距离

与不同关系的人交谈时，双方应保持相应的交谈距离。如与陌生人交谈时，两人的间距为 1.5 米左右；与熟人交谈时，相距 1 米左右；与亲友交谈时，距离 0.5 米左右，有时还可以更近些，甚至亲密无间地“交头接耳”。

交谈时，双方自觉地保持适当的距离，既不要相距太远，给对方以冷落感；也不要靠得太近，使对方有压抑感。可酌情调整距离，以便双方自由自在地交谈。

3. 交谈时的动作

与人交谈时，根据需要可以借助一些动作来说明问题，增强感染力。如点头表示赞同，侧身相对表示蔑视等，但手势的幅度不宜过大，切忌对别人指手画脚，以免引起误会。此外，与长辈、师长、上级交谈时，不要把手背在身后或插在口袋里，也不要做一些不必要的小动作，如摆弄衣角、甩头发等。

除此之外，与人交谈时应尽量使用礼貌用语，忌出言不逊；讲话要掌握分寸，忌信口开河；交谈中可以真诚地赞美他人，而不要贬低或中伤他人。

（三）谈判艺术

美国著名谈判专家赫伯·柯汉说：“现实世界是一张巨大的谈判桌，每个人都有可能成为谈判者。”生活在现实社会的人，只要与他人打交道，或多或少都要进行谈判。谈判是人类社会生活的重要组成部分。人与人进行交往、改善关系、协商问题、谋求利益等，就要进行谈判。因此，谈判几乎无时不在、无处不有。大到国家之间为解决领土争端而进行的交涉，小到集贸市场上顾客与卖主的讨价还价，各种各样的谈判活动伴随着人类历史的各个阶段，遍布现代社会的每个角落。

部分常用礼貌用语

初次见面说："幸会"；	对方来信称："惠书"；
好久不见说："久违"；	请人指教说："请教"；
看望别人说："拜访"；	他人指点称："赐教"；
等候别人说："恭候"；	请人解答用："请问"；
中途退场说："失陪"；	赞人见解说："高见"；
与人分别说："告辞"；	赠送作品说："雅正"；
请人勿送说："留步"；	归还原物说："奉还"；
请人帮忙说："劳驾"；	求人原谅说："包涵"；
麻烦别人说："打扰"；	老人年龄叫："高寿"；
求给方便说："借光"；	客人来到说："光临"；
托人帮忙说："拜托"；	欢迎顾客叫："光顾"。

随着生活水平的提高，人们的生活内容日益丰富多彩，人际交往也日趋频繁。同学们安排暑假实践活动地点要进行协商，夫妻过双休日要商量是去公园散步还是上街购物；在工作单位里，制订工作计划要交流意见，如指标定多高为宜，大家应通过讨论取得共识。

这里简要介绍五条谈判艺术，供同学们参考。

谈判人员务必讲究谈判礼仪和技巧，以便顺利取得谈判成功。开始谈判前要善于营造气氛，在谈判过程中则应据理力争，力求互胜双赢。

1. 营造气氛

当双方谈判人员按照约定的时间到达谈判地点(主人应提前到达)，互致问候后落座。此时不必立刻开始谈判，不妨先谈一些非业务性的话题，营造和谐的气氛，然后轻松地把话题引上谈判正题。谈话时表情要自然，态度要和气，措辞应得当，可做些适当的手势，但动作不宜过大，更不要手舞足蹈，切不可用手指指对方或拿着笔等物品指人。当对方发表意见时，要善于聆听对方的讲话，不要随便打断别人的发言。一般不谈与谈判主题无关的内容，不谈荒诞离奇的事情，不要询问女士的年龄、婚姻等状况，不要打听对方的收入、财产等问题。

在谈判中如何营造气氛，现举例如下：

1935 年 3 月底，英国外交大臣艾登访问苏联，商讨有关纳粹德国与欧洲局势问题，以及两国友好合作问题。由于在此之前英国和其他国家对苏联的仇视和封锁，对上述问题双方存在不少分歧。为此，苏联外长李维诺夫邀请艾登共进午餐。艾登在其回忆录中对这次午餐作了这样的记述：

“我们在令人心旷神怡的原野之中的平坦道路上行驶了约 20 英里，到了林中别墅，内有一座花园，甚至还有几只鸭子。这座乡间别墅设备简单，但很风雅，而且这次午餐，即使按照我们好客的主人们的标准几乎也是一次宴会。在正餐前先上的菜照例有鱼子酱和烤乳猪，正餐后还有干果布丁。但是，餐桌的中心(从实际位置和政治意义说来都是中心)是装饰着玫瑰花的奶油，上面还有‘和平是不可分割的’字样。我对这种情感是赞成的，但即使我不赞成，在受到那样的欢迎之后，我也难以提出反对意见。谈话的题目仍然同正式会谈时一样，但是气氛更加轻松了。”

在苏、英两国之间尚存隔阂的时期，苏联方面精心安排的这次午餐非正式会谈，既别致又富有情趣，不仅一扫在正式场合会谈时的沉闷空气，而且使双方友好的气氛更加浓厚了。

下面再介绍一则商务谈判的实例：

1987 年 5 月，笔者受命与利比亚南方空军司令麦海迪上校洽谈活动板房生意。麦海迪上校是位文学爱好者，也喜欢漫画作品。笔者作为卖方代表，与买方代表麦海迪上校相识后，没有开门见山谈生意，而是兴致勃勃地谈论利比亚文学艺术，麦海迪上校颇感兴趣。当笔者盛赞利比亚著名漫画家穆罕默德·扎瓦维的艺术精品时，麦海迪上校感到自己遇到了艺术上的知音，他激动地说：“李先生，您对我国的文学艺术了如指掌，如数家珍，令人钦佩。我家里就收藏有漫画大师扎瓦维的画册。”笔者和麦海迪上校志趣相投，一见如故，可以说相谈甚欢。在此后的谈判中，麦海迪上校十分尊重笔者，时时处处以礼相待，这笔大生意也顺利谈成了。

在这则谈判实例中，笔者与麦海迪上校相识后，没有马上进入会谈正题，因为当时双方感情尚未沟通，如果立刻进入正题，买方会产生防范心理，势必造成针锋相对的不利局面。而通过交谈双方感兴趣的话题，营造出良好的氛围，双方代表从毫不相识到结为友人，则容易促使谈判取得成功。

2. 善于倾听

一个谈判高手通常提出很尖锐的问题，然后耐心地倾听对方的意见。商务专家说，如果我们学会如何倾听，很多冲突是很容易解决的。问题的关键是倾听已经成为被遗忘的艺术，而很多商人忙于确定别人是否听见他们说的话，而不去倾听别人对他们说的话。

3. 据理力争

在举行谈判时，谈判者在发言中应注意语言的客观性、针对性和规范性。

（1）客观性。谈判语言的客观性是指语言表述要尊重事实，反映事实，实事求是，以便双方自然而然地产生彼此“以诚相待”的印象，从而促使双方立场、观点相互接近，为最终取得谈判成功奠定良好的基础。

（2）针对性。谈判语言的针对性首先是指语言应围绕主题，有的放矢。在谈判过程中，针对不同的谈判内容，有选择地、有针对性地使用与谈判内容相关的语言、行话和术语，尽量做到言简意赅，恰到好处。其次，谈判中还应针对不同的谈判对象，使用不同的谈判语言。例如，面对老少、男女、生熟、官民、善恶谈判对手，应区别对待，选择合适的语言；与久经沙场的年长谈判对手对阵时，措辞应精练；与女性谈判对手谈判时，语言要文雅，以便达到最佳效果。

(3) 规范性。谈判语言的规范性是指谈判中语言表述要文明、准确。

谈判者发言时应当使用文明、规范语言，不讲脏话、粗话、黑话。此外，用语要严谨、精确、标准，以便准确无误地表述自己的观点、意见，使双方更好地沟通和交流，从而明确各方的权利、责任和义务等，避免产生分歧，以绝后患。

此外，谈判者可以根据谈判的需要，随机应变，灵活地使用富有弹性的外交辞令、丰富多彩的文学词汇、幽默诙谐的语言以及寓意深刻的成语与格言等。

在谈判中，谈判双方发言时都应开诚布公，谈判过程中可以据理力争，但不要出言不逊、恶语伤人。双方都应注意求大同、存小异，尽量强调彼此一致的地方，互让互谅。谈判达成协议，应握手言欢；即使谈判破裂，也应当以礼待人，与对方握手话别，以显示风度，争取将来的合作机会。在谈判中怎样据理力争，现举例如下：

1986 年 7 月，在利比亚的“九・一”革命节来临前夕，利比亚有关方面召集在利比亚工作的各外国建筑公司负责人开会，向各公司下达了出工、出车参与迎接利比亚节日的指令。

按照利比亚的黎波里市市政局的安排，中国建筑工程总公司驻利比亚经理部要派出 50 人、10 辆卡车义务工作一个月。经理部负责人有点犯愁了。抽调这么多人、这么多车义务干一个月的市政工作，必将影响公司正在加紧施工的修建学校项目。可是，不派人不派车也不行，这可是一项“光荣的政治任务”。于是他委派笔者去与利比亚的黎波里市市政局进行交涉，希望能减轻公司的负担。笔者来到的黎波里市市政局，与有关负责人亲切寒暄后，热情洋溢地说：“即将来临的‘九・一’革命节，是利比亚人民的重要节日。中国公司十分乐意为迎接这一光辉节日尽一份力。”

利比亚朋友听到笔者的这番话后笑容满面，深感欣慰。

笔者接着说：“承蒙利比亚兄弟的信任，本公司目前正在加紧施工，以期完成学校建设项目。本公司一定要保质保量按时完成施工任务，以便让可爱的利比亚少男少女们能够早一天坐在窗明几净的教室里，如饥似渴地吸吮知识的乳汁。”

就在利比亚官员频频点头时，笔者话题一转，面有难色地说：“现在学校建设已进入最后的冲刺阶段，倘若一下子从工地上抽出 10 辆车、50 个人干一个月的市政工作，我们担心所承建的学校不能按时交工，将会影响你们的子女上课啊！”

利比亚官员听完这番话，眉头也皱起来。几个官员耳语一阵，然后，赛阿德处长问：“请问李先生，贵公司抽出多少人、调几辆车，方不至于对施工产生大的影响呢？”

笔者说：“谢谢你们的理解和关照。我公司可以抽出一辆车，供市政部门调遣一个月。我们还将想方设法调遣 25 个人为迎接‘九・一’革命节义务劳动一天。此外，本公司全体职工将全力以赴，以建好学校的实际行动，迎接‘九・一’革命节。”

扎纳提副局长说：“中国兄弟正在为我们的子女修建学校，任务紧迫。他们对我国节日的态度是积极的，李先生所反映的情况也是真实的。我们同意你们在不影响工程施工的前提下，尽力为市政建设作贡献。”

事情就这样解决了，笔者轻松地舒了一口气。

此时，赛阿德处长又饶有兴趣地问笔者近来又有什么新作？

笔者从公文包中取出新近创作的一篇阿拉伯文短篇小说，几位留美、留英、留埃的利比亚高级工程师兴致勃勃地读起来。一阵阵欢笑声在市政局大厅里回荡。

在这场谈判中，中方代表首先以积极的态度赢得利比亚官员的赞赏。接着，中方代表说明中国公司正紧张施工，若抽调过多的人、车，会影响在建学校项目的进度，从而影响利比亚中小学生读书。由于中方态度积极，言之有理，所以利比亚有关部门爽快地同意了减轻中国公司的负担。

(4) 适时沉默。在谈判中，既要有流利的口才与对方展开周旋，但同时也应明白何时“无声胜有声”。在紧张的谈判中，没有什么比长久的沉默更令人难以忍受。要对方首先打破沉默，往往意味着对方做出让步。

(5) 蘑菇战术。当谈判陷入僵局时，有必要把洽谈节奏放慢，看看到底阻碍在什么地方，以便想办法解决。但这种“磨”绝不是消极被动的，而是利用“磨”的时间收集情报，分析问题，打开局面。消极等待，结果只能是失败。

美国 ITT 公司著名谈判专家 D. 柯尔比曾讲过这样一个案例：柯尔比与 S 公司的谈判已接近尾声。然而此时对方的态度却突然强硬起来，对已谈好的协议横加挑剔，提出种种不合理的要求。柯尔比感到非常困惑，因为对方代表并非那种蛮不讲理的人，而协议对双方肯定是都有利的，在这种情况下，S 公司为什么还要阻挠签约呢？柯尔比理智地建议谈判延期。之后从各方面收集信息，终于知道了问题的症结所在：对方认为 ITT 占的便宜比己方多多了。价格虽能接受，但心理上不公平的感觉却很难接受，导致了协议的搁浅。结果重开谈判，柯尔比一番比价算价，对方知道双方利润大致相同，一个小时后就签了合同。

二、电话礼仪

随着我国人民生活水平的逐步提高和通信事业的发展，电话已进入千家万户，成为人们联系工作、交流信息、联络感情的重要通信工具。公关工作离不开电话，打电话看起来似乎很简单，但如果不熟悉或不讲究使用电话的礼仪，可能会导致通话双方都不愉快。下面介绍使用电话的礼仪，以便届时取得最佳通话效果。

(一) 打电话的礼仪

1. 选择时间

打电话，应选择适当的通话时间。一般来说，在公关活动中，若无特殊情况，尽量选在受话人上班 10 分钟以后或下班 10 分钟以前通电话，这时对方可以比较从容地听电话。除非事情紧急，打电话时间不宜过早(早上 7 点钟以前)或太晚(晚上 10 点钟以后)，以免打扰别人休息。

打国际长途电话时，则要注意地区时差。

2. 通话准备

通话前要有所准备。确定受话人的电话号码，以免拨错号码，给别人增添麻烦；通话前要事先想好谈话内容，重要电话不妨先在纸上记下要点和有关数据，而不要在通话时才慌慌张张翻材料，让对方握着听筒干着急。

3. 通话礼貌

通话要讲究礼貌。电话接通后应先向对方问好，然后自报单位和姓名。若接电话者不是自己要找的人，可请他帮忙传呼，并表示谢意。如果受话人不在，不要“咔哒”一声把电话挂断，而应把自己准备讲的话告诉接电话者，托他转告。如果内容不便转告，可以告诉对方改时间再打，或请对方转告回电话的号码。

通话内容应简明扼要，不要东扯西拉、打哈哈、侃大山。根据情况可用探询或商量的口气交谈，同时细心倾听对方的反应。除了特殊情况外，通话时间切忌过长，每次以3分钟为宜。交谈完毕道谢或道别后，把话筒轻轻放好。如果对方是长辈、上级，应让对方先放话筒。

(二) 接电话的礼仪

1. 尽快接听

电话铃一响，应尽快接听电话，而不要置若罔闻，或有意延误时间，让对方久等。拖延时间不仅失礼，有时还会误事。

电话铃响之际，如果自己正与同事或客人交谈，可先与同事或客人打个招呼，再去接电话。拿起听筒后，先说“您好”，接着自报家门。听电话时应聚精会神，可以不时地“嗯”一声，或说“好”等，以表明自己正在仔细地倾听对方的谈话并有所反应。不要在接听电话的同时，与身边熟人打招呼或小声谈论别的事情。

接到电话时若正在用餐，最好暂停吃喝，将口中的食物处理掉，以免自己咀嚼吞咽的声音通过电话传进对方的耳朵，给对方留下被轻视的感觉。

2. 助人为乐

在公关工作中，当对方未能找到要电话联系的人时，应主动帮助对方传呼受话人。如果受话人不在，要马上告诉对方，并客气地询问对方是否有急事需要转告。如有，应认真记录，随后及时转告。对方若不愿讲，也可悉听尊便，而不可盘问、打听。通常是在对方放下电话之后，接电话者再轻轻放下电话。

接到打错的电话，首先仔细倾听对方找谁，然后询问对方拨的号码是多少，最后客气地告诉对方打错了电话。若有可能，不妨为对方提供一点线索。不必责怪拨错电话号码的人，或气呼呼地挂断电话，以发泄不满，这是不礼貌的举止。当对方道歉时，可说声“没关系”；当对方致谢时，应回答“不客气”。彼此以礼相待，则皆大欢喜。

(三) 塑造良好的电话形象

打电话是一种特殊、快捷的交往方式。说它快捷，两人即使相距遥远，通话时却犹如近在咫尺；说它特殊，彼此“只闻其声，不见其影”(使用可视电话例外)。既然通电话主要靠声音进行交流，因此，打电话者和接电话者均应格外注意音量、语气及谈话内容，以便给对方留下美好的印象。

(四) 手机礼仪

截至2019年12月底，中国居民使用手机数量已突破16亿部，成为世界手机第一大国。[①] 随着手机的普及，手机持有者有必要了解和掌握使用手机的通话礼仪。

---

① 中华人民共和国工业和信息化部. 2019年通信运营统计公报[R/OL]. [2020-02-27]. http://www.miit.gov.cn/n1146285/n1146352/n3057511/n3057518/c7696204/contert.html.

移动通信工具，主要是为了方便个人联络和确保信息交流的畅通无阻，因此使用者要牢记交费日期，并自觉按时缴纳费用。不要因为忘记交费而被停机，致使他人与自己的联络中断。改换手机号之后，要尽早告知自己主要的交往对象，以保持联络顺畅。

通过他人的移动通信工具与对方联络，并要求对方按自己指定号码回复时，切勿见缝插针，使自己的通信工具一忙再忙，而令对方打不进来。在约定的联络时间内，不要随便关机。因掉线、无电而有碍联络或暂停联络时，应及时说明，并向对方道歉。

使用手机要讲究手机礼仪，要注意公共秩序，不要在教室、自习室、会议室、图书馆等地拨打或接听电话，而应当将手机关闭或置于带振状态。如需拨打手机，应去室外进行；如有电话呼入，应闪断，走出室外，再回拨过去。

此外，根据目前手机的特点，使用手机礼仪可以概括为“六要六不要”。

1. 六要

(1) 当手机铃声响起，要尽快接听。

(2) 因故未能接听电话，发现信息后要及时回话。

(3) 通话时要使用礼貌语言，用文明字眼发短信。

(4) 要遵守公共秩序，在教室、图书馆、会议室、电影院等公共场合自觉关机。

(5) 在别人家做客时，要尊重主人。没有特殊情况，不要不停地使用手机打电话。

(6) 要注意安全，最好把手机放在提包和手袋里，因为手机挂在胸前不太安全。此外，在驾驶汽车时不使用手机。

2. 六不要

(1) 不要主动索取他人的手机号码。

(2) 一般情况下不要借用他人的手机。

(3) 不要看别人发短信。

(4) 不要偷拍别人的形象。

(5) 使用个性化的铃声无可非议，但不要使用内容不文明的铃声。

(6) 不要在医院急诊室附近使用手机。

(五) 发短信礼仪

随着手机的普及，用手机发短信成为人们交际联络的重要手段和方式。发短信时，应讲究下述礼仪：

1. 发短信应当使用文明语言

发短信是为了联系工作，交流信息，因此，应尽可能使用文明语言写短信，而不要创作或转发格调低下甚至包括黄色内容的短信。

2. 发短信通常要署名

发短信署名既是对对方的尊重，也是达到目的的必要手段。因此，在一般情况下，发短信最好署名，以便对方一目了然。如果不署名，很有可能让对方猜半天，有时候甚至会误事。

3. 发短信要适可而止

上课时间或者上班时间，每个人都在忙于学习或工作，即使不忙，也不要没完没了地发短信，否则就会影响学习或工作，甚至打扰对方学习、生活或者工作。如果对方正在上课或者主持会议或者正在商谈重要事项，闲聊式的短信会让对方不悦。

4. 发短信不能太晚

有些人觉得晚上10点以后不方便给对方打电话了，发个短信告知就行。短信虽然更简便，但如果时间已晚，也可能会影响对方休息。

优秀手机短信三条

1. 恭祝您幸福像内存一样经常溢出；金钱像硬盘一样存个没够；好运像鼠标一样握在手中；生活像CPU一样奔腾不息；前途像显示器一样无比明亮！

2. 朋友是茶，帮你过滤浮躁，储存宁静；朋友是水，帮你滋润一时，保鲜一世；朋友是泪，帮你冲淡苦涩，挂满甜蜜。

3. 月亮是诗，星空是画，愿所有的幸福伴随着你；问候是春，关心是夏，愿所有的朋友真心待你；温柔是秋，浪漫是冬，愿所有快乐跟随你。

(六)微信礼仪

随着通信技术的发展，微信已经成为“第五媒体”，其传播时效之快、覆盖面之广、影响力之大，令微友爱不释手。使用微信，建议遵守以下礼仪：

(1)关注值得信任的微友。

(2)选择志同道合的微信朋友圈。

(3)选择合适时间发微信或转发微信，以免影响大家休息。

(4)及时回复微信。

(5)多鼓励朋友，多对优秀微信点赞。

(6)不发违法、违规信息。

三、交友艺术

结交天下俊杰，架起友谊桥梁，沟通人情渠道，扩大信息来源，成为现代生活不可缺少的一部分。但是，人海茫茫，个人活动的时空有限，怎样才能找到和结交称心如意的朋友呢？

(一) 选交志同道合的朋友

俗话说：“物以类聚，人以群分。”一些青年朋友来信说，交友难。其实，只要你留意，朋友就在你身边。因为除了家庭成员外，平时接触最多的是同学、同事。大家相互了解，知根知底。当然，彼此熟悉，并不一定就能成为朋友。但是，了解却是交友的前提。在知人的基础上，可以有选择地结交志同道合的朋友。

笔者在大学教书，朋友中多数是教育界同仁和报刊、出版社编辑。在武汉有不少挚友，在外地乃至国外也有“铁哥们”。怎样和天南地北的文人学士结交朋友呢？这里仅略述笔者和某大学蔡教授交友的经过，供青年朋友参考。

1992年，在上海外国语大学主办的“中东文化与中东问题讨论会”上，笔者和蔡先生初次相遇。由于两人有共同的爱好，因而谈得很投机。我们从研究阿拉伯文化谈到留学埃及，双方的志趣与经历均有许多相似之处。分手之后，一直保持联络，互相切磋学术，交流信息。1993年，我们在杭州参加"阿拉伯与伊斯兰文化研讨会"时再次相遇，更加深了相互间的了解。两人彼此尊重，互相关心，格外珍惜这份友谊。分手后，以实际行动支持对方。1994年，湖北省外国文学学会和武汉大学出版社为笔者翻译的利比亚小说集举行研讨会，蔡先生在百忙中为大会寄来热情洋溢的书面发言。1996年，蔡先生在济南主持召开阿拉伯哲学研讨会，笔者为大会发去贺电。2005年，蔡先生应笔者的邀请来武汉大学进行学术交流，他的精彩演讲受到学生们的欢迎和好评。此外，蔡先生积极为笔者主编的辞典撰稿，笔者也乐意为他挂帅的科研项目译文……笔者和蔡先生的友谊在真诚交往中不断加深，肝胆相照，情同手足。

（二）慎交异性朋友

作为一名现代青年，与异性交往是很正常的。在学校和单位，异性之间的正常交往是不可避免的，大家在一起讨论问题、商量工作是常有的事。青年男女在学习、工作中交往，彼此以礼相待，互相配合，逐渐建立良好的关系；而一些意气相投的青年男女经常来往，关系日趋密切，成为互相信任的朋友。

在生活中，不少互相信赖的男女青年作为普通朋友，长期保持着纯真的友谊。也有一些青年对对方由好感转为爱情，此时，不妨直接地或间接地提出来，如果对方赞成，双方就可以深入交往；对方若不愿意，则不要纠缠，不要强人所难，强扭的瓜不甜。不同意深入交往的一方，应以婉转的语气明确表明自己的态度，不要模棱两可。无论是自己熟悉的异性，还是别人介绍的对象，欲与对方建立恋爱关系时，均要讲究方式。例如马克思向燕妮求爱时说："我已经看中了一位姑娘，她的照片就在小匣子里，你想看看吗？"燕妮打开小匣子，发现里面放着一面镜子，镜子照见自己美丽的面庞。这种求爱方式是多么绝妙啊！

男女青年情投意合，欲建立恋爱关系，双方要特别注意自己的形象，尽量保持轻松、愉快的心情。谈恋爱时，男青年不必过分拘谨或粗野，女青年也不要过分矜持或随便。

在现代文明社会，男女婚后仍可与异性交往，夫妻双方都应持开明的态度，互相理解。但是，婚后与其他异性交往与婚前应有所区别，要掌握好分寸，不要超出友谊的界限。

（三）善交有真才实学的名人朋友

常言道："三百六十行，行行出状元。"的确，各行各业都有佼佼者，其中部分出类拔萃者成为名人，因而受人尊敬和羡慕。善交有真才实学的名人朋友，可以使自己受益匪浅。

利比亚文豪阿里·米斯拉提才华横溢，著作等身，在阿拉伯世界和欧洲享有盛誉，其优秀作品被翻译成英文、俄文、德文、法文、日文等多种文字。笔者钦佩这位在利比亚文学、史学、新闻等领域均作出重要贡献的文化名人，并希望能有机会结识他。

1987年，笔者在参加利比亚历史研究所举办的一次学术活动中，见到了米斯拉提教授，并与米斯拉提教授进行了面谈。笔者首先作了自我介绍，并礼貌地提出采访他的愿望，他欣然应允。之后，我们相约会晤，畅谈中国人民和阿拉伯人民的传统友谊，笔者介绍了中国在世界史方面的研究，并与教授讨论中国文学、利比亚现代文学的发展，其中也谈及他的小说的艺术特色……我们在相互了解的基础上建立了信任和友谊，后来成为忘年交。笔者在利比亚期间，米斯拉提教授还主动牵线搭桥，安排笔者会晤其他利比亚文化界名流，其中不少人后来成为笔者的挚友。

回国后，笔者和米斯拉提先生天各一方，两人之间通过书信、电话传递友谊，交流信息。如果说信件是联系友谊的纽带，贺年片是保持友谊的环节，那么，脚踏实地，在工作和学习中不断充实自己，多干实事，则是发展友谊的推进器。

20 世纪 80 年代，鉴于中国利比亚文学译介工作尚处于垦荒阶段，笔者利用业余时间著书译文，将利比亚重要作家的生平及其代表作介绍到中国。这样做，一方面使中国读者得以欣赏利比亚文学作品；另一方面，当利比亚朋友看到其作品被译成中文时，其激动的心情可想而知。每当笔者收到他们寄来的一封封字里行间流动着欢欣与友情的信件、一本本富有价值的新作时，笔者的心情也异常激动。这种情谊在中国与利比亚文化交流中得到升华。

第三节　舞会、沙龙及社交禁忌

舞会与沙龙是富有特色的社交场合。人们可以在优美的乐曲声中相互认识，也可以在浓厚的学术气氛中结为文友。但无论在舞会、沙龙还是其他社交场合，都不要触犯交往禁忌。

一、舞会

舞会是人们喜欢的社交场所。参加舞会，不仅可以广交朋友，沟通信息，还可以陶冶性情、锻炼身体。参加舞会是一种集交往与娱乐为一体的社交活动。

（一）舞会的组织

(1) 举办舞会要选好时间、地点。舞会一般在节假日、周末举行，时间最好是晚 8 点到 12 点以前。舞场应选择交通比较方便、场所比较宽敞的地点。

(2) 做好舞会准备工作。举办舞会应事先准备好场内设施，如灯光、音响、磁带等；装饰好纸花、彩带；地板宜光滑，可以酌情上蜡或撒滑石粉；备好饮料、点心、水果、干果；备好椅子等。举办大型舞会要选好主持人、歌手、乐手。

(3) 舞会准备停当后，要及时出通知或发请柬，以便参加者有所准备。

（二）参加舞会

参加舞会者要了解和遵循下列舞会礼仪：

(1) 仪容整洁。参加舞会者赴会前要整理好自己的仪容。无论男士或女士，都应洗净脸和手，梳理好头发。

(2) 服饰适宜。女士服装一般以亮色为主，既色彩明快又美观醒目，还可配以合适的饰物。除了色彩外，衣服要合身、轻便，亦可根据环境、季节，选择合适的服饰。男士一般穿西装，也可穿较随意的衣服。参加隆重的舞会除穿西装，还可穿燕尾服。参加舞会的男士和女士，衣服不宜过肥或过瘦，因为服装过松或过紧，会影响舞姿和舞步。参加舞会者宜穿皮鞋，而不要穿凉鞋、拖鞋或运动鞋。参加室内舞会不可戴墨镜。

(3) 讲究公德。参加舞会者当天最好不要吃葱、蒜、韭菜、萝卜干等带刺激气味的食品，以免影响同与会者的交往与交流。参加舞会要自觉维护舞场卫生，不要在舞场内吸烟、喝酒，不要乱扔果皮、纸屑等。

(三) 邀舞礼仪

在舞会上，一般是男士主动邀请女士跳舞，女士也可以邀请男士共舞。请人跳舞应讲究以下礼仪：

(1) 选择舞伴。独身前往舞会的男士，首先选择的舞伴应该是没有男士相伴的女士。待三支舞曲过后，才可以邀请有男友相伴的女士。选择舞伴时应考虑年龄、身材、气质等，宜找舞技水平相近者。选择舞伴不必局限于少数几个人，最好少请热恋中的情侣的一方为舞伴。

(2) 邀舞礼仪。当舞曲声起时，男士步履庄重地走到事先选好的女士面前，右手前伸，略弯腰鞠躬，含笑点头致意，然后轻声说："请您跳个舞，可以吗？"倘若被邀请的女士有男友在场，应先有礼貌地征得其男友的同意，得到允诺后再邀请他的女友。

对于新结识的女伴，不要拉着她的手将其导入舞池，而应或前或后相伴步入舞池。

邀舞时一旦遭到女方拒绝，不要生气和灰心，只需稍稍退后一步，说一声"对不起"，便可转身离开另找舞伴。

在舞场，切忌叼着香烟请人跳舞。一曲完毕，男士应向女士道谢，并把女士送回到原来的座位。女士落座后，男士应再次道谢，女士也应含笑答礼。

(3) 拒邀礼仪。一般来说，被邀请者最好不要谢绝对方的邀请。如果决定谢绝，可以含笑婉言说明原因，如说："对不起，我不会跳这种舞。"或者说："请原谅，我想休息一下。"如果事先已答应和别人共舞，此时又有人前来邀请，这时不妨明说："已有人邀舞了，请等下一曲吧。"

当女士在一曲开始时已谢绝了某人的邀请，此曲未终时，暂不要同别的男士共舞，以免前者心里不痛快。拒绝别人邀请时，应表情亲切，态度和蔼，切不可板着脸拒绝，更不要恶语相加。

例如，在一个周末舞会上，一位妙龄少女不仅相貌出众，而且舞姿优美，令许多男青年为之倾倒，其中有一位修养较差的男士对其纠缠不清，频频向这位少女搭讪：

男：我好像在哪儿见过您，您贵姓？
女：我姓我父亲的姓。
男：那么，您的父亲姓什么呢？
女：当然姓我祖父的姓了。
男：您做什么工作的？
女：干四个现代化的。
男：您家住在哪里？
女：地球上。
男：您家有几口人？
女：和我家的自行车一样多。

男：那么，您家有几辆自行车？

女：每人一辆。

这位聪明的美貌少女针对轻薄男子别有用心的提问，巧妙应答，既不失礼，又让他一无所获。

(四)跳舞时应具有的风度

风度是一个人的言谈、举止、气质和作风等方面的综合表现。

跳舞的风度，主要是指人在跳舞时的姿态和表情。在舞会上，男士应表现出绅士风度，女士则应展现淑女风采。一般要求如下：

(1) 男士与女士共舞时，男士的右手掌心向下，以大拇指的背面轻轻地将女士的腰肢挽住，左手使左臂以弧形向上与肩部成水平线举起，掌心向上，拇指平展，只将女伴的右掌轻轻托住。女士的左手应轻轻地放在男士的右肩上，右手轻轻地搭在男士的左手上。男士不要强拉硬拽，女士不挂、扑、靠、扭。

(2) 跳交谊舞时，舞姿要端庄、大方，整个身体应保持平、正、直、稳。无论前进、后退还是旋转，都要掌握好身体重心。

(3) 在舞场上，男女双方身体应保持一掌左右的间距，不要紧紧地搂抱在一起。女士用双手搂住男士的脖子跳舞，也不大雅观。

(4) 跳舞时神情要轻松、自然，说话要和气，不要粗声粗气。

(5) 当舞场上人多拥挤时，一对舞伴可以采取碎步慢舞，待他人走过去之后，再放开舞步。

(6) 青年男女跳迪斯科、霹雳舞、太空舞等舞蹈时，舞姿可以更加自由、放松、随意。

二、沙龙

(一) 沙龙的含义及类型

1. 沙龙的含义

“沙龙”是法语“Salon”的音译，原文意译为“会客室、客厅”。

从17世纪起，西欧一些贵族和知名人士常常聚集在某些私人客厅，谈论文学、艺术和政治问题等。实际上，这是一种社交聚会的形式。久而久之，沙龙逐渐成为社交集会的一个代名词。

2. 沙龙的类型

根据沙龙的主旨和出席者，沙龙可大致分为以下5种类型：

(1) 社交性沙龙。由比较熟识的朋友、同事结成的定期或不定期的社交聚会，大家聚集在某人家里或某些相对固定的场所，互相交流信息等。

(2) 学术性沙龙。由职业、志趣相同或相近的知识分子组成的沙龙，旨在探讨学术或理论问题。

(3) 文艺性沙龙。由文艺界人士和文艺爱好者组成的沙龙，旨在相聚娱乐。

(4) 联谊性沙龙。由某一行业或各界人士代表参加的沙龙，旨在增进了解和友谊。

(5) 综合性沙龙。参加人数较多和活动内容比较丰富的大型社交聚会。

(二) 举办沙龙的条件

举办沙龙，一般应具备下列三个条件：

(1)有一个比较宽敞的场所，以便大家聚会和进行交流。例如有一个大的客厅或会议厅，或者使用一块空草坪等。

(2)沙龙的召集者和主办人应具有较高的威望和一定的表达能力，如此方能吸引大家来参加，并妥善地主持沙龙。

(3)沙龙组织者应准备足够的座位和饮料等，以便款待来宾。

(三) 参加沙龙的要求

沙龙是一种重要的社交活动，要求每个参加者都注重礼仪。总的要求是：①衣着整洁；②按时出席；③谈吐文雅。

出席沙龙应认真聆听主要发言人的发言，发表意见时态度要中肯，语言要简洁，切忌废话连篇。此外，参加不同性质的沙龙，具体要求也有所不同。例如，参加学术性沙龙，事前对该沙龙讨论的主题要有所了解。而参加联谊性沙龙，应乐观、豁达，不要一个人待在角落里沉默不语，而应当尽快和习性相近的人或同行接近。

三、社交禁忌

在社交活动中，不仅要了解应当怎样做，还要知道哪些事不能做。这些不能做的事情，便是社交中的禁忌。

(一) 忌开玩笑过度

朋友、熟人之间适当开开玩笑，可以活跃气氛，融洽关系，增进友谊。但开玩笑要适度，要因人、因时、因环境、因内容而定。

开玩笑要看对象。俗话说："人上一百，形形色色。"人的性格各不相同，和宽容大度的人开点玩笑，或许可调节气氛，和女同学、女同事开玩笑，则要适可而止。

开玩笑要看时间。俗话说："人逢喜事精神爽。"开玩笑，最好选择在对方心情舒畅时，或者当对方因小事生气时，通过开玩笑把对方的情绪扭转过来。

开玩笑要看场合、环境。在图书馆、医院等要求保持肃静的场合，不要开玩笑；在治丧等悲哀的气氛中，不宜开玩笑。

开玩笑要注意内容。开玩笑时，一定要注意内容健康，风趣幽默，情调高雅。在社交活动中，忌开庸俗的玩笑。千万不要拿别人的生理缺陷开玩笑。

(二) 忌随便发怒

在社交活动中，人们都愿意和性格豪爽、为人真诚的人交往。在社交场合，不是原则问题，不要争得面红耳赤，不要为一些鸡毛蒜皮的小事生气或勃然大怒，甚至翻脸。俗话说："气大伤身。"发怒不仅会伤身，对自己的形象也有不良的影响。动不动就生气的人，会失去朋友。在社交活动中要表现出有气量、有涵养。

(三) 忌恶语伤人

所谓恶语是指那些肮脏污秽、奚落挖苦、刻薄侮辱一类的语言。口出恶语，不但伤人，而且有损自身形象。

俗话说：“良言一句三冬暖，恶语伤人六月寒。”因此，在社交活动中，应当尊重他人，温文尔雅，讲究语言美，而不要自以为是，出言不逊，恶语伤人。

(四) 忌飞短流长

在社交活动中，应以诚待人、宽以待人。要与人为善，不要打听、干涉别人的隐私，或评论他人的是是非非。不要无事生非、捕风捉影，也不要东家长、西家短，更不要传播小道消息。说话要有事实根据，不能听风就是雨，随波逐流。

(五) 忌言而无信

在社交活动中，最重视一个“信”字，忌言而无信。言而有信者，会得到大家的尊重；言而无信者，会失去大家的信任。在社交场合中，说话要算话，不要食言，要言而有信、行而有果。

(六) 忌衣冠不整

俗话说：“人不可貌相，海水不可斗量。”但在现实生活中，以貌取人，以衣取人的情况时有发生。因此，参加社交活动时要衣冠整洁，以便给人留下良好的印象。

(七) 忌忘恩负义

俗话说：“滴水之恩，当涌泉相报。”中国人一贯讲究知恩图报。当你有困难时，别人帮助过你，不应忘记，有机会时要报答别人的恩情，千万不要忘恩负义，更不能恩将仇报，否则的话，再没有人愿意向你伸出援助之手。

(八) 忌不尊重妇女

尊重妇女，是每一位有教养的男士应具有的品格和风度。

在社交场合，男士应尊重女士、照顾女士，时时处处遵守“女士优先”的原则。若在社交场合摆大男子汉的架子，不给女士应有的尊重，或当女士需要帮助时视而不见或袖手旁观，自然会受到众人的批评。

☞思考题：

1. 在社交场合，谁享有握手的主动权？谁享有了解对方的优先权？
2. 握手有哪些讲究？
3. 怎样为他人作介绍？

☞社交故事两则：

一、伟人的友谊

——马克思与恩格斯的故事

列宁曾说，马克思和恩格斯的友谊“超过了古人关于友谊的一切动人的传说”。马克思和恩格斯虽然都有独立的个性，但在思想、感情和志向上却犹如一个人，他们的思想和行动几乎完全融合在一起。正是因为他们具有惊人的个性倾向相似性，所以才能相互理解，并在长达40年的共同战斗中结下了深厚的友谊。他俩在知识才能上互相帮助，性格特征上互有补益。从性格特征来看，恩格斯十分敏锐，“机灵得出奇”。马克思观察事物则十分精细，分析深入透彻，穷根究底。马克思性格内向，治学、办事十分谨慎、持重，从不发表自己未深思熟虑的意见。同马克思相比，恩格斯性格外向，办事、治学雷厉风行。恩格斯敏锐、机灵的性格帮助马克思迅速地捕捉到各种新思想、新事物；而马克思精细观察、穷根究底、分析透彻的性格又使恩格斯的认识得以不断深入。恩格斯雷厉风行的作风促使马克思创造精神产品的时速得以加快，其外向、善交际的性格又帮助马克思解决了生活、交际方面的许多难题，使马克思在逆境中终于完成了鸿篇巨制；而马克思的谨慎持重对恩格斯也产生了积极的影响，使其论著更加严谨，无懈可击。

二、苹果与鲜花

假期里，某同学和大家一起去上海旅行时，恰逢一位上海同学的爷爷生病住院，于是，他打算和大家一起去医院看望该同学的爷爷。他准备去超市买些苹果作为礼物，不料却遭到大家的反对。原来，在上海的方言里，“苹果”的发音和“病故”的发音非常相近，因此，上海人忌讳送苹果给病人。于是，他给同学的爷爷选购了一束发出淡淡香味的鲜花。收到鲜花后，同学的爷爷很高兴。

第九章　公关礼仪

公关礼仪与礼仪密不可分，礼仪是公关礼仪的基础，公关礼仪是礼仪在公关活动中的应用。社交礼仪侧重于个人在社会交往中应注重的礼貌礼节、仪表仪式、尊重他人等。公关礼仪侧重于组织在社会交往中应注重的礼貌礼节、仪表仪式、尊重他人等。

公关礼仪还强调把公共关系的原则和理念渗透到礼仪实践中去，从而进一步深化了礼仪的意义，拓展了礼仪的职能和作用。

第一节　公关礼仪概述

一、公关礼仪的含义

公关礼仪是一个组织的成员或公关人员在公关活动中，为了维护组织的良好形象而应当遵循的尊重他人、讲究礼节，注重仪表、仪态、仪式等的规范和程序。简而言之，公关礼仪是一个组织所应具有的与其自身形象相适应的行为规范。

要深刻理解什么是公关礼仪，还可从以下几个方面来把握：

(一)公关礼仪是公共关系学与礼仪学的完美结合

公共关系和礼仪如果作为一种原始状态，两者都是随着人类的产生而产生的，源远流长。作为一门学科，公共关系学起源于20世纪初，礼仪学的起源说法不一，至少要远远早于公共关系学，但两者的结合则是由于现代社会的迫切需求应运而生的。

把公共关系和礼仪融合在一起是一种完美的结合。公共关系的宗旨是“内求团结完善，外求和谐发展”，公共关系的目标是塑造组织良好形象，这与礼仪的目的是完全一致的。礼仪有助于公共关系目标的实现，而公共关系有助于礼仪文化的丰富、完善和拓展。

(二)公关礼仪的主体是社会组织

社会组织是人类社会生活组合的基本形式，是人们有目的、有计划地组建起来的一种社会机构或社会单元。社会组织有大小之分，大到一个国家、一个地区、一个省或市，小到一个企业、一所学校或一个班、组。

社会组织无论是开展公关活动，还是参与公关活动，都是公关礼仪的主体，组织成员的行为举止都代表和影响着组织的形象。例如，任何一个国家领导人的出访，从服饰到举止都是十分慎重的，都要经过精心的准备。因为，国家领导人是一个国家的象征，他代表的不仅仅是他个人，他还代表一个国家、一个民族的形象。领导人的一举一动、一言一行，都会影响到国家的形象。一个国家的公民走出国门，他的举止言谈、素质修养如何也会影响到国家形象，因为在别国人眼中，他是这个国家公民的代表。

组织内部的每一名成员，都是该组织的代表，因此也都是该组织公关礼仪的主体，无论在任何公共场合，都应以良好的礼仪形象出现，要自觉为塑造本组织良好的形象做出积极的努力。

(三)公关礼仪的目的是塑造组织良好形象

组织形象是由组织的美誉度、知名度来衡量的。一个具有良好形象的组织就有较高的美誉度、知名度。公关礼仪是提升组织美誉度、扩大组织知名度非常有效的加速器。公关礼仪把组织成员的个人形象看做是组织形象的组成部分，是组织形象的基础。组织整体形象的塑造建立在组织成员个人形象塑造的基础之上，因此，为了塑造组织良好形象，公关礼仪不仅关注组织整体形象的塑造，也同样关注每个组织成员良好形象的塑造。

(四)公关礼仪注重双向传播与沟通

礼仪注重教导人们应该如何做、怎样做、为什么要这样做等，要变人们的“已有行为”“习惯行为”为“应有行为”，这种教育和引导往往是单向传播。而公关礼仪不仅对内进行礼仪教育传播，还通过组织开展的各项活动，举办的各种庆典、仪式等对外传播组织的信息。例如，企业开张、开业、周年庆典，举行揭牌仪式、升旗仪式等，都属于对外开展的公关礼仪活动。另外，组织还通过制定的员工礼仪行为规范来约束员工的行为举止，与此同时，组织还广泛征求公众的意见，收集反馈信息，通过与公众的沟通，促使组织不断改进和完善，以赢得公众的信任和好感。

总之，礼仪是公关礼仪的基础，公关礼仪是礼仪在公关活动中的应用和拓展。要学好公关礼仪知识必须首先学好礼仪的基本知识。

二、公关礼仪的作用

由于现代社会的日益开放和世界文化的多元化，由于全球化时代的到来，世界各国人们的交往日益频繁与快捷，必然要求人们在交往中要知礼、懂礼、用礼，人们对公关礼仪的需求日益迫切。目前，无论是政府机关、学校、企业、公司，还是事业单位、商场、服务行业等都在强化公关礼仪知识的学习，以期提高广大公务员、师生、员工、服务人员等的公关礼仪修养与水平。

公关礼仪在塑造组织良好形象、维护组织内部的团结、拓展组织对外友好交往、提高组织员工的文明水准、广泛传递组织信息等方面发挥了积极而有效的作用。这也正是各类组织为何如此青睐公关礼仪的原因之所在。

(一) 塑造组织良好形象

社会组织的形象问题是影响组织生存与发展的关键问题，绝不可掉以轻心。企业、组织拥有良好的形象就等于拥有了一笔无形资产。良好的形象能赢得顾客的信赖；良好的形象能获得社会的赞誉；良好的形象能提升组织的社会地位；良好的形象能提高竞争力；良好的形象能美化市场环境、美化社会环境。

国内外一些著名企业集团都具有良好的组织形象。如，日本的“松下”“东芝”“本田”等，都是让消费者信赖的品牌，公司则获得了“卓越”的美誉。此外，日本名牌企业对公关礼仪的注重也是举世闻名的。以松下为例，公司对员工的仪表仪态、言谈举止、行为规范、礼貌礼节要求非常严格，公司在各种活动中举行的仪式也格外隆重、严谨。美国的“麦当劳”，对世界各国各大城市的分店都有统一要求：质量不变、服务一流，清洁卫生、环境舒适，员工统一着装、热情有礼貌。顾客在优雅的音乐声中进餐，有一份好心情。中国“海尔”集团对员工的礼仪要求严格、全面、具体。对为顾客上门服务的员工在礼貌、礼节方面的要求更是细致入微。每一位海尔人都能以规范的公关礼仪行为修养和规范的举止来维护海尔的企业形象，并赢得了用户的一致好评。

海尔空调星级服务歌

海尔服务兵个个要牢记，“三大纪律八项注意”：
第一，真诚才能到永远，牢记用户永远是上帝；
第二，用户永远是对的，标准就是用户满意；
第三，不能对用户说不，用户难题是我们课题。
三大纪律我们要做到，八项注意切莫忘记了；
第一，服务准备要充分，仪表整洁工具要完好；
第二，服务一定要准时，用户问题彻底解决好；
第三，言谈举止要文明，态度和蔼要面带微笑；
第四，鞋套穿好再进门，每次服务不能忘记了；
第五，自觉请用户监督，主动递卡自我来介绍；
第六，盖布、垫布全用上，整洁服务处处注意到；
第七，用户东西莫乱动，请示使用不能损坏了；
第八，联系电话要留下，道别致谢回访要做好。
星级标准条条要记清，时刻不忘我是海尔人，
遵守标准人人要自觉，互相监督切莫违反了，
用户满意才能有美誉，世界名牌一定能做到。

(二) 维护组织内部的团结

公关礼仪能使人气质变温和，能教人敬重别人，能化干戈为玉帛，能变对立为合作。组织的凝聚力、内部的团结一刻也离不开公关礼仪。如果组织成员不讲公关礼仪，都是自以为是、自高自大、目中无人、语言粗俗、举止鲁莽、气急败坏、态度恶劣，再加上不修边幅、衣着不整、蓬头垢面，可想而知，这样的组织成员怎么可能做到精诚合作、团结一致呢？这样的组织会有凝聚力吗？只有注重公关礼仪的组织，才能维护组织内部的团结、增强组织的凝聚力。

组织举行的仪式对维护组织内部的团结也会产生意想不到的效果。例如北京天安门广场，每天清晨由国旗队举行庄严的升国旗仪式，不仅吸引成千上万的人前来观看，而

且在庄严神圣的气氛中，使中国人感到作为一个中国人无比骄傲和自豪。企业举行开张、开业的庆祝仪式，挂牌、揭幕仪式，表彰、颁奖仪式等，都能起到激励企业员工士气，激发和调动员工对企业的归属感、认同感，从而强化员工的主人翁意识，增强责任心。

（三）拓展组织对外友好交往

公共关系的宗旨是内求团结完善，外求和谐发展。公关礼仪既可以促进组织内部的团结，又可以拓展对外的友好交往，使组织广结良缘。

公关礼仪强调待人文明礼貌，尊重友善，同时注重以良好的仪容、仪表、仪态出现在社交场所。良好的形象与修养必然会得到公众的赞赏，这有利于增强人际间的吸引和友好交往，有利于结识新朋友，扩大社交圈。

据社会心理学家研究证明：外貌美（包括衣着和风度）能增强人际吸引力。外貌还可以产生晕轮效应，即良好的外貌，会使别人以为这个人还具备其他一系列的良好品质，反之则相反。

研究者们还提出了妨碍人际吸引的个性品质，其中许多条也是和公关礼仪相背离的。如：虚伪（不真诚）、不尊重人、苛求于人（不宽容）、骄傲自满（不谦虚）、孤独固执（不开朗大方）等。

公关礼仪是教人们怎样做一个受欢迎的、有吸引力的人。组织成员如果人人都注重公关礼仪，组织对外的友好交往必然得以拓展。

（四）提高组织员工的文明水准

礼仪是人类文明的标志，公关礼仪是组织与公众文明交往活动的规范。强调组织员工注重学习公关礼仪，不断向员工灌输公关礼仪知识，无形中就提高了组织员工的文明水准。

一个组织的员工衣着整洁大方，态度热情温和，举止言谈彬彬有礼，待人接物礼貌耐心，举行仪式认真规范，试想，有谁会认为这样的组织文明水准不高呢？市场呼唤这样的组织，社会需要这种具有较高文明水准的组织。公关礼仪为我们架起了一座通向高文明水准的桥梁和阶梯，只要坚持遵循和执行公关礼仪的行为准则，各类组织就能达到一个更高的境界。

（五）广泛传递组织信息

公共关系强调双向沟通，公关界的权威人物卡特利普和森特提出“双向对称”的原则，即组织应把信息准确无误地传递给公众，与此同时，也要把公众的信息及时反馈给组织。传递组织信息是公关的重要职能之一。

由于我们处在知识经济时代，信息的“爆炸”导致信息数量巨大，呈现出信息泛滥、充斥整个社会的局面，“信息”作为稀缺资源的地位已被“注意力”所取代。

组织传递信息怎样吸引公众的注意力呢？这就要突破传统的传播定势。突破仅仅依赖广播、电视、广告、网络、报纸、杂志等媒体传播的模式，以更新颖、更独特的方式吸引公众的眼球。

公关礼仪恰恰能发挥它的优势，以新颖的方式传递组织信息并能吸引公众的注意力。如海尔集团，通过上门服务的员工表现出来的规范的礼仪行为，向公众传递了“海尔真诚为顾客服务”的信息。

一些组织开张、开业、周年纪念等也是通过举行各种仪式，如揭牌仪式、剪彩仪式、庆典仪式、签字仪式、纪念仪式等活动，给参与仪式的领导、来宾，给观看仪式的人们留下深刻印象的，这可以说是公关礼仪在传递组织信息方面的特殊功能。人们在参与和观看仪式活动的同时就接受了组织开张、开业、周年纪念等信息。

我国在 2015 年 9 月 3 日，为庆祝抗日战争胜利 70 周年举行了隆重而盛大的大典——阅兵式。这次的阅兵式无论是在规格上、人数上，还是在武器装备、飞机架数等方面都有了显著的变化，尤其是此次阅兵的规格为历次之最；不仅令参加国庆观礼的中外宾客大开眼界，也令世界人民惊叹。受阅部队以空前的阵容和一流的训练水平，展示了中国军队革命化、现代化、正规化建设的巨大成就，展示了中国军队威武之师、文明之师、胜利之师的风貌，展示了共和国钢铁长城维护祖国安全与统一、促进世界和平与发展的坚强决心和强大力量。通过阅兵式对中国经济的发展、国力的强大、科技的飞跃、军队的威武、民族的振兴作了极有效的宣传。

综上所述，公关礼仪的作用显而易见。因此，社会上的各类组织都十分重视公关礼仪，对员工加强公关礼仪培训的组织也与日俱增，这将有利于全社会文明水准的提高。

三、公关礼仪与社会公德

(一) 社会公德是公民应遵守的最基本的道德规范

我国政府颁布的《公民道德建设实施纲要》中指出：全社会要大力倡导“爱国守法、明礼诚信、团结友善、勤俭自强、敬业奉献”的基本道德规范，努力提高公民道德素质，促进人的全面发展，培养一代又一代有理想、有道德、有文化、有纪律的社会主义公民。

1. 什么是社会公德

社会公德是一个社会文明程度的重要标志，它是人类世世代代调整公共生活中人与社会关系的经验的结晶，是人们通过长期社会实践形成的，为了共同利益而代代相传和不断完善的优良传统。它最突出的特点是，在许多不同的国家、地区里，社会公德是相同的，它反映了人类追求文明与进步的共同要求。

社会公德可定义为：“人们在社会公共生活中应当遵守的行为准则。”

2. 社会公德的特性

从适用范围上讲，它具有普遍适用性，每个公民都有遵守的责任和义务；从功能上讲，它具有公共性，维护的是社会的共同利益和全体公民的整体利益；从内容上讲，它具有广泛性，涵盖了人与人、人与社会、人与自然的关系。反映人与人之间关系的社会公德可称为公共交往公德，如尊老爱幼、善待弱者、诚实守信等；反映人与社会之间关系的社会公德可称为公共场所公德，如遵守公共秩序、爱护公共财物、维护公共利益等；反映人与自然之间关系的社会公德可称为人类环境公德，如讲究卫生、保护生态环境、珍爱生命等。

3. 社会公德的内容

社会公德的内容非常广泛，涉及生活的方方面面，大致概括为以下三个方面：

一是反映人们共同利益的道德规范，如我国的“五爱”公德，即爱祖国、爱人民、爱劳动、爱科学、爱社会主义。

二是人道主义精神，诸如尊重国家主权、领土完整，尊重人权，保护妇女、儿童、老人、伤残人的合法权益，维护世界和平，支持人类进步事业，实行人道主义救援等。

三是人类共同的行为准则，比如：相互尊重，礼貌待人；诚实守信，言行一致；遵守公共秩序和公共安全规则，举止文明、爱护公物、保护环境、维护公共卫生、遵纪守法、见义勇为等。

(二) 社会公德是公关礼仪的基础

社会公德就像一个道德天平，时时刻刻都在衡量着社会中的真、善、美、假、恶、丑。美国著名社会学家 A. 英格尔斯认为：一个国家，只有当它的人民是现代人，它的国民心理和行为上都转变为现代的人格，它的现代政治、经济和文化管理中的工作人员都获得了某种与现代化发展相适应的现代性，这样的国家方可真正称为现代化的国家。

公民是否能自觉遵守社会公德，反映出一个国家的国民素质和修养。

日本是个经济大国，也是高度注重文明的国度。当 1997 年亚运会在日本广岛结束时，6 万人的会场上竟没有一张废纸，全世界的报纸都登文惊叹：“可敬可怕的日本民族!”

社会公德是公关礼仪的基础。一个没有公德心的人，更不可能讲究礼仪。“道之以德，齐之以礼”是孔子管理思想的经典名言。孔子不但主张“德治化管理”，强调通过道德的教化来提高人们的道德自律性，使之能自觉遵守社会规范，达到管理的有序化；同时，还主张必须用“礼”的规范来约束人们的行为，使用一定程度的强制手段来实现社会管理的目标。

在现代社会，公民意识和公德水平是国民素质的重要内容，我们应当自觉提升代表国民素质的社会公德水平，在此基础上，加强公关礼仪教育，真正维护我们国家的形象和中华民族的利益。

在现代社会，虽然一个国家、一个民族的综合国力所包含的内容十分广泛，但在评价一个国家、一个民族时，通常是从这个国家、这个民族人们的言行举止、文明习惯所体现的公民素质与精神面貌入手的。因为，从国家和民族的角度讲，礼仪是一个国家、一个民族的社会风貌、道德水准、文明程度、文化特色、公民素质的重要标志。

(三) 公关礼仪能约束人们的道德行为

从公民个体的角度说，礼仪是一个人思想觉悟、道德修养、精神面貌和文化教养的综合反映。通过一个人在社会生活中对礼仪运用的程度，可以察知其教养的高低、文明的程度和道德的水准。

礼仪本身是一种既具有内在道德要求，又具有外在表现形式的行为规范。谦恭的态度、文明礼貌的语言、优雅得体的举止等方面表现出来的，是人的内在文化修养、道德品质、精神气质和思想境界等。

英国思想家约翰·洛克曾说：“没有经过琢磨的钻石是没有人喜欢的，这种钻石戴了也没有好处。但是一旦经过琢磨，加以镶嵌之后，它们便生出光彩来了。美德是精神上的一种宝藏，但是使它们生出光彩的则是良好的礼仪……无论什么事情，必须具有优雅的方法和态度，才能显得漂亮，得到别人的喜悦。”①内在的良好道德品质、文化修养只有通过一定的外在形式表现出来，才能在现实的社会生活中具有实际的意义和作用。

道德是礼仪的基础，礼仪是道德的表现形式。公关礼仪的养成教育和优雅的行为规范，能起到约束人们行为的作用，正如约翰·洛克所说的那样，它使道德发出熠熠光彩。

(四) 公关礼仪能强化公德心

孔子认为，“礼”可以培养一个人的道德人格。孔子要求每一个人的视、听、言、行都要合乎礼的规范，只要能做到这一点，那么就能够达到道德的最高境界。人的内在本性，本身就包含实践道德的倾向，所以礼能够折射出人的道德精神，讲礼能使人格道德化。

公关礼仪正是以其严格规范的言行、举止、仪表、仪态、仪式来要求和引导人们努力做到，在践行的过程中潜移默化地实现道德的转化与提升，同时强化公民的公德心。我们常常可以看到，礼仪与道德常常是你中有我，我中有你。例如：尊重妇女，女士优先，既反映出一个人的道德观，又反映出一个人的礼仪修养。又如：在公共场所不能大声喧哗，这是公关礼仪的行为规范要求，也是社会公德的基本要求。良好的礼仪能体现人的高尚的道德修养，而真正有道德修养的人也一定注重良好的公关礼仪形象。

(五) 提升礼仪素质加强道德修养

提升礼仪素质，加强道德修养是一个国家的责任，更是每一个公民必须做到的。

礼仪是人际交往的“通行证”，在我国已成为WTO成员的今天，进一步走向开放与国际社会接轨已成必然，而在开放的社会系统中，每一个社会组织和个人都需要在广泛的、频繁的社会交往中谋求组织的发展和自身的发展，争取事业的成功。现代人的交际能力显得十分重要，已成为现代社会必备的素质之一。但往往交际成功的关键在礼仪，如果不懂礼仪，事业将难以成功。

加强道德修养对于提高全民族素质和形成良好的社会道德风尚具有重要的意义。由于我们的社会目前仍处于转型期，由于市场经济的不完善，由于受各种思潮的影响等，公民道德建设方面仍然存在着不少问题。在社会的一些领域和一些地方道德失范，见利忘义、损公肥私行为时有发生，没有树立正确的荣辱观，是非、善恶、美丑界限混淆，不讲信用、欺骗欺诈成为社会公害，等等，这些问题亟待解决。

我们希望通过提升礼仪素质，加强道德修养把公民道德建设提高到一个新的水平。

1. 大力普及公关礼仪知识

礼仪，尤其是公关礼仪，是一个人、一个组织、一个民族、一个国家内在精神与风貌的展示，反映出一个社会人们的行为规范和文明程度，代表着国家形象，绝不可轻视。公关礼仪对提高公民道德修养、对构建和谐社会都有着深刻的意义。因此，在全社会应大力普及公关礼仪知识，让更多的人能真正领到人际交往的“通行证”。

① [英]约翰·洛克. 教育漫话[M]. 杨汉麟，译. 北京：人民教育出版社，1957：72.

随着社会的发展，随着社会文明程度的日益提高，人们对礼仪十分推崇。讲文明、懂礼貌、树新风、尊重他人、服务社会已成为人们的共识，但在现实生活中，还有很多人对人际交往礼仪，对国与国之间的涉外礼仪等知识知之甚少。在旅游、商业、服务业等行业的接待服务工作中，也存在许多礼仪问题，甚至许多政府部门的公务员，在工作中或在公务活动中也表现出对公关礼仪知识的缺失，急需补上这一课。现代人需要注重文明修养，讲究礼仪，每个人都应该努力使自己成为礼仪的载体，成为文明的化身。

我国自古就有重视礼仪教育的优良传统。早在西周时期，礼仪就成为学校教育和社会教育的重要内容。21世纪的今天，我们更要继承和发扬这一优良传统，重视礼仪教育，要让中华民族“礼仪之邦”的美称能代代相传。

2. 积极推进公民道德建设

在重视和加强礼仪教育过程中，我们要把礼仪知识的学习与积极推进公民道德建设紧密地结合起来。

(1) 把礼仪教育作为培养高尚道德品质的平台。要通过礼仪教育引导公众做到：“讲文明、讲礼貌、讲卫生、讲秩序、讲道德，心灵美、语言美、行为美、环境美。”要引导公民逐步把礼仪修养准则和社会的道德规范内化为自身的道德品质，要牢固地树立起内心的道德信念。

(2) 要注重礼仪行为道德品质的养成教育。礼仪的核心是对他人的尊重和对自己的自重相统一。礼仪对个人行为的基本要求是：举止不粗俗，谈吐不失礼，交往不失态。因此，礼仪不仅可以使人充满自信，落落大方，表现出良好的道德修养和精神气质，而且可以通过美丽端庄的容貌、得体的服饰、优雅的举止、礼貌的谈吐、温文尔雅的态度，更好地把对他人的尊重、敬佩、友好与善意表达出来，增进人与人之间的了解与信任，创建和谐、融洽的人际关系。以良好礼仪行为和良好道德品质的养成为核心，从基本的礼仪行为入手，教育公民学会尊重他人，完善自己，逐步把礼仪作为一种自觉的待人接物的态度和方式，正确认识和处理个人与他人、个人与社会、个人与集体的关系。从自尊、自重、自信、自强、自律开始，培养“爱祖国、爱人民、爱劳动、爱科学、爱社会主义”的良好道德品质，不断增强公民自觉遵守社会公德、恪守国家法律的意识。

(3) 积极推进公民道德建设。我们要大力普及公关礼仪知识，积极推进公民道德建设。公关礼仪是人们在社会交往过程中形成的并得到共同认可的行为规范，它是人们以一定的程序、方式来表现的礼貌待人的行为。而道德品质是一种社会现象，是社会调整人与人及人与社会之间关系的行为规范。公关礼仪更多的是外显的仪表、仪态、仪式，通过学习、教育等手段可以让人接受或改变。道德品质更多的是内在的，如政治观点和人生观、世界观等，是需要靠长期的潜移默化和环境熏陶逐步养成的。

礼仪从某种角度上可以说是一种道德的示范，讲究礼仪实际上就是讲求社会道德。在公关礼仪教育中，道德教育的具体要求是通过礼仪这一人际交往过程中所体现出来的具体形式表现出来的，并以此来协调人际关系。

道德教育有利于礼仪的发展，而礼仪教育有助于推进公民道德建设。当一个人注意用良好的道德标准要求自己时，他就会认识到利用人格的力量约束自己行为的重要性，而约束自己行为的表现方式往往是礼仪和公关礼仪的规范和准则。

加强道德修养是提升礼仪素质的基础，提升礼仪素质是加强道德修养的需要。公关礼仪是协调人际关系、营造和谐的社交氛围、塑造良好的组织和个人形象、净化和美化社会与环境、培养人的美好心灵的最有效的教育手段。

第二节 公关语言

现代人的生活离不开交流，而交流最常见、最重要的手段和工具是语言。美国当代社会学家伊恩·罗伯逊在谈语言的重要性时指出："语言是文化的根本。没有它，文化就无法存在。"语言是传递信息的载体，语言的表达方式多种多样，有口头语言、书面语言、有声语言、无声语言、体态语言(副语言)等。公关语言是语言在公关实务领域的具体运用，公关语言是充满艺术魅力的语言。

一、公关语言的重要性与基本要求

(一) 公关语言的含义与重要性

1. 公关语言的含义

语言是人类使用频率最高、最重要的交际工具，是维系人际关系的重要纽带。人类创造了语言，语言又服务于人类。语言是人类表达感情、沟通思想、传递信息的最基本、最重要的媒介。

(1)公关语言是语言在公关实务领域的具体运用，是为实现特定的公关目标而进行的语言活动及其结果。公关语言是一种应用范围广泛、具有很强实用价值的语言，其目的就是树立组织形象，协调组织内外各种关系。公关语言的运用是实现组织目标的重要因素。公关语言的运用，非常讲究效果，同一种语义，采用公关语言和非公关语言来表达，其效果会截然不同。

(2)公关语言以礼貌语言为基础。公关语言首先必须是礼貌语言，但又不仅仅停留在礼貌语言这个层次上。公关语言要遵循公关原则：真诚、平等、互利。运用公关语言与公众交流，要充分体现真诚、平等、互利。

如一位日本售货员的故事：一位先生带着自己的儿子来到体育服装店购买棒球衣。他很快选中了一套，正准备付款，售货员小姐走上来笑眯眯地对他说："先生，还有和这球衣配套的汗衫、长袜呢!"这位先生一想，说得有理，要买就买全，就点头同意了。这位小姐一边包装衣物，一边注意观察小孩子穿的鞋，亲切地问："小弟弟，你还没有球鞋吧?"小孩子摇摇头表示没有。小姐转过身来，以恳求的眼光看着这位先生说："先生，请您再破费一点儿，给孩子买一双球鞋吧！这么一个英俊的小伙子，穿上一套新球衣、球鞋，那才叫棒呢!"这位先生正在考虑，小姐又将鞋拿给他，选了一双合适的，给他包好。这位先生一边接过东西，一边高兴地称赞售货员小姐："你真会说话，让人花了钱还觉得心里高兴。"

这位售货员语言亲切热情，既真诚地为顾客提供了服务，又为本店营销尽了责，对双方都有利。

(3)公关语言要有公众意识。公关语言的对象是公众，而公众是与相关公关主体发生联系和产生互动关系的组织、群体和个人的总称。公众是千差万别的，有性别、年龄、性格等个体性差异；有职业、身份、地位等不同的角色差异；有文化程度、宗教信仰、风俗习惯、民族心理等不同的社会性差异。在信息传播中，应根据不同的公众对象，选择不同的语言材料和表达方式，以期达到最佳的传播效果。这就是公关语言的公众意识。

《演讲与口才》杂志上曾讲过这样一件事：有一位著名演讲家，在某市监狱对年轻的犯人作《认罪伏法 教育改造》的演讲。他首先了解了这些罪犯的心理状态，这些年轻的犯人普遍存在一种抵触情绪，对教育报告之类的活动有一种逆反心理，形成了一种心理定势。要想演讲取得好的效果就要排除罪犯们的抵触情绪。为此，这位演讲家一开始就巧妙地运用了公关语言，在称呼上做文章，既不称“同志们”，因为不能与他们志同道合，也不称“罪犯”，因为这个称呼是他们最反感、最敏感，也是最讨厌的称呼，而是称“触犯了国家法律的年轻朋友们”，这个称呼双方都能接受，又较亲近。当这句话一说出来，立即引起了全体罪犯强烈的共鸣，有的甚至感动得流下了热泪。这一场演讲非常有效地消除了罪犯的抵触情绪，使罪犯们受到深刻教育，演讲非常成功。可见，公关语言的作用非同小可。

(4)公关语言具有感染力，能打动对方。国外有这样一则故事：有一位盲人在路旁向人们乞讨，在他面前放着一张纸条，上面写着：“我的眼睛瞎了，请给我几个钱吧！”来来往往的行人从他身边走过，很少有人施舍。有一位诗人路过这里，盲人向他乞讨，诗人说：“我今天没有带钱，但可以为您写两句诗。”诗人在盲人的纸上写道：“阳光多么美好，可惜我看不见！”匆匆过往的行人看到这简短的两句诗非常感动，纷纷为盲人解囊。前一张纸条要钱却得不到钱，而后一张纸条对钱字只字未提，行人却主动施舍。其原因就在于后一种语言是能打动人心的公关语言，这句诗引发了人们的怜悯之心。

2. 公关语言的重要性

(1)公关语言是开展公关活动必不可少的工具。公关是沟通的艺术，是交际的艺术。沟通和交际在公关活动中占有重要的地位。一个组织若想达到树立良好形象、协调好内外关系、广结良缘的目标，必须借助多种工具，其中公关语言是最常用、最基本、最重要的工具。公关活动的成功开展离不开公关语言的运用，包括口头语言、书面语言和副语言(指人的动作、形态、手势、表情等)。

(2)公关语言的运用贯穿于公关活动的始终。一项公关活动的开展，完整的步骤是四步：公关调查、公关设计、公关实施、公关评估。其中每一步都少不了公关语言的运用。如在公关调查中，无论采用哪一种调查方法，如问卷法、访谈法、座谈法、观察法等都需要运用公关语言。在公关设计中，公关活动主题词的提炼、公关活动项目的文字表述等需要运用公关语言。在公关实施中，公关活动的宣传、动员，公关广告的撰写、新闻发布、现场介绍等需要运用公关语言。在公关评估中的文字总结、语言表达、成果评价、汇报等也需要运用公关语言。总之，公关语言的运用贯穿于公关活动的始终。

(3)公关语言在“公关危机”中的作用举足轻重。所谓“公关危机”，是指由于内部或外部的某些突发事件严重地损害了组织的声誉和形象，使组织陷入巨大的舆论压力和危机之中的一种公共关系状态。

（二）公关语言的基本要求

公关语言不同于一般日常用语，它除了要表达思想、传递信息之外，还必须围绕组织目标，恰当地运用公关技巧与艺术，美化语言。在与公众进行语言交流时，公关人员的语言应尽可能地准确、完美、耐听。为达到此目的，公关语言应符合以下几点基本要求：

1. 原则性与灵活性统一

每个人都有自己为人处世的原则，这些原则从他的说话方式、语气、语调等方面可以体现出来。每个组织也有每个组织的原则立场，公关人员作为组织形象的代表，应坚持和维护组织的原则立场。

2. 遵守公认的语言规范

公认的语言规范指的是国际国内公认或法定的语言、文字、语法标准。不同国家、不同地区的语言规范不同；世界通用的语言为英语；我国采用汉民族共同语作为国家通用语言。普通话是现代汉民族通用的语言，也是中华各民族之间的通用交际语言。普通话是“以北京语音为标准音，以北方话为基础方言，以典范的现代白话文著作为语法规范的现代汉民族共同语”。普通话是一种规范的语言，它的语音、词汇、语法都有明确的规范标准。公关人员能说一口标准流利的普通话是其基本素质之一，也是开展公关工作的必要条件之一。当然，在某些特殊场合，如少数民族区域或偏僻山区，方言也需适时运用。

3. 语言文明礼貌

组织成员的言行必须考虑到公众的愿望和利益以及社会影响。无论在什么情况下，公关语言都应该重视文明礼貌，尊重公众。语言粗俗、生硬、偏激、过火等是公关的大忌。

公关语言的文明礼貌，表现在语言内容、语言形式、语言行为三个方面。要求说话时举止文雅、态度诚恳、谈吐谦和、不强词夺理、不蛮横无理、不欺诈、不粗俗。具体要求如下：

（1）语调亲切柔和。

（2）口气温和委婉。

（3）措辞庄重典雅。

二、公关语言的表达艺术

公关语言具有极强的艺术性。由于公关语言应用范围极广，从非正式的社交寒暄到正规的宴会致辞，从人数不多的对话谈判到面对大众的演讲报告都需要公关语言，因此，掌握公关语言的表达艺术至关重要。

（一）赢得对方的信任

与人交谈说话，一个关键的因素是：你是否能赢得对方的信任。如果对方信任你，你的话就易被对方接受；否则，就难以取得效果。一个不够真诚、不被人信任的人，说话时碰到的最常见的情况是：别人对他心存芥蒂，或爱理不理、心不在焉，要不就是虚情假意、逢场作戏。因此，与人说话时，要想达到目的，首先要赢得对方的信任。

（二）说话要看身份

说话要看自己的身份，不干不符合自己角色的事，不说不符合自己角色的话。

（1）说话要符合自己的社会身份。在公共场合讲话，要符合自己的社会身份。

（2）说话要明确自己的特定身份。

（3）灵活运用PAC沟通理论。与人说话交流要灵活运用PAC沟通理论。人格结构的PAC沟通，是人的三种心理状态的简称。其中P（Parent State）表示"父母状态"；A（Adult State）表示"成人状态"；C（Child State）表示"儿童状态"。这里的"父母""成人""儿童"不是实际的指称，而是抽象意义上的概念。"父母状态"通常以偏执、批评、抚养等行为向外表现，而内心充满了权威与优越感；"成人状态"通常以符合逻辑、客观理智等行为向外表现；"儿童状态"则往往具有服从或任性等行为特征。在通常情况下，一个人只有处于"成人状态"，明白自己的身份和处境，并与对方进行平行沟通，才能取得较好的效果。

（三）说话要看对象

（1）看对方的年龄说话。

（2）看对方的性格说话。

（3）看对方的职业说话。

（4）看对方的知识水平说话。

（5）看对方的心境说话。

另外，说话还要看场合，看时机，要能传情达意。这些都是说话艺术的要求。

三、演讲的公关语言技巧

演讲，尤其是即兴演讲是现代社会人际交往活动中经常遇到的情况。在工作、生活中，我们会碰到许多场合，需要当众说几句话，或在公开场合发表演讲。

世上没有与生俱来的演讲家，任何人只要加强锻炼和培训，都可以当众说话或即兴演讲，关键是要掌握和运用一些技巧。

（一）突破语言障碍

有的人对当众说话、演讲感到恐惧；有的人认为自己不善言辞，不断地给自己施加负面的心理压力，造成紧张、胆怯、自卑；有的人演讲缺乏条理性、逻辑性，庞杂而凌乱；有的人吐字不清、结结巴巴等均属语言障碍。要努力突破语言障碍，才能逐步走向成功。

1. 树立自信

自信是成功的法宝。卡耐基曾说过："只有你具有了信心，你才开始有行动，你才能言善辩。世上没有天生的演说家，任何成功的讲演者都是一步一步得来的。所以，对于初涉此道的你们，千万要记住，要有自信。要敢讲，你才能会讲！"

2. 注入真情实感

能够吸引听众、感染听众、打动听众的讲演往往是流露真情实感的故事、哲理、感悟等。卡耐基始终认为，生命力、活力及热情，这三大要件，是讲演者必须具备的前提条件。而只有注入真情实感的讲演，才具有生命力、活力和热情。

3. 不落俗套

演讲要有自己的特点，不要一味地模仿别人，要有新意。“删繁就简三秋树，立异标新二月花”，与众不同才能引人入胜。不落俗套、不模仿，但要善于学习和借鉴，学习别人的方法、技巧和成功的经验，丰富自己，提高自己演讲的水平。

4. 克服乡音、土语

乡音、土语只是在特定的区域和范围内有一定的作用，而在更大的社交范围、更广的区域内就会形成语言障碍。你的乡音、土语不被更多的听众认可，或者大家根本听不懂，失去了语言交流的基础，结果是可想而知的，因此，要克服乡音、土语。

5. 控制音调、语速

在演讲中，音调、语速掌握控制得如何也会影响演讲效果。不加调整，一路高音调，或一直低沉的音调，语速太快或太慢都不适合。音调太高，听众易疲劳；音调太低沉，不能激起听众的情绪。音调的高低应与演讲的内容相协调，要抑扬顿挫，有起伏。语速要适中，太快太急，听众会听不清，而太慢又会显得拖拖拉拉。要善于把握音调的高低，善于调整语言的速度和节奏，运用声音的美感增强演讲效果。

（二）强化口语训练

口头语言表达能力的培养和提高需要在长期的实践中强化训练。只有多听、多学、多练才能逐渐达到表达的准确、流畅。传说日本前首相田中角荣原来说话口吃，发音不准，吐字不清晰，但他刻苦训练，经常参加演讲活动，不放过任何一次锻炼自己的机会。据说有一次他准备作政治演讲，由于天气原因（狂风暴雨、交通中断），来听报告的只有一名老人、一名妇女和一名儿童，他面对三名听众，把他们看成是三千名听众，非常有激情地、非常投入地发表了自己的政治演说，竟使三位不同年龄段的听众深深地被打动了。

训练可参考以下几种方法：

（1）认真聆听、学习口才好的人的发言、演讲。

（2）有意识地多听广播，多看电视、录像等，学习播音员、节目主持人、辩论赛的辩手的语言表达。

（3）选择自己最有兴趣、最熟悉的话题讲给亲朋好友听。

（4）强化参与意识，把握机会，通过参加演讲、辩论、即兴发言、与陌生人交谈等实战训练，提高水平。

（5）每周自拟一个主题表达自己的观点，先写成书面讲稿，反复朗读、修改、训练，直到熟练后脱稿演讲。

（6）录音训练，录下自己的演讲，反复听、反复练习。

（三）培养独特的语言风格

语言风格是语言运用中各种特点的综合反映。不同的人有不同的语言风格，个性明显、独特的语言风格能给人留下深刻难忘的印象，还能产生意想不到的效果。

公关人员若想用语言打动公众，演讲者若想给公众留下深刻印象，形成自己独特的语言风格是必要的条件之一。

（四）提升自身修养水平

首先，要提高思想品德素质，一个思想健康、品行端正的人，说出来的话也往往是诚挚、有礼，真正发自内心，令人信服。

其次，要扩大知识面，提高文化素养和文化品位。在这方面著名的主持人杨澜可以作为榜样。她言谈中信息量之大、知识面之宽为她做出的许多精品节目打下了坚实的基础。她广博的知识面来自她长年不断的学习、充电和积累。面对不同的采访对象，从中西方文化的冲突，武侠精神的影响，中国建筑问题，因特网对人类发展的影响，生态保护和人对动物的平等意识，金融风暴问题，国有企业改革问题，股票、期货、引资问题等，杨澜都能从容不迫，侃侃而谈，表现出一个资深新闻人的大家风范。

再次，要丰富文风文采，深化语言内涵。博采众长、引经据典、诗文并茂常常能为语言增添色彩，强化公关语言的感染力和艺术性，避免语言的空洞、单调、乏味。

最后，要树立良好的语言形象。一个人不开口时，其形象主要通过服饰、仪容、姿态、气质、风度、表情特征表现出来。说话演讲时，语言会很快成为个人形象的又一面镜子。无论长相多么英俊潇洒，如果开口便是污言秽语，或结结巴巴、语无伦次，公众对其形象的打分定会大打折扣。良好的语言形象应该包括：热情而平稳的心态，优雅而稳重的副语言，得体的着装，高度的自信，生动形象的词汇，流畅的表达，清晰响亮的语音，不紧不慢的语速，抑扬顿挫的语调，富有个性的语言风格，落落大方的不凡气度等。这样的语言形象自然是充满魅力的形象，当然这是高标准的，我们应通过自己不懈的努力争取达到高标准。

第三节 公关艺术

现代社会是一个关系复杂而又组织有序的社会。我们作为社会的个体，既属于某一组织的成员，又属于众多组织的公众。在公关交往中，我们只有学习和理解公关原理，掌握公关艺术和技巧，才能正确处理和协调好与各方面的关系，适应现代社会的需求。

一、公关协调艺术

公共关系是组织与公众之间的一种交流沟通协调机制。公共关系的宗旨是“内求团结完善，外求和谐发展”。一个组织要广结良缘，组织成员或公关人员必须掌握公关协调艺术。

（一）组织内部协调艺术

组织内部的协调主要包括管理层与员工之间关系的协调；各职能部门之间关系的协调；领导层、决策层与管理层之间关系的协调等。

组织内部关系协调艺术：

1. 组织内部成员之间相互尊重、以礼相待

尊重他人是做人的基本原则，也是公关礼仪的基本原则。无论是组织领导与管理人员之间，还是组织管理人员与普通员工之间，或是领导与普通员工之间都应相互尊重。不仅要尊重对方的人格，而且要懂得尊重他人的各种需要，礼貌待人。

2. 把组织内部成员视为合伙人

把所有同事都视为合伙人，这样更有利于相互之间的协调，密切相互之间的关系，

增强组织的凝聚力。

3. 组织内部成员坦诚沟通

组织内部成员坦诚沟通有利于相互理解，避免隔阂、误解、冲突和矛盾。

4. 组织内部成员相互感激

真诚感激你的同事为公司做的每一件事，不论大事小事。

（二）组织外部协调艺术

公共关系强调建立“天时、地利、人和”的内外部关系。组织外部协调，除了与外部环境协调外，主要是指与外部各种关系的协调（即与各类外部公众关系的协调），包括顾客关系、政府关系、媒体关系、同行关系、竞争对手关系等。

组织外部关系协调艺术：

1. 迎客热情、真诚友好、彬彬有礼

“有朋自远方来，不亦乐乎！”中国人自古以来就热情好客。如果我们对外部公众像对待朋友一样真诚友好，关系自然融洽、协调。美国一座公园里立着一个告示牌，上面写着：“世上没有陌生人，只有朋友等着你。”当你真诚地把别人当做朋友时，别人也会把你当做朋友。

2. 耐心倾听、善于理解、换位思考

公共关系强调公众意识，公众的事无小事。对于无论哪一类公众的事，都要认真对待，耐心倾听、善于理解。要杜绝冷漠、烦躁，保持冷静、谦恭。要学会换位思考：假如我是顾客……假如我是公务员……假如我是记者……要站在对方的立场上考虑问题，这样就能理解和体谅对方。

3. 诚恳答复、实事求是、知错就改

对外部公众的提问、咨询、疑惑等要耐心作答，要实事求是，要杜绝回避、欺骗、隐瞒、敷衍。对外部公众的批评、建议，要勇于接受，知错就改。

4. 疏通渠道、友好往来、信守诺言

组织要广交良缘，要与外部公众建立良好的关系网络，就必须疏通相互交流沟通的渠道，信守诺言是赢得外部公众好感的基础，是与外部公众保持友好往来的前提条件。

二、公关交往艺术

公共关系在人际交往中建立，在公关活动中升华。组织借助公关礼仪的外部形式，如问候、拜访、握手、邀请、迎送、慰问、谈判、赞助、联谊、参观、游览等，来促进公共关系的协调。在为实现组织公关目标所进行的社会交往中，公共关系人员或组织成员运用公关交往艺术，遵守公关礼仪行为规范，这样才能与他人保持一种互相尊重、平等互利、相互帮助支持的关系，避免交往中出现人际障碍和摩擦，使相互之间的关系协调发展，促进组织的发展。

公共关系中的各种交往形式，无疑对加强社会组织与公众之间的联系，促进信息的沟通，起到了积极的作用。

（一）公关交往的特点

1. 范围扩大、节奏加快

由于通信手段的日新月异，交通的便利，组织活动范围逐渐扩大，与公众交往日益频繁，交往节奏日益加快。明快、高效的交往取代了拖拉、费时而又无实质性意义的交往。

2. 横向拓展、渠道增多

处在开放的信息社会，各类组织都需要建立广泛的社会关系网络，需要广交友，争取合作伙伴。组织的横向交往不断加宽拓展，交往、沟通渠道明显增多。合作伙伴、跨国公司、联盟组织等日益增多。

3. 形式多样、费用增大

随着全球经济一体化、社会国际化，公关交往的形式多种多样、丰富多彩。既有高层的各种峰会，又有贸促会、洽谈会、各种论坛、体育文化商贸节等层出不穷。随着公关交往活动层次水平的提升，活动形式的新颖独特，交往活动内容的丰富，公关交往费用不断增多、增大。

4. 注重礼仪、讲究技巧

国际化的公关交往，必然会出现不同文化的碰撞与交融。不同国家、不同民族、不同语言的人汇聚在一起，要达到和谐相处，必须互相尊重，必须相互接纳，必须相互理解。注重礼仪、讲究交往技巧已成为现代组织、现代人的必修课。

(二) 公关交往艺术

组织的公关交往活动总是委派组织的代表去组织、策划、参与。作为参与交往活动的个体总是以组织的身份出现在公众场合。因此，在公关交往活动中，必须很好地掌握和运用公关交往艺术。

1. 魅力展示

这种方法的核心是：通过展示自己个人的魅力，吸引对方，使对方对你产生好感，愿意接近你，从而逐渐建立良好的人际关系。这是一种看似被动实则主动的交际方法。

展示自身的魅力可以从两个方面努力：一是注重外在形象魅力的展现；二是注重内在魅力的培养和发挥。外在形象魅力主要是指外貌的俊美，服饰的适宜，言谈的优雅，举止的得体，以及传情的目光，动人的微笑等。在首次交往中，外在形象魅力的作用最为明显。内在的魅力主要是指良好的气质，独特的个性，丰富的学识，出众的才华，高尚的品德等。

展示魅力的关键在于"形象定位"，搞好自身的形象设计，要注意以下几点：

(1) 不要企求形象完美。

(2) 要显示自己的亮点，表现最有个性、最有魅力之处。

(3) 内外形象要和谐统一。

2. "三 A 法则"

交往的过程是一种双方满足需求的过程。在交往的过程中，主要是要设法满足对方的精神需要，比如尊重需要、自我需要(所谓"自我需要"，按照马斯洛的说法，就是自信、自主和自负)以及自我实现需要。当代美国著名的人际关系专家莱斯·布吉林，经过多年的研究和实践，发现人们最渴望三样东西：接受(Acceptance)、赞成(Approval)、重视(Appreciation)。他说，满足人的这三个方面的需求，是受人欢迎的三大秘诀，简称“三 A 法则”。

(1)接受。接受对方，让对方保持自己原有的本色，不要求全责备。接受的前提是理解。要知道每个人都有缺点和不足，都可能做错事，但也许他的缺点正表现了他的优点，做错事只是因为个人一时感情冲动。比如，一个人说话太直率，容易伤人，但这也正可说明他为人正直，只是说话的方式欠佳。

(2)赞成。人都有自我需要，不同程度地存在着自信、自负的心理倾向，希望得到别人的赞美。因为赞美意味着成绩被肯定，意味着优点被发现，意味着良好的自我感觉被证实。因此，赞美是人们所喜爱的最积极的东西。它能鼓舞人，激励人，改变人，塑造人。

(3)重视。重视意味着价值的提高。和他人交往时，你要让对方知道，你看重他，让他感觉到自己是重要的、有价值的，这可以大大激发对方与你交往的热情。在交际中，有许多言行可以体现对他人的重视。比如，认真听对方讲话，向对方请教问题，请求对方的帮助，对他人寄予厚望或委以重任。

“三 A 法则”是建立在“满足他人需求”这一交际宗旨之上的。一个人如果能提供他人三个最喜爱的“食物”——接受、赞成、重视，那么，他就是一个成功的交际者，一个受人欢迎的人物。

3. 接近吸引

交际双方在许多方面的类似或接近，能增强相互间的吸引力，并可能建立起亲密的人际关系——这就是“一致理论”或“类似性效应”。

相互接受或类似性的因素包括：

(1)时间、空间上的接近。例如，年龄相近、经历相似，这是时间上的接近；居住地相近、所属一个国家、籍贯相同等，这是空间上的接近。

(2)兴趣、爱好上的接近。例如，都喜欢旅游、都爱听音乐、都爱好书法、都爱下象棋、都喜欢钓鱼等。

(3)职业背景的接近。例如，都是教师、都是公务员、都是医务工作者、都是演员、都是 IT 行业职员等。

(4)信仰、态度上的接近。例如，都信佛教、都信基督教、都赞成某件事或反对某件事、基本态度一致等。

(5)心态上的接近。例如，都因下岗心情沮丧、都是乐观向上的人、都是心态平和的人、都受婚姻家庭问题困扰而郁郁寡欢等。

在交际的过程中，要善于寻找和挖掘对方所具有的类似性因素，以便于进行快速有效的沟通。

4. 互补吸引

性情相投、志趣相同的人可以结为朋友，而爱好各异、性格不同的人也可以结为至交，这是互补因素的作用。

(1)能力的互补。

(2)职业、爱好的互补。

(3)性格、个性的互补。

下列这样一些不同个性和性格的人，可以互补，并结为伙伴：

①支配型、关怀型——依赖型、顺从型；②自信自强型——优柔寡断型；③压抑型——对抗型；④急躁型——耐心型；⑤倔强型——柔顺型；⑥阳刚型——阴柔型；⑦外向型——内向型。

5. 交往时间运用技巧

(1)尊重别人的私有时间。任何人都有自己的时间间隔(时间占有范围)，人们在自己的这段私有时间内，休息、睡眠、就餐或干着自己想干的事，不希望被他人打扰。

(2)在正常交往时间内交往。例如，茶余饭后、节假日或对方闲暇之时，你可以与对方约会。由于对方心情舒畅、环境和谐，故易于加深彼此的了解和交情。

(3)在特殊的交往时间内适时交往。同欢乐，共患难，这是朋友间交往的一个基本准则。若把这个准则应用到与其他人的交往中，则能使交往变得十分有效。当对方在事业上取得成功，或遇有婚嫁、添子、乔迁之喜时，应适时地给对方以祝贺、赞扬或进一步的鼓励，共同分享欢乐；当对方事业不如意，或生活上遇到困难、挫折、灾祸打击时，应尽快给予理解和关心，帮助对方克服困难、摆脱痛苦、战胜挫折、鼓起勇气。

(4)准时赴约，不要让别人久等。赴约不准时，是对他人的一种不尊重行为，会引起对方的失望和不满。如果你希望在愉快的气氛和情绪下进行交往，那么请切记：不要迟到，更不要让人久等。

(5)把握交往频率和交往时间。交往频率和交往时间长短是影响交往有效性的重要因素。在一般情况下，交往频率越密，越容易建立交往关系，彼此相悦的程度越高；交往历史越长，了解越深，交往的效果越好；每次访晤、相聚的时间越长也越有利于交往。

三、公关形象艺术

在公关交往中，组织的公关形象至关重要，“形象是金”。在任何一个第一次与你交往的人面前，你的形象就成了他对你的评价和看法并决定是否与你交往的关键。

公关礼仪是通过直接塑造公关人员和组织成员良好的个人形象，间接塑造了组织形象。礼仪是个人内在修养的外在显露，因此，公关人员和组织成员良好的礼仪修养反映了组织良好的员工素质，从而塑造了良好的职工形象。而组织的职工形象是组织形象不可缺少的组成部分。

本节仅从大学生的角度，谈谈大学生如何把握公关形象艺术。当代大学生所处的21世纪是一个继往开来、竞争激烈，知识经济超速发展，社会更加开放、更加创新、更加国际化的新世纪。新世纪将赋予当代大学生新的使命。

(一) 大学生公关形象塑造

1. 公关形象塑造

人的形象除了外在形象中的长相、身材、肤色等是爹妈给的，是与生俱来的外，其他如仪表、举止、言谈、态度、服饰等，以及气质、修养、风度、性格、情绪、才能等则是后天习得和修炼的。人通过学习、训练可以改变自己的总体形象。这种通过接受教育和自身努力改变形象的过程就是形象塑造。这个过程是潜移默化的，但又是可以明显感知的。大学生的亲身感受足以说明教育和自身努力可以改变一个人的形象。

随着社会的发展，人类不断地在美化生活，而美化生活首先要美化自身形象。各高校纷纷开设礼仪课的目的，正是为了塑造大学生良好的形象。良好的形象有助于增强人际吸引，赢得他人的好感，受人欢迎，易被社会接纳，因而有助于使自己走向成功。这对大学生来说具有十分重要的现实意义。

公关形象是指个人、群体或组织等在公共场合下，在社交中或在公关活动中给社会公众留下的总体印象；或者说，是社会公众对某个人、某群体或组织在公众中或在开展公关活动中的行为表现的总体评论、看法和态度。大学生公关形象则是指大学生个体或群体在公共场合、在社交或公关活动中给社会公众留下的总体印象。大学生作为具有较高素质的知识群体，作为社会的佼佼者，其形象好坏自然会成为社会公众评论的焦点。

作为大学生无论是个体还是群体，都因自身的外在表现和行为等客观状况形成实际形象。而在社会公众心目中，对大学生总体有一个理想形象，即有知识、有文化、爱学习、有正义感、穿着朴实、富有朝气，言谈举止符合大学生身份角色，能赢得社会广泛赞誉。由实际形象努力向理想形象转变的过程就是形象塑造的过程。

2. 大学生公关形象塑造刻不容缓

大学生面对的是21世纪新的竞争、新的挑战、新的考验和新的机遇。以什么样的素质、什么样的姿态、什么样的形象迎接挑战，参与竞争，经受考验，抓住机遇，推销自我，是每一位大学生都无法回避而又不得不认真思考的严肃问题。因此，21世纪大学生形象问题已成为高等学校校园里竞相议论的热门话题。大学生如何塑造良好的公关形象已提到高等学校教育的议事日程上。最近几年来，部分大学生在社会公众眼里越来越不像大学生了。如在外在形象上，盲目追求时髦、赶新潮，穿着失体，着奇装、穿异服者有之；发型怪诞、打扮出格、浓妆艳抹者有之；大庭广众之中搂搂抱抱、打情骂俏、粗话脏话满口、张嘴污言秽语者有之；在公共场合抽烟酗酒、打架斗殴、举止粗俗者有之……在内在修养上，一些大学生道德滑坡、损人利己、目无师长、无视礼仪、素质低下、文明修养差。大学生表现出来的傲气、清高和散漫形象已引起社会，特别是用人单位的反感。北大学子在危机面前开始反省自身，经过深刻反思由北大研究生会率先在学校提出“治国平天下，先从修身起”的口号，并推出“修身计划”。这一计划一经发起，立即在北大学生中引起强烈反响。许多大学生表示要为重塑北大学子良好形象做出自己的努力。重塑大学生良好形象既是时代的呼唤，同时也是高校教育所面临的严峻挑战。

（二）大学生公关形象艺术

良好的公关形象的塑造有赖于良好的公关素质的培养。一个人公关素质的高低决定其公关形象的好坏。要使自己具有较高的公关素质，需要在以下几个方面努力：

1. 加强品德修养

要使自己通过刻苦修炼做到为人真诚忠实，办事公道正派，工作讲求信誉，待人谦恭有礼、不卑不亢。树立社会主义荣辱观，爱祖国、爱人民、爱科学，具有勤奋努力、团结协作、开拓进取的精神。

2. 培养良好性格

大学生在接受文化教育的同时，也要不断优化自己的性格，培养热情、开朗、大方、自信、乐观、活泼的性格。文明、礼貌，富有幽默感。“幽默”是美学上的一个名词，幽默是一种生活艺术，在现实生活中，人人都喜欢和幽默的人交往，因为幽默能给人带来欢乐，调动喜悦情绪，消除烦恼，缓解紧张气氛，营造轻松愉快的社交氛围。幽默既是一种人际交往的润滑剂，也是一种乐观的精神状态。

3. 提高社交能力

是否具备社交能力，是衡量一个现代人是否适应现代开放社会的标志之一。随着国家开放步伐的加大加快，我们与世界各国的交往也日益频繁。作为当代大学生应善于社交，善于与人交往、沟通，善于与不同地区、不同民族、不同国籍、不同肤色、不同年龄、不同层次、不同性格的人进行交往沟通，广结良缘，建立良好的人际关系网络。

4. 改进情绪商数(EQ)

大学生的智力商数(IQ)应该说相对比较高，IQ 是一个人成功的因素之一。成功的另一个因素是 EQ，据心理学家研究表明，成功的两个因素中，EQ 是一个人成功的决定因素。EQ 主要指人的个性心理品质，包括动机、兴趣、情绪、信念、意志、性格等。EQ 更多地体现一个人的综合素质。EQ 高的人，其情绪特质表现出稳定、平和、心理承受能力强，既能认知自身情绪，也能认知他人的情绪，并能妥善管理情绪。大学生要想自己能获得成功，必须提高 EQ，并遵循这样一条成功规律，即：树立正确的理想目标，充满自信心，以极强的克制力和恒心为达到目标而付诸行动，养成良好习惯，不断修正不良行为和习惯，培养良好的个性心理品质，以坚强的意志力和百折不挠的努力去赢得成功。

5. 调整和完善知识结构

21 世纪全球科学技术的综合化趋势将日益加强，单一的“专门化”人才已不适应新世纪的要求。随着大学生择业取向的多元化和用人单位对“通才型”人才的需求导向，大学生的知识结构亟待调整和完善。对大学生的教育除了要强调厚基础、宽口径外，还应向基础化、综合化、现代化相结合的方向发展。大学生只有拓宽知识面，全面提高整体素质，才能塑造出良好的公关形象。

6. 强化公关意识

注重公关形象塑造必须强化公关意识。公关意识是公关规范与行为准则的内化。公关意识与公关形象塑造呈正相关关系。公关意识愈强，其公关形象则塑造得愈好，反之则愈差。“公关的竞争必然是公关人员素质的竞争，而公关素质的核心就是公关意识。”大学生只有强化了公关意识才可能在社会上、在自我推销过程中、在公众面前成功地塑造一个良好的公关形象。

(三)塑造公关形象从校园生活开始

高校的校园生活除了学习之外，文艺、体育、社交、协会团体、剧团、联谊会、沙龙、社会实践、社会公益等活动丰富多彩，其中许多活动属校园公关活动。积极参与这些活动，有利于锻炼和提高自身素质，也有利于公关形象塑造。例如，校园内经常开展的演讲赛、辩论赛、文艺汇演、公关礼仪大赛、主持人选拔赛、卡拉 OK 赛、时装表演、诗歌朗诵，创文明班级、文明寝室、文明校园等活动都是极富挑战性、竞争性的活动，也是大学生展示风采和自我推销的极好机会。大学生在参与这些活动的过程中，不仅为个人，也为大学生群体塑造了良好的公关形象。

例如：在上海世博会期间，高校在校生成为世博会志愿者的主力军，其中世博园区的志愿者候选人 90.6%是在校大学生。在上海世博新闻中心首场新闻发布会上，上海市文明办主任、上海志博会志愿者部主任马春雷发布了上述信息。据了解，世博会志愿者分为三支队伍；园区志愿者、城市志愿服务站点志愿者和城市文明志愿者。经过层层选拔，截至 2010 年 4 月 8 日，园区已选拔志愿者候选人 72000 人；城市志愿服务站点志愿者的选拔工作还在进行中，已有近十万人成为这一队伍的候选人。而全上海的城市文明志愿者将超过 200 万人。高校志愿者已越来越成为展现中国当代青年道德风貌的窗口，他们在世界范围内为中国青年学生树立了良好的榜样。①

大学生在参与校内各种公关活动中，不仅锻炼了性格、磨炼了意志，而且还扩大了社交、陶冶了性情、提高了素质，更重要的是塑造了良好的形象。

大学是教育培养高素质人才的摇篮，是向社会输送服务人才的学府。而社会是检验和录用人才的场所，社会对大学生的要求是相当高的，社会公众往往会用主导价值观来描述理想大学生的形象。例如“文化水平高、素质高、掌握现代科技知识”，“有理想、有抱负、思想纯正”，“头脑灵活、刻苦钻研业务、谦虚好学、事业心强”，“竞争意识强、勇于接受新生事物”，“有正义感、乐于助人”，“注重礼仪、文明礼貌、通情达理、能说会道”，等等。大学生应充分利用在大学学习的大好时光，努力塑造自身良好形象，逐步向社会认同的理想形象靠拢，用自己的实际行动为高校形象建设作出应有的贡献。

☞**思考题：**

1. 怎样开展公共关系活动？
2. 公关工作和公关礼仪可以画等号吗？
3. 如何协调单位方方面面的关系？

☞**公关礼仪故事两则：**

一、资助相声节，收获交易会

1993 年，合肥荣事达全自动洗衣机等机电产品经过市场检验为“上佳”，急需进一步提高知名度，又逢 1994 年订货会即将开始之时。这一年的金秋 10 月，合肥荣事达电气有限公司出资 40 万元，独家协办相声界的盛会——中国相声节，并且在相声节期间

① 高校在校生成世博志愿者主力 百名香港志愿者将加入(图)[EB/OL].[2010-04-08].http://news.163.com/10/0408/15/630PAEGH000146BB.html.

举办“荣事达1994年商品交易会”。期间，全国近500家大型商业单位，以及日本、加拿大和我国香港等地的1200多名嘉宾云集合肥，使整个交易会空前活跃，交易频繁。荣事达公司不仅所有计划合同全部预订一空，成交额突破24亿元，比上一年翻了一番；而且被新闻传播媒介不断报道，成功地进行了一次“信誉投资，感情储蓄”，大大提高了荣事达的社会知名度、美誉度。

二、讲究公关礼仪　百事可乐公司独占印度市场

美国百事可乐公司能够进入印度市场，是通过搞好公共关系及进行互利互惠的谈判才得以实现的。首先，百事可乐公司注意搞好与印度政府的公共关系，其办法是帮助印度政府增加出口，并使增加的创汇额足以补偿进口该饮料所需的外汇，使印度政府扩大出口的需要得到满足，因而获得印度政府对百事可乐进入印度国内市场的许可。其次，百事可乐公司注意与印度当地的竞争者搞好关系，通过同一家印度的软饮料公司搞合营，消除他们的对立情绪，由竞争对手关系转变为合作伙伴关系，这样做还使印度的“反跨国公司立法者”难以找到攻击的借口。再次，百事可乐公司通过向印度提供食品加工包装和污水处理新技术，以及赞助社会慈善事业而博得印度公众的好感。百事可乐公司通过其出色的公共关系活动将可口可乐公司等竞争对手排除在外，成功地独占了印度软饮料市场。

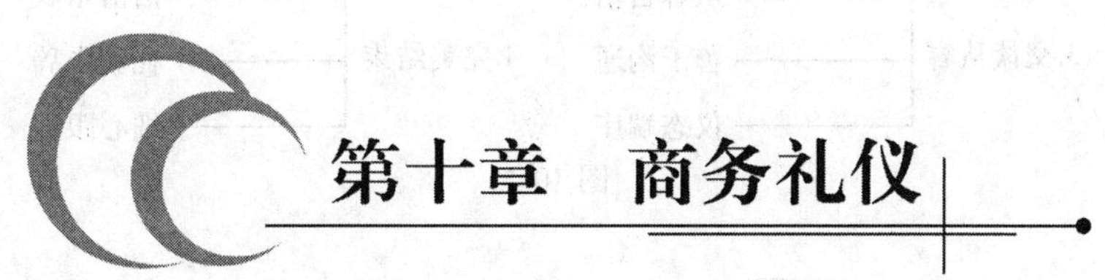

第十章　商务礼仪

21世纪是竞争激烈的商业世纪，企业靠什么竞争，除了产品、价格、营销、服务这四大常规武器之外，另一种秘密武器已被越来越多的企业运用，这便是礼仪。商务礼仪，是指商务人员在从事商务交流及各种经济活动中应当遵循的一系列礼仪规范。其特征是以商业利润为基础，以塑造企业形象为目的，以表示尊重为内容，以商业礼仪规范为形式。当今商界已达成共识：企业形象就是宣传；企业形象就是服务；企业形象就是效益；企业形象就是品牌。显然，商务人员是其企业的形象代表，必须具有良好的礼仪素养，以维护企业形象，扩大企业正面的社会影响。

第一节　现代商务人员形象礼仪

商务人员形象，是其仪表外观和言语举止在商务活动中给对方留下的综合印象和整体评价，无疑是影响商务活动成败的重要因素。

商务人员与顾客建立关系的第一步，是要给对方留下良好的第一印象。商务礼仪则是塑造商务人员形象的重要手段。

一、营造良好的第一印象

商务人员与客户初次见面，可能会成就一笔完美的交易，这意味着一个良好关系的开端；但也可能是一扇大门永远地向你或你所提供的产品和服务关闭。这便是第一印象产生的效应，在心理学上称为“首轮效应”，即人们在初次见面的前30秒，就决定了一方在对方心目中印象的好坏，对方就已经对你心有定论了。因而在商务活动中，商务人员的首次登场亮相非常关键，对于一个寻求商机的人，一个良好印象可能把握时机，否则便会失去一个潜在的合作机会。

第一良好印象的要求如图10-1所示。

商务人员给顾客的第一印象，还应体现出良好的个人专业素养。其专业形象的构成如图10-2所示。

商务人员的第一印象就是商业效益。成功的商务人士，应不断地、时刻警觉地改进自己的第一形象，以把握更多属于自己的成功机遇。

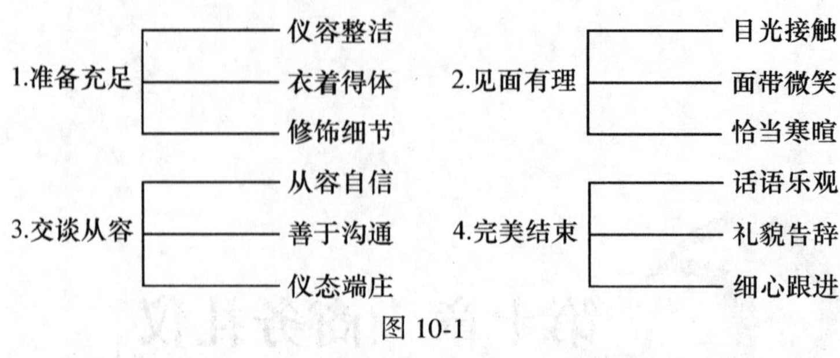

图 10-1

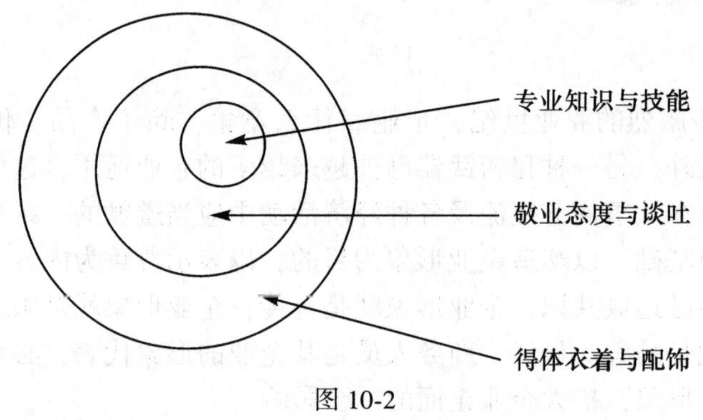

图 10-2

二、商务人员职业道德修养

礼仪乃属道德范畴，商务人员除了应具有良好的基本道德修养外，还应严格遵守商界的职业道德。

（一）遵守公德

社会公德即社会公共道德，是一种低层次的道德要求，是每个社会成员都必须遵守的最起码的行为准则。在商务活动中，其社会公德的基本要求是：尊重他人，讲究礼貌，仪表整洁，注重环保，尊老敬贤，助人为乐等。商务人员在人际交往中应将外在礼仪与内在的公德结合起来，使两者互为表里、相得益彰。

（二）尊重为首

尊重是礼仪的核心，也是人际交往的情感基础。尊重他人已被当今国际社会视为人际交往的道德底线。商务人员就其职业道德要求而言，对其交往对象，应不分性别、国籍、民族、信仰及经济状况，一视同仁、礼貌相待，而不可厚此薄彼、区别对待。在涉外商务活动中，还须尊重对方的信仰、习俗。古人云：尊人者，人恒敬之。我们尊重他人，从而获得他人的尊重。商务活动须靠“尊重”来建立愉快、和谐的人际关系，并促使商务合作关系的良性发展。

（三）诚信为本

诚信即商务人员应具有的职业道德规范，也是商务礼仪的核心所在。当今，“诚信”成为国内许多企业获得成功的奥秘，许多商界人士更是将其作为人生的信条。商务人员应具有的“诚信”体现在商务交往中：要诚实，信守诺言；要言行一致、表里如一，这样才能博得对方的尊敬与信赖。我国商界被称为“巨人”的史玉柱，他创立的巨人集团曾闻名一时，但在企业倒下之后，他仍信守诺言，还清了当年在香港发放的“巨人大厦”契约款，终于凭借商场上的诚信又一次站起来。无疑，诚信既是为商之本，也是经商之道，是当今商场上获胜的法宝。

（四）平等互利

由于生产力发展的不平衡，社会存在着贫富悬殊的客观现象。商务人员在从事经营活动中，不应因经济上的贫富差别而影响人际交往，对于富者应保持自己的尊严和人格，对于贫者，应尊重、理解对方。应懂得，从礼仪上而言，只有上下级、长晚辈、主宾的不同，而无贫富之别，况且每个人在人格上都是平等的，因而在从事商业活动中，应当一视同仁、平等交往。

在商贸往来中，利益是交往双方关注的核心。随着社会的进步，商场如战场的传统意识已经改变，商场中即使是竞争对手关系，也需要努力寻求和建立伙伴关系，开创合作互利共赢的局面。如英特尔投资总裁说：“我们一方面看自己的市场；一方面看合作伙伴的市场，只有他们成功了，我们的整个战略才能成功。”平等互利原则，是商务人员成功开展商务活动的重要保障。

三、商务人员仪表礼仪规范

在商务活动中，顾客对商务人员作出判断，往往遵从由外到内的顺序，即先审视其仪表是否合宜，然后再观察其态度、言谈是否得当，并据此决定有没有兴趣进一步了解你所提供的产品或服务。商务人员的仪表，应遵循如下礼仪规范：

（一）仪容整洁美观

对于男性而言，不宜理成光头，也不宜将头发留得过长。为了显示出商界人士的精明干练，可提倡其做到：男士头发前不覆额、侧不遮耳、后不及领，并且面不留须；女士应根据其脸型及个性气质，选择适合的发型，在其发型的修饰上应考虑职业的基本要求——庄重、保守，因而不可在头发上添加装饰之物，在一般情况下不宜使用彩色发胶、发膏。

商务人员应保持面容洁净，男士应剃须修面，女士应注重修饰自己的仪容。比如淡妆上岗，可向商界交往对象表示尊重；但化妆应遵循商界的化妆规则，一般在工作岗位上，应避免过量使用芳香型化妆品。

（二）表情真挚、热情

商务人员除了须注重仪表、仪态、穿着与配置礼仪之外，还必须有真挚、热忱的表情。一位资深礼仪学者指出：“诚意是最得体的穿着，笑容是最合适的配置。”与顾客见面，主动给对方一个微笑，既是礼貌的表示，也是自信的体现。当然微笑应发自内心，才能传递真诚、友善之情，令顾客有宾至如归之感。

印度诗人泰戈尔说：“一旦学会了眼睛的语言，表情的变化将是无穷无尽的。”可见，目光语有着极强的表现力，在商务活动中具有着特殊的作用。有着丰富实践经验的商务人员都能领悟到，以和善的目光与顾客对视是吸引顾客注意力的好方法，没有目光的对视和接触，是难以引起顾客的注意和兴趣的；但应注意，在交谈中，应随着话题内容的变换，给出及时恰当的目光，使交谈融洽、和谐地进行；当双方沉默不语时，则应将目光移开，避免陷入尴尬的局面。注意与对方目光对视的时间不宜过长，并学会在不同场合及不同情况下，如何应用不同的目光。商务人员应善用目光语，譬如在向顾客介绍产品时，舒展眉头、眼神放光，让对方从你流露出的明快而亲切的目光中产生对产品的信任感；在商务谈判中，令自己双目生辉、炯炯有神，表现出坦诚和自信，以取得对方的信任与合作。总之，商务人员应注重表情的训练，以促使商务活动更顺利、有效地开展。

第二节　商务交往礼仪

随着社会经济的快速发展，商务往来活动愈来愈频繁，且日趋规范化和文明化。建立良好的商务往来关系，须遵循礼仪规范及原则，以促使实现沟通和合作的目的。无疑，礼仪风范已成为纵横商场的最佳利器，对商务活动的成败具有重要影响及作用。

一、商务接待礼仪

在商务活动中，商务接待工作是极为频繁的。商务接待，按接待对象划分，通常分为日常商务活动接待和重要商务活动接待。

（一）日常商务活动接待礼仪

日常商务活动接待，主要有业务往来接待、顾客投诉接待、上级视察接待及一些工作接待。做好接待工作须遵守如下礼仪规则：

1. 见面行礼

在办公室里接待来访者，应立刻起身，主动迎上前热情礼貌地问候并握手致意，引导客人坐下，接着双手递过茶水去，道一声“请用茶”，一般可不敬烟。若是初次见面应主动介绍自我及相关情况，恭敬地与对方交换名片。

2. 交谈礼貌

来访者是为了办事而来，所以要做到认真倾听，尽量让对方把话说完。如果对方提出要求，应尽可能接受或提供帮助，无法做到的要耐心向对方说明情况，不可生硬地说“不行”，令其难堪；如果对方是向本组织上级部门反映情况，应细心听取并做好笔录以便汇报；如果来访者要找的工作人员不在，也需礼貌地说明情况后，请来访者留下姓名、通信方式以及有何事宜，以便代为转告。

在接待顾客来访时，对来客提出的问题，能马上答复的不要故意拖延时间；不能立刻答复或解决的事，应约定时间再联系。在语言表述时应注意礼貌用语的使用，交流中注意观察对方的反应。

3. 结束有礼

如何礼貌地结束接待活动？不妨婉言提出，“对不起，我马上要参加一个会议”，或“我马上要处理一个重要的事”等，也可用起身等体态语暗示对方就此结束。客人告辞时，要起身将客人送到门口，礼貌地对客人说：“感谢您的光临”“愿继续合作”等话语，最后道声“再见”。虽然接待一般来客的规格及程序较简单，但也同样要求对来访客人作热情、礼貌、周到的接待。这不仅体现出商务接待人员的个人素养，也关系到企业的信誉及形象。

(二) 重要商务活动接待礼仪

重要商务活动接待，主要有商贸洽谈、展览会、商务考察活动的接待等。此类接待工作有一定的程序，应遵循如下礼仪规则：

1. 接待前准备

(1) 接到来客通知并进入准备阶段。需掌握三个方面的情况：一是了解来访客人名单等背景资料；二是来访问的目的和要求；三是来访客人到达日期以及所乘坐的交通工具。

(2) 制订接待方案。根据接待规格，确定陪同人员及迎送人员名单；活动方式及日程安排；落实食宿安排；接待工作的组织分工等。

(3) 准备接送的交通工具，以及各种相关资料及接待用品。

2. 接待中礼仪

(1) 迎接礼仪。确定迎接规格，接待人的身份通常应与来宾的身份相应；若是重要宾客，应遵循相应的礼宾规格，如迎接客人应在飞机（火车等交通工具）抵达之前到达现场。若是国外宾客，应组织献花，并致欢迎辞。与客人正式见面时应热情问候，主动行握手礼。在陪同宾客乘车到住地时，应按国际惯例，让客人坐在主人的右侧，译员坐在司机的旁边。整个迎接过程应按照礼仪程序进行。

(2) 安置下榻的宾馆。来宾抵达后，应妥善安排其下榻的宾馆。根据宾客的籍贯、民族、身份及习俗安排食宿。注意所提供的住宿环境，应舒适、优雅，生活设施完善，并将相关的资料备齐送到来宾的住地。按照惯例，应安排身份相当的本企业（公司）领导人前往下榻的宾馆看望来宾，以表示欢迎。

(3) 安排活动行程。接待重要的宾客，应做好活动日程的安排。可依据宾客出访的路线和日期，安排相关的活动，如会面、洽谈、宴请，或参加文艺晚会、参观游览等。接待方应部署周密，在整个行程中，向来宾提供优质的服务。

3. 送行礼仪

当重要商务活动结束，在来宾离开之时，接待方应派出相关的领导人前往来宾下榻的宾馆话别或举办一定规格的宴会饯别，然后由陪同人员送至机场、车站。此时可向来宾赠送纪念品，并致简短的欢送辞。

二、商务拜访礼仪

拜访是商务活动中的一种常见形式，指亲自前往对方工作部门或住所进行探望，是一种有效的联络情感、扩大交流、增进合作和促进自身发展的有益活动。

(一) 到对方办公场所拜访

到对方的办公场所作拜访，可以是礼节性拜访也可是业务性拜访；为使拜访活动能顺利进行并取得圆满成功，拜访者应遵守相关的礼仪规则。

1. 拜访前的准备

(1) 选择拜访时间。到办公场所拜访应选择正常工作时间，上午 9:00—11:00、下午2:30—4:30较为合适。应避开对方工作繁忙或组织举行重大活动期间。

（2）拜访前的约定。事先约定是拜访礼仪中最重要的一条，不可随意不邀而至打扰对方工作。在约定拜访时间时，应对对方提出的方案予以优先考虑。当拜访的具体时间确定，应提前通知对方。还须注意拜访人数的约定，前往拜访的人员和身份一旦约定，不要随意变动，以免扰乱对方的计划和安排，影响拜访活动的有效进行。

（3）其他准备工作。到办公场所拜访，应明确拜访目的，事先就交谈如何进行做认真的设想和考虑，如拜访中要洽谈的事项、需要对方解决的问题等。在正式拜访前，出访者应对个人的仪容、仪表做必要的修饰，准备一套正式的服装，以示对对方的尊重。应将须带上的相关文件资料及赠送的礼品做好充分准备。

2. 拜访中的礼仪

（1）遵守约定。应按照事先的约定准时到达，如因特殊原因不能按时到达或要取消拜访，应尽早以电话方式告知对方，待与对方见面后，再表示歉意。

（2）进门有礼。到对方办公处所拜访，进入大门时，应主动向门卫值班人员通报自己的有关情况，并向有关接待人员微笑点头致意，热忱地做自我介绍，以便接待人员安排你与拜访对象会面。

若直接进入办公室，应先轻轻敲两三下门，等有人应声允许方可进入。与拜访对象相见，要主动上前问候致意，如果是初次见面，还应主动热情地做自我介绍，并向对方递送名片。

进入办公室后，在对方邀请下方可入座。如拜访对象是长者或身份较高者，应待对方入座后再坐下，以表示尊重。

（3）交谈礼节。在对方办公场所的拜访，应把握简洁的原则，说话应开门见山、直奔主题，要合理运用时间。拜访交谈中，还要注意互动、注意倾听对方的说话，在适当的时间提问，给对方以讲话、答复的时间，出现分歧时不可争执不休，应冷静处理，控制说话的音量、语速，营造轻松、愉快、和谐的交谈氛围。

3. 注意告辞方式

告辞之前应情绪平静，可暗示对方想结束拜访，也可观察对方是否有结束会见的意愿。把握拜访的时间规则：一般性的拜访不要超过一个小时；初次拜访以不超过半小时为宜。告辞时不宜拖延时间，走出办公室的门时，应主动请对方“留步”，并握手致谢。

（二）到对方住宅拜访

到住宅进行拜访，无论是礼节性或是私人性拜访，都应遵守相关的礼仪规则，以促使拜访的成功。

1. 事先约定

到住宅拜访务必选好时机，事先约定仍然是进行拜访活动的首要原则。在通过电话或书信，把拜访的意图告诉对方时，预约的口吻应是友好、请求、商量式的，而不是强制、命令式的，应以考虑拜访对象的方便为前提。

在一般情况下，到住宅进行拜访，时间最好安排在周末、节假日的白天或平日的晚上，尽量避开主人的进餐和休息时间，晚上拜访不宜太晚，以免妨碍主人家庭的正常生活。

2. 如期赴约

最好准时到达拜访者的住宅，不能随意变动时间以免打乱主人的安排，如因特殊情况失约，应尽早向对方诚恳而婉转说明并致歉意，如因故迟到应及时向主人道歉。拜访者遵守约定，如期而至，是对主人的一种尊重。

3. 登门有礼

到住宅拜访，在进入主人寓所之前，应轻轻叩门或按门铃，待主人开门迎接时，方可进入。当主人向来访者介绍家人时，应热情地向主方一一点头致意或握手问好，见到主人的长辈应恭敬请安。

进门后，要脱下外套，摘下帽子、手套，同随身带的物品一起放在主人指定的地方。如需换上拖鞋，应将自己的鞋摆放整齐。如有礼品赠送，可在进门时郑重地向主人奉上，不要在离开时再送礼品。

4. 做客礼节

进入房间后，应按主人指定的位置入座并道声“谢谢”；主人上茶时，应快速起身双手接迎，并热情道谢。

与主人开始交谈，可稍作礼节性寒暄便尽快进入实质性话题，态度要热忱、大方，举止文雅、得体；交谈中注意主人的态度、情绪和反应，在主人家中应遵从“客从主便”的原则。

到对方住宅拜访，还要注意一些细节：如主人端上水果或食物时，应待身旁长者先用后再取之；吸烟要尽量克制，或者先征求主人或在场女士的同意后方可。还需注意，未经主人允许，不要擅自走动，不可触摸主人室内的物品或陈设；交谈中不可随便打听对方的个人生活隐私，应尊重主人，彬彬有礼地做客。

5. 适时告辞

如果作短暂的拜访，应把握好时间；若主人执意挽留共同进餐，则用餐后应停留一会儿再告辞。辞行时，应感谢主人的热情款待，行至大门口时请主人留步，可在同主人握别时诚恳地向对方提出回访邀请。

三、商务宴请礼仪

宴请已成为商务人员的一种特殊工作方式，许多商务关系是通过餐桌上的交流和沟通而加固的。国外一家企业咨询机构的调研结果显示，公司有将近一半的合同是在餐桌上签订的。商务宴请可协调双方关系，并加强沟通、增进友谊、促成合作。但应注意，若进餐中不能把握好礼仪分寸，也会给商务活动开展造成负面影响。因此，商务人员必须认识到进餐商务性功能的重要性，掌握正确的用餐礼仪。

（一）宴请方礼仪

1. 宴请前准备

（1）目的明确。根据宴请的对象及事由，提前考虑餐桌上的谈话内容，确定其有效的谈话方式，做到临场能胸有成竹，有的放矢。

（2）精选地点。选对地点是用餐安排中最重要的一点。宴请方应考虑客人的口味而挑选合适的餐厅；若在客人可接受的口味范围内，尽量安排有特色的餐厅，还要注意环境的卫生和舒适度。建议平时可留意多收集此方面信息，以备用时之需。

（3）依序排座。餐桌上的位置应事先排定，面对入口的是主位，然后依长幼尊卑顺序入座；如果是西餐的长桌，可安排双方面对面而坐，客人坐一边，宴请方坐对边，如果是中餐圆桌不妨安排双方交叉依序而坐。

2. 宴会中的礼仪

（1）大厅门口迎接。通常较为正规的宴请活动，宴请方应提前到达，站在大厅门口迎候。

（2）引导入席。等客方到达后，宴请方应热忱地引导客人到指定位置入座，陪行时应让客人行走在自己右侧。

（3）致祝酒词。宴请方在用餐正式开始时，须先向对方致祝酒词，祝酒词内容一般祝身体健康、合作愉快等；在祝酒时一般应以碰杯为宜，若相隔太远，可以杯脚碰桌代替。

（4）服务面面俱到。宴请方应照顾到客人用餐的种种需求，谈论的话题也要顾及每位客人的参与，应使客人感到轻松、愉快和满足。

3. 用餐完毕礼仪

（1）应在客人兴高采烈、感到愉快之时，见好就收，宣布结束，给客人留下意犹未尽的美好印象。

（2）客人告辞时，宴请方应热情送到大厅门外，并对对方的光临再次表示感谢。

（二）宴请中客方礼仪

（1）接到邀请尽早答复。接到邀请方的邀请后，不论是否赴约，都应尽早给予对方明确答复并致以谢意。

（2）按时到达。赴宴迟到是非常失礼的，应掌握到达时间，准时抵达，以表示诚意和尊重。

（3）热情问候致意。与宴请方相见，应热情友善地微笑点头并握手致意。仪态大方、彬彬有礼，会给对方留下深刻、良好的第一印象。

（4）客随主便。进餐中应密切配合主人，服从主人安排。注意当主人拿起餐巾时意味着用餐开始，客人方可拿起餐巾。若发现主人只备了一种酒，客人不可主动向主人提出要求。

（5）用餐文明。整个进餐过程应保持坐姿端庄，进餐文雅。嘴里有食物时不可谈话，也不应发出任何响声；剔牙时用手遮住；交谈中话题要轻松、高雅、有趣。

（6）餐毕道谢告辞。用餐完毕，应在主方的陪同下走出大厅；告辞时应对主方的盛情款待表示感激，并诚恳地向对方发出回访邀请。

四、商业信函及电子邮件礼仪

（一）商业信函

商业信函是开展商务交往的重要交流工具。商务信函主要分为推荐信、投诉信、解决商业纠纷的信函、拒绝信等。

1. 推荐信

首先，介绍被推荐者的基本情况，然后说明与被推荐者的关系，并阐明推荐的理由。信中可以举例说明被推荐者的特征，证实被推荐者所具有的能力，不可忽视推荐信的作用，个人的推荐信或者提名信息是赢得下一份工作的有力工具。

2. 投诉信

这类信函一般要写给这个组织的最高领导，应注意把握的是，避免在信中流露出情绪化的语言，要对事不对人。投诉信的写作程序要先对事由作客观描述，注意对细节描述真实，最后表明解决问题的态度，可提出合理的建议，结束语应是积极的、鼓励性的。如："我们相信贵公司能合理解决此事，今后我们还可以继续合作。"

3. 解决商业纠纷的信函

在产品交易结束后，常需要和对方讨个减价，或要求赔偿、退货；在商业纠纷信中，应力求以平等协商、互利互惠的态度达成一致。信中应附有购买产品的收据及复印件，让对方予以核实，信函内容要求言简意赅。

4. 拒绝信

写作这类信函应把握好重点，信中必须说明不是对方不适合你，而是双方互相不适合。信的内容里能表达出一种积极的姿态，表示如果今后有机会，愿意与对方继续探讨合作的可能及合作方式。

(二) 电子邮件

E-mail，或称电子邮件，是 21 世纪最方便的信息交流工具，但若不会正确使用，也会给对方带来不好的印象。一位知名跨国公司的主管便抱怨，每天会收到 300~500 封邮件，如果把每一份邮件都读完，那么他一整天的上班时间可能大部分要花在处理这些邮件上。这提示我们现代商务人员应清楚电子邮件的真正用途。通常商务活动中，电子邮件主要用来处理简单的工作，比如安排时间、通知、会面后的跟进，绝不可用来讨论合约、写建议书、与新客户进行沟通等。发送商务电子邮件必须注意下列事项：

(1) 在内容方面应遵循一个总的原则，即确保商务往来中的电子邮件内容简短、表达清晰。

(2) 商务电子邮件属于商业信件，所以表达语气要尽量保持正式和尊敬。

(3) 内容和格式要相符，要避免写太多情感的东西，宁可发两三封简短的邮件，也不要来一封长篇大论。

(4) 在回复邮件前，应仔细全部读完邮件内容。回复群发邮件时，避免发给无关的人。

(5) 最好 24 小时内回复，如果很忙可先给对方发个简单的邮件表明收到了，需要用多一点的时间来准备或处理，并且告诉对方一个等待的期限。

(6) 证实发出邮件之前，应核对主题是否清楚。可标注紧急程度。紧急程度可以分为两类：FYI——不太重要；Urgent——急件。

(7) 注意自己发邮件的时间，确保发信时间准确。

五、商务送礼礼仪

商务活动中的送礼是一把双刃剑，送礼得当，能稳定双方关系，促进商贸合作；若送礼不当，则会损害公司形象，破坏合作进程。因此，商务人员应掌握正确的送礼原则及方式。

（一）商务送礼应注意对象

1. 给公司外部往来的一般客户送礼

一般公司应常备诸如钢笔、杯子、计算器、背包、文具等带有公司标志的物品。此类型的礼物非常适用公司的常期合作伙伴交流情感，也适合于商务往来中初次相识的客户。

2. 对专程来拜访者或客户送礼

一般送带有公司标志或与公司产品有关的礼品，如来拜访者是海外客户或外地客户，最好选本地特产或者民间工艺品相送。

3. 送给外部商业伙伴的礼物

在准备礼物前，最好先了解对方公司的相关规定。礼品最好选职业礼物或者公司专门用来拜访客户的礼品。

（二）遵循商务送礼原则

1. 礼品得当

礼品的轻重得当，以使对方能够愉快接受为宜。在日常商务交往中所送的礼品不宜太贵重，最好能突出本单位的特色。

2. 富有意义

“送礼”的本意不是施舍，也不是资助。因而在选择礼品时，应从珍贵性、实用性、艺术性、纪念性等方面综合考虑，赋予礼品以特殊意义。

3. 选好时机

商务送礼时机一般为：对顾客的惠顾与合作表示答谢可赠送礼品；合作单位的庆典日、纪念日或重大节日，可赠礼表示恭贺；业务合作伙伴的生日、婚礼、职务晋升、乔迁之喜等送礼表示祝贺；若合作伙伴遇不测事件时，也可及时送礼表示慰问及关心。

4. 随俗避忌

随俗避忌，考虑对方习俗，避免一些不祥的暗示。如钟表——送终；鞋子——关系会“走远”；伞——关系会“散失”。不采用白花、白色包装纸包装礼物。

送礼是一门艺术，应通过送礼表达对对方的关心、感激和欣赏，而不是期待互惠，这样才能加深友谊，使商务合作更稳固。

第三节　商务沟通礼仪

随着社会文明程度的提高，企业与顾客之间关系也逐渐具有了更为丰富的内涵，已不单纯是商品与货币的交换，而同时伴随着双方在情感、心理和精神上的交流。当今顾客的消费行为愈来愈呈现出个性化、情感化特点，因而商务人员应懂得，“我要你买”的促销方式已不再起作用，应以平等、对话及朋友式的沟通方式，培养顾客的信任与好感，与顾客建立良好关系。

一、与顾客面谈沟通礼仪

列宁说过：“语言是人类最重要的交际工具。”① 在商务交往中，交谈是必不可少的，而且是十分重要的。与顾客初次见面，有效的沟通会是一个良好的关系的开端，因而商务人员若把握好沟通的礼仪规则，则能够促成其与顾客面谈的成功。

（一）热情相迎，主动问候

与顾客见面，主动上前热情问候、行礼，并完成介绍及赠送名片的见面仪式。

（二）认真倾听顾客所反映的情况

掌握基本的聆听技巧，即采用专注式聆听或移情式聆听的方式，对于对方反映的重要问题可记录下来。

（三）多用礼貌语和谦敬语

如“请”“您”“谢谢”“刚才很抱歉”“对不起，失敬了”等礼貌语挂在嘴边；若不得已要打断对方的说话，可用谦敬语“恕我打断一下”。注重语言的文雅。

（四）表现出积极的姿态，做出相应反馈

根据交谈的双向性和互动性特点，应与对方坦诚交流，注意接应对方的话题，并对对方的谈话做出相应的表情、语言及体态语的反馈。

（五）以积极、乐观的话语作为结束语

在交谈要结束时，应话语乐观而积极，告辞时应表达自己的愉快心情及对对方的好感。

（六）注意面谈后的跟进

若第一次会面，关系的建立刚刚开始，为巩固其印象，可在面谈后的两天内，给对方发 E-mail 或去电话，表达愿与对方继续往来之意。

二、应对顾客抱怨的沟通方式及技巧

商业活动中来自顾客的抱怨是难免的，如对其产品质量、价格的抱怨，对营销方式不能接受的抱怨，对营销人员工作态度及行为方式的抱怨。其实，顾客肯将抱怨表达出来，并不是坏事，可给我们商务人员以提示、警觉和改进的机会。当今国际上一位研究商务活动的专家，提出以下几个能有效地处理顾客抱怨的方法：

第一种方法——“是的……不过……”。

适用于当事人觉得自己或公司并无过失或不当，只是与顾客的期望有所出入时；或是你的公司处于相对强势的地位而相当有把握和自信时，可以采用“是的，我了解你的观点……不过……”的沟通方式。此方法只是适用于少数状况。

第二种方法——“是的……同时也……”。

---

① 列宁选集（第2卷）[M]. 北京：人民出版社，1972：508.

通常状况都可使用，如采用“是的，我感谢你的意见，同时也……”也可用“是的，我尊重你的观点，同时也……”还可用“是的，我同意你的看法，同时也……”此沟通方法前半部表达了对顾客聆听、谅解和尊重，后半部则不卑不亢地提供自己或他人的看法给顾客参考。这种沟通不会令双方陷入尴尬的局面，能促使双方关系的融洽。

第三种方法——回到原处。

此沟通方法是指顺着顾客抱怨的方向，利用抱怨的力量弹回原点来重申目标，重在随机应变而目标不变。例如针对客户提出：“我不想与你谈促销，因为你们的产品销售额很差，尤其是跟你们的竞争产品比较起来，可以说非常差。”业务代表可回答：“客户先生，这就是为什么我要跟你说一项促销活动，因为我相信我的计划会提高你的营业额。”此方法借力、省力，简单而适用。

应对顾客抱怨的有效沟通步骤如下：

（1）保持冷静，积极倾听。注意克制冲动的情绪，保持平静的心态，面带真诚微笑，用心积极倾听，表现出较高的姿态。

（2）答复顾虑，正面话语。顾虑指的是造成抱怨背后的真正原因，若顾虑消除了，抱怨自然会平息。在说服顾客时，可通过表达谅解来答复顾虑，如“是的，我谅解……”但谅解通常代表尊重和礼貌，不一定表示认错，若是自己出现错误，可用“对不起，我同意……”或“对不起，我接受……”等语句。总之交流中多采用正面话语。正面话语顾名思义，即强调成长、机会、合作、潜能等正面情绪的话语，潜能大师安东尼说：“使用确切的字眼就是力量。”商务人员多用正面话语，可有力地影响、感化对方，也能激励对方的正面情绪，促使双方交流的局势向好的方向发展。

（3）转移感受，利益补偿。沟通进行到这一步很关键，如何转移顾客的负面感受，可采用礼仪专家陈丁荣的“魔术方程式”——魔术“三F”：

Feel——你感觉
Felt——别人感觉
Found——后来发现

魔术“三F”即跟着感觉走，第一步先跟着顾客的感觉走；第二步让顾客跟着第三者（以前的顾客）的感觉走；第三步让顾客跟着对的感觉走，应改变往常我们都是诉诸理性或是让顾客跟着我们的感觉走的话语方式。

沟通进行到这一步，可考虑给予符合顾客正确期望的利益，所谓正确期望，是指双方都能接受的合理期望。

（4）付诸行动，良好跟进。沟通进行到最后的环节，应给顾客吃一颗定心丸，向顾客介绍往后支持对方的公司资源，对进度的监控及时向顾客报告，坚定顾客与你合作的信心，并做到积极的跟进，随时回馈顾客公司活动及对顾客有利的信息，征询对方意见，跟进拜访，以巩固双方的合作关系。

商业组织应高度意识到与顾客建立良好关系的重要意义。据一项调查显示，商业利润中，10%由一般顾客带来，30%由满意顾客带来，而60%是由忠实顾客创造的。这便要求我们商务人员应具有良好的与顾客沟通的能力，以此来赢得社会广大顾客公众的信赖和支持，为企业创造更佳的社会效益和经济效益。

第四节　商务会议礼仪

企业（公司）需要采用会议形式就重大事务展开讨论作出决策，以及沟通信息和协调关系。一般而言，商务会议力求降低会议成本，提高会议效果。

一、商务会议综述

（一）常见的商务会议类型

（1）内部惯例性会议。如各部门的工作总结会议、各季度的业务报告会议、各经销商或顾客定期联谊沟通会议。

（2）与客户洽谈会议。如商务洽谈会、商务谈判会。

（3）与记者媒体相关的会议。如新产品发布会、记者招待会等。

（4）研究开发会议。如研讨会、策略规划、公司年度经营计划等。

（5）机密会议。如股东会议、新产品上市计划、高峰会议等。

（二）商务会议的主要目的

1. 实现企业（公司）的目标沟通

企业（公司）的决策层和管理层依据企业目的召开的各类会议，应力求使各项目标之间协调一致，防止相互矛盾，确保彻底沟通企业目的或订立目标。

2. 促使商务活动顺利进行

为达成企业（公司）目的而召开的各类会议，有利于沟通协调、凝聚共识、提高工作意愿，从而促使各项具体商务活动的展开。

3. 选择策略和途径

通过集思广益的、头脑风暴的会议，使其商务活动能卓有成效地展开，从诸多方案中选择出最佳策略和途径。

4. 排除障碍，获得新的启示

商务会议可针对活动执行中产生的种种问题，通过会议进行评估分析，通过商讨制定出合理有效的措施。

（三）商务会议应遵循的礼仪原则

1. 会议组织者礼仪规则

（1）确定会议主题，并对会议中的每个阶段和主题与相关人员充分沟通。

（2）提前通知相关人员会议的议事日程，准备会议的相关资料。

（3）会议召集人最先需要考虑的是请谁参加会议，确定到会人员名单，以便提前发出通知。

（4）召集会议者应了解公司的文化背景，以便充分利用会议功效实现其目标。如偏西方文化背景下的公司，需要主持人具有非常强的领导才能，按照会议日程安排来主持会议，以防偏离正题，影响会议效果；而偏中国文化背景下的公司，会前需要做大量的准备工作，征求意见和达成共识等，使会议能收到成效。

（5）会议主持人应驾驭会场，必须掌控会议的主题、走向与节奏，遵守时间并高效利用时间。

2. 参会者礼仪规则

（1）应邀出席会议者，不论能否到会，都应尽早回复对方。

（2）准时到达会场，若因特殊原因不能避免迟到，应尽早告知会议组织者；迟到后应轻声进入会场，不影响会议进行。

（3）自觉将手机的铃声调至静音或关闭状态。

（4）会场上应专注聆听，认真做笔录，积极参与会议讨论。

（5）仪态端庄、谈吐文雅，以良好的精神状态配合会议的进行。

二、商务谈判会礼仪

（一）谈判会前的准备工作

（1）对客观形势的调查分析，如产品的市场需求状况、产品的整体销售状况、产品的市场竞争状况。

（2）对谈判对手情况的把握，如对方是否有签订合同的合法资格，其资本实力、信誉和履约能力，以及市场占有率、市场竞争状况及经营运作模式。

（3）对自身谈判实力的整体评价，充分了解己方在谈判中的优势和薄弱点，以便准备好对策。

（二）谈判方案的制订

谈判方案指谈判会在举行前的谈判目标、议程、对策及预先做的安排等。

1. 谈判目标

谈判目标即谈判会的主题，也是谈判内容的核心，即期望通过谈判达到的目的。目标层次如图 10-3 所示：

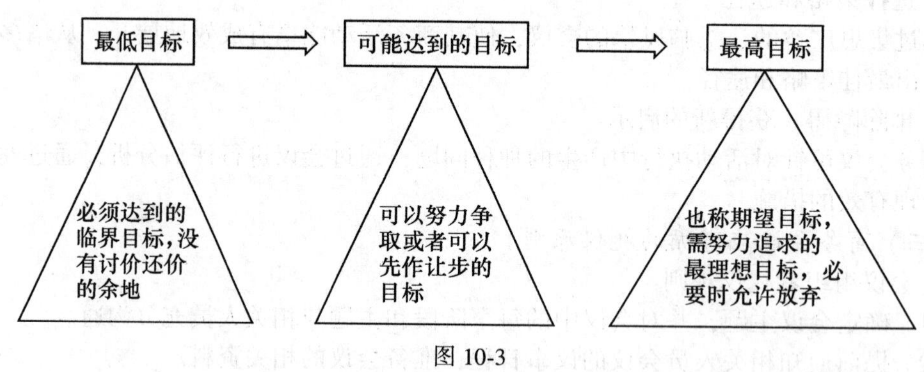

图 10-3

2. 谈判议题

谈判议题即进行谈判的事项以及顺序安排。确定谈判议题，主要审查核心议题是否与本次谈判有关，需要提请会议双方正式展开讨论的问题。通常安排先讨论重要问题，达成协议后再具体讨论细节问题，还可先将双方已达成协议的问题提前讨论，下一步再讨论会前存在分歧的问题。

3. 谈判议程

谈判议程即谈判的议事日程，通常包括时间安排、地点安排及进度安排。谈判时间的确定应考虑多方面，并须考虑对谈判对手是否有利等因素。谈判时间的长短，往往决定谈判者是选择克制性策略还是速战速决策略。谈判地点的选择，会对谈判战术运用产生影响。一般谈判举行地点，可以分为主场谈判、客场谈判、主客场轮流谈判以及第三地点谈判。

4. 谈判会场布置

会场布置效果会影响谈判气氛。一般设两间谈判会议室，一间作为主议室，另一间作为备用室。

5. 谈判团队的组建

（1）首席谈判者（谈判领导人）：企业全权负责此项目谈判的代表；必须具有法人资格，有领导权和决策权。

（2）商务人物：必须熟悉商务贸易、市场行情、价格形式，作为贸易专家参与商务谈判的活动。

（3）技术人员：必须是熟悉生产技术、产品标准与科技发展动态的专业技术人员，在谈判中负责产品验收。

（4）技术服务人员：可为商务谈判中价格决策作技术顾问。

（三）商务谈判会应遵循的礼仪原则

1. 知己知彼，有备而来

谈判前须对己方和对方的各项条件有清醒客观的分析，明了双方的优势、劣势所在，以便在谈判中成竹在胸、驾驭自如。谈判人员还需注重仪容、仪表及着装规范，并做好相关准备工作。

2. 尊敬对方，友好相待

谈判中，礼貌待人，尊重对方；注意态度友善、语言文明，举止有度，以真诚的姿态赢得对方的尊重与好感。

3. 文明交锋，平等协商

谈判双方为获取利益和争取优势，致使在谈判中产生分歧是不可避免的。因而，谈判人员应具有良好的文明素养；双方应力求共同营造轻松、诚挚、和谐、友好的谈判气氛；还须遵守平等协商的原则，即双方在地位上平等一致，人格上须相互尊重，努力缩小双方心理距离，消除彼此疑惑，通过文明交谈、平等磋商，从而达成一致。

4. 求同存异，适当妥协

为促使谈判的顺利进行，谈判双方在力求最大限度地维护或争取己方利益的同时，还应善于适当妥协。所谓妥协是做出相应的让步、以退求和，以达成协议。

5. 遵纪守法，力争双赢

在谈判过程中法律至上，应坚持以相关的法律条款作为谈判依据。现代社会既讲竞争，更重合作，因而谈判结果应使双方获益，以力争双赢促使谈判双方形成良性互动的合作伙伴关系。

三、商务会议的相关准备

（一）文案准备

（1）邀请函、通知书文稿；

（2）会议议程安排文稿；

（3）讲稿的复印件（按与会人数印制份数）；

（4）相关资料（公司简介、产品介绍手册、证明书等）；

（5）编制出席者名录。

（二）辅助工具的准备

（1）投影仪、笔记本电脑、屏幕、指挥棒、电池等；

（2）白板（黑板）、白板笔、板擦；

（3）放映机及视听设备；

（4）桌上立姓名牌；

（5）便条、纸张。

（三）其他准备

（1）茶水、点心、水果等食品；

（2）餐巾纸、烟灰缸等。

第五节　国际商务礼仪

随着全球经济一体化时代的到来，国际商务往来日益频繁。商务人员需遵守国际惯例，掌握相关的涉外礼仪知识，这样才能在相互交往中恰当地表达对对方的尊重及友善之意，促使商贸合作关系的良性发展。

一、国际商务交往准则

（一）尊重对方人格及信仰

在国际商务活动中，其交往双方会受到来自社会、文化、心理差异的影响，还会出现贫富的悬殊，但交往双方的人格是平等的。人格通常指人的尊严、价值和品格的总称，而人天性的本质是期望为他人所重视，因而尊重对方人格是建立彼此良好关系的基础。其次，需要对对方的宗教信仰给予充分尊重，其交往中应注意言谈、举止不可伤害对方的宗教感情。

（二）信守约定，热情适度

在正式国际商务交往中，必须认真而严格地遵守自己的所有承诺，约会必须如约而至，若因特殊原因不能守约，需要尽早向对方作合理解释，并郑重地道歉，还应主动地承担因失约给对方造成的各种损失。“热情适度”也是一条基本原则，要求商务人员在与国外商人打交道时，既要表现出热情、真诚、友好，也须把握好“度”，彬彬有礼，不卑不亢。

(三) 女士优先，以右为尊

“女士优先”在当今被称为国际第一礼仪，其含义是：在一切社交场合，凡成年男性有义务主动地、自觉地尊重妇女并力所能及地提供一切关照。商务人员应遵守这一国际惯例。在涉外交往中，还需了解有关方位的礼仪知识，遵循“右尊左卑，右高左低”的排序规则。

(四) 尊重个人隐私

在国际交往中，人们普遍讲究尊重个人隐私，商务人员应视之为职业道德。一般而言，国际交往中视为个人隐私的问题：收入、年龄、婚恋、健康、信仰、政见、个人住址、所忙何事等，在与国外商人私下交往时，切记不可询问涉及对方隐私的问题。

二、国际商务活动礼仪规则

商务人员应明确和熟悉国际商务活动中接待、见面、会谈、宴请及出访的礼仪规则，促使国际商务活动卓有成效地进行。

(一) 国际商务接待与用餐礼仪

1. 接待礼仪

接待工作尤为重要，它影响着整个商务活动能否顺利展开并获得成就，应注意的事项如下：

(1) 对等身份接待。主要接待者身份应与国外客户身份相当，其主要迎送人员也应身份合适，若接待过程中人员身份有所变动，应从礼貌出发，向对方作出解释。

(2) 活动日程沟通。对方抵达及食宿安排就绪后，尽快与对方协商、沟通，确定日程安排。如要与客方讨论供货合同可提前做相关准备，若对方要进行商务考察，便应安排合适的陪同人员及交通工具。总之，要精心策划，妥当安排。

(3) 见面及会谈安排。见面与会谈是国际商务往来中的重要环节。应精心选择场地，会谈桌上应摆放中、外文件；会场正门口应安排迎送人员。会谈座位的安排，若是双边会谈，可采取宾主相对而坐，以正门为准，主人在靠门一侧，客人面向正门，主谈人居中；若是小范围的会谈，可不用长桌，只设沙发，双方座位按会见座位安排。切记与国外商人会谈，应备红茶、咖啡及绿茶和点心，会谈结束后送至大厅门口或轿车前，握手道别。

2. 用餐礼仪。

按照餐饮的类别和形式，商务用餐分为三种：西餐、中餐、自助餐。无论哪种进餐方式，都应注意以下三个方面：

第一，进餐过程中保持愉快、轻松的气氛，以增进彼此的交流。

第二，对待服务人员的态度应如同对待尊贵的客人一样尊重。

第三，无论是中餐还是西餐，如果不能确定餐具的用法及进餐中的细节规定，可以观察并模仿周围比较懂得的人去做。

进餐中应注意的细节：

(1) 进餐时保持端正的坐姿，尽量不把胳膊肘放在桌子上，但手要尽量放在别人看得到的地方。

（2）无论是西餐还是中餐，都要准备公筷和公勺。不要随意翻动、搅拌盘中食物。

（3）要闭嘴吃东西，如果对方向你提问时你嘴里还在咀嚼食物，可向对方做出一个手势，表明等自己吃完后再讲。

（4）饮料应该小口喝，而不是一口饮尽；热汤不可用嘴吹，要用汤匙喝。

（5）进餐中避免发出不雅的声音，打嗝或咳嗽应背转身去；手机铃声应调至震动状态，如需要接一个重要电话，要跟在场的人打声招呼，离开座位接听，并快速接听完电话返回座位。

（6）避免在餐桌上进行个人整理工作，要是补妆可去洗手间处理。

（7）商务宴请一般来讲不打包，如果担心浪费，可以私下交代服务员，等散场后再去处理。

（8）商务宴请主人一般不当着客人的面买单，一般主人在用餐之前付好订金，在结束用餐前，抽空结账，如果是 AA 制，要在点餐之间告知服务员将账单分开。

（二）商务出访及考察礼仪

我国加入世界贸易组织后，对外商务活动愈加频繁。商务人员需要熟悉和掌握相关涉外礼仪知识，以使自己在出访考察及贸易合作中表现得自信从容，游刃有余。

1. 基本注意事项

（1）遵守相关规定。商务出访考察组团经报批后，通报给国外邀请方（东道主）通报主要信息：出访考察性质、目的、日期与停留天数及全部出访者名单。

（2）国际交往惯例。确定出访国与出访日期，须双方通过外交渠道商定，出访的具体日期应避开东道主一方重要的节假日与其重要活动安排的时间。

（3）可向国外邀请方提前说明出访考察的意愿，进行洽谈、贸易合作等，以便于对方提前布置和安排。

（4）在国际交往中，出访一方往返乘坐的交通工具应自行解决。尽量选择能直达目的地的交通工具，并选择对方方便的时间到达。

2. 出访者礼仪要求

（1）与主方相见，须主动热情问候致意，若对方派出多人迎接，应该以先尊后卑的顺序问候、行礼，也可由近而远地问候、行礼。

（2）应在主方引导下，到指定的房间，并在指定的座位就座，就座时与主人同时入座。

（3）若是初次到对方的办公室或私人居所见面，进入室内时，应脱下帽子、手套和外套，摘掉墨镜，不可随意走动，四处张望，尤其不可进入主人卧室，不得触摸室内摆设。

（4）严守时间规则，一般情况下礼节性的拜访，应控制在 15~30 分钟，若有商务洽谈，不宜超过两小时。

（5）考察期间的外出观光，应严格遵守他国的相关规则，注意公共卫生及环境保护；切记除了在禁止吸烟处不得吸烟外，在其他的公共场所尽量不要吸烟，切勿向外宾敬烟。

（6）商务人员在整个出访、考察过程中，应注重仪表形象，稳重大方、彬彬有礼；

特别注意介绍、递送名片的礼仪规范。无论此行是否能达到预期目的，都应感谢对方的接待，临别时握手道别，并真诚地向对方发出回访的邀请。

三、国际商务馈赠礼仪

在开展国际商务活动中，馈赠礼品是向对方表达尊敬、友好的物质体现。涉外馈赠须严格遵守相关规定，并应把握适宜的时机及恰当的方式。

(一) 国际馈赠礼品的相关规定及原则

1. 不宜向外国商人赠送的礼品

(1) 一定数额的现金、有价证券。不少国家规定，在对外交往中拒收现金和有价证券。

(2) 天然珠宝和贵金属饰品。

(3) 药品和营养品。在国外，个人身体健康属隐私，药品和营养品不宜相送。

(4) 广告性、宣传性物品。带有广告词、宣传用语或明显的公司标志的物品不宜用来赠送。

(5) 易于引起异性误会的物品。注意：向关系普通的异性送礼时，忌送示爱的物品或对对方不敬的物品。

(6) 为受礼人所忌讳的物品。比如有违受礼人的宗教禁忌、民族禁忌或个人禁忌的物品。

(7) 涉及国家机密或商业秘密的物品。

(8) 法律、法规禁止流通的物品。

2. 不宜接受外国商人所送的礼品

(1) 属违法违禁物品。

(2) 明显有违国格、人格的物品。

(3) 易使双方产生误会的物品。

(4) 价格过于昂贵的物品。

(5) 一定数额的现金及有价证券。

(二) 选择合适的馈赠时机

按照国际惯例，可选择下列时机向对方赠送礼品：

(1) 抵达目的地与对方见面时赠送。

(2) 出席宴会，选择餐后或起身辞行时进行。

(3) 在会见、会谈时赠送礼品，一般可在起身告辞之时进行。

(4) 考察观光时，若考察单位赠送了礼品，最好在当时向对方适当地回赠一些礼品。

(5) 为专门的接待人员、工作人员准备的礼品，一般应在抵达当日尽早送给对方。

(三) 把握恰当的馈赠方式

1. 赠送礼品的礼仪方式

(1) 突出意义。在选择礼品时，应着重考虑礼品的纪念含义、民族特色，以及为对方所乐意接受。

(2) 讲求包装。在国际交往中，礼品的包装是礼品的有机组成部分之一。鉴于此，应对包装礼品时使用的一切材料尽量优选，其色彩、图案、包装及造型应考虑对方的风格习俗及兴趣爱好。

（3）当面赠送。在一般情况下，送礼人应当面交给受礼人，若委托他人转送礼品，应附上送礼人的名片。

2. 收受礼品的礼仪方式

（1）彬彬有礼，欣然接受。

（2）应起身双手接受礼品，然后握手道谢。不可以客套话推让，应表现出高兴、振作的神情。

（3）当即启封，热情赞赏。接受西方国家的赠礼，受礼人在接受礼品后，应当着送礼人的面启封礼品包装，认真地对礼品进行欣赏，并给予热情的夸赞，若将礼品置于一旁会被视为失礼。

（4）接受对方人员赠送的礼品尤其是较为贵重的礼品后，应在一周内致函或电话给对方，向赠礼方再次表示谢意，以稳固双方的友谊及合作关系。

☞**思考题：**

1. 商务人员如何树立“良好的第一印象”？
2. 商务人员进行“有效的沟通”要注意哪些方面？
3. 商务谈判方案制定分哪几个步骤？

☞**商务礼仪故事两则：**

一、一口痰毁掉一份合同

国内一家药厂准备引进外资扩大生产规模。他们邀请德国某公司代表来药厂考察，在进行了短暂而友好的室内会谈之后，药厂厂长便陪同这位代表参观工厂。在参观制药车间过程中，药厂厂长随地吐了一口痰，在这位外商看来，制药车间对卫生的要求是非常严格的，作为一厂之主的厂长如此不讲卫生，居然可以在车间内随地吐痰，该厂员工的素质能高到哪里去，可想而知。与这样的药厂合作，如何保证产品质量呢？因此，德国公司改变了与这家药厂合作的初衷，取消了准备签订合同的计划。

二、微笑的效应①

在《处理人际关系的艺术》一书中有这样的事例：卡耐基要几千名工作人员做这样一件事——对他们周围每天遇到的人都报以微笑，并将结果反馈回来。

不久，纽约场外交易所的经纪人在给卡耐基的来信中写道：我结婚已经18年多了，

① ［美］戴尔·卡内基. 处理人际关系的艺术［M］. 丹宁，译. 北京：北京出版社，1988：74-75.

在此期间我很少对我的太太微笑，从起床到准备去上班这段时间和她说不上几句话，百老汇大街那些脾气最坏的人中我也算一个。既然你要我们对他人微笑，我想我就试验一个星期吧。于是，第二天的早上，我在梳头时，对着镜子中的自己闷闷不乐地自言自语："比尔，今天你可再也不能愁眉苦脸了！你要笑，从现在就开始笑！"我坐下来用早餐的时候，笑着对我的太太说："早安，亲爱的。"你提醒过我，她可能会对此感到惊奇，可是你低估了她的反应。她愣了神，惊讶得茫然不知所措。我告诉她，以后她可以天天看到这种笑容。我坚持这么做，至今已经有4个月了。这两个月来，由于我态度的转变，我比去年一年得到了更多的家庭幸福。现在，我出门上班时，和公寓开电梯的人员打招呼；我微笑着向门卫打招呼；在地铁票台要求换零钱时，我向出纳员微笑；当我来到场外交易所时，我向同事们微笑。我发现人们很快便对我微笑。我以愉快的态度对待前来找我发牢骚、诉苦的人，我微笑着倾听他们的诉说。这样一来，我发现调解就变得容易多了。微笑还给我带来了美元，每天都很多。

第十一章　外事礼仪

随着综合国力的加强和国际地位的不断提高，中国在国际事务中发挥着越来越重要的作用。截至2019年12月24日，中国已与180个国家建立了正式外交关系。① 前来中国访问的外国客人越来越多。

在对外交往活动中，应当熟悉外事礼仪，按照国际惯例和中国优良的礼仪传统，组织好迎送工作和宴请活动，妥善安排会见与会谈，重视国际礼宾次序，从而增进中国人民与世界各国人民的友好情谊。

第一节　迎送礼仪

迎来送往，是外事活动中的两个重要环节。认真做好接待准备工作，举行周到的迎送仪式，使来宾高兴而来，满意而归。

一、接待准备

外国贵宾来访，有关部门和人员应事先做好接待准备工作。访问有正式访问（又称国事访问）、非正式访问、工作访问、私人访问、顺道访问、秘密访问、过境访问等。来访者若为国宾（国家元首、政府首脑），又是正式访问，接待准备工作应当更加周密、细致。

（一）成立接待班子

为了接待好贵宾和重要的代表团，东道主一般要组成一个接待班子。我国目前采用设陪同团的做法，陪同团团长一般由国务院有关部门的部长、副部长担任，并成立由外事、警卫、后勤、医疗、交通、通信等部门人员组成的接待班子。

（二）收集来访者的信息

为安排好接待工作，首先，要了解来访者对本次访问的具体要求，包括会谈内容、参观访问的愿望、往返路线及交通工具、抵离时间等。此外，还需了解来访者的生活习惯、饮食爱好与禁忌等。有的国家还索取来访者的血型和健康资料。其次，向对方索取来访者简历和近期照片，请对方提供国歌乐谱、国旗旗样及制作说明。此外，还要收集

---

① 新华社2019年12月23日电所公布数据。

来访国的代表乐曲，供宴会上演奏席间乐或晚会演出时使用。再次，请对方尽早提供按礼宾顺序排列，注明各人职务、性别的全体来访者名单，以便妥善、周到地为他们安排住处和交通工具等。

（三）拟订接待方案

接待方案包括接待规格及各项主要活动的安排。日程确定后，酌情译成客方使用的文字，并打印好，届时与客方进行沟通。

二、迎送仪式

迎送仪式是国际交往中迎来送往的礼宾仪式，根据国际惯例已经形成一整套规范程序。现简介如下：

（一）正式迎送礼仪

外国领导人抵达和离开邀请国首都时，通常都会举行正式的迎送仪式。举行迎送仪式场所铺红地毯，悬挂两国国旗。

1. 迎接

当来访国元首或政府首脑到达时，主方元首或政府首脑迎上前去与之握手，双方互致问候。

2. 献花

当两国领导人握手之后，由儿童或女青年向主宾献花。有的国家由女主人向女宾献花。

3. 奏两国国歌

当主人陪同贵宾在检阅台或其他指定位置站定后，乐队开始奏两国国歌，并开始鸣放礼炮。国家元首来访，鸣放礼炮 21 响；政府首脑来访，鸣放礼炮 19 响。歌起炮响，歌落炮停。

4. 检阅三军仪仗队

来访国宾在主人陪同下检阅陆、海、空三军仪仗队。

5. 互相介绍

主宾见面时应互相介绍。通常先由主方礼宾人员、翻译或职位最高者将迎接人员介绍给来宾，职位从高到低。然后，客方向主方介绍客方人员。

随后，陪同团团长等陪来访国宾乘车前往宾馆下榻。

国宾离京回国，主方领导人到宾馆话别，由陪同团团长等前往机场（车站）送行。

（二）一般迎送

对普通代表团和人员的访问，一般不举行迎送仪式。但是，对应邀前来的访问者，无论是官方人士、专业代表团，还是民间团体、知名人士，在他们抵离时，均应安排相应身份的人员前往机场（车站、码头）迎送。对长期在本国工作的外国人士、外交使节、外国专家等，当他们到任和离任时，有关方面亦应安排相应人员迎送。

三、外宾访问参观时的接待工作

当外宾抵达东道国后，他们便开始进行实质性的访问参观活动了。根据来宾的身份按照相应的规格，东道国除了进行欢迎或迎接外，还要安排好来宾与东道国或邀请方的相关领导人见面会谈、社会活动、礼仪活动及娱乐活动等一系列活动。从接待工作的角度来看，在外宾访问参观期间，东道国或邀请方主要应做好以下几个方面的工作：

（一）严格按照拟定的访问日程安排开展各项活动

由于外宾来访的日程安排都是经过主客双方确认了的，而且受到访问时间的限制，各项访问活动可以说环环相扣。如果一个环节出现问题，对来宾后面访问活动的进行将产生直接影响。当外宾抵达后，东道国或邀请方在正常情况下应严格按照既定的访问日程安排各项活动。除非特殊情况，不宜随便改变日程。特别是对于国宾的访问，在日程安排上更要十分慎重。对于可能出现的情况要做到未雨绸缪、心中有数，以便及时做出调整。如在来宾进行某项参观游览活动之前，东道主要与气象部门保持密切联系，随时掌握天气情况。若遇雨雪天气，要及时调整线路或改变行程。当国宾来访时，如果东道国主要领导人因紧急事务或其他特殊原因而无法按日程安排与国宾见面会谈，东道国应向来宾做好解释工作，并安排其他身份相当的领导人与其见面会谈。对于来宾提出的日程安排之外的其他活动，东道国或邀请方应根据实际情况或对日程进行调整或婉言相拒。但是，邀请方的接待人员不可自作主张。

（二）安排好外宾的住宿与饮食

周到、细致的食宿安排，是外宾访问获得圆满成功基本保证。所以，外宾在东道国访问期间的食宿问题，是整个接待工作的重点。由于外宾在饮食起居、生活习惯等诸多方面与东道国存在一定的差异，特别是外宾初来乍到，旅途劳顿，加上时差的影响，往往会备感疲惫。如果东道国解决好来宾的食宿问题，不仅可以使来宾尽快消除疲劳、适应新的环境，精神饱满地参加各项访问活动，而且能够较快地拉近客、主双方的感情距离，使来宾对东道国产生宾至如归的亲切感，为接下来的协商会谈打下良好的基础。因此，在食宿方面东道国的接待方应在遵守国家有关外事接待的具体规定和费用标准的前提下，充分尊重来宾的风俗与生活习惯，尽量满足来宾提出的合理要求，并做好以下几个方面的具体工作：

1. 按照接待规格，选择外宾的住宿地点，做好服务工作

关于国宾以及其他外宾食宿的标准，我国有比较明确的规定。如北京市外宾日常伙食费标准，每人每天为：国家元首、政府首脑600元；副总统、副总理、正、副议长550元；正、副部长500元；其他人员300元。外宾住房标准：对我方付费的外宾，正部长级以上（含正部长）官员率领的代表团，可安排在五星级宾馆；在地方访问时，若当地没有五星级宾馆，可安排在当地最好宾馆；副部长级以下（含副部长）官员率领的代表团，最高不超过四星级宾馆；其他一般外宾安排在三星级以下宾馆。[①] 接待方应该按照规定严格执行，既不要擅自提高标准，也不可随意降低规格。特别是当多个外国代表团同时来访时，必须坚持外宾接待的“对等”和“平衡”的原则，以免出现厚此薄彼的情况。对于进行国事访问的来宾，我国一般安排在钓鱼台国宾馆或其他高级饭店。也有的国家为了讲究礼仪规格而安排来宾住在王宫、别墅等地方。东道国还应在外

---

① 参照《中央和国家机关外宾接待经费管理办法》（2014年1月31日起执行）。

国元首下榻的住地升来访国的国旗或元首旗。关于住房的分配，外国元首身边的工作人员，如秘书、译员、近身警卫和服务人员等应住在靠近主宾的房间，对代表团中的高级官员亦应妥善安排。住房可由东道主安排分配后，再征求客人意见，也可将房间位置图提前交给对方，请对方自行安排。对于因公来访的一般外国代表团和来宾，接待方应根据本单位有关外事接待的规定和经费情况，尽量将来宾安排在条件好、生活设施齐全、服务水平高的涉外宾馆住宿，而不宜将其安排在价格便宜，但条件较差的旅馆、招待所住宿。接待方在安排住宿时，还应事先考察宾馆周边环境和卫生设施，以防环境过于吵闹或卫生设施不齐全而影响外宾的休息和起居。来宾的住地应当安排在环境优美安静的地段，使来宾在繁忙紧张的活动之后得到适当的歇息。外国人一般比较讲究个人卫生，所以下榻宾馆的房间应有单独的卫生间和随时可洗热水澡的浴室。另外，在同时安排多名外宾住宿时，最好安排一人住一个房间，不要将两名同性成年人安排在同一个房间。若来宾人数较多，应尽量将他们安排在同一个宾馆的同一楼层或相邻的楼层住宿，以便他们相互照应和集体活动。在来宾住进宾馆后，接待方要做好服务工作，及时了解来宾的需求，为他们提供生活便利。最后需要注意的是，主方人员一般不要在外宾下榻宾馆的房间内同客人长时间聊天或做其他事情。当外宾在休息时，主方人员尽量不要进入客人的房间。

2. 根据来宾的习惯，安排好饮食

饮食包括饮料和用餐两个方面的问题。除东亚部分国家如日本、韩国、朝鲜、越南、新加坡等国在饮食习惯方面和中国比较接近外，其他外国人则和中国人有较大的差异。接待方应根据来宾的宗教信仰、饮食习惯，妥善安排外宾的饮食问题。在外事接待中，饮料永远是必不可少的待客之物。首先从饮料的种类来看，一般有茶水、咖啡、汽水、矿泉水、果汁等。中国人、日本人通常把茶作为日常饮料饮用，茶是待客的首选饮料。在其他国家，待客的饮料就比较多元化，如咖啡、汽水、矿泉水、果汁等。大多数外国人没有喝热茶的习惯，在国外的宾馆也很少有开水供应。外国人日常以矿泉水、汽水（如可乐、雪碧、苏打水等）、咖啡和果汁来解渴，待客时多用这些饮料。在接待外宾时，接待方就应根据来宾的习惯安排饮料。在条件许可的情况下，接待方可以多提供几个不同品种的饮料供来宾选择。但在正式场合，如会见会谈时一般主方只提供一至两种饮料。在中国，招待外宾时多为茶和矿泉水。

在进餐方面，当外宾抵达和离开访问国时，东道主通常都要举行正式隆重的欢迎、欢送宴会。在外宾访问期间，接待方也会以招待会、冷餐会、工作餐等形式招待客人。不管采取何种形式招待来宾，除了遵守国家的相关规定、量力而行外，接待方还必须注意外宾的饮食习惯、风俗禁忌、食物原料的新鲜卫生。中国菜可以说享誉世界，许多外国人非常喜爱吃中国菜。接待方安排具有民族特色和地方风味的菜肴招待来宾，应该是个不错的选择。但是来宾的口味各异，在举行正式宴请活动时，接待方很难面面俱到，按照每一位来宾的口味制作菜肴。因此，在设宴招待时，应照顾大多数来宾的习惯，适量安排一些味道特殊的菜肴，如麻、辣、酸、苦的菜肴。虽然中国菜受许多外国人欢迎，但是有些外国人却并不一定喜欢，特别是顿顿吃就会更不习惯。所以，接待方在力所能及的情况下，应为来宾提供一些他们本国或家乡的食物。尤其重要的是，接待方在准备食物时，必须注意来宾的宗教和风俗禁忌。如伊斯兰教徒忌食猪肉，印度教徒忌食牛肉，西方人不吃狗肉和动物内脏，日本人不吃皮蛋，等等。接待方必须在事前对来宾在饮食方面的宗教徒和风俗禁忌做到心中有数，不可疏忽大意。另外，招待来宾的食物的原材料必须新鲜，烹制时必须干净、卫生。对于国宴和重要的宴请活动，有关方面还必须对已烹制好的食物和菜肴进行严格的安全检查。

(三) 安排好交通，保证访问行程的通畅

外宾来访期间的交通问题，也是接待工作的一个非常重要的环节。使外宾访问参观活动通达顺畅，是保证来宾顺利开展各项访问活动基本前提。在外宾入境后，到首都或去首都以外的其他城市，访问期间的交通工具一般都由东道国安排。外宾用车应根据国家的规定和实际情况进行安排。我国规定，在外国代表团访华期间的交通问题，由我方负责解决。一般情况下除少数重要外宾乘坐小轿车外，其他外宾可视人数多少安排小客车、中型客车或大型客车。外宾赴各省、自治区、直辖市访问时，除国家元首、政府首脑外不得安排专机或专列，副部长级以上外宾可提供飞机头等舱座位。东道国的接待方除了遵守国家的规定外，在安排来宾的交通工具时还需注意下面几个问题：

1. 交通工具的安全

在外宾接待工作中，一般常用交通工具当首选汽车。因此，在外宾乘坐汽车前，一定要对汽车各方面情况进行认真检查，同时配备常用的应急工具和汽车零件，加足燃料。特别是在来宾进行参观游览作长途旅行时，更要做好临行前的各项准备工作。选择车况好、乘坐安全舒适的车辆，并制订一定的应急方案。如果准备工作不细致，途中出现故障抛锚或其他意外情况，就会耽误整个访问参观的行程。尤其是接待大型代表团时，若一辆车出现问题就将对整个代表团的访问活动造成直接影响，对主、客双方都会带来不便。除此之外，还要特别注意驾驶的安全。接待外宾时，一定要挑选驾驶技术过硬、身体条件好、受过严格训练的专业驾驶员担任司机。司机在执行接待任务时，要保证充足休息和良好的精神状态，严格遵守操作规范和交通规则，不得疲劳驾驶、违章驾驶。如果造成车祸、出现车毁人亡情况，不仅将导致整个访问活动的失败，而且还可能造成无法估量的严重后果。所以，在接待外宾安排交通时，一定要坚持“安全至上”的原则。

2. 保证交通线路的通畅

在接待外宾，特别是重要外宾时，交通线路的通畅，是保证外宾顺利进行各项访问活动的关键。世界很多国家在接待重要的外宾或代表团时，会安排警车和摩托车护卫队为来宾护航开道。这一方面是为了在礼仪上显示对来宾的重视和尊重，另一方面也是出于保证来宾交通畅通的需要。我国曾经也有派摩托车护卫队为国宾护航开道的做法。为此，还专门成立了武警北京总队国宾护卫队，专门担负来华访问的外国元首、政府首脑抵离京和参加欢迎仪式途中护卫任务。在首都北京，十里长安街头，人们常常可以看到这样威武壮观的迎宾场面：由国宾卫士驾驶的 11 辆乳白色摩托车，呈“V”字队形，护卫着来华访问的外国贵宾乘坐的车队，浩浩荡荡地穿城而过。但是，由于北京市机动车数量已超过 200 万辆，且呈快速增长之势，交通阻塞情况日益严重。国宾车队安排摩托车护卫，必须在长安街清出三条车道，同时封闭相关路段。为了保证我国广大人民群众的利益，方便北京人民的出行交通，我国简化了外宾接待的礼仪，并于2003年年底取消为国宾车队安排礼仪性摩托车护卫。虽然我们可以简化接待的礼仪，但不能因此而影响外宾访问活动的顺利进行。为保证交通路线的通畅，接待方在安排外宾的出行前，一方面要认真选择直达访问地点的便捷线路，同时避开上下班高峰期。另一方面对于重要来宾和代表团的出行，要事先同当地交管部门进行密切联系，由交管部门帮助疏通道路。对于结束访问的来宾，送行车辆要提前出发，以免堵塞交通，影响客人返程。

3. 注意交通的礼仪

前面我们已对交通礼仪进行了比较详细的介绍，在这里就不重复叙述了。需要指出的是，对于大型代表团接待，要事先安排车辆，不要临时调动。由于来宾和车辆都较多，接待方要提前将车队的每辆车和座位进行编号，并将编号情况告诉来宾以便他们对号入座。座位安排遵循“以右为尊”的原则。在乘坐大型巴士时以车门为基准，自右而左安排座位。距车门最近的右侧座位为主宾座位。上车时要遵循“尊者先行”的原则；下车时，迎宾人员或陪同工作人员应最先下车，为来宾打开车门，以手挡住车门上框，协助来宾下车。

（四）做好访问参观的陪同工作

在接待外宾的各项工作中，陪同工作是一个特别重要的环节，它直接关系到来宾对东道国或接待方的评价以及访问活动的成败。所以，东道国或接待方都会对陪同工作给予高度重视。外宾来访期间，东道国或邀请方会派出专门的陪同人员，负责陪同外宾进行全部访问参观活动。对于外国国家元首、政府首脑的来访，我国驻该国的大使一般都会提前或陪同来访的国宾同时回国，参加接待工作。国宾抵达后，由担任陪同团团长的我国政府部长或副部长前往机场欢迎，并陪同来宾参加访问期间的各项活动。除陪同团团长之外，陪同团的其他成员也各有分工，分别承担着相应的陪同、接待工作。作为东道国或邀请方，不仅要高度重视国宾的陪同工作，对于其他来宾的陪同工作也不可掉以轻心。做好陪同工作，陪同人员是关键。要圆满地完成外宾的陪同任务，陪同人员需要具有以下几个方面的素质和能力：

1. 政治素质

作为外事陪同人员，首先要具有过硬的政治素质。具体来说，就是要求政治立场坚定，热爱祖国，忠于党和人民，坚决捍卫国家利益，维护自己的国格和人格。深入理解和牢固掌握党和国家的方针政策，特别是国家的外交、外事政策。严守国家秘密，不该讲的话不讲，不该问的事不问，不该做的事不做。保持高度的政治敏感性，对于涉及国家机密的问题要守口如瓶。

2. 严守外事纪律

在陪同工作中，无论是集体活动还是与外宾单独相处，陪同人员都要严格执行外事纪律。遇到情况与问题，要及时向上级报告，并坚决服从领导，不可擅自决断。工作中要严格按照国家的政策办事，凡事不可自作主张。与外宾交谈时，应言行谨慎、少说多听，对一些问题尽量避免发表个人的看法，尤其不要当着外宾的面，对他人或单位发牢骚、讲怪话。在陪同的过程中，对外宾既要表现出应有的热情，同时也要不卑不亢，保持适度的距离。

3. 过硬的语言能力

合格的陪同人员，不仅要为外宾做好具体的服务工作，而且还要承担大量的翻译工作。这就需要陪同人员具有扎实的外语功底和流畅的外语表达能力，以便同外宾进行无障碍的面对面的直接交流。一名优秀的陪同人员至少应精通一门外语，最好能掌握2~3门其他语言。

4. 精通国际礼仪

陪同人员在工作中不仅要有吃苦耐劳的精神和高度的责任心，而且必须精通国际礼仪。在陪同外宾的过程中，陪同人员必须注意每一个细节问题，从举止言谈到衣食住行，都要严格遵守国际礼仪规范，坚决杜绝失礼的行为出现。

（五）做好安全保卫工作

关于接待外宾的安全保卫工作主要涉及主、客双方两个方面的问题。对于东道国或邀请方来讲，安全问题主要是指如何在接待外宾访问参观时，保证本国或本单位的政治或经济等方面的安全。所以，我们在做好外宾的安全保卫工作的同时，必须注意自身的安全工作。对于接待方的工作人员来讲，外事接待中要树立牢固的国家安全意识，绝不可有意无意地泄露国家机密；在安排外宾参观游览时，应远离军事基地和军事禁区；在参观工厂企业时，也要保守企业的技术、经济秘密；对于外宾不合理的要求、不能参观的地方、不该看的项目，绝不能因担心外宾的不悦而让步妥协。

关于对来访外宾，尤其是国宾的安全保卫工作，各国都特别重视。按照国际惯例，国宾来访，自入境之时起，其安全保卫的责任，就落在东道国肩上。如果外国领导人或重要人士在访问期间人身受到伤害，东道国将承担无法推卸的责任，甚至会造成非常严重的后果。所以，有些国家在重要外宾来访时，常常采取特别的安全警戒措施，以确保外宾的人身安全万无一失，如精心制订外宾的安全保护计划，包括警察护送、现场控制、近身保卫、食物品尝、交通安全以及其他一切必要的技术和预防性措施。

做好国宾的安保工作固然十分重要，但是对于其他外宾来访期间的安全工作也绝不可掉以轻心。外宾在访问期间人身安全出了问题，东道国或邀请方同样要承担相应的责任。外宾的安全包括两个方面的含义：一是健康的安全，二是人身和财产的安全。做好健康安全工作，就要求接待方对来访人员的身体状况做到心中有数。对于外国代表团中那些年高、体弱、多病的来宾，在日程安排上不要过于紧张，尽量不要安排他们长途旅行，最好配备专门的医护人员予以照料。对于来宾突发的疾病，要及时就医治疗，不可拖延。同时，要注意来宾的饮食卫生，外宾到边远地区访问参观时，要选择卫生条件好的餐馆进餐，以防外宾水土不服或食物中毒。做好来宾的人身和财产安全工作，要求接待方或陪同人员，树立安全至上的思想，未雨绸缪，避免突发事件造成来宾人身受到伤害、财产受到损失。如在组织外宾进行观光游览时，尽量不要安排他们攀登险峻陡峭的景点或游玩其他惊险项目，以防发生意外。在陪同外宾外出购物、休闲娱乐时，也要特别注意外宾人身财产的安全，如过马路时要严格遵守交通规则，以防发生车祸或其他意外；购物时，要提醒外宾保管好自己的钱、物，以防丢失或被盗等。

第二节　会见与会谈

会见与会谈是外事活动中的重要事务之一。无论是正式访问、谈判，还是礼节性拜访，通常都要安排会见与会谈，以便双方加强了解与交流，增进友谊与合作。

一、会见与会谈的安排

（一）会见与会谈的特点

1. 会见的特点

会见，在国际上一般称接见或拜会。凡身份高的人士会见身份低者，一般称为接见；而身份低者会见身份高者，一般称为拜会。我国一般不作上述区别，统称会见。

会见的性质有礼节性的、政治性的、事务性的，或兼而有之。其中，礼节性会见时间较短，话题较为广泛；政治性会见一般涉及双边关系、国际局势等重大问题；事务性会见一般涉及外交、经贸、科技文化交流等。

2. 会谈的特点

会谈是指双方或多方就某些重大的政治、经济、文化、军事等问题及其他共同关心的问题进行磋商，交换意见。一般来说，会谈的专业性较强。

东道国和来访者（包括外国常驻外交使节）都可酌情提出会谈的要求。从礼节和两国关系上考虑，东道国应根据来访者的身份及来访目的，在来访者抵达的当日或次日，安排相应的领导人和部门负责人会谈。来访者及外交使节也可根据国家关系以及本人身份和业务性质，主动提出拜会东道国领导人和部门负责人。

来访者若是正式访问或专业性访问，主宾双方则应安排相应的会谈。

（二）会场布置与座位安排

1. 会场布置

会见与会谈通常在会客室或办公室进行。会场可以设在主方的会客厅里，客方下榻宾馆的会客室也可用作临时会场。布置会场时应酌情安装扩音器、准备饮料等，并精心安排座位。

2. 座位安排

（1）会见的座位安排。会见宜在比较宽敞的场所进行。会见的座位安排有多种形式，有宾主各坐一方的，也有宾主穿插坐在一起的。但通常安排主宾、主人坐在面对正门位置，主宾座位在主人右侧，其他客人按礼宾顺序在主宾一侧就座，主方陪见人在主人一侧就座，译员、记录员通常坐在主人和主宾的后面。

（2）会谈的座位安排。会谈分为双边会谈与多边会谈。双边会谈通常用长方形或椭圆形桌子，多边会谈采用圆桌或将桌子摆成方形。会谈时，会谈桌上放置与会国国旗，摆放座位卡，以便与会者对号入座。

双边会谈时，宾主相对而坐，以会场正门为准，客人面对正门，主人背对正门。主谈人居中，译员可坐在主谈人右侧，但有的国家让译员坐在后面，一般应尊重主人的安排。其他人按礼宾顺序左右排列。多边会谈时，会谈桌可摆成圆形、方形等。

二、会见与会谈的程序

会见与会谈的安排程序大体一致。

（1）提出会见要求的一方，应将要求会见人的姓名、职务以及会见什么人、会见的目的告知对方。接见一方应尽早给予回复。如因故不能接见，应婉言解释。

（2）接见方应及时将会见的时间、地点、主方出席人员、具体安排及有关注意事项通知对方。会见方则应主动向对方了解上述情况，并通知有关出席人员。

（3）双方均应准确掌握会见的时间、地点。主方应先于客方到达会场，当客人到达时，主人应在门口迎候。

（4）宾主计划合影，要事先排好合影图，人数众多时应准备架子。合影时，主人和主宾居中，以主人右侧为上，按礼宾次序，主客双方间隔排列。第一排人员既要考虑身份，又要考虑能否都摄入镜头。合影时间宜安排在宾主寒暄、握手后。

（5）领导人之间的会见、会谈，除陪同人员和必要的译员、记录员外，其他工作人员安排就绪后均应退出。如允许记者采访，也只是在正式谈话开始前采访几分钟，然后一起离开。在谈话过程中，旁人不要随意进出。

（6）会见或会谈结束时，主人应送客人至车前或门口握别，目送客人离去后，再退回室内。

一般官员、民间人士的会见，安排大体同上，也要事先申明来意，约妥时间、地点，准时赴约。而礼节性的会见，不宜逗留过久，半小时左右即可告辞。

第三节　约请与应邀

会见、宴请等许多外事活动，主方要事先通知对方，而客方应及时给予答复。

一、约请

约请是外事工作中的重要环节，丝毫不能马虎。

（一）约请的种类

约请分为口头约请和书面约请两种。

1. 口头约请

口头约请即当面或打电话将活动目的、时间、地点告诉对方。

2. 书面约请

书面约请分为发请柬（亦称“请帖”）与发便函两种。有些国家，邀请最高领导人作为主宾参加活动，需单独发邀请函，其他宾客发请柬。发请柬，既能表示对客人的尊敬，也表明邀请者的诚意和郑重态度。

请柬一般提前一至两周发出，以便被邀请人及早安排。已经口头约妥的活动，补送请柬时，在请柬右上方或下方写注“To Remind”（备忘）的字样。需安排座位的活动，请柬上一般用法文缩写注“R. S. V. P.”（请答复）的字样。如果只需要不出席者答复，则可注上 Regrets Only（因故不能出席者请答复）。

请柬内容包括活动的目的、名义、时间、地点。中文请柬行文不用标点符号，所提到的人名、单位名、节日名称都应用全称。中文请柬行文中不提被邀请人姓名（其姓名写在请柬信封上），主人姓名（如以单位名义邀请，则用单位名称）放在落款处。请柬可以印刷也可以手写，字迹应美观、清晰。

中文请柬格式示例：

为庆祝中华人民共和国成立××周年谨订于××××年×月×日（星期×）下午×时在×××××举行招待会

敬请

光临

×××(主人姓名)

请柬信封上被邀请人的姓名、职务书写要准确。所举办活动如对服装有要求，应注明是正式服装还是便服。如已排好座次，应在请柬信封下角注明。

便函多用于非正式活动，起通知作用。

(二) 约请应做的工作

(1) 确定活动目的、邀请范围，注意被邀请人同主宾是否有矛盾。

(2) 确定时间、地点。选择时间要考虑客方的习俗。

(3) 举办宴会应注意客人的饮食禁忌。

(4) 布置会场，安排座次。

(5) 及时发出请柬或便函。

二、应邀

应邀是接到邀请后做出的反应，应讲究有关礼仪。

(一) 及时答复

被邀请人接到邀请后，不论是否接受对方的约请，都应及时作答。可给予书面答复，也可以作口头答复。若因故不能赴约，应婉言说明。

(二) 应邀注意事项

(1) 核定邀请范围（是否携带夫人、子女），留意服装要求。

(2) 若应邀参加节日、生日庆贺活动，应准备鲜花等礼品；若应邀参加自费聚会，应带钱前往。

(3) 准时赴约，到达现场后应主动与站在门口迎接的东道主或工作人员打招呼。

(4) 入座前看准自己的座次，不是主宾不要坐到主宾座位上。

(5) 活动结束时向主人告别，并酌情与周围的人话别。

第四节　宴会礼仪

宴请是涉外活动中常见的交际形式之一。各国宴请都有自己国家或民族的特点与习惯，根据活动目的、邀请对象以及经费开支等因素，举办不同形式的宴会。

一、宴请

（一）宴请的形式

通常的宴请形式有四种：宴会、招待会、茶会、工作进餐。每种形式的宴请均有特定的规格及要求。

1. 宴会

宴会系盛情邀请贵宾餐饮的聚会。宴会有国宴、正式宴会、便宴、家宴之分。按举行的时间，又有早宴、午宴、晚宴之分。其中，晚宴最隆重。

（1）国宴。是国家元首或政府首脑为国家的庆典或为外国元首、政府首脑来访而举行的正式宴会，需要排座次，宴会厅内挂国旗。宾主入席后，乐队奏国歌，主人和主宾先后发表讲话或致祝酒词。乐队奏席间乐。

（2）正式宴会。除不挂国旗、不奏国歌以及出席人员级别不同外，其余的安排大体与国宴相同，需要排座次，有时也安排乐队奏席间乐。许多国家对正式宴会十分讲究排场，请柬上往往注明服饰要求。

正式宴会对餐具、酒水、菜肴道数及上菜程序均有严格规定，对服务人员的服饰、仪态都有很高要求。通常菜肴为汤和几道热菜（中餐一般用四道，西餐用二三道），另有冷盘、甜食、水果。外国宴会餐前会上开胃酒，常用的开胃酒有：雪梨酒、白葡萄酒、马丁尼酒、金酒加汽水（冰块）、苏格兰威士忌加冰水（苏打水），另上啤酒、水果汁、番茄汁、矿泉水等。席间佐餐用酒一般多用红、白葡萄酒，很少用烈性酒，尤其是白酒。餐后在休息室上一小杯烈性酒，通常为白兰地。我国在这方面做法较简单，餐前如有条件，在休息室稍事叙谈，通常上茶和汽水、啤酒等饮料。餐后不再回休息室座谈，亦不再上饭后酒。

（3）便宴。即非正式宴会，常见的有午宴、晚宴，有时也举行早宴。便宴简便、灵活，可以不排席位，不作正式讲话，菜肴可丰可俭。便宴气氛较轻松、亲切，便于交往和交谈。

（4）家宴。即在家中设便宴招待客人。西方人喜欢采用这种形式，以示亲切友好。我国领导人有时也在家中设便宴招待外国友人。家宴往往由主妇亲自下厨烹调，家人共同招待。

2. 招待会

招待会是指各种不备正餐的宴请形式，一般备有食品和酒水，通常不排固定席位，可以自由活动。常见的有冷餐会、酒会。

（1）冷餐会。这种宴请形式的特点，是不排席位，菜肴以冷食为主，也可用热菜，连同餐具陈设在菜桌上，供客人自取。客人可自由活动，可以多次取食。酒水可陈放在桌上，也可由服务员端送。冷餐会在室内或院子里或花园里举行，可设小桌、椅子，自由入座；也可以不设座椅，站立进餐。根据主、客双方身份，冷餐会规格隆重程度可高可低，举办时间一般在中午12时至下午2时，或下午5时至7时。冷餐会适合招待人数众多的宾客。

我国举行的大型冷餐会，往往用大圆桌，设座椅，主宾席排座位，其余各席不固定座位，食品与饮料均事先放置在桌上，招待会开始后，自行进餐。

(2) 酒会。又称鸡尾酒会，这种招待会形式较为活泼，便于广泛接触交谈。招待品以酒水为主，略备小吃、菜点。不设座椅，仅摆小桌或茶几，以便出席者随意走动。酒会举行的时间比较灵活，中午、下午、晚上均可。请柬上通常注明酒会起讫时间，客人可在此间任何时候入席、退席，来去自由，不受约束。

酒会不仅提供用多种酒调配成的鸡尾酒，还备有多种酒、果汁，但不用或少用烈性酒。食品多为三明治、面包托、小香肠、炸春卷等，插上牙签以便取食。饮料和食品由服务员托盘端送，也有部分放置桌上。

3. 茶会

茶会是一种简便的招待形式，一般在下午4时举行，偶尔在上午10时举行，地点通常设在客厅，厅内摆茶几、座椅，不排席位。但若是为贵宾举行的茶会，入座时，可有意识地安排主宾与主人坐在一起，其他出席者随意就座。

茶会，顾名思义，就是请客人品茶，故对茶叶、茶具的选用有所讲究。茶具一般用陶瓷器皿，不用玻璃杯，也不用热水瓶代替茶壶。外国人一般用红茶，略备点心和地方风味小吃。也有不用茶而用咖啡者，其组织安排与茶会相同。

4. 工作进餐

工作进餐简称工作餐，是国际交往中常用的非正式宴请形式，主客双方利用共同进餐的时间边吃边谈。工作进餐按用餐时间分为工作早餐、工作午餐、工作晚餐。工作餐既简便，又卫生，往往因活动日程紧张时而采用这种形式。此类活动一般只请与工作有关的人员，不请配偶。双边工作餐通常使用长桌，其座位与会谈桌座位安排相仿，以便主宾双方交谈。

与外国人交谈时，表情要自然，语调要亲切，声音要适度，言辞文雅、婉转。既要尊重外国人，又要不卑不亢，维护国格、人格。要注意态度诚恳，选择合适的话题，尊重各国人民的风俗习惯，不要涉及他人隐私，避免议论别国的政党等。

(二) 宴请的组织

宴请通常是为了应酬答谢、增进友谊等。为了使宴请活动顺利进行，达到预期的目的，务必认真做好宴请的组织工作。

1. 确定宴请对象、范围与形式

确定邀请对象的主要依据是主、客双方的身份，也就是主、客身份应该对等。邀请多少人，请什么人作陪，则要考虑宴请的性质、国际惯例等。至于宴请采取何种形式，一般来说，正式、规格高、人数少的以宴会为宜；人数多则冷餐会或酒会更为合适；妇女界活动多用茶会。

2. 确定宴请时间、地点

宴请的时间应对主、客双方都合适。驻外机构举行较大规模的活动，应与驻在国主管部门商定时间。注意不要选择对方的重大节日、有重要活动或有禁忌的日子和时间。不妨事先征询主宾意见，商定宴请时间。

官方举办正式宴会，一般安排在政府、议会大厦或宾馆内举行，其余则按活动性质、规模大小、形式及实际可能而定。

3. 发邀请

各种宴请活动一般发请柬，亦有手写短笺、电话邀请。发出内容包括活动形式、举行的时间、活动地点等的请柬，既表示礼貌，亦对客人起提醒、备忘的作用。便宴经约妥后，请柬可发也可不发。工作餐一般不发请柬。

请柬通常提前1~2周发出，以便被邀请人及早做安排。

4. 订菜

宴请的菜谱根据宴请形式和规格，在预算标准内安排。选菜主要考虑主宾的口味、喜好与禁忌。例如，宴请信奉伊斯兰教的穆斯林客人不用猪肉和酒；宴请印度教徒不能用牛肉等。如果个别贵宾有特殊需要，也可以单独为其上菜。大型宴请，则应照顾到各个方面。菜肴道数与分量要适当；地方上宜用有地方特色的食品招待。菜单经主管负责人同意后即可印制；讲究的宴会每人一份菜单，一般宴会每桌两三份菜单或至少一份。

5. 席位安排

正式宴会一般均排座次，也可只排部分客人的席位，其他人只排桌次或自由入座。国际上的习惯，桌次高低以离主桌位置远近而定，右高左低。桌数较多时，要摆桌次牌。同一桌上，席位高低以离主人的座位远近而定。外国习惯男女穿插安排，以女主人为准，主宾在女主人右上方，主宾夫人在男主人右上方。我国习惯按各人本身职务排列，以便于交谈。如夫人出席，通常把女方排一起，即主宾坐男主人右上方，其夫人坐女主人右上方。

礼宾次序是排席位的主要依据。具体安排席位时，还应当考虑其他因素。多边的活动需要注意客人之间的政治关系，尽量不要把政见分歧大或两国关系紧张者排在一起。此外，适当照顾各种实际情况。例如，身份大体相同、使用同一语言者，或属同一专业者，可以排在一起。如桌次按主宾职业划分为文化区、军方区、经济区、体育区等。

遇特殊情况，可灵活处理。例如，主宾有夫人，而主人的夫人又不能出席，通常可以请其他身份相当的妇女作为第二主人。若无适当身份的妇女出席，也可以把主宾夫人安排在主人的左右两侧。

座位排妥后准备座位卡。我方举行的宴会，座位卡中文在上面，外文在下面。

6. 现场布置

宴会厅和休息厅的布置，取决于活动的性质和形式。官方正式活动场所的布置，应该庄重、大方，不宜用霓虹灯作装饰，可用少量鲜花、盆景、刻花作点缀。

宴会可用圆桌，也可用长桌或方桌。一桌以上的宴会，桌子之间的距离要适当，各个座位之间也要距离相等。宴会休息厅通常放小茶几或小圆桌。

冷餐会的菜台用长方桌。如坐着用餐，可摆四五人一桌的方桌或圆桌。

酒会一般摆小圆桌或茶几，以便放花瓶、小吃等。也可在四周放些椅子，供妇女和年老体弱者就座。

7. 餐具的摆放

根据宴请人数和酒、菜的道数，准备足够的餐具。餐桌上的一切用品均要清洁卫生。桌布、餐巾应浆洗干净熨平。玻璃杯、酒杯、筷子、刀叉、碗碟在宴请之前都应洗净、擦亮。

(1) 中餐具的摆放。中餐用筷子、盘、碗、匙、小碟等。摆台时，先放餐盘，水杯放在餐盘上方，右上方放酒杯，酒杯数与所上酒的品种相同。杯之间距离均为1厘米。餐巾叠成花插在水杯中，或平放在餐盘上。我国宴请外国宾客，除筷子外，还应摆上刀叉。酱油、醋、辣椒油等佐料，通常一桌数份。应备有公筷、公勺等，其中一套放在主人面前。餐桌上还应配备牙签筒、烟灰缸。

(2) 西餐具的摆放。西餐具有刀、叉、匙、盘、杯等。刀分食用刀、鱼刀、肉刀、奶油刀、水果刀等；叉分食用叉、鱼叉、龙虾叉；匙有汤匙、茶勺等；杯有茶杯、咖啡杯、水杯、酒杯等（茶杯、咖啡杯均为瓷器，水杯、酒杯多为玻璃制品）。酒杯有啤酒杯、白葡萄酒杯、红葡萄酒杯、香槟酒杯、鸡尾酒杯、白兰地杯、威士忌杯等。宴会上几道酒，就配几种酒杯。公用刀叉一般大于食用刀叉。

（三）宴请礼仪

1. 迎宾

主人一般在门口迎接客人。官方活动，除男女主人外，还有其他官员陪同主人按顺序排列站在门口迎宾。当宾客到达时，主人应热情迎接，主动招呼问好。迎宾员接过客人的衣帽并为其挂好，拿衣服时应提衣领，不可倒拿，以防衣袋内的物品掉出。

2. 引宾客入席

主人和客人寒暄完毕，由引宾员将客人引入休息厅或直接领进宴会厅。休息厅或宴会厅内应有身份相应的人员陪同、照料客人，服务员应及时递送饮料。

主宾到达后，由主人陪同进入休息厅与其他客人见面。主人陪同主宾进入宴会厅，全体客人就座，宴会即开始。

3. 致辞

正式宴会一般有致辞，但各国安排的时间不尽一致。有的一入席双方即致辞，但多数是在热菜之后甜食之前由主人致辞，接着由客人致答词。通常双方事先交换讲话稿，一般由举办宴会的一方先提供讲话稿。代表团来访，欢迎宴会东道国先提供讲话稿，答谢宴会则由代表团先提供。由何人翻译也要事先协商好。

致辞时，服务员应暂停服务活动，参加宴会的人员均应暂停饮食，专心聆听，以示尊重。

4. 上菜

按照国际惯例，上菜顺序应先从男主人右侧的女宾或男主宾开始，接着是男主人，由此自右向左按顺时针方向进行。

5. 斟酒

斟酒时，服务员站在客人的右边后侧，面向客人，将右臂伸出进行斟倒，瓶口与杯口保持1厘米的距离，红葡萄酒斟至酒杯容量的一半即可，白酒、白葡萄酒、香槟酒斟至酒杯的2/3，白兰地酒则斟至酒杯容量的1/5。每斟一杯要换一个位置，不允许在同一位置给左右客人斟酒。

6. 送客

吃完水果，主人与主宾起立，宴会即告结束。主宾告辞，主人送至门口。主宾离去后，原迎宾人员按顺序排列，与其他客人握手话别。

二、赴宴

应邀出席宴会，要讲究有关礼节，做一位懂礼貌、有教养的赴宴者。

（一）应邀

接到宴会邀请（无论是请柬或邀请信），不论能否出席都应尽早回复，以便主人安排。一般来说，对注有“R. S. V. P.”（请答复）字样的请柬或邀请信，无论出席与否，均应迅速答复。注有“Regrets Only”（不能出席请答复）字样的请柬或邀请信，则不能出席时才回复。若是已经口头约好后，再发来的请柬，上面一般注有“To Remind”（备忘）字样，只起提醒作用，可不必答复。答复对方，可打电话或复以便函。

一旦接受邀请，不宜随意改动。万一遇特殊情况不能出席宴会，尤其是主宾缺席，应尽早向主人解释、道歉。

应邀出席宴会前，要核实宴请的时间和地点，是否邀请了配偶，有无服装要求等，以免弄错。

（二）掌握出席时间

出席宴会，根据各地习惯，正点或晚一两分钟到达。在我国则正点或提前两三分钟到达。出席酒会，可在请柬上注明的时间内到达。

有事需提前退席，应向主人说明后悄悄离去。也可事先打招呼，届时离席。

（三）抵达

抵达宴请地点，先到衣帽间脱下大衣、帽子，然后前往迎宾处主动向主人问好，并根据活动内容表示祝贺等。

（四）赠花

赴宴时，可按宴请性质和当地习惯，赠送花束或花篮，赴家宴可酌情赠送女主人少量鲜花。

（五）入座

进入宴会厅之前，要先了解自己的桌次和座位，入座时进行核对，不要随意乱坐。如邻座是长者或妇女，应主动为其拉开椅子，协助他们先坐下。

（六）进餐

入座后，主人招呼，即开始进餐。在中国是男主人为主，西方是女主人为主。招呼的方法是将餐巾拿起来，意为“可以用餐了”。可用餐巾擦嘴，不可擦汗或抹桌子。临时离开，餐巾应放在座椅上；用餐完毕，餐巾则放在桌子上。

取菜时，不要盛得过多。盘中食物吃完后，如不够，可以再取。如由服务员分菜，遇到不爱吃的菜肴，可取少量放入盘内。对不合口味的菜，不要显露出难堪的表情。

进餐时要文雅，吃东西时应闭着嘴细嚼慢咽。不要舔嘴唇或咂嘴发出声音。如汤、菜太热，待稍凉后再食用，不要用嘴吹。吃剩的菜，用过的餐具、牙签及鱼刺、骨头等，都要放入骨盘内，勿置桌上。剔牙时，要用手或餐巾遮口。

在进餐过程中，由于不慎或用力过猛，使刀叉撞击盘子，发出声响，或餐具掉落地上，或打翻酒水等，应沉着冷静。餐具碰出声音，可轻轻说声“对不起”。餐具掉落后，可请服务员另送一套。酒水溅到邻座身上，应道歉并协助擦干；如对方是女士，则递上干净餐巾或手帕，由她自己擦干。

（七）敬酒

主人和主宾致辞、祝酒时，应暂停进餐和交谈。奏国歌时应肃立。主人和主宾致辞后往往到各桌敬酒，各桌宾客应起立举杯。碰杯时，主人和主宾先碰，人多时可同时举杯示意，不一定碰杯。主桌未祝酒前，其他桌不可先起立或串桌祝酒。宴会上可互相敬酒，以活跃气氛，但要适可而止，不能强人所难。

（八）宽衣

在宴会上，无论天气多么炎热，不能当众解开纽扣、脱下衣服。在小型便宴上，如主人请客人宽衣，男宾可脱下外衣搭在椅背上。

（九）纪念物品

有的主人为每位出席者备有小纪念品，宴会结束时，主人会招呼客人带上。除主人特别示意作为纪念品的东西外，各种招待用品，包括干果、水果、香烟等，都不要顺手带走。

（十）致谢

出席私人宴请之后，应在三日内致便函或名片表示感谢。

第五节 文艺晚会

邀请外宾观看文艺演出，既是宣传本国文化艺术的好机会，又可使外宾得到艺术享受。

一、文艺晚会的组织

涉外文艺晚会是一种集娱乐与艺术享受为一体的外事活动，务必精心组织，给客人留下好印象。

（一）选定节目

选定涉外文艺晚会的节目，一方面要符合主方的意图，另一方面也要考虑来宾的兴趣。因此，应主要选择具有本国民族风格的节目。此外，可酌情安排一些来宾所属国家的节目。为避免引起不愉快，应尽量不安排政治色彩、宗教色彩浓厚的节目。

（二）座位安排

观看文艺节目，一般以第七、八排中间座位为最佳（外国大剧院以包厢为最好）。

看电影，则以第十五排前后中间座位最理想。安排座位时，应按照礼宾次序，同时考虑上述特点。专场演出，通常把贵宾席留给主人和主宾，其他客人可排座位，也可自由入座。若是对号入座，可将座位号与请柬一并发出。

（三）准备说明书

涉外文艺晚会应准备说明书，用主客双方使用的文字印成。最好能提前把说明书提供给客人，或在演出开始前把说明书送到客人手中。

二、出席文艺晚会礼仪

应邀出席文艺晚会，应讲究有关礼仪。

（一）及时答复

被邀请人接到晚会请柬，能否出席应尽早答复主人，以免剧场、影院空缺，影响气氛。若不能出席，应将收到的票券按主人的意见处理。

（二）入座礼仪

决定出席的被邀请人应准时或提前数分钟到达演出地点。请柬附有座位号码的，应对号入座。若无座次，则可自由入座，但不要随便坐到贵宾席上。

（三）观看礼仪

观看演出时不要大声咳嗽或打哈欠。如有即席翻译，说话声音要轻，不要影响其他观众。演出结束时，节目若无政治问题，都应鼓掌，不要表现出不满或失望的情绪。

第六节 国际礼宾次序

涉外活动中的礼宾次序与国旗的悬挂，往往关系到国家的地位和民族的尊严。因此，务必认真处理。

一、礼宾次序

礼宾次序是指国际交往中对出席活动的国家、团体、各国人士的位次按某些规则和惯例进行排列的先后顺序。一般来说，礼宾次序体现东道主对各国宾客所给予的礼遇；在一些国际性的集会上则体现各国主权平等的地位。礼宾次序安排不当或不符合国际惯例，则会引起不必要的争执与交涉，甚至影响国家关系。因此，组织涉外活动时，对礼宾次序应给予足够的重视。

对于礼宾次序的排列，国际上已有一些惯例，各国也有各国的具体做法。有些排列顺序和做法已为国际法或国内法所肯定，如外交代表位次的排列，在《维也纳外交关系公约》中就有专门的规定。

常见的礼宾次序排列方法有以下几种：

（一）按身份与职务的高低排列

一般的官方活动，经常是按身份与职务的高低安排礼宾次序。如按国家元首、副元首、政府总理（首相）、副总理（副首相）、部长、副部长等顺序排列。

（二）按字母顺序排列

在国际会议、体育比赛中，有时按参加国国名字母顺序排列，一般按英文字母顺序排列，少数情况按其他语种的字母顺序排列。联合国大会的席次也按英文字母顺序排列。但为了避免一些国家总是占据前排席位，因此每年抽签一次，决定该年度大会席位以哪一个字母打头排起，以便各国都有机会排在前列。

（三）按通知代表团抵达的日期先后排列

在一些国家举行的多边活动中，常按通知代表团组成的日期先后排列礼宾次序。东道国对同等身份的外国代表团，或按派遣国通知代表团组成的日期先后排列，或按代表团抵达活动地点的时间先后排列，或按派遣国决定应邀派遣代表团参加该活动的答复时间先后排列。

在排列国际礼宾次序时，可酌情选用上述方法，并在邀请书中明确说明。当情况复杂时，则不妨交叉使用数种排列方法，并考虑其他因素。如排列与会代表团礼宾次序时，首先按代表团团长的身份高低排列，在同级代表团中则按派遣国通知代表团组成日期先后排列，对同级和同时收到通知的代表团则按国名英文字母顺序排列。

在安排礼宾次序时，还应适当考虑其他因素，诸如国家之间的关系、与会方对于活动的贡献大小等。有时还应酌情考虑与会人员的业务性质、相互关系、宗教信仰、语言交流等因素。

二、国旗的悬挂

国旗是国家的标志，是国家的象征。人们往往通过悬挂本国国旗或他国国旗，表示对本国的热爱或对他国的尊重。但在一个主权国家的领土上，一般不得随意悬挂他国国旗。不少国家对悬挂本国国旗和外国国旗都有专门的规定，例如，中国制定了《中华人民共和国国旗法》。在国际交往中，还形成了一些悬挂国旗的惯例，为各国所公认。

（一）外事活动中悬挂国旗的几种场合

按国际关系准则，一国元首、政府首脑在他国领土上访问，在其住所及交通工具上悬挂国旗（有的挂元首旗），是一种外交特权。

东道国接待来访的外国元首、政府首脑时，在举行迎送仪式等隆重的场合，在贵宾下榻的宾馆、乘坐的汽车上悬挂对方（或双方）的国旗（或元首旗），则是一种礼遇。

国际上公认，一个国家的外交代表在接受国境内，有权在其办公处和官邸以及交通工具上悬挂本国国旗。

在国际会议上，除会场悬挂与会国国旗外，各国政府代表团团长亦按会议组织者有关规定，在一些场所或车辆上悬挂本国国旗。有些国际博览会、世界体育比赛等国际性活动，也往往悬挂有关国家的国旗。

（二）悬挂国旗的礼仪

悬挂双方国旗，按照国际惯例，在右为上，在左为下。以旗本身面向为准，右挂客方国旗，左挂本国国旗。汽车上挂旗，则以汽车前进方向为准，驾驶员右方为上。在墙壁上挂国旗时，应挂其正面，而不能用反面。国旗不能倒挂。

在室外的旗杆或建筑物上挂旗，一般应日出升旗，日落降旗。升降国旗时，在场者要立正脱帽行注目礼，不能使用破损和污损的国旗。

悬挂国旗，有并挂、悬挂、交叉挂等多种挂旗法（见图 11-1~图 11-4）。并排悬挂两面不同尺寸的国旗，应将其中一面略放大或缩小，以使两面旗的面积大致相同。

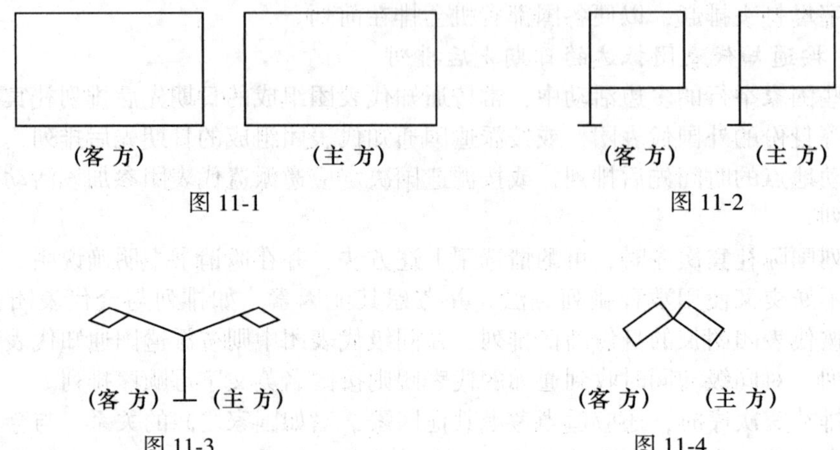

图 11-1

图 11-2

图 11-3

图 11-4

☞思考题：

1. 在欢迎外国元首的仪式上，鸣放礼炮多少响？
2. 如何选定涉外文艺晚会的节目？
3. 怎样排列国际礼宾次序？

☞外事礼仪故事两则：

一、邓小平与舒尔茨

1983年2月，邓小平在钓鱼台国宾馆会见了美国国务卿、里根特使舒尔茨。

邓小平首先热情地邀请客人入座，然后笑问道："舒尔茨特使这次来中国生活得还愉快吗？"舒尔茨答道："很好，谢谢中国的热情招待。里根总统要我转达他对邓小平先生的问候！"

"谢谢他的好意。"邓小平很快把话引入正题，"自1972年《中美上海联合公报》发表以来，中美关系发展比较正常。作为中美双方，我们都应珍惜这种关系"。

"但是，邓小平先生，"舒尔茨说，"在某些地方，还是发生了小摩擦"。

"是的，有摩擦，但责任不在中国。"邓小平指出，"就说技术转让吧，中国并不是非依靠美国的先进技术不可。老实讲，我们搞现代化主要是靠自力更生，即使美国的技术可以全部转让，中国也未必就全部买进"。

舒尔茨摇摇头说："某些尖端技术，可能也不是贵国自力更生所能办到的吧……"

邓小平用事实回答说："不，舒尔茨特使，您错了！""原子弹、氢弹等核武器，算得上'尖端'吧？美国这方面的技术一直在对中国搞封锁。但是，我们不都通过独立钻研，自力更生，办到了吗？问题不在于美国对我们转让什么，而在于美国究竟把中国当做潜在敌人还是真正的朋友。时至今日，在许多中国人心目中，同美国能不能交朋友，美国够不够得上朋友，还存在着许多疑问呢！”

舒尔茨尴尬地说：“这……未免太多心了吧？”

邓小平继续说道：“不，这是历史的经验告诉我们的。别说历史上美国对中国不平等，就是现在，也未必平等。前不久，美国司法机关公然企图‘传讯’中国政府，这是典型的霸权行径，真是岂有此理！请特使转告里根政府，中国作为一个主权国，神圣不可侵犯。我们对此提出严正抗议！”

舒尔茨辩解说：“邓小平先生有所不知，美国司法制度是独立的，政府无权过问呀！”

邓小平说：“如此说来，美国实际上就有三个政府了，国会、内阁、法院。那么，究竟要人家同你们哪个政府打交道才好呢？”

舒尔茨无言以对。

二、客随主“变”

邓小平同志素有吸烟的习惯，平时总是先点燃一支烟，然后再听有关人员汇报工作。1985 年 9 月 20 日上午，时任中共中央顾问委员会主任的邓小平同志准备会见新加坡领导人李光耀先生。在会见厅，邓小平同志不仅自己不点烟，而且还拒绝了工作人员递给他的烟。他说：“今天不吸了。”在座的人惊奇地问：“邓主任今天为什么不吸烟了？”邓小平回答说：“李光耀总理闻不得烟味。”原来，1978 年邓小平访问新加坡时得知这一信息，因此，他在会见李光耀总理和李光耀总理回访他时，他都没有抽烟。邓小平同志就此风趣地说：“客随主‘变’.嘛！”

第十二章 服务礼仪

服务礼仪主要指社会要求工作人员在自己的工作岗位上应当严格遵守的行为规范，也就是工作人员在工作岗位上通过言谈、举止、行为等，对服务对象表示尊重和友好的行为规范与惯例。

第一节 服务礼仪概述

随着科技的发展，信息的传播愈来愈快，企业的技术、产品、营销策略等很容易被竞争对手模仿，而代表企业形象和服务意识，由每位服务人员所表现出来的思想、意识和行为是不可模仿的。也就是说，在市场经济条件下，商品的竞争就是服务的竞争。怎样把客户服务放在首位，最大限度地为客户提供规范化、人性化的服务，以满足客户需求，是现代企业面临的最大挑战。所以，现代企业必须在服务上下功夫，才能在同行业中获得持续、较强的竞争力。

一、服务礼仪的本质

对于服务人员来说，如何做好服务工作，不仅需要职业技能，更需要懂得服务礼仪规范：热情周到的态度、敏锐的观察能力、良好的口语表达能力以及灵活、规范的事件处理能力。

因此，服务礼仪就是服务人员在工作岗位上，通过言谈、举止、行为等，对客户表示尊重和友好的行为规范和惯例。简单地说，就是服务人员在工作场合适用的礼仪规范和工作艺术。服务礼仪是体现服务的具体过程和手段，使无形的服务有形化、规范化、系统化。有形、规范、系统的服务礼仪，不仅可以树立服务人员和企业良好的形象，更可以塑造受客户欢迎的服务规范和服务技巧，能让服务人员在和客户交往中赢得理解、好感和信任。

有一位穿梭于各个城市做生意的“空中飞人”，经常入住酒店。他有个习惯，就是睡觉的时候喜欢“高枕无忧”，因为酒店的枕头都不高，总是要用另一张床上的枕头垫在自己的枕头下面才能睡得着。有一次入住一家酒店，第一天晚上的“高枕无忧”像往常一样自己动手。而第二天晚上回到酒店的时候，却发现了一个小小的变化：枕头变了，下层是一个普通枕头，上层是一个散发淡淡药香的保健枕头，而且比普通枕头要高。从此以后，他只要到了那个城市，就会入住那家酒店，而且还介绍朋友入住。

可见，在服务工作中，洞悉并满足客户的需求，带给客户的又何止是这一次的满意和惊喜。另一方面，一个“不经意”的服务不周，带来的不一定就是那一点遗憾。一位企业家去某地咨询投资事宜，等他赶到该地某局的时候，还有半个多小时就要下班了。但服务大厅里，五个窗口就剩下一个窗口有人——一个年轻的女工作人员正眉飞色舞地煲着电话粥。他来到这个窗口前面，对那位小姐连说了三次“您好”，对方没什么反应。差不多十分钟过去了，终于在一句“讨厌”声中挂了电话，看见自己的窗口前面站了人，头也不抬地说：“明天再来!”“可明天是周六……”“那周一再来，还用我教你。”她终于抬起了头，给了个白眼。“我大老远来一趟不容易，而且现在还不到下班时间……”“那我容易吗？我还要接孩子、做饭，懒得跟你说。”“啪”的一声，最后一个窗口也关上了。用这位企业家的话说：连窗口部门的工作人员都这样，那在该地的投资收益保障实在让人担心。

态度决定一切，意识决定成效。服务人员的服务意识是做好服务的思想基础。所谓服务意识，是指企业全体员工在与一切跟企业利益相关的人或企业的交往中所体现的为其提供热情、周到、主动的服务的欲望和意识，即自觉主动做好服务工作的一种观念和愿望。它发自服务人员的内心，是通过培养、教育、训练而形成的一种本能和习惯。故此，服务礼仪的本质是服务意识，服务人员的服务意识决定着企业的服务品质，服务品质是企业利润的源泉，是企业的灵魂。

二、服务礼仪的特征

服务礼仪是礼仪的一种特殊形式。服务礼仪的实质是指所有服务人员在自己的工作岗位上向服务对象提供服务的标准、正确的做法。因此，它同礼仪的其他门类相比，具有更为显著的特征。

(一) 规范性

服务礼仪的规范性具体表现为貌、表、态、言、位五个方面，即仪容规范、仪表规范、仪态规范、语言规范和岗位规范。在这五个环节上，服务礼仪对于服务人员都有周详的规定和特殊的要求，如服务人员头发的整饰，女性要束发，刘海儿不能遮住眼睛；男性发长不能超过衬衣领，鬓角要剃干净等。离开了这些由一系列具体做法所构成的基本内容，服务礼仪将无从谈起。

(二) 操作性

服务礼仪的操作性是由一条条、一款款可操作的细则来实现的。如有的酒店规定：服务人员在酒店客房走廊遇到迎面走来的客人时，应在双方相距 2~3 米的地方，向己方右侧并一步，最好站在离墙半米左右的位置，身体向左侧转 45°面对客人，微笑注视客人后，鞠躬问候“您好”。

(三) 单一性

服务关系是一种特殊的人际关系。从本质上讲，它是一种双方需求的相互满足关系，但在服务过程中双方之间的关系却是一种服务人员对服务对象的单向需求满足关系。即通过单向的需求满足关系体现出服务对象的优越，处处为服务对象着想，视其为上帝。

三、服务礼仪的要求

(一) 文明服务

文明服务是指服务人员在为服务对象提供服务时，必须文明服务。其要求有三：规范服务、科学服务、优质服务。规范服务就是要求服务人员为服务对象提供标准化、正规化的服务。科学服务就是要求服务人员在服务过程中具有自发的服务意识、高超的服务技能、得当的服务方法。优质服务就是要求服务人员对服务的精益求精。规范服务、科学服务、优质服务有连带关系，它们互相支撑，共同作用，形成真正的文明服务。

(二) 礼貌服务

礼貌服务指服务人员按服务礼仪规范要求对服务对象的服务。它既是一种特殊的礼节要求，又是礼仪学的具体应用，是服务行业优质服务的重要组成部分。

(三) 主动服务

主动服务是指服务人员主动发现并满足服务对象需要的行为。它既表现提供服务的企业功能的齐全和完备，也意味着服务人员要有更强的情感投入为服务工作的出发点，满足的是服务对象的物质和心理的需要。

(四) 热情服务

热情服务是指服务人员热爱本职工作，能正确理解服务对象的心理需要，满腔热情地向服务对象提供良好服务。它是服务人员在服务中呈现出的精神饱满、热情好客、动作迅速、满面春风的职业风范。

(五) 周到服务

周到服务是指服务企业在服务内容和项目设计上的周全，还表现为服务人员在服务过程中细致入微的妥帖照顾。它是服务企业提供个性服务最根本、最有效、最持久的竞争手段，通过用超常规的方式满足服务对象偶然的、个别的、特殊的需求，从而赢得市场。

四、服务礼仪的原则

(一) 三A原则

“三A原则”是服务礼仪的立足资本，是美国学者布吉尼教授提出来的。即是三个以A开头的英语单词，其中文意思就是“接受别人”（Accept）、“重视别人”（Attention）“赞美别人”（Admire）。

1. 接受服务对象

接受服务对象是指服务人员对于服务对象热情相迎，一视同仁，来者不拒。它是一种以积极、热情、主动地姿态接近服务对象，淡化戒备、抵触和对立的情绪，表达欢迎、亲近、友好之意，将对方视为自己人来看待。它体现的是服务人员职业素养和服务态度，是构成优质服务的主要要素，是服务质量的根本保障。

2. 重视服务对象

重视服务对象是服务人员对于服务对象表示敬重之意的具体化，表现为认真对待服务对象、主动关心服务对象。如服务人员在对客服务中应牢记服务对象姓名、善用服务对象尊称、倾听服务对象要求，做到目中有人、招之即来、有求必应、有问必答、急人所需、尽力满足，努力为服务对象提供良好的服务。

3. 赞美服务对象

赞美服务对象实质上就是服务人员对服务对象的接受与重视，也是对服务对象肯定的表现。它要求服务人员在服务过程中，要善于发现服务对象所长，及时地、恰到好处地对其表示欣赏与肯定、称赞与钦佩，以争取服务对象的合作，与服务对象保持一种和睦友善的服务关系。赞美有原则，即：适可而止、实事求是、恰如其分。

（二）首因效应

首因效应又叫首度效应，也有人将之称为“第一印象效应”，体现在服务过程中，就是服务人员与服务对象初次接触时所产生的即刻印象。首因效应通常会对双方的认知方面发挥明显的甚至是举足轻重的作用，具体而言，包括以下三个方面：

1. 至关重要的第一印象

服务过程的第一印象，实际上是服务人员与服务对象接触时所产生的瞬间印象，也即一刹那之间形成的。心理学实践证明，这种瞬间产生所形成的第一印象，通常只需要30秒左右的时间，在这快速的时间内，决定着接触双方彼此间的好感与反感、亲近与疏离、合作与拒绝、效益与失利。对于服务人员来说，给服务对象一个糟糕的第一印象，就失去潜在的合作机会，这种案例数不胜数。

2. 心理定势的形成

心理定势是人们在人际交往和认知过程中普遍存在的，它是指一个人在一定时间内所形成的一种具有一定倾向性的心理趋势。这种心理状态对其认识问题、解决问题带有一定的固化性，难以逆转。服务过程中服务人员与服务对象彼此间的第一印象，常常都受其主观感觉即一定的心理定势所支配，且事实上大多是凭借个人的感觉行事。所以，服务人员要努力留给外界一个良好的第一印象；否则，一旦产生不良的第一印象心理定势后再去采取补救性措施，则是十分困难的。

3. 制约的因素

制约的因素就是服务人员与服务对象在接触之初多获取的信息，如双方的主观因素与客观环境因素等就是双方第一印象形成的制约因素。主观因素有：仪容、仪态、服饰、语言、应酬等方面自身留给对方的印象。客观环境因素有：观感、氛围、传播、人员等外界的影响而形成的对对方的印象。

4. 最佳的第一印象

首因效应实质上是一种有关形象塑造的理论。在服务过程中强调第一印象十分重要，目的是要求服务人员要有形象的意识，不论是自己的形象，抑或是企业的形象，都是服务的有机组成部分之一，都会成为或积极、或消极的第一印象的重要因素。因此，服务人员一定要具有形象是一种服务、形象是一种宣传、形象是一种品牌、形象是一种效益的职业意识。

（三）亲和效应

亲和效应是指人们在交往应酬中，会因为彼此间存在某些共同之处和相似之处，从而感到相互之间更加容易接近。这种相近性，能使双方萌生亲切之感，彼此认同对方、接受对方，视对方为“自己人”。人与人之间的一定的相似之处，会为服务关系的建立提供极大的方便，并且会给双方之间的正常交往带来积极的促进作用。因此，亲和效应是首因效应产生后，人们对交往对象所形成的一种崭新的印象。它产生于人际交往过程之中，并且持续发挥作用。即主要在熟识者之间的持续交往中发挥作用，它不但可以补充人们对交往对象的第一印象，有时还会对其有所修改。基于此，在服务过程中服务人员一旦发觉自己的服务存在问题之后，如能及时采取必要的补救措施，是可以挽回影响为服务对象接受的。

亲和效应会使交往对象之间产生一种无形的凝聚力和向心力，它可以促使交往双方进一步地实现相互理解、相互接受、相互支持、相互帮助、同甘共苦、风雨同舟。这种重大的作用，就是人们常说的亲和力。服务人员要想具有亲和力，特别有必要在待人如己、出自真心、不图回报这三个方面加以注意。

（四）末轮效应

末轮效应是指在服务过程中，服务企业和服务人员留给服务对象的最后的印象。在服务过程中，得体而周全地运用末轮效应的理念，抓好最后的环节，可以使服务企业和服务人员赢得社会效益和经济效益。具体体现为服务的硬件和软件两方面：即服务企业的硬件设施配置良好，如供服务对象使用的用具、物品要力求完善，切勿滥竽充数；店堂的装修要新颖独特，给人耳目一新的感觉；电梯上下方便，环境宜人等。软件的服务设计到位，如服务人员始终如一的热情服务和完备的售后服务——实行三包（包退、包换、保修），提供咨询、接待投诉、开通服务热线、服务上门等。只有这样，服务企业才会有回头客，在激烈的市场竞争中占有一席之地。

第二节 服务人员形象礼仪

礼仪是一种形式美。亲切的笑容、礼貌的谈吐、优雅的仪表、体贴的照顾是服务人员职业素养和职业能力的重要表现。具备良好的服务礼仪素养能够使服务对象在与服务人员接触或者接受相关服务的过程中，拥有美好的心理感受，充分体验服务这种产品的附加值。

一、仪容礼仪

仪容，简单讲是指服务人员不需要包装的部位，主要是面部，广义上还包括头发、手部，以及穿着某些服装而暴露出的腿部。

（一）对面部的要求

对面部最基本的要求是：时刻保持面部干净清爽，无汗渍和油污等不洁之物。修饰面部，首先要做到清洁。清洁面部最简单的方式就是勤于洗脸，午休、用餐、出汗、劳动或者外出之后，应立刻洗脸。

具体到各个不同的部位：

1. 眼部

（1）清洁。眼部分泌物要及时清除。

（2）修眉。眉形刻板或不雅观的话，可进行必要的修饰，但尽量不要文眉，更不要剃眉毛。

2. 耳朵

(1) 保洁。平时洗澡、洗头、洗脸时，应清洗一下耳朵，及时清除耳朵孔中的分泌物。

(2) 耳毛。个别人士耳毛长得较快，当耳毛长出耳孔之外时，就应进行修剪。

3. 鼻子

(1) 鼻腔。要随时保持干净，不要让鼻涕或别的东西充塞鼻孔。

(2) 鼻毛。经常修剪一下长到鼻孔外的鼻毛。

4. 嘴部

(1) 清洁口腔。牙齿洁白，口腔无异味，是对口腔的基本要求。为此应坚持每天早、中、晚刷三次牙。尤其是饭后，一定要刷牙，以去除残渣、异味。另外，在重要服务之前忌食蒜、葱、韭菜、萝卜、腐乳等可让口腔发出刺鼻气味的东西。

(2) 清除胡须。在正式场合，男性留着乱七八糟的胡须，一般会被认为是很失礼的，而且会显得邋里邋遢。女性因内分泌失调而嘴唇上方长出的汗毛，应及时清除，并予以治疗。

(3) 禁止异响。在服务时，包括嘴、鼻子及其他部位发出的咳嗽、哈欠、喷嚏、吐痰、吸鼻、打嗝、放屁等不雅之声统称为异响，应当禁止出现。如果不慎弄出了异响，要向身边的人道歉。

5. 脖颈

(1) 清洁。不要只顾着脸上干干净净，而忽视了对脖子的照顾。脖子尤其是脖后、耳后，绝不能成为“藏污纳垢”的地方。

(2) 护肤。脖子上的皮肤细嫩，应给予相应的呵护，防止过早老化。

(二) 对手臂的要求

手臂是在服务过程中肢体使用最多、动作最多的部分，要完成各种各样的手语、手势。因此，难免得到众多目光的眷顾。如果手臂的“形象”不佳，整体形象将大打折扣。

手臂的修饰，可以分为手掌、肩臂与汗毛三个部分。

1. 手掌

手掌，是手臂的中心部位，也是手语的关键部位。对它的修饰必须做到以下几点：

(1) 干净。从清洁、卫生、健康的角度谈，手应当勤洗。餐前、便后、外出回来及接触到各种东西后，都应及时洗手。

(2) 修剪指甲。手上的指甲应每周修剪一次。手指甲的长度以不超过手指指尖为宜。

(3) 健康。对于手部要悉心照料，不要让它处于不健康的状态。手部皮肤粗糙、红肿、皲裂，要及时护理、治疗。若长癣、生疮、发炎、破损、变形，不仅要治疗，还要避免接触他人。

2. 肩臂

在服务过程中，手臂，尤其是肩部，不应当裸露在衣服之外。

3. 汗毛

由于个人生理条件不同，个别女性手臂上汗毛生长得过浓或过长。这种情况，最好是采用适当的方法进行脱毛。

(三) 对腿部的要求

腿部在近距离之内为他人所注目，因此腿部的修饰必不可少。腿部的修饰，主要应注意脚部、腿部和汗毛三个部分。

1. 脚部

修饰脚部，要注意以下三个部分：

(1) 裸露。在服务过程中不允许光着脚穿着鞋子，而且使脚部过于暴露的鞋子(如拖鞋、凉鞋) 也不能穿。

(2) 清洁。注意保持脚部的卫生，保证脚无味。

(3) 脚趾。脚趾甲要勤于修剪，最好每周修剪一次。趾部通常不应露出鞋外。

2. 腿部

在服务过程中，男性不得暴露腿部，即不允许男士穿短裤。女士可以穿长裤、裙子，但不得穿短裤，或是暴露大部分大腿的超短裙。

3. 汗毛

男子成年后，一般腿部的汗毛都很重，所以在服务过程中不允许穿短裤或卷起裤管。

女士的腿部汗毛如果过于浓密，应脱去或剃掉，或选穿深色丝袜，加以遮掩。没有剃掉或脱掉过浓密的汗毛之前，切忌穿浅色的透明丝袜。

(四) 美容化妆

化妆是生活中的一门艺术，适度而得体的化妆，可以体现女性端庄、美丽、温柔、大方的独特气质，是女性在服务过程中，以化妆品及艺术描绘手法来装扮自己，以达到振奋精神和尊重他人的目的。

二、仪表礼仪

仪表礼仪主要就是服饰礼仪。在服务中，服务对象首先感受到的是服务人员的外在形象，良好的仪表让服务对象赏心悦目，对消费心理产生重要影响，从而接受服务、认可服务，进而享受服务，最终实现员工价值和企业价值。

(一) 着装禁忌

服务人员在职业场合着装有六大禁忌。

(1) 忌过分杂乱。重要场合要注意，穿套装、套裙时要穿制式皮鞋。制式皮鞋男的是指系带的黑皮鞋，女的是指黑色的高跟、半高跟的船形皮鞋，制式皮鞋跟制服是配套的。

(2) 忌过分鲜艳。制服也好，套装也好，需要遵守三色原则，全身颜色不多于三种，男女的制服、套装都要遵守这个规则。不能过分鲜艳，图案也要注意，重要场合套装制服要尽量没有图案，或者有规范的几何图案。

(3) 忌过分暴露。一般有六不暴露：不暴露胸部，不暴露肩部，不暴露腰部，不暴露背部，不暴露脚趾，不暴露脚跟。

(4) 忌过分透视。女性服务人员尤其要注意这一点，衣着过分的透亮，会吸引服务对象的视线，使人产生某种错觉，甚至在无意中遭受轻薄之徒的“性骚扰”。

(5) 忌过分短小。服务人员服饰过分短小，会使其肢体动作难以施展开来，给工作带来不便。

(6) 忌过分紧身。服务人员职场着装松紧要适度，过分紧身，凸显玲珑有致的身材，会让人产生非分的想法。

(二) 饰品礼仪

饰品礼仪，就是饰物佩戴和饰物使用需要注意的礼仪。

(1) 以少为佳。工作中，身上使用的饰物越少越好。就首饰而论，一般来讲，女性在一般场合身上的饰物三种之内是最好的。每一种不多于两件是最正规的。

(2) 同质同色。色彩和款式要协调，质地、色彩要相同。

(3) 符合习俗。入国而问境，入乡而随俗。比如，在欧美国家，特别是去信天主教的国家，十字架的挂件别常戴，那是不吉利的标志。

(4) 注意搭配。就是饰品要和你的服装和谐，要和你其他的佩饰和谐。

第三节 行业服务礼仪

一、银行服务礼仪

银行服务礼仪是指银行业务活动中形成的带有金融特点的行为规范和交往礼节。

(一) 营业大厅的服务礼仪

1. 柜面服务

柜面服务的基本要求是尊重顾客，文明服务。这里除了要尊重顾客的人格外，还包括尊重顾客的债权人身份。客户来银行办理金融业务，是对银行的一种信任。所以，银行在办理业务时应以诚恳的态度、礼貌的用语、发自内心的微笑来竭诚为他们服务。具体来说要注意以下三个方面：

(1) 仪表端庄。

① 着装：在工作期间，员工必须穿统一的工作服。银行员工的衣着服饰总的要求是要做到庄重、文雅、大方，从而体现银行安全、稳定、文明、值得信赖的整体形象。

② 仪表：上班时间员工应在服装的左上方佩戴胸卡；必须精神饱满、面带微笑；西装、衬衣、西服裙必须平整、清洁；皮鞋必须擦抹光亮，无灰尘。男员工必须理短发，经常整刮胡须，女员工可化淡妆、涂抹自然色指甲油。

③ 仪态：柜面服务人员接待客户时，应面带微笑、神情专注，把笑意写在脸上，用微笑、亲切的语言架起银行与顾客之间感情的桥梁。在与人谈话时，目光自然地注视对方，不左顾右盼，也不能紧盯对方。在向客户递送业务凭证时应双手递过去，以示尊重对方。

(2) 语言文明。

柜面服务中使用的语言要做到亲切、准确、得体。亲切就是要和颜悦色、诚挚热情，使用文明用语；准确，即口齿清楚、语意完整；得体就是要根据不同的对象和场合，采取恰当的语言和方式来表达。

(3) 待人礼貌。

柜面服务礼仪强调行为、举止要体现诚心、热心、细心和耐心。

诚心就是要诚恳待人，想客户所想，急客户所急，虚心听取意见，不断改进工作。热心就是要主动热情地为客户服务，做到生人、熟人一个样，忙时、闲时一个样，大人、小孩一个样。细心就是要在细微之处见精神，处处体现细致、周到、关心的态度。譬如，为客户提供纸笔、墨水、印泥、擦印章布、老花镜等用具，发现存折破损，就应该及时更换或者粘贴。耐心就是要在办理业务时不怕麻烦，执行规章制度做好解释。当客户对我们提出意见时，要耐心地听取和解释。当客户对我们误解而发生纠纷时，也要以克制忍让、冷静耐心的态度来对待，做到“得理也让人”。

2. 大堂经理

(1) 服务管理。大堂经理要协助本行负责人对本行的优质服务情况进行管理和督导，及时纠正违反规范化服务标准的现象。

(2) 迎送客户。热情、文明地对进出本行的客户迎来送往，从客户进门时起，大堂经理应主动迎接客户，询问客户需求，对客户进行相应的业务引导。

(3) 业务咨询。热情、诚恳、耐心、准确地解答客户的业务咨询。

(4) 差别服务。识别高、低端客户，为优质客户提供贵宾服务，为一般客户提供基础服务。

(5) 产品推介。根据客户需求，主动客观地向客户推介、营销本行先进、方便、快捷的金融产品和交易方式、方法，为其当好理财参谋。

(6) 低柜服务。有条件的营业厅依据个人客户提供的有关证明资料，办理个人客户的冻结、解冻和挂失、解挂等非现金业务。

(7) 收集信息。利用大堂服务阵地，广泛收集市场信息和客户信息，充分挖掘重点客户资源，记录重点客户服务信息，用适当的方式与重点客户建立长期稳定的关系。

(8) 调解争议。快速妥善地处理客户提出的批评性意见，避免客户与柜员发生直接争执，化解矛盾，减少客户投诉。对客户意见和有效投诉的处理结果在规定时间内及时回复。

(9) 维持秩序。保持整洁的卫生环境；负责对本行的标志、利率牌、宣传牌、告示牌、机具、意见簿、宣传资料、便民设施等整齐摆放和维护；维持正常的营业秩序，提醒客户遵守“一米线”，根据柜面客户排队现象，及时进行疏导，减少客户等候时间；密切关注营业场所动态，发现异常情况及时报告，维护银行和客户的资金及人身安全。

(10) 工作要求。大堂经理必须站立接待客户（可坐下与客户谈业务），做到眼勤、口勤、手勤、腿勤，穿梭服务于客户之间；要记载好工作日志（履行基本职责情况）和客户资源信息簿（重点客户情况）；因故请假，各行应安排称职人员顶替，不得空岗。

(11) 定期报告。定期归纳分析市场信息、客户信息、客户需求及客户对本行产品营销、优质服务等方面的意见，提出改进的建议，以书面形式每月向主管行长和本行负责人报告一次（遇重大问题随时报告）。对大堂经理反映的问题，行领导和负责人应及时研究，并采取有针对性的措施加以解决。

(二) 银行服务语言规范

(1) 迎接客户时：使用“您好”或“欢迎光临”，对经常惠顾的客户，主动称呼客户时，加上客户的姓氏或职务。

(2) 客户办理业务时：使用“请您……”或“对不起，请您……”

(3) 送别客户时：使用“谢谢”“请您慢走”或“欢迎再次光临”。

(4) 客户徘徊犹豫时：主动询问，使用“您好，请问您需要提供什么帮助吗”。

(5) 设备故障，不能办理业务时：使用“非常抱歉，我们正在全力排除故障”。

(6) 业务繁忙时：使用“对不起，让您久等了”。

(7) 客户量大或正在接待客户，其他客户提问，无法立即回答时：使用“对不起，请您稍等”。

(8) 客户的疑问无法立即回答时：使用“对不起，我需要请示后再答复，请您稍候”。

(9) 办理业务或解答出错时：使用“对不起，我没有听清楚或讲明白”。

(10) 接电话时：使用“您好，×××银行”，“请问……”或“麻烦您……”。

(11) 结束通话时：使用“再见”或“谢谢您”。

(12) 对个别客户的失礼表现和无理要求，在婉转拒绝时：使用“对不起，很抱歉”。

二、医院服务礼仪

医院服务礼仪是通过医护人员的语言、行为，对患者表达友好、善意、尊敬、热情、周到、体贴、细致的服务规范。医护人员是医疗单位实施医疗活动最能动的因素，是保证诊疗活动顺利进行最主要最关键的条件之一。因此，医护人员要遵守本行业的礼仪规范，这不仅是医德的体现，也是医护人员在医疗过程中体现与患者相互尊重，顺利完成医疗活动，实现医疗目的的基本准则。

(一) 医生的基本礼仪

1. 医生的仪容仪表

(1) 服饰整洁。医生应着专门的工作服。工作服要定期清洗，保持清洁，防止交叉感染，以健康、整洁的形象出现在病患者及陪同人员面前。

(2) 仪态端庄。男医生要保持仪容整洁，不留长发和胡须，不要佩戴干扰患者注意力的饰物。女医生可化淡妆，也不宜佩戴干扰患者注意力的饰物，如长而粗的项链、手镯、手链、耳环等。

(3) 面部表情。应自信、沉着。目光要坦然亲切，对患者给以同情、安慰的眼神。

2. 医生的工作礼仪

(1) 在给病人做检查时动作要轻柔，在天冷时要先将双手搓热再触碰病人身体。对住院患者查房时，要认真对待，不能让患者觉得敷衍了事。治疗时，事先应对患者或家属讲清治疗的目的和可能出现的情况，消除患者及家属的恐慌。必要时边做边和患者交流，分散其注意力，减轻治疗带来的不适。

(2) 当患者出院时，主治医生应对患者进行最后的医疗指导，告知患者及家属出院后的注意事项，以加快患者的康复。

(3) 门诊医生要按时接诊，医生在工作中切勿草草诊断，病人还没叙述完病情，就开出处方；或是让患者久等，忙于私事，迟迟不接诊；或是边看病边与旁人谈笑，接打手机；或是高高在上，盛气凌人，恶语伤人；或是疗效不佳时，指责患者这也没注意，那也没做好，等等。

3. 医患沟通礼仪

在疾病治疗过程中医生与患者之间需要通过沟通与交流，建立信任关系，达到治疗疾病、康复身体的目的。

(1) 语言。一般的问候语有“早上好”“您好”等。对门诊患者医生可询问“您哪里不舒服”，若病人较多可先对后面的说声“请稍候”“请先这边坐”等。

(2) 肢体语言。如对于住院患者来说，医生在查房时，要带着微笑，用目光巡视病房中的每一位患者，并同目光对接的患者点头以示礼貌，营造病房和门诊中医患和谐温馨的氛围。

(二) 护士的基本礼仪

护士礼仪是护理工作者在进行医疗护理和健康服务过程中应遵守的行为规范和准则。它既是护理工作者修养素质的外在表现，也是护理人员职业道德的具体表现。

1. 护士的仪容仪表

(1) 衣着。护士的衣着要与工作、生活的环境等和谐统一。护士穿戴宜素雅、端庄。身着浅色工作服，头戴同色护士帽，脚着软底鞋。头发应整洁，长发应挽起，将额发置于帽内。衣服要干净、无油渍，特别是不要有血迹或碘液，如有腰带，应熨平系好。此外，由于工作中无菌技术、洗手消毒等操作的需要，除指甲宜修短外，不宜戴指环、手镯等。

(2) 仪表。护士的仪表应文明端庄，工作服必须平整，佩戴的胸牌清晰、端正，给患者以文明、大方的感觉，并给患者留下良好的第一印象。

2. 护士工作礼仪

(1) 接诊礼仪。护士与患者接触时表情应当和蔼亲切，面带笑容，表达关爱之情，消除患者对医院的恐惧心理。如门诊导诊护士见到患者应主动热情地说：“同志，您好！我是门诊的导诊护士，请问我能帮您做些什么吗?”“请问您哪里不舒服了?”

接诊患者时，护士的站姿、坐姿都要端正、规范。在使用文明用语的同时，注意形体语言，例如，面对站立着的患者应起立回答问题，指出方位时要等对方明白了，才返回工作地点，必要时应将患者送达目的地。

(2) 护理治疗礼仪。在为患者做注射或护理时，除了规范、娴熟的操作外，还应注意工作中的文明礼貌行为。

首先，进行治疗前应礼貌地对患者作一些关于治疗措施的科学解释，要充分尊重患者的知情权，让患者了解治疗措施的意义。例如，要给一个发烧患者进行肌肉注射退烧药时，应这样向患者说明："您好，您正在发高烧，长时间高烧会损害人的大脑，同时会消耗体内大量水分，这对您的健康不利，所以现在我要按医嘱给您注射退烧药，请您配合，好吗?"在整个治疗操作过程中，一定要"请"字当先，不可用命令式的口气对患者说话。

其次，进行治疗操作时既要严格执行操作规程，又要做到动作轻柔、神情专注、态度和蔼。当患者配合治疗结束后，还应当向患者致谢，并给予适当的安慰。整个治疗过程中都应注意保持举止有度、言谈有礼。

最后，患者在门诊治疗结束离去前，应礼貌、关心地嘱咐患者注意保重身体，同时送上几句祝福、送别的话语，如"回家后注意按时服药，保重身体，有不适请随时与我们联系或就诊，药袋上有我们的联系电话。祝您早日康复"等礼貌语。

三、旅游服务礼仪

旅游服务礼仪是指旅游企业和旅游服务人员在旅游活动过程中应当遵循的尊重他人，讲究礼貌、礼节，注重仪容、仪表、仪态、仪式等的规范和程序。旅游服务礼仪不单是一种经济行为，也是一种文化行为。优美的风景名胜、特色独具的旅游产品、南来北往的旅游者，再加上旅游服务人员优雅的举止、温馨的话语、善解人意的服务，会给人一种艺术的享受，给人以美的陶冶，使人体会到平等、友爱、和谐的文化氛围。

（一）迎宾礼仪

1. 接待准备工作

（1）接待人员应熟悉有关部门下达的接待计划，了解有关团体和旅游人员的抵达时间、活动日程安排、旅游观光点的情况。

（2）掌握旅游团体的人数、职业、宗教信仰等资料。

（3）准备适当数量的导游图。

（4）落实预订游客及陪同人员的住房，了解房间的规格、设备。

（5）向飞机场、车站和港口问清楚飞机、车、船抵达的准确时间和停靠处的出口站台等。

（6）预先准备好特定的标志，例如小旗、牌子等。

（7）通知有关部门，如饭店、宾馆、旅游景点等，做好接待游客的准备。

2. 迎接工作

（1）有关部门在接到接待旅客的通知后，迎接人员应在飞机、火车、轮船抵达前，到达机场、车站或码头，迎接客人的到来。

（2）旅客下交通工具后，迎接人员应及时向全程陪同人员索取行李卡和有关证件，交给运送行李的有关单位和人员。

（3）旅客上车后，迎接人员应先作自我介绍，致简短欢迎词，然后分发导游图、宣传品，适时向游客介绍路途中的主要建筑和本地概况。

（4）安排住宿，将客人接到宾馆后要发放住房卡，向旅客简单介绍设备情况和宾馆服务设施。

(5) 对出境团体应索要全体成员的护照及乘机票据，办理订座手续等。

(6) 向领队、客人、全程陪同人员了解客人的参观、游览、饮食要求，以便及时与有关方面联系。

3. 门卫服务礼仪

门卫又称司门员、门迎或迎宾员。门卫的主要工作是迎送宾客、保卫安全和进行内部联络。

门卫是宾馆的“门面”，其仪表、举止、服务态度等，直接关系到客人对宾馆的第一印象。因此，门卫在岗时，着装要整洁，制服上无任何污点、破损、折皱，皮鞋要擦亮，无灰尘。门卫要常修边幅，保持仪表堂堂的威严。

门卫应“站有站相”，站立要挺直，不可叉腰，更不要懒洋洋地靠在大门上。门卫在工作中要保持良好的精神状态，随时准备迎送宾客。

凡来宾馆的车辆停在正门时，门卫应主动上前打开车门请客人下车。待客人下车后，门卫可环视车内，以防客人遗留下物品，如果客人携带的行李较多时，门卫应主动帮忙提行李。对年老体弱、行动不便的客人，门卫应主动搀扶。

门卫迎接客人进入宾馆大门时，应热情地说：“您好，欢迎您光临××宾馆。”可对常住宾馆的客人说：“您回来了，请进。”

门卫在工作中，要保持高度的警惕性。对来访者应礼貌接待，要彬彬有礼地询问其姓名、工作单位和被访者的姓名、房间号码等，经核实后，请来访者进门。若有问题，立即与总服务台等部门联系。

客人出门时，门卫可为其打开大门，并点头致意，客人离开宾馆、饭店或酒店时，门卫应为客人打开车门，待客人上车后关好车门，车辆即将开动时，门卫应友善地注视客人，挥手致意，礼貌道别。如说“再见”“一路顺风”“欢迎您再来”等。

(二) 导游服务礼仪

导游是旅行社的灵魂。导游员处在接待第一线，和游客接触交往的时间长，导游工作对整个旅游接待工作的成败起着重要作用。在与游客的交往中，导游员应注意礼貌礼节，尊重各国、各地区及各民族的风俗习惯，了解他们不同的礼俗，做到热情友好，不卑不亢，以礼相待，使游客满意。

1. 仪容和服饰

(1) 导游在日常交往中可穿工作服和各式便装，但必须注意着装的一些基本原则和各式服装的穿法和禁忌，如夏季男性不能穿圆领汗衫、短裤，女性不能穿超短裙，面向客人讲解时不能戴太阳镜等。

(2) 进入室内、场内，应摘帽，脱掉大衣、手套、太阳镜、风雨衣等。

2. 导游时的礼节

(1) 接待旅游者时，要首先向游客问好，然后主动作自我介绍，讲清姓名、身份、单位，同时也向游客介绍其他工作人员和司机等。介绍时，要面带笑容、语气亲切、态度热情。

(2) 不要主动去和旅游者握手，但是如果旅游者伸手，应热情大方地与其相握。

(3) 导游证、旅行社的徽章或者名牌应佩戴在服装左胸的正上方。

(4) 尊重老人和女性，爱护儿童。进出房门、上下车，要让老人、妇女先行，对老弱病残幼等要主动给予必要的协助与照料。

(5) 在带团过程中，与客人在一起的时候，不得抽烟，不吃有异味的食品。

(6) 导游讲解时，表情要自然大方，语气语调自然亲切，声音要大小适中，使用话筒音量、距离要适当。

(7) 导游时可适当做些手势，但宜少不宜多。动作不要过大，不要手舞足蹈、指手画脚。要考虑不同文化背景来使用手势，不要使用一些不恰当的手势，如说一句在胸前划一道，这在西方是指责他人的手势。在清点车上的游客数量时，切忌用手指指点点。

(8) 旅游者提问时，要耐心听取，并及时解答。如果自己正在说话或导游时，可亲切示意对方稍等，待自己说话告一段落时再解答旅游者的提问，不可视而不见、充耳不闻。

(9) 与旅游者交谈时，一般不涉及疾病、死亡等不愉快的话题，不谈荒诞离奇、耸人听闻的事情，不热衷于黄色笑话。对客人不愿回答的问题，不要追问。遇到客人反感或回避的话题，应表示歉意，并立即转换话题。与外宾交谈，一般不讨论对方国家的内政，不批评、议论团内任何人，不随便议论宗教话题。与女宾交谈要谨慎，不要乱开玩笑。对宾客不要询问对方的收入、婚姻状况、年龄、家庭、个人履历等私人问题。

(10) 导游过程中要平均分配自己的注意力，尽量照顾全体成员，不可冷落任何一位客人，要照顾、配合全体成员行走步伐的快慢。

3. 进出客人房间的礼节

(1) 有事到客人房间，要预先约定，并准时到达。进门前要先敲门，经允许后方可进入。

(2) 尊重客人的作息习惯，尽量避免在休息时间或深夜打搅对方。因急事需要见面而又未经约定前去打搅时，应先表示歉意，说明打搅的原因，并及早离开。

(3) 除特殊情况外，一般不要站在房间门口与客人谈日程或谈论问题。事先没有约定的谈话，时间一定要短。

(4) 不要随意去客人的房间，特别尽量不要单独去异性客人的房间，如果情况需要，进房后门要半掩着。

(5) 在室内，未经主人同意，即使是较熟悉的朋友，也不要随意触动、翻看客人的物品、书籍等。

(6) 有事到客人的房间，在客人没有示意请坐时，一般不要自己先坐下，更不要坐在客人的床上。尽量不要使用客人房间的卫生间。

☞**思考题：**

1. 银行柜台人员怎样树立良好的形象？
2. 如何对待不同的病人？
3. 导游礼仪有哪些讲究？

☞**服务礼仪故事两则：**

一、一位中国导游的故事

某中国代表团应邀访问日本，当代表团成员走下飞机的时候，日方人员手持花环迎上前来，中方代表团团长见状赶紧大步走上前去。可是，日方人员却将花环戴在中方代表团的一名普通成员——一位东北导游的脖子上。日本人为什么没有把花环献给中方团长，而是献给了这位导游呢？因为这名导游是一位称职的、出色的导游，他不仅精通导游业务，对东北的风土人情、山山水水了如指掌，而且他精通日语，善于和日本游客沟通，特别是他工作认真负责，服务热情周到，受到曾到中国东北观光旅游的日本游客的普遍好评。因此，才会发生上述故事。

二、一位美国导游的故事

一位美国女导游陪着一车游客准备出发。开车时间到了，车却没有开，游客们着急了，导游婉转地向大家解释说："对不起，请大家耐心等一会儿，还有一位女游客未到。"大家平静下来。过了一会儿，一名妇女牵着一个孩子匆匆跑过来，小孩上车时哭个不停。导游蹲下身来，亲切地问小朋友有何要求，原来小孩饿了，想吃叉烧包。导游得知后二话没说，立刻跑到附近的食品店买来叉烧包，堵住了正在大声啼哭的小孩的嘴。在游览过程中，这位导游不仅热情地分别用英语、广东话、普通话为游客介绍景点，还帮助游客照相。游客休息的时候，她为游客播放动听的歌曲。美国是个移民国家，食品荟萃了世界各国的风味。进餐时，这位导游教客人如何用餐，细心介绍食物的特点。此外，她还为游客提供叫醒服务等。她的出色工作和周到服务，给游客留下了深刻的印象。

第十三章 餐饮礼仪

餐饮礼仪是人们在饮食活动中应遵循的社会道德规范。

饮食是人类赖以生存的基本生活方式，古人云“民以食为天”，足见饮食在人们生活中的重要性。饮食又是人类社会礼仪产生的源泉，《礼记·礼运》中说：“夫礼之初，始诸饮食。”最早的食礼，源于远古祭神仪式。《礼记·礼运》说：“其燔黍捭豚，污尊而抔饮，蒉桴而土鼓，犹若可以致其敬于鬼神。”其意是说，原始社会的先民，将黍米和猪肉放在烧石上烤熟，在地上凿坑当做酒樽用手掬捧，还用茅草包土扎成槌子敲击土鼓，以此表示对鬼神的敬畏和祭祀。

随着社会的发展，先民对自然界的变化和社会复杂关系有了进一步认识，仅以祭神祀祖为礼，已不能满足他们日益发展的精神需要，不能调节日益复杂的人际关系，于是，礼仪的范围和内容就从各种“神事”拓展到各种“人事”，这便是郭沫若《十批判书》中所讲的“礼之起，起于祀神，其后扩展而为对人，更其扩展而为吉、凶、军、宾、嘉等各种仪制”。从而奠定了古代饮食礼仪的基石。

中国是一个礼仪之邦，更是一个懂饮食的民族，吃几乎渗透到中华民族社会生活的方方面面。例如熟人见面打招呼，问：“你吃了吗?”不受人引诱叫“不吃那一套”，手头比较拮据叫“吃紧”，上当受骗叫“吃亏”，社交广叫“吃得开”，产生嫉妒叫“吃醋”，受欢迎叫“吃香”，被控告叫“吃官司”，课讲多了叫“吃不消”，甚至形容美好的风景“秀色可餐”、好文章“回味无穷”。

人的一生也是伴随着各种食礼成长的。恋爱相亲要以茶酒定礼，结婚嫁娶要大办婚宴，祈求生子要以红蛋促孕，十月怀胎，食忌多多。生日要吃长寿面，老人去世要喝白喜酒。

中国的传统节日大多与吃有关：春节——包饺子、吃年糕、吃团圆饭；元宵节——吃汤圆；中和节(二月二)——吃龙须面、炒豆；上巳节(三月三)——曲水流觞，荠菜煮鸡蛋；清明节——吃冷食、清明团子；端午节——吃粽子；中秋节——吃月饼；重阳节——吃重阳糕、饮菊花酒；冬至节——吃馄饨、汤圆；腊八节——吃腊八粥、煮腊八豆。

中国人逢事也多与吃有关，乔迁之喜要办“乔迁宴”，晋级升官要办“升官宴”，金榜题名要办“谢师宴”，商店开业要办“开张宴”，大厦落成要办“上梁酒”，为朋友送行要办“饯行宴”，为朋友接风要办“洗尘宴”。请人办事必设宴相求，事成之后，必设宴感谢。民间几乎是无事不设宴，无宴不成礼。

既然饮食成为人们日常生活、社交活动不可缺少的一项内容，那么，掌握一定的饮宴社交礼仪就显得十分必要。

第一节　中餐进餐礼仪

中国传统进餐方式和中国传统进餐礼仪，历经千百年的传承演变，已形成较为统一的规范和模式，虽然不同地区、不同民族的饮食礼仪各有特色和略有差异，但相对西方饮食礼仪来讲，中国传统饮食礼仪具有其自身的特点和要求。

一、中式餐饮的特点

中式餐饮的特点主要从烹饪特色、饮食结构、进餐方式体现出来。

（一）中式菜点的特点

全世界饮食风味按特色划分，可分为三大类，第一类是以法国菜为代表的西式菜点，第二类是以土耳其菜为代表的阿拉伯菜点，第三类是以中国菜为代表的中式菜点。

中国菜在世界上享有较高的声誉，它之所以备受世人青睐，是因为中国烹饪具有一系列的特点，主要表现在：选料广泛，拼配巧妙；加工精细，造型优美；注重火候，控制得当；调味讲究，味型丰富；菜品多样，变化无常；主副食分明，小吃品种丰富；菜系流派众多，地方风味浓郁。正因如此，中国赢得了“烹饪王国”的美誉。

（二）饮食结构的特点

中国传统饮食结构受地域和地理环境的影响，具有一定的差异性。北方地区，以面为主食，辅以牛羊肉、禽、蔬；南方地区，以米为主食，辅以鱼、猪肉、禽、蔬。新疆、内蒙古、西藏等地因其地理环境的不同，略有差异。但总的来讲，以米面为主体，水产畜肉蔬果为辅，形成了我国饮食结构的主要特征。

（三）进餐方式的特点

中国传统进餐方式最主要的三大特点，一是使用筷子。西餐使用刀叉作进餐工具，阿拉伯以手抓方式进餐，而中国人则用筷子取食。筷子灵活、方便、多用的特点是其他取食方式不可比的。二是团聚共食。西餐讲究分餐分食，而中餐则主张众人围坐，共食一盘菜。民间家庭以八仙桌（四方桌）为主，市肆餐饮以圆桌为主。团聚共食体现了中国传统“和合”的儒家文化特征。三是喜好劝菜劝酒。有朋相聚，必尽所能，以好酒好菜相待，这是中国人传统的饮食礼节。举杯推盏之间，人们喜欢劝菜劝酒，把好菜夹给来宾吃，把美酒敬给来宾喝，不管你喜不喜欢吃，不管你能不能喝，似乎只要劝了、敬了，礼仪就到位了，否则主人就会被认为不热情。

二、日常进餐礼仪

无论是家庭日常便饭，还是朋友小聚宴饮，抑或是一人独自出入餐厅，你的行为举止都有一定的礼仪要求。有时候，或许你在吃饭时不经意间的一个不文雅的小动作，可能让你的身份掉价，使自己给人的印象蒙垢。

(一)保持良好的"吃相"

俗话说："吃有吃相，坐有坐相。"所谓"吃相"就是吃饭过程中的礼仪规范。

(1)主不请，客不尝。取食有先后，宾主相聚，主人先动筷，客人后动筷。家庭便饭，长辈先动筷，晚辈后动筷。

(2)就近拈，勿远夹。在有转盘的餐桌上进餐时，桌上的菜是可移动的，每个菜都可转到自己面前来，因此夹菜时不必迫不及待地取远处的菜，而应只夹面前的菜。

(3)适量取，不贪食。对桌上自己喜欢吃的菜，也应适量取食，不能不管别人的需求，埋头多食。

(4)食轻言，嚼轻声。俗话说："食不言，寝不语。"而众人相聚进餐不说话是不可能的，但吃饭时说话要注意两点，一是轻声说话，不可大声嚷嚷；二是忌讳口中含着食物说话，这样既不卫生又不文雅。吃东西时应尽量不发出响声。

(5)吐骨刺，置骨碟。酒楼吃饭，都备有骨碟，因此，骨刺应吐在骨碟上。如在家庭没设骨碟，骨刺可吐在面前的桌面上，切忌吐在地上。

(6)用餐毕，擦唇边。用餐结束，应用毛巾或餐巾纸擦拭嘴唇，以免油腻或食物残留在嘴边，影响雅观。

(二)把握劝菜劝酒的尺度

劝菜劝酒是中国民间传统饮食礼俗，有朋自远方来，为了表达对客人的尊敬和活跃餐桌上的气氛，有时少不了要劝菜夹菜，敬酒劝酒。劝菜也有劝菜的礼规：菜上桌，主人应先劝客人动筷，客人则应礼让，主人动筷后客人方可动筷。劝菜要适度，如客人婉言谢绝，就不能勉为其难。劝菜夹菜应用公筷，不可用自己的筷子为别人夹菜。劝菜要劝吃档次和质量较高的菜，或是特色菜，不要劝吃档次低的普通菜。劝菜最好站起来劝，以示尊重。随着社会的发展进步，劝菜礼俗渐渐弱化了。相反，劝酒礼俗则日益强化，后面会专门谈及。

(三)正确使用筷子

筷子是全世界使用人数最多、最为普及的一种餐具。我国早在公元前殷商时期就已开始使用筷子，公元4—6世纪传到日本、朝鲜、东南亚等各国。它虽然构造简单，但巧妙地运用了杠杆原理，它不仅集刀叉功能于一身，而且有健身益智的功效，因为操作筷子要牵动人体30多个关节和50多条肌肉，所以可使手指灵巧、大脑发达。

别看简单的两根筷子，在使用时却有许多礼仪要求和使用禁忌。

首先是要正确摆放。筷子的摆放是很有讲究的。筷子通常应纵放(横放表示进餐完毕)在餐盘旁边的筷架上，不能搁在盘缘或碗缘上。筷子是成双成对的，在摆放时应把它比齐，不要一横一竖交叉摆放，也不要大、小头颠倒摆放，且筷子的大头应离桌边1~2厘米。在用餐时，如需临时离开，应把筷子轻轻搁在筷架上，切不可插在饭碗里。

其次是轻拿轻放。在餐前放筷子时，应事先将手洗净，然后将筷子一双双理顺，轻轻放在每一个人的餐位前，切不可随便扔掷。在等待就餐时切忌用筷子击碗敲桌。

最后是文明用筷。筷子是就餐工具，一定要讲究用筷的礼节，注意"用筷十忌"：

一忌迷筷，犹豫不决，不知该如何下箸。

二忌搅筷，用筷子搅动碗中的菜肴，挑菜拣食。

三忌刺筷，以筷当叉戳食。

四忌碎筷，持筷撕拉口中的菜、肉。

五忌泪筷，一面滴着汤汁，一面把菜夹进嘴中。

六忌剔筷，用筷子当牙签剔牙缝里的菜肴。

七忌舔筷，用嘴舔筷子。

八忌架筷，把筷子架在碗上或插在饭碗中。

九忌传筷，利用自己用过的筷子传递菜肴。

十忌指筷，持筷说话指人。

请人用菜时，不要把筷子戳向别人面前。在夹菜时，还要注意避开别人筷锋，以免筷子打架。

三、中式宴会礼仪

宴会集饮食、社交、娱乐于一体，是人们为了一定的社交目的而举行的高级宴饮聚会。

自古以来，中国人都有因事设宴的民俗，举凡婚嫁寿诞，节令庆典，乔迁新居，金榜题名等等，无不大摆宴席，宴飨亲朋好友。当今社会，更是宴饮成风，尤其是一些白领阶层、上层社会人士，几乎是餐餐有应酬，天天有宴请，常常为一些宴会所累。

既然宴会成为我们生活中不可缺少的一项内容，那么，经常参加那些具有社交意义的宴会的人士，就必须了解和懂得一些宴会礼仪。

(一)宴会的种类及特点

1. 宴会按饮食风格的不同，分为中餐宴会、西餐宴会

(1)中餐宴会。亦即中式传统宴会，它在进餐方式上使用中式餐具(最有代表性的是筷子)，围圆桌而坐，采用中式服务，以中国菜肴和国产酒水为主。中餐宴会摆台反映中华传统文化气息，环境布局、伴餐音乐突出浓郁的民族特色。

(2)西餐宴会。在进餐形式上使用刀、叉等西式餐具，设计桌面为长方形，并采用西式服务(主要表现为分餐制)。菜肴以欧美风格的菜式为主，饮西洋酒。整个宴会的厅堂风格、环境布局、台面设计，乃至音乐伴餐等，均强调突出西洋格调。西餐宴会自20世纪初传入我国，目前在一些旅游涉外宾馆较流行。

2. 根据主办目的的不同，可分为庆贺宴、迎宾宴、商务宴

(1)庆贺宴。庆贺宴泛指一切具有纪念、庆典、祝贺意义的宴会。如：婚宴、寿宴、生日宴、乔迁之喜宴、开业庆典宴、庆功封赏宴、金榜题名宴、毕业庆典宴、庆贺节日宴等等。此类宴会一般具有较浓郁的喜庆气氛，主题意义突出。

(2)迎宾宴。它是为迎接远方来的客人而举行的宴会，也是社会上较为常见的一种宴会形式。迎宾宴有团体迎宾宴和私人迎宾宴之别。无论哪种类型的迎宾宴，一般都具有规模小、喜安静、重叙谈、讲面子的特点。迎宾宴较之庆贺宴，少了一份喧闹，多了一份热情。

(3)商务宴。它是为了一定的商务目的而举办的宴会。商务宴自古已有，尤其是近几年来，随着我国改革开放和市场经济的建立，商务宴在社会经济交往中起着十分重要

的作用，并成为现在一些酒店主要的经营项目。

(二)赴宴礼仪

赴宴是一项大众的社交活动，人们在宴饮过程中，通过谈话、吃饭、喝酒等一系列行为举止，将自己的个性与修养，能力与德行展现在公众面前，因此，掌握一定的宴饮礼仪知识，对树立良好的个人形象风范十分重要。

1. 应邀赴宴，按时到达

正规的宴请一般会下请柬，接到请柬后，一定要看清宴请的时间与地点，最好是将请柬随身带上，以备忘却之用。如果你是设宴的主人，你应该提前15~30分钟到，以便有客人提前到时，有主人接待。作为一般的被邀请对象，应于宴会开始前一刻钟以上到场，而作为主宾，则不宜过早赴约，以准时为佳。主宾如果迟到，宴会则不能开席，导致众人等候为大忌。

接到宴会邀请，无论能否出席都应尽早给对方答复，以便主人做出安排。答复可以书面作答，也可用电话。一旦答复接受邀请，非不得已不要随意改动。如有特殊情况实在不能出席，尤其是主宾，应尽早向主人解释、道歉，必要时亲自登门致歉。

2. 找准座位，准确落座

正式宴会十分讲究席位的安排，这也是社交礼仪的需要。特别是在我国这样一个礼仪之邦，讲究席位及座次更是有着悠久的历史传统。《史记·项羽本纪》中记载，西楚霸王项羽在鸿门军帐中大摆宴席招待刘邦。在宴会上，“项王、项伯东向坐，亚父南向坐，亚父者，范增也。沛公北向坐，张良西向侍”。在这里，项羽和他的叔父项伯坐的是主位，坐西面东是最尊贵的座位。其次是南向，坐着谋士范增。再次是北向，坐着项羽的客人刘邦，说明在项羽眼里刘邦的地位还不如自己的谋士。最后是西向东坐，因张良地位最低，所以这个位置就安排给了张良，叫做侍坐，即侍从陪客。鸿门宴上的座次安排是主客颠倒，反映了项羽的自尊自大和对刘邦、张良的轻侮。

宴会席位安排从来都没有一个统一不变的标准，它在不同的国家、不同的地区、不同的民族、不同的宴会对象等都各有所异。现在饭店服务力求与国际标准接轨，因此，我们的席位安排也要遵循国际上流行的做法。

按照国际惯例，同一桌上，席位高低以离主人座位的远近而定。我国习惯按各人本身职务高低排列以便于谈话，两桌以上的宴会，其他各桌第一主人的位置可以与主桌主人位置同向，也可以以面对主桌的位置为主位(常见几种席位安排见图13-1)。

在一些外交活动宴会中，礼宾次序是安排宴会席位的主要依据。在编排席位之前，首先要把经落实出席的主、客双方出席名单分别按礼宾次序开列出来(最好由主办单位提供)。除了礼宾顺序之外，在具体安排席位时，还要考虑其他一些因素。如宴请多个国家的客人时，还要注意客人之间的政治关系，政见分歧大，两国关系紧张者，尽量避免排到一起。此外，适当照顾各种实际情况，如身份大体相同，使用同一语言者，或属同一专业者，可以排在一起，译员一般安排在主宾的右侧。

在国内一般宴请活动中，席位安排要根据不同实际情况而定。有时主宾身份高于主人，为表示对他的尊重，可以把主宾安排在主人的位置上，而主人则坐在主宾位置上，第二主人坐在主宾的左侧。有时赴宴人员不分宾主，如某些学术会议宴会，席位安排时或以学术地位或以职务职称高低为依据，确定一人为主人席，然后依次按离主人席远近排列。民间商务宴会，买单者坐主人席位置，其他人员根据买单者意图安排。家庭宴会，由年长者或辈分高者坐主人席位，其他依年龄大小或辈分高低依次排列(图 13-1)。

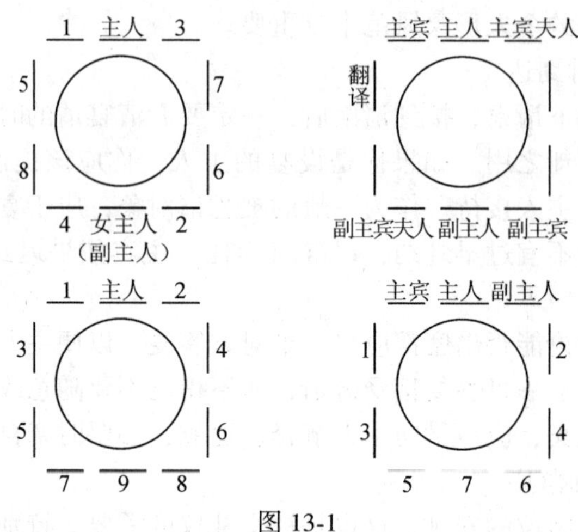

图 13-1

如何确定主位？一般情况下，主人席就是一席中正对大门、背靠有特殊装饰的主体墙面的一个席位。但有些餐厅的门不是正开，此时，主人席要以背靠主体墙面的位置为准。即使有的餐厅门是正门，但装饰特殊的主体墙面不与正门相对，此时应根据实际情况以主体墙面为主要参照物，确定主人席位。

3. 文雅进餐，礼貌交谈

宴会开始，待主人招呼，即可开始进餐。酒店宴会，设有口布，口布是用来遮挡油渍和滴漏的酒水的，一般是一头压在骨碟上，一头放在双腿上。将口布挂在胸前的做法是不雅观的。如将口布完全放在双腿上，当站起敬酒敬菜时，则易掉落地上。夹菜不可一次夹得太多，吃完可以再取。但如果是按人头定量的菜(如：清蒸扇贝、大闸蟹等菜)，再好吃也只能定量取食，不可多取。不同的菜，应采用不同的取食方法。一般来讲，汤羹类菜宜用汤勺舀食；带粉丝的汤菜，切记不可用自用筷捞粉丝或原料，应该用公筷捞取。一些整鱼、整鸡等整型菜，宜将整菜最佳部位让给席中尊长者先食用，身份低者宜取一般部位食用。宴席上不要一直把筷子拿在手上不放，每次取完食或交谈时，宜将筷子暂置于筷架上。宴席上，有时会随菜(基围虾、龙虾、螃蟹)上一小水盂(铜盆、瓷碗或水晶玻璃碗)，水中漂着玫瑰花瓣或柠檬片，这是供洗手用的，千万别当饮料喝，否则就会闹笑话。洗手时只需将手指浸在水中轻轻搓动几下，然后用餐巾或小毛巾擦干，并注意不要妨碍他人。有时拔丝菜也上一碗冷开水，这是供灼热的粘糖菜在冷水中过一下，以免烫伤嘴巴。宴会是以菜为主体，酒贯穿始终，酒没喝完，原则上不能吃饭(主食)，否则就是犯(饭)上。宴会菜较多，当桌上放不下时，宜将大盘换小盘，不可大盘叠大盘，这样既不雅观又不卫生，同时压下去的菜又不方便取食。吃菜、喝酒、交谈是宴会的三大内容，能坐在一个桌子上参加宴会，大家往往是比较熟悉和友好的，谈话自然比较多。席间谈话应有主调，众人倾听或应和，而不应一人在谈话，另几个人在一旁说笑，这样对人不礼貌。谈话时音量要控制好，不可影响邻桌。席间说话，应尽可能将身子往后倾斜，远离菜盘，以免唾液喷到菜盘上，必要时可用手掩挡。在有邻桌的餐厅，大声嚷嚷或划拳都是不文明的行为。

4. 宴席上菜，讲究程序

宴席菜点品种丰富，而且什么菜先上，什么菜后上，颇有讲究。宴席上菜顺序的基本原则是：

(1)先上凉菜，后上热菜。凉菜是整个筵席菜肴的开路先锋，它具有干香脆嫩、爽口不腻、味入其骨、香透肌里的特点，为佐酒佳肴。当人们举杯起饮，慢斟细品之后，渐渐适应宴会环境，形成良好食欲，此时应上热菜，掀起宴会热烈气氛。

(2)先上主菜，后上辅菜。主菜是筵席中最名贵、烹调最精美的一道菜，如燕窝席中的燕窝、鱼翅席中的鱼翅等。先将主菜端上席，是为了在宴会一开始就给宾客留下美好的第一印象。同时，主菜先上也是为了在筵席最后吃不完的一部分不会是重点菜。当然，所谓先上也是相对而言的，有的地方往往先上1~2道普通菜后再上主菜，这如同一台晚会大明星出场，先有人开路，然后明星隆重登场，起到烘托气氛的作用。

(3)先上酒菜，后上饭菜。宴会的一般规律是先饮酒、后吃饭，酒开头、饭结尾。先上酒菜，以供佐酒；后上饭菜，宜于下饭。

(4)先风味菜，后一般菜。所谓风味菜，是指具有特殊风格的菜肴，或者是地方名菜、本店名菜、时令季节菜、近期特供菜等。一般来说，开席之初，人们对头几道菜往往比较关注，品尝也比较认真。随着饮酒的不断深入，人的口舌逐渐麻木，食欲也减退或已满足。此时如果将名菜姗姗端来，定不如开宴之初那么引人关注和重视，于是名菜也就失去了“名菜的价值”。

(5)先上荤菜，后上素菜。筵席菜肴有荤有素，荤菜多为高脂肪、高蛋白原料制成，吃多了，会令人感到油腻。素菜有多种，筵席素菜通常是指绿叶蔬菜。吃过了油腻味厚的荤菜，再吃清淡爽口的素菜，会起到解腻清口的效果。

(6)先上造型工艺菜，后上普通风味菜。当筵席刚一开始，席面还比较空，人们的注意力还比较集中时，先将工艺菜端上，与宴者可以集中精力欣赏工艺菜的造型特色，谈论菜肴制作工艺，为此留下深刻的印象。如果把这么精美的工艺菜放在后面上，人们酒醉醺醺之时，已无心欣赏菜肴的造型，更谈不上留下什么深刻印象了。

(7)先上量大的菜，后上量小的菜。筵席菜品中，有的菜量较大，有的菜量较小。先上量大的菜，是为了让胃口大开、空腹饿肚的人们能够吃到较多的菜，同时避免很快出现盘子见底的现象。

(8)先上咸味菜，后上甜味菜。咸味和甜味对味觉的刺激性均很大，但比较之下，甜味在味觉器官中滞留的时间要相对长一些。宾客吃了甜味菜点之后，再食用咸味菜点，会出现乏味的感觉，破坏了味觉器官的感应平衡。因此，除极个别情况外，大多数甜品应放在筵席最后上。

(9)先上浓味菜，后上淡味菜。滋味浓厚的菜先上，可给宾客的味觉器官以强烈的刺激，味中枢神经处于兴奋状态，呈现出旺盛的食欲。如先上清淡的菜，宾客会有寡而无味的感觉，造成兴趣索然的心理。

(10)先上菜肴，后上点心、水果。点心的上席顺序，各地不尽相同，大多数是在宴会进行过程中，随某些特定的菜肴跟上，也有的是在宴会接近尾声时端上。

以上只是中式宴会上菜顺序应遵循的一般规律，在实际操作中，不同地区、不同酒店、不同筵席的菜肴上菜顺序亦各有差异，因此，我们要灵活对待。

5. 何时散席，取决主席

单桌宴席何时结束，由主席(即主人席)说了算，"主席"起身，其他人方可离席。多桌筵席，要以主席(即主桌)为主，"主席"未散，其他筵席不得先行离散。如与宴者因故必须先行离开，离开者应向同桌各位说明原因，并致歉意。宴会结束，有人喜欢将未吃完的菜"打包"，这是勤俭节约的良好美德，但打包也有打包的礼仪要求。原则上打包以主人为主，客人不宜主动提出打包。宴席上，身份高的人不宜打包，而应由身份低的人(如随从人员)打包。宴席未结束不宜打包，宴席结束之后方可打包。与宴者不宜亲自动手打包，而应请服务生打包。打包选择的菜也要注意：带汤水的菜不宜打包，而应以干爽的菜为主；筷子戳过的菜不宜打包，而应以未动过的菜为主；低档菜不宜打包，而应以高档风味菜为主。

第二节　西餐进餐礼仪

西餐是欧美饮食体系的代名词，即以法、德、俄、意、美、澳等国为代表的白种人的饮食体系，分布在70余个国家和地区，近20亿人口。

一、西餐的特点

西餐与中餐相比，在进餐方式、饮食结构、饮食习惯、烹调方法等方面都有其特色之处。

在进餐方式上，西餐注重分食，无论是日常便餐还是高级宴会，西餐都实行分餐制。朋友聚会，各点各的菜，想吃什么点什么，充分体现了西方人对个性的尊重。分餐制既不会造成浪费(吃多少要多少)，又符合现代卫生要求(不会相互吃口水)，是社会进步的产物。

在餐具使用上，西方人习惯于用刀叉，用刀切割，用叉取食，不同刀叉用途各异，餐具种类较多。

在饮食结构上，西餐以肉、禽、鱼等动物原料为主，常见的有乳猪、肥犊、羊羔、火鸡、菜鸽、鹅肝、鸡蛋、奶皮、西米旦(发酵奶皮)、奶酪、黄油、鲈鱼、鳜鱼、黄鱼、沙丁鱼、马哈鱼、龙虾、大蟹、牡蛎、鱼翅、蜗牛、兔肉等。西餐以素食为辅，主要有麦片、柠檬、槟榔、红豆、黑枣、面包、蛋糕、通心粉、胡萝卜、花椰菜、黄瓜、洋葱、生菜、苹果、香蕉、菠萝、土豆、芦笋、腰果、面酱、果酱等。值得指出的是，西餐主副食不分，西方人早期以畜牧业为主，肉与奶便是他们的全部食品。

在饮食习惯上，西方人喜欢冷食和生吃。啤酒要喝冰的，饮料要喝冰的，连酒也要加冰块。西餐多生食，蔬菜生吃，鱼生吃，连牛排也只煎七成熟，鸡蛋煎出汤蛋(即半熟蛋)。西方人认为，只有生吃才能完整吸收原料中的营养。

在烹调加工上，中餐注重随意与经验，西餐强调科学与规范。一份炸鸡翅，从纽约到旧金山毫无二致，全世界牛排的配料都是番茄、土豆加生菜，非常标准。西餐从某种程度上讲，只烹不调，注重进餐过程中调味，而烹调的食物也大多是大块大片的，需食客自己用刀叉分割后食用。

二、西餐餐具的摆放与使用

西餐餐具种类繁多，摆放讲究，使用也讲规范，许多不了解西餐的人，坐在西餐桌前，面对琳琅满目的餐具，往往不知所措。

(一)西餐餐具的摆法

西餐餐具主要有刀、叉、匙、盘等。刀分食用刀、鱼刀、肉刀、奶油刀、水果刀；叉分食用叉、鱼叉、肉叉、龙虾叉；匙有汤匙、甜食匙、茶匙等；盘则有大小不同的菜盘、汤盘、垫底盘、面包盘等。酒杯则分为葡萄酒杯、香槟酒杯、烈性酒杯、啤酒杯等。西餐餐具一般在开餐前都已在餐桌上摆好。正式宴会的摆法一般是：座位前正面放垫底盘，左叉、右刀、匙。左右侧最外边的刀叉是餐前食用刀叉，中间的刀叉是吃鱼用的刀叉，靠里边的刀叉是吃肉菜用的刀叉。它们都纵向放置在就餐者垫底盘的两侧，分别离桌缘 1~2 厘米。这些刀叉的摆放顺序，从外向里取用，正与上菜的顺序一致。吃甜品用的刀叉，一般在最后使用，被横向摆放在垫底盘的正上方。垫底盘上方放甜食匙，再往前略靠右放酒杯，右起依次为葡萄酒杯、香槟酒杯、啤酒杯(水杯)。餐巾叠成花样插在水杯内或叠好放在餐盘上。面包盘置于叉子左侧约 1~2 厘米处，离桌缘3~4 厘米。此外，在座位左上方有一玻璃或金属水盂，盛有清水，有时还撒有花瓣，是供洗手用的，洗手时将手指轻涮一下即可(常见摆法见图 13-2)。

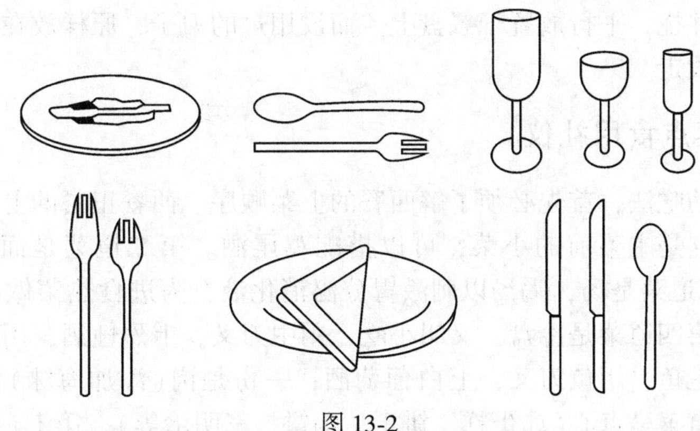

图 13-2

(二)西餐餐具的用法

1. 餐巾

餐巾是为了在用餐时防止衣服弄脏而准备的，一般是点完菜后才打开。将餐巾打开后对折，随后将开口朝外置于膝上。餐巾除了用来擦拭嘴巴、手指以外，也可以在吐出鱼骨头或水果的种子时，拿来遮住嘴巴。擦拭嘴巴时，拿起餐巾的末端顺着嘴唇轻轻压一下，弄脏的部分为了不让人看见，可往内侧卷起。将鱼骨头或水果的种子吐出时，可利用餐巾遮住嘴后，用手指拿出来或吐在叉子上后再放在餐盘上，也可以直接吐在餐巾内，再将餐巾向内侧折起。通常服务生会注意到并换上一条新的餐巾。然而用餐巾来擦汗或是擦鼻涕，或是将口红整个印在餐巾上等都是不文明的。暂时要离开座位时，轻轻地将餐巾折好，很自然地放在餐桌上或是椅子上。千万不要把餐巾挂在椅背上，或是揉成一团放在桌子上。

2. 刀、叉、匙的用法

刀、叉又分为肉类用、鱼类用、前菜用、甜点用，而汤匙除了前菜用、汤用、咖啡用、茶用之外，还有调味料用汤匙。调味料用汤匙即是添加调味料时所使用的汤匙，多用于甜点或是鱼类菜品。刀叉正式的用法为两只一组，右手拿刀，左手拿叉。

叉子的拿法为将食指伸直按住叉子的背部。刀子除了与叉子同样拿法外，还可以用拇指与食指紧紧夹住刀柄与刀刃的接合处。

当以汤匙代替刀时，须以右手拿汤匙，左手拿叉。汤匙的握法则与握笔方法相同。

吃米饭之类的食物时，可以很自然地将叉子转到下面舀起食用，因为叉子下面的凹下部位正是为此用法而设计的。这时候，也可利用刀子在一旁辅助用餐动作。将餐盘上的食物舀起时，利用刀子挡着以免食物散落到盘子外面，如此一来就可以很利落地将盘内食物舀起。

刀与叉除了将菜肴切开送入口中之外，还有另一项非常重要的功用，那就是刀叉的摆置方式传达出“用餐中”或是“结束用餐”的信息。而服务生们正是利用这种方式，判断客人的用餐情形，以及是否收拾餐具准备接下来的服务，等等。因此，我们应记住正确的餐具摆置方式。用餐过程中暂时离开时，可将刀与叉呈八字形摆在盘中，而刀刃侧必须面向自己，这表示正在进行中；用餐结束的信息是：将叉子的正面向上，刀子的刀刃侧向内与叉子并拢，平行放置于餐盘上。而没用过的刀子，原样放在桌子上即可，服务生会自动将它收走。

三、西餐菜点食用礼仪

要了解西餐的吃法，首先必须了解西餐的上菜顺序。西餐正餐的上菜顺序是：第一道菜是开胃菜，这是主菜前的小菜，可以搭配鸡尾酒。第二道菜是面包、黄油(或果酱、奶油)。第三道菜是汤，喝汤以刺激胃分泌消化液，为进食热菜做准备。有时喝汤还可上雪梨酒。第四道菜是冷盘，又叫小吃，用中刀叉，上烈性酒，用立口杯。第五道菜是主菜，一份是鱼，用鱼刀叉，上白葡萄酒；一份是肉(添加海味)，用肉刀叉，上红葡萄酒。第六道菜是点心(如蛋糕、饼干、馅饼、三明治等)。第七道菜是甜品(如布丁、冰淇淋、冷冻食品等)，用甜点勺和中叉，上香槟酒。第八道菜是果品(主要是时令水果或什锦果盘)，用水果刀。第九道菜是热饮，红茶或咖啡，这是西餐的“压轴戏”。此外，有时还供应利口酒等饭后酒。

在正式的宴会上，食物应该一道接一道送上来，等客人吃完一道菜，再上第二道菜。作为参宴者每吃完一道菜，便把刀叉(匙)并排放在盘里，待侍者从你的右手边收走，接着从你的右手边送来下一道菜。

西餐便餐则主要由开胃菜、面包、汤、主菜(一份)、甜品、热饮构成。

西餐各道菜品，其具体的食法各不相同。按照西方礼仪，同桌多人就餐时，必须等每位都上完一道菜后才能同时用餐，而且要注意速度以配合大家。下面介绍几种主要食品的食用方法：

(一)前菜，又称开胃菜

前菜即是在主菜之前的少量料理。为了使主菜更加美味，所以利用少量的前菜让肚子做一下暖身运动，以增强食欲。正统的前菜大多以鱼子酱、烟熏鲑鱼、生火腿、小龙虾等冷冻肉或沙拉类为主。

冷冻肉的料理以鹅肝酱最具代表性。鹅肝酱的材料是以特殊饲养方式所养殖的鹅的肝脏，其口感浓郁，与鱼子酱、块菰合称为世界三大珍味。冷冻肉以刀与叉食用，如果有附带切成薄片的吐司，则可用刀将冷冻肉涂抹于吐司上食用。

鱼子酱通常会附加在冷冻肉的料理旁，有时也会直接放置于餐具内端出来，这时候可利用汤匙舀起来吃。不过，有时也会做成开式三明治的样子。开式三明治，即是在切成薄片的吐司上摆上菜肴做成的三明治。如果是开式三明治的话，一般是直接以手拿起来吃。不过，如果大小不是一口即可食用的话，以刀叉切开吃也可以。小龙虾则是一边加酱料一边食用。

(二)面包

正宗的法国餐厅很少提供米饭，大多以面包为主。面包是无限量供应的，只要你喜欢，爱吃多少就吃多少。但是面包并不是你的主菜，面包充其量只是为了点缀食品而存在的。面包一般会由服务生放入篮子内送出来，你可以挑选自己喜欢的面包并放在左侧的面包盘内。如果没有面包盘，可以直接放在左侧的桌巾上。如果一开始就已经摆上面包，那么左侧的面包就是你的了。为了不吃下太多的面包，最好在用过前菜，汤端上来后再开始吃面包。吃面包的时候应先以手撕下一口大小的量后再吃。用刀切面包，或是以叉子叉住面包后切成几小块都是违反用餐礼仪的。

(三)喝汤

法国人所谓的汤，指的就是浓汤。在中国，汤则分为较清淡的清汤，以及浓度较高呈勾芡状的浓汤两种。依季节的不同也有冷汤，不过一般都是热汤。汤端到桌上时，首先用手轻轻地接触一下餐盘，确认一下汤的热度。喝的时候，将汤匙由内向外舀起，饮用不要发出声音。千万不要用力吸汤，应让汤自然流入口中，慢慢地喝。如果是加料的浓汤类，则可以像吃东西那样喝下去。如果汤只剩下一点点，可以将盘子稍微倾斜，利用汤匙轻轻地舀起来喝。但要注意不要让汤匙刮到盘底而发出声音。有时硬饼或芝士棒会与汤一起送上来。硬饼指的就是浮在汤面上的料。有时一端上来就已经加在汤里面了，有时会另外放在类似放调味酱那样的小杯子内与汤一起端上来，这时候可以用附在一旁的小汤匙取一些放入自己的汤中。

芝士棒也可以直接拿起来吃，不过最初人们是将其弄碎放入汤中与汤一起吃的。喝完汤后，汤匙直接放在汤盘内或放在汤盘下的餐盘内都是可以的。不过千万不要放在桌布上，这样会把桌布弄脏。

（四）主菜

主菜主要有鱼、肉类食品和搭配的蔬菜。

(1)如果是整条鱼，先要左手用叉压住鱼头，右手用刀自头后面沿着中间脊骨至尾部划开，起出上边一半鱼肉放在盘子靠自己的一边，淋上酱汁，用刀叉自左侧吃起，吃鱼不能翻转鱼身。吃完上边的鱼肉后，再用叉压住鱼头，用刀从骨头和下层鱼肉之间划过，把鱼骨剔出，将下层鱼肉移至面前的盘上食用。吐出鱼刺时，应将叉子靠近嘴边拦住，与鱼头、鱼骨等剩余物整齐地放在盘子的另一侧。如果是吃整块鱼片，则应从左边开始，每切一口大小蘸调料吃。这种鱼有时会以蒸烤用的玻璃纸或锡箔纸包裹端上桌，应用刀把玻璃纸或锡箔纸从中间划开，让鱼露出，再开始食用。吃龙虾要用刀叉先把虾肉取出再吃。

(2)吃肉菜时，应从左侧切成一口大小，吃一块切一块，切勿一次全切好。如肉很大，可先切成两半，把其中一块移至盘中间，切而食之。如带骨的肉，可用叉子压住肉，刀沿着骨头划开，将骨取出，再切成一口大小食用。

(3)吃鸡肉，同样用刀叉先去掉鸡骨之后，再用餐刀切成一小块，叉而食之。吃煎荷包蛋，欧美人习惯煎成两面白，先戳破半熟的蛋黄，然后用刀切成小块，用叉叉着吃，盘中流的蛋黄可用小块面包蘸着吃。

(4)吃牛排，可根据自己的口味，选择全熟或半熟的，搭配的蔬菜要和主菜交互着吃，才显得出菜肴的美味。盘里剩的肉汁或调味汁，可以用面包蘸干，再用叉子送进嘴里。

（五）咖啡

咖啡是西餐中最常用的一种饮品，不论是小咖啡杯或是普通的咖啡杯，如果内侧有华丽的装饰，服务生一般会先让客人观赏后再把咖啡倒入。喝咖啡时，加入糖与牛奶之前先小饮一口，品尝一下纯咖啡的香气。随后，再将糖、牛奶等与咖啡混合，轻轻地捏住杯耳并注意不要让咖啡匙伤到杯子内侧，轻轻地搅拌液体即可。加方糖时，应用夹子将方糖先放在汤匙上，再轻轻倒入咖啡杯中，这样咖啡不会溅起来。如果咖啡端出来的时候杯耳在左侧，可将咖啡盘放在餐桌上，只端起咖啡杯饮用即可，不需持咖啡杯碟。

欧洲人习惯把糖放入浓缩咖啡后，不加以搅拌，而花费 20～30 分钟慢慢饮用，享受糖在咖啡杯底慢慢溶化、咖啡逐渐变甜的乐趣。偶尔刻意地模仿一下法国人的习惯是很有趣的事。

四、西餐宴会礼仪

（一）西餐宴会的形式

西餐宴会按进餐时间及内容的不同，分为晚宴、午宴、下午茶派对、鸡尾酒派对、花园派对、招待会等。

晚宴是一种最讲究形式的宴会，一般从晚上 7 点开始聚餐，晚宴台型讲究，菜品丰盛，形式热烈，是较正规的一种宴会。

午宴是中午 12 点开始举行的宴会，内容与晚宴相当，但在规模和形式上较晚宴简略些。

下午茶派对是多在下午 2 点举办的以红茶、非酒精类饮料和茶点为主来招待宾客的轻松派对。

鸡尾酒派对多在下午晚些时候举行，以酒类及简单饮食款待宾客，比起以用餐为主的宴会，这种以社交为主要目的的宴会，来宾可以依自己喜欢的时间入场、退场。

花园派对是以私人庭院为场地举办的站立式宴会，通常从上午 11 点开始至下午 3 点。日本皇室于每年春天所举办的园游会也属花园式派对的一种。

招待会虽然和鸡尾酒会同样都是以社交为主要目的，但所谓的招待会比较带有公家的色彩，当然也有以外国大使或公使为主人而举办的招待会。

(二) 西餐宴会台型及席位安排

正式宴会一般均排席位，也可只排几位主宾的席位，其他客人只排桌次或自由入座。

西式宴席一般采用长条桌或蹄形桌，在座位的排列上，亦以右为尊，并以离主人座位的远近来决定客人地位的高低。离主人越近者，地位越高。

此外，在安排席位时，还需要考虑一些其他因素。如多边活动需要考虑客人之间的政治关系，政见分歧大，两国关系紧张的，要尽量避免安排在一起；还要适当考虑照顾身份大体相当、使用同一语言或属同一个专业者，把他们可以排在一起。翻译人员一般安排在主宾的右侧。在以长桌作为宾席时，翻译人员也可以考虑安排在对面，便于交谈。

西式宴会宾主席位的安排大致与中式宴会相同，主人席位通常安排在席上方和正中，主宾席位安排在主人席位右边，副主宾安排在主人席位的左边，其他宾客则从上至下，从左至右依次排列。如宴会的正副主宾都偕夫人出席，在有副主人陪同的情况下，副主人的席位则应安排在主人席位的对面，即餐台下方的中间席位上，右边安排副主宾，左边安排副主宾的夫人，主人席位的左边安排主宾夫人的席位(常见西餐台型及席位安排如图 13-3)。

遇到特殊情况，可视具体情况灵活处理。如主宾身份高于主人，为表示对他的尊重，也可以让主宾坐主人位，而主人则坐在主宾的位置上，第二主人坐在主宾的左侧；如果本国出席人员中有身份高于主人者，可由身份高者坐主位，主人坐在身份高者左侧。

(三) 西餐宴会礼仪

有道是："吃中餐，主要是看桌上的美味佳肴，吃西餐主要是看就餐者的举止风度。"参加正规西餐宴会，吃已不重要了，社交反而成为宴会的主题，于是每个人的行为举止，谈吐风度，在这种特殊的社交场所显得十分重要。

1. 着装讲究

针对不同的宴会形态、规模以及举办时间，适合穿着出席的服装也各有不同。若是邀请函已经指定的话，就依照指定穿着。但一般来说，在正式的晚宴里，男性都是穿着无尾晚礼服，女性则是穿着晚礼服或小礼服出席。要是宴会没那么正式的话，男性可以身着深色西装出席，女性则穿着优雅的连衣裙或是套装出席即可。必须请女性留心的一

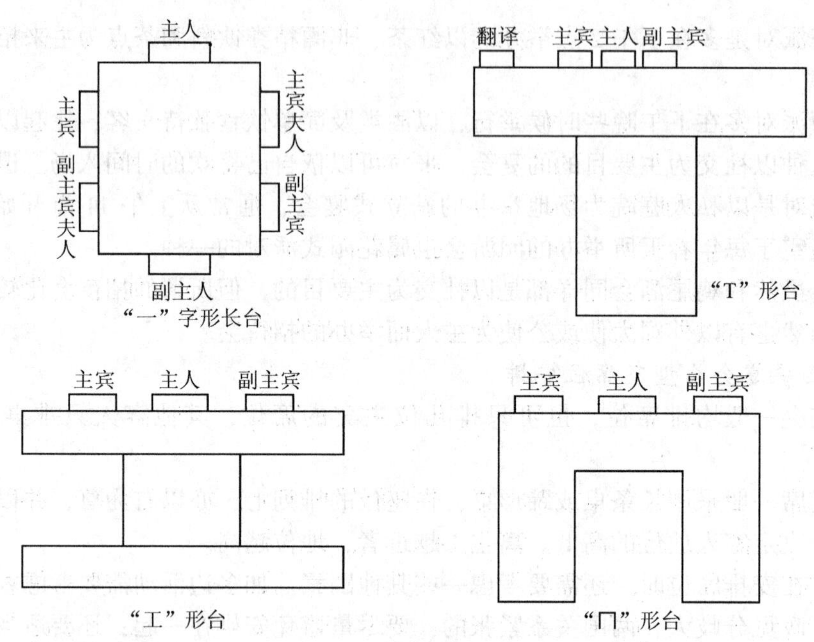

图13-3

点是，由于这是用餐场合，所以请以清洁感的发型和化妆为主，香水也请酌量使用会比较妥当。

2. 入座规范

根据请柬上注明的席位，或根据自己在众宾客中的身份位置，或由服务生(司仪)引坐，或自己寻找适合自己身份的位置落座。入座时，要从椅子的左侧进入，手扶椅背，将椅子略微抬起往后拉开；落座后，双手要抬起椅子，慢慢靠近桌边，使胸部与餐桌保持一个半拳头的距离为宜。坐定后，上体挺直，不能或仰或俯、东倒西歪；脚并拢，勿伸、勿跷、勿蹬；双手自然平放，手腕靠近桌缘或把手放在自己的膝上，不能趴在桌上也不能藏于桌下。进餐时，身子可以略向前靠，但不要把头低向盘子，更不要低头用嘴凑近盘边吃东西，也不要把盘碟端起来吃。

3. 女士优先

尊重女士是西餐礼仪的一大特点。在非官方的西餐宴会上，女主人通常处于第一主人的位置，主宾往往在女主人的右上方；用餐的开始和结束，往往由女主人示意；来宾均先向女主人致意或送花。

西餐宴会一般是男女交叉安排、相邻而坐。为了体现男士的绅士风度，男客人应帮助他右边的女宾拉出座椅，待女宾入席落座时，再帮助女士将座椅稍稍往前推，使其身体靠近桌的适宜位置，男士待女士坐下后就座。作为女士应对帮自己就座的男士微微一笑表示感谢后坐下，同时请身边的男士就座，并转身和他寒暄，以便引出交谈的话题。

在正式的西餐宴会上，除安排个别的女领位员以外，概不使用女侍者，以体现对女士的尊重。

4. 友好交际

西餐宴会的主旨是交际，宴会交际已成为社会交往活动的重要组成部分。与宴者赴宴前应备好足够的名片，放在西装口袋(女士可放在小提包内)等易于取出的地方，以便交换名片之用。赴宴时的交际更多地表现在餐桌上。有人说，若在餐桌上没有交谈，仿佛少了一道菜。餐宴时的交谈当然以风雅为上，谈一些大家感兴趣而又轻松愉快的话题，如赞美餐桌上的菜肴、酒水饮料和摆饰，或文艺、体育、旅游等话题，不宜谈及宗教、政治、疾病等可能触及别人忌讳的话题。

交谈对象一般与左右邻座为宜，最好不要隔着别人交谈，尤其不宜大声与餐桌对面的人交谈，但也不要耳语。满嘴食物和正在咀嚼食物时，不要与人交谈，如他人与自己交谈，也应等食物咽下后再应声。如果自己不擅长聊天又缺少话题，不妨当一个好听众，但不要随意插话或打断别人的谈话。

为了广交朋友，餐桌上当然少不了交谈，但又不宜太多，也不要说俏皮话、讽刺话和笑话。

5. 礼貌告辞

除了结婚喜宴和正式宴会之外，通常普通的宴会并不会明确规定结束时间。例如参加鸡尾酒宴会，并没有规定何时离开会比较好，只要没什么重要的事，应尽量避免比主宾早离场。当然也不是说停留的时间越久越好。在离席的时机上，以“中场”为标准。中场为散会的间接说法，当司仪宣布“宴会已经进行到中场了”，这即是在示意该陆陆续续离席的时候了，因此借此为离席的时机是不错的。离席时也请不要忘记向主办者打声招呼。

(四)自助餐进餐礼仪

自助餐本是西餐的一种进餐形式，由于它具有自由灵活、品种丰富、时间机动、卫生洁净等特点，近年来逐渐与中餐结合，成为饮食市场的主力军。自助餐也有自助餐的礼仪规范。

1. 先落座，再取食

有些人一进自助餐厅就拿盘取食，取完食后，拿着满盘食物到处找座位，这是不文雅的行为。正确的做法是：由服务生领座，服务生安排在什么位置，就在什么位置落座，除非你向服务生提出特殊要求，但须得到服务生允许。落座后将口布取下，压在盘碟下面，服务生倒上茶水，稍坐片刻再行取食。

2. 少量取，多次拿

自助餐菜品种类繁多，一般由冷菜、热菜(包括汤品)、水果、小点心及各种饮料组成。取食程序应该是：先取饮品小饮两口，再取冷菜(或开胃菜)，吃完冷菜再取热菜，吃完热菜再取小点心主食，吃完小点心主食，最后取水果。每次取食切忌贪多，自助餐以每次取食全部用完为佳，不许浪费。取食时不宜将不同类别的食物混装于一盘，那种将冷菜、热菜、水果、点心等码在一个盘子上的做法，是不文明的进餐行为。

3. 菜取完，及时补

自助餐的菜品，有的菜会有较多人喜爱，于是会迅速取完，进餐者不必慌抢，服务生会通知厨房及时添加，这时可以先品尝其他菜，待菜添上后再取。

4. 现加工，提要求

自助餐厅有许多食品是现加工的，如煎蛋、煎牛扒、带汤粉面等，当你点要某道食品后，要向厨师说明烹调要求，常见有人因点要的食品不符合自己的要求而弃之不用，这是一种不文明的表现，也是一种浪费行为。

5. 只能吃，不能带

所有的自助餐，不管是以之待客的由主人亲自操办的自助餐，还是对外营业的正式餐馆里所经营的自助餐，都有一条不成文的规定，即自助餐只允许就餐者在用餐现场自行享用，而绝对不允许对方在用餐完毕之后携带回家。商务人员在参加自助餐时，一定要牢牢记住这一点。在用餐时不论吃多少东西都不碍事，但是千万不要偷偷往自己的口袋、皮包里装一些自己的“心爱之物”，更不能要求侍者替自己“打包”。那样的表现，必定会使自己见笑于人。

第三节 饮酒礼仪

酒是一种奇特的食品，千百年来，没有哪一种食品像它这样令人惊奇、令人赞叹、令人陶醉。

酒，能够健身。我国最早创造的黄酒，素有“天乳”“天之美禄”之称。啤酒含有人体需要的多种维生素，被誉为“流体面包”。药酒具有奇特的滋补作用和医药功能。就是各种白酒，只要少饮、适量，也能舒筋活血、理气和神，对身体健康大有益处。

酒，可助兴、寄情、陶情怡志。因此，古人又称之为“欢伯”。在中国，人们的喜、怒、哀、乐，悲、欢、离、合等种种情感，往往都借酒来抒发和寄托。

酒，是友好的使者。大到官场外交，小到民间往来，大凡迎宾待客，往往都离不开酒。酒已成为公共关系活动中传送友谊的一种“载体”。

然而，酒同世间万物一样，也具有两重性。既能造福，也能惹祸；既给人们带来乐趣，也给人们造成危害。在古代，有多少无道昏君因沉湎酒色、狂饮无度而亡国害民，有多少文臣武将因贪杯暴饮而身败名裂，直至送命。看今天，又有多少因酗酒醉酒而伤身误事，更有甚者酒后无德，而干出一桩桩危害他人、危害社会的违法乱纪之事。有鉴于此，要提倡新的酒德酒风，养成有益于身心健康的饮酒习惯。

一、酒的种类及特点

酒的种类颇多，酒的分类方法常见的有三种：

(一)按生产方法的不同，分为蒸馏酒、发酵酒、配制酒

(1)蒸馏酒：原料发酵后，用蒸馏法制成的酒叫蒸馏酒。这类酒度数较高，其他固形物含量极少，刺激性较强，白酒、白兰地等酒均属于蒸馏酒。

(2)发酵酒：又叫压榨酒。原料经过发酵后，直接提取或用压榨法制成的酒。这类酒度数较低，而且固形物含量较多，刺激性小，啤酒、果酒等均属于压榨酒。

(3)配制酒：用成品酒或食用酒精，配合一定比例的糖分、芳香原料或中药材，混合贮存后经过滤而成。用芳香原料配制的称为露酒；用中药材配制的称为药酒。露酒有

青梅酒、玫瑰酒；药酒有莲花白、竹叶青等。

(二)按酒精含量的高低，分为高度酒、中度酒、低度酒

(1)高度酒：酒精含量在40°以上的酒称为高度酒。

(2)中度酒：酒精含量在20°~40°的酒属于中度酒，多数露酒和药酒是中度酒。

(3)低度酒：酒精含量在20°以下的酒属于低度酒，如啤酒、黄酒、葡萄酒。

(三)按商业经营，分为白酒、啤酒、葡萄酒、黄酒、露酒、药酒

(1)白酒：又称烧酒、中国白酒，它与白兰地、威士忌、朗姆酒、伏特加、金酒齐名，被誉为世界六大蒸馏酒。我国白酒按香型分为酱香型白酒(以茅台酒为代表)、浓香型白酒(以泸州老窖为代表)、清香型白酒(以汾酒为代表)、米香型白酒(以桂林三花酒为代表)、其他香型白酒。

(2)啤酒：啤酒为营养丰富型的清凉饮料，素有“液体面包”之称。啤酒根据杀菌与否分鲜啤和熟啤。

(3)葡萄酒：以葡萄为原料酿造的酒，因酒液中含有人体所需多种维生素和氨基酸，故成为高档宴会上不可缺少的饮料。葡萄酒根据葡萄颜色的不同分为白葡萄酒和红葡萄酒；根据含糖的多少分为干葡萄酒、甜葡萄酒。

(4)黄酒：它是用粮食酿造的弱性酒，一般含酒精10%~15%，因色泽黄亮而取名“黄酒”，是我国特有的传统饮用酒。

(5)药酒：它是一种以黄酒或白酒为酒基，配以各种药材经浸泡等工艺制作的，具有一定医疗作用和滋补作用的酒。

二、饮酒礼仪与禁忌

传承数千年的中华酒文化，积淀了丰厚的饮酒礼仪风俗，无论是三朋四友小酌，还是盛大宴席豪饮，人们必须遵循约定俗成的饮酒礼仪规范。

据《晏子》记载，有一次，齐景公乘着酒兴在酒宴上说：“今天我想和诸位大夫们纵情酣饮，请大家不要拘于礼。”这时齐相晏婴马上进行规劝，但是齐景公不听。饮了一会儿酒，齐景公外出解手从晏婴身前走，晏婴不起身致礼；齐景公回来时从晏婴面前经过，他还是不起身致礼，对此，齐景公已有几分不快了。待到大家举杯饮酒时，晏婴不等齐景公先喝，便抢先喝了自己杯中的酒，对于晏婴一再违礼的做法，齐景公再也忍不住而大怒起来：“晏子，你一向主张无礼不可。今寡人出入你不起身，举杯时你又抢在寡人前喝酒。难道这就是礼吗!”晏婴连忙离席再拜，然后对齐景公说道：“晏婴怎敢违背君王在酒宴上所说的不需用礼的话。我刚才的举动是遵您的旨意而办的。君王如果真的想不拘礼的话，其后果必然这样，难道能说我无礼的做法不对吗?”齐景公于是恍然大悟，便请晏婴入席，然后按照君臣饮酒的礼仪，行三巡酒而结束了酒宴。

由此可知，传承已久的饮宴礼仪是不能随便打破的，齐景公所说的不用拘于礼的话只不过是酒席上的醉语而已，一旦别人真的在酒桌上不讲君臣之礼，他就受不了了。

饮酒不讲礼仪不仅在官宴上不允许，就是在平民百姓的酒席上也会遭到人们的指责或被罚酒。

（一）古今通行饮酒礼仪

1. 无酒不成席

凡设席宴客必置酒，否则被视为对设宴不重视或对被宴请的客人不尊重。即使主宾或主人不胜酒力，也应拿些红酒、啤酒、甚至米酒充当，总之，酒席中少了酒就失去了灵魂。

2. 七分茶八分酒

“七分茶八分酒”是流传很广的一句话，也就是说给客人沏茶只能沏七分，而斟酒只能斟八成。常说的“满上满上”就是指斟上八成酒而言。这也是暗示喝酒之人不可贪杯过量，就有十成酒量的人，喝到八成就好了，这样既不伤身体，又不会出洋相，这可谓是斟酒的一礼。

3. 叩指礼

当主人给你斟酒的时候，把食指和中指捏在一块，轻轻地在桌边上点几下，以示感谢，就叫“叩指礼”。说起来还有一个民间传说呢！那是乾隆皇帝微服私访江南的时候，和太监一块饮酒，乾隆让太监坐在旁边。本来，朝廷里规矩多，奴才见了主子都得三跪九叩，太监和皇上坐在一块，他真得要喊几声“谢主隆恩”了。可这是微服私访，不能暴露身份，于是，聪明的太监就想出这么个办法，用三个指头在桌边轻轻地点了九下，象征着三跪九叩。后来，慢慢流传到民间，一直延续至今，只不过没有点那么多下罢了。这个礼节在我国广东、福建、香港，以及东南亚的新加坡、马来西亚等地尤为盛行。

4. 先干为敬

两人碰杯，以先干者为敬。下级向上级敬酒碰杯时，下级先干；晚辈向长辈敬酒碰杯时，晚辈先干；男士向女士敬酒碰杯时，男士先干。总之，先干者表示对对方的敬意和尊重。

5. 低杯为敬

两人碰杯，身份低者或年轻者与身份高者或年长者敬酒碰杯时，前者应将杯身略低于后者的杯身为佳，否则为不礼貌。

6. 起身为敬

同桌敬酒，如身份、年龄相差较大，年轻、身份低者应站起向长者或身份高者敬酒。个别为表敬意，也可下位走近长者或身份高者身旁敬酒。

7. 双手捧杯为敬

年轻、身份低者向长辈或身份高的人敬酒，以双手握杯为表尊敬。

8. 碰杯必喝干

通常所说的干杯，都是象征性的，而酒杯与酒杯相碰之后，则必须喝干，并且还应将酒杯倒过来，以示干净。

9. 敬酒讲秩序

同桌敬酒，讲究一定的秩序。随从人员陪上司宴请来宾时，陪同人员不可抢在上司之前向来宾敬酒，而应让上司先敬，随从再敬。敬酒讲究顺序，或从最尊贵的客人敬起，以席上人员地位或年龄的高低，依次往后敬；或从主宾开始，顺时针方向敬。只要敬酒，全桌皆要敬，不可遗漏。

10. 代酒讲规矩

酒宴上，对方给自己敬酒，而自己又不胜酒力，这时可请人代酒(代饮)。代酒讲究一定的规矩：只能上级找下级代、年长者找年轻者代、女士找男士代；反之，则为不礼貌。

(二)饮酒的忌讳

忌者，人之忌讳也。酒具有兴奋和麻醉神经的作用，人一旦饮酒过量，容易控制不住自己的情感，并失去理智，因而会导致一些失礼的行为发生。

1. 忌纵饮无度

孔子说："饮酒以不醉为度。"然而有许多人却喜欢贪杯，贪杯则易醉，醉酒易失礼。醉酒之人往往话多，话多必失。酒后吐真言，如果吐出的是一些矛盾，则易引起纠纷；如果吐出的是机密，则是违法行为。因此，嗜酒者切忌贪杯、酗酒。

2. 忌闪约

朋友相邀，既已应约，须准时赴会；否则，酒菜已上，众宾客就座，唯独你一个人迟迟不来，不等你为不恭，等你又酒菜易凉，又似怠慢到席之人，徒使主人焦急为难。

3. 忌久饮不休

饮酒的时间，应有所控制，喝了即止，切忌"打疲劳战""持久战"，动辄"为长夜饮"。即使有朋自远方来，边饮边叙，时间不免要长一些，但也不应忘乎所以，不顾休息，以免影响来日的生产、工作和学习。

4. 忌苦劝

要敬酒，可劝酒，但不能逼酒。应该"酒逢知己千杯少，能喝多少喝多少"。善意的劝酒，目的是使人喝好尽兴，绝非将人灌醉，使其遭罪。愿饮者，不用劝，不善饮者，不宜强劝。此外，劝酒不应"轮番轰炸"，盯住一人，你敬我劝，都来"亲近"；人欲推辞，则必以种种理由强其干杯，或云"你喝了张三的，不喝我李四的"，或说"你喝了领导的，不喝群众的"。须知，即使"酒场宿将"，也经不起"车轮战术"，如此下去，是非让人醉不可了。那么，你劝酒的善意又在哪里？

5. 忌不诚恳

不诚恳有种种表现，一是以水代酒，捉弄他人。酒席之上，觥筹交错，主客欢饮，必欲尽兴，不诚之人，乃趁机暗做手脚，以水代酒，邀人干杯，与人争胜。一旦"把戏"被人揭穿，则必当场丢丑，留下话柄。二是入口不咽，暗地吐出。邀人同饮或被邀同饮，故作豪爽，二话不说，引颈举杯，倾酒入口，引得旁人喝彩叫好；然而就在这喝彩叫好声中，此君或若不经意而回身，或极自然而低首，则酒已吐之于地，旁人却浑然不觉；或酒刚入口，随即掏出手帕拭唇，趁势将酒吐于手帕上。三是初饮推托，将散不休。常见一些"要心眼""留后手"者，参加宴饮，唯恐喝醉，初饮时小心翼翼，略略沾唇而已，一巡过后，别人已酒尽杯空，他的杯中犹然半满。别人见此情形，必然出面劝酒，此君则连称已不善饮，谦恭有加。别人信以为实，也就准其随意自饮，不再强劝，酒宴自始至终，在一片和谐欢乐的气氛中进行。不想酒宴将阑，众人微醉之际，此君却突然酒瘾大发，酒兴大盛，呼甲唤乙，发动攻势，弄得众人瞠目结舌，不知所措，欲罢不甘，欲饮不能，不欢而散。四是能饮不饮，表面敷衍。众人干杯，能饮而不饮尽。更有一等人，“看人下菜碟”，如果有地位、有身份的人邀他干杯，他会情绪昂扬，一饮而尽；而一般人邀他干杯，则或推辞，或饮而不尽，淡然冷漠，往往会伤害对方的自尊心。

6. 忌争执骂座

众人饮酒，本来图个愉快欢乐，如果酒后骂座，挑起争斗，就无异于聚众闹事了。即使在席双方平素有些疙疙瘩瘩，但既然坐在一起，又当着其他宾客的面，双方就应克制，最好是趁此机会，彼此尽释前嫌，言归于好，这样便可给酒宴添辉，主客也皆为之祝贺、高兴；切忌“酒后借端发泄宿怨”，出言无忌，指桑骂槐，闹得主人不安、客人不快。

7. 忌当场呕吐

一旦饮酒过量，觉得反胃时，应赶快离开酒桌，切不可当场呕吐，那样既不卫生，又大煞风景。

8. 忌不遵令

众人饮酒，人人都要遵守酒席上的规矩。特别是飞觞行令时，酒令大于军令，一定要听令而行。第一是要听清楚酒令的内容、要求，不可违令。第二是违令时要认罚，不得推托抵赖。

9. 忌酒后饭上

按照我国多数地方的民间礼俗，吃完饭以后就不能喝酒，而在喝酒之前却可以吃面。因为“饭”和“犯”、“酒”和“久”是谐音字，若是吃饭后喝酒，就会被忌喻为：“久后犯上”，对长辈不敬，要触犯上人；若是先吃面后喝酒，则被忌喻为：“久后面上”，会孝顺老人。

第四节 饮茶礼仪

茶是世界三大饮品(酒、茶、咖啡)之一，也是中国的“国饮”。我国历来有“客来敬茶”的礼俗，早在三千多年前，茶已被奉为礼品与贡品，到魏晋南北朝时，客来敬茶已经普遍成为人际交往的社交礼仪。

当今社会，饮茶更是人们日常社交活动中不可缺少的一项内容，并形成了一系列与日常生活相适应的礼仪。

一、茶的种类及其特点

茶树的鲜叶采摘后经过加工即制成各种茶叶。所有的茶叶可分为两大类：基本茶类和再加工茶类。基本茶类包括绿茶、红茶、乌龙茶、白茶、黄茶、黑茶。再加工茶类包括花茶、紧压茶、萃取茶、果叶茶、保健茶。

(一)绿茶

绿茶是我国产量最多的茶叶，占世界绿茶贸易总量的70%。绿茶的基本特征是叶绿汤清，加工工艺是鲜叶采摘后经过高温杀青，然后经揉捻、干燥后制成(揉捻后用热锅炒干称为炒青，揉捻后进行烘干的称为烘青，烘青的绿茶主要用来窨制花茶)。著名的绿茶品种有杭州的龙井、苏州的碧螺春、江西婺源的婺绿和庐山云雾、安徽屯溪的屯绿和六安瓜片以及河南的信阳毛尖等。绿茶中有所谓“明前茶”和“雨前茶”，是在每年清明和谷雨前采摘嫩芽幼叶制成，特别珍贵。

(二)红茶

红茶的基本特征是叶红汤红。红茶的加工工艺是鲜叶采摘后不用高温杀青，而是经过萎凋、揉捻、发酵(绿茶是不发酵的)，叶子变红后再进行干燥。红茶又分为小种红茶(经过松柴烟熏具有特殊松烟香味)、功夫红茶、红碎茶(将叶片切碎后再发酵、干燥)。著名的品种有安徽的祁门红茶(祁红)、云南的滇红、江西的宁红等。

(三)乌龙茶

乌龙茶也称青茶，外形色泽青褐，属于半发酵茶。其加工工艺是鲜叶采摘后经过晒青萎凋、反复数次摇青，叶子进行部分发酵红变，然后经高温锅炒、揉捻、干燥而成。冲泡后叶片上有红有绿，汤色黄红，有天然花香，滋味浓醇。著名品种有福建的武夷山岩茶、安溪铁观音等。

(四)白茶

白茶属于轻微发酵茶，基本工艺是萎凋、晒干或烘干。成茶芽叶自然舒展，满披白色茸毛，汤色清淡，主产于福建福鼎等地。

(五)黄茶

黄茶是鲜叶杀青、揉捻后经过堆积闷黄，再炒，再堆积闷黄，然后烘焙干燥。著名的品种有湖南岳阳的君山银针、安徽的霍山黄芽、四川的蒙顶黄芽等。

(六)黑茶

黑茶一般原料较粗老，制作过程中堆积发酵时间较长，叶色油黑，故称为黑茶，可以直接饮用，也可制成紧压茶。

(七)花茶

花茶一般是用烘青绿茶和香花混合窨制，使茶叶吸收花香制成花茶，有茉莉花茶、白兰花茶、珠兰花茶、桂花茶等品种，以茉莉花茶最为常见。北方群众饮花茶者较多。

(八)紧压茶、萃取茶、果味茶和保健茶

紧压茶是用各类茶叶经过加工蒸压成一定形状，如销往边区的砖茶、云南的普洱茶(沱茶)。萃取茶是用热水萃取茶叶中的可溶物，过滤后获得茶汤，再经过浓缩干燥成固态的“速溶茶”或不经干燥的液态的“茶饮料”。果味茶是在茶中加入果汁制成茶饮料，如柠檬茶、橘汁茶等。保健茶则是在茶中加入中草药，有防病治病的功效。严格来说，后二者茶的比重较小，如保健茶中更多的是靠中草药发挥作用，不能算是真正的茶。

二、约定俗成的饮茶礼仪

(一)“客来敬茶”

客来敬茶是我国生活礼仪的一项重要内容。有朋友来做客，主人首先要奉上一杯清茶。“请喝茶!”通常是主人对客人表示欢迎或尊重的一句话。待人以茶，常被视为高雅之举。我国古代许多清廉高洁之士，奉行“淡泊以明志，宁静以致远”的人生哲学，而淡泊正是茶的天性。现代社会流行“喝茶的男人不会变坏”“喝茶的女人更加可爱”的名言，充分说明，饮茶可以使人达到一种平静和谐的心灵境界，它可以陶冶个人性情，培养高雅情趣，协调人际关系，有助于社会风气的改良，有助于社会秩序的稳定。

(二)“端茶送客”

茶可用来敬客，在中国历史上，也有用茶逐客的。这种做法多见于官场中。如大官接见小官，倘若有言语冲突，或言繁而烦心，大官就会严肃地端起茶杯，以一种端茶的特殊方式，示意侍从送客。相传，民国初时，孙中山先生为求团结救国，曾北上去找李鸿章，面呈政见，但由于话不投机，不一会李鸿章就生气地喊道：“端茶!”于是孙中山愤然起立，拂袖而去。端茶逐客与客来敬茶的美德是背道而驰的，在提倡社会文明进步的今天，这种习俗应当扬弃。

(三)“茶三酒四”

“茶三酒四”所表示的意思是品茶时，人不宜多，以二三人为宜。而喝酒则不然，与品茶相比，人可以多些。明人陈继儒在《岩栖幽事》中提出：“品茶，一人得神，二人得趣，三人得味，七八人是名施茶。”人多嘈杂，不可能静心品饮，只不过是喝茶解渴而已。因此，如果是以品茶为形式的社交活动，人数以两三人为佳。

(四)“浅茶满酒”

在中国民间有一种习俗，叫做“茶满欺人，酒满敬人”或叫“浅茶满酒”。它指的是，在用玻璃杯或瓷杯或盖碗直接冲泡茶水用来供宾客品饮时，一般只将茶水冲泡到品茗器的七八分满为止。这是因为茶水是用热水冲泡的，主人泡好茶后，马上奉茶给宾客，倘若满满的一杯热水，无法用双手端茶敬客，一旦茶汤晃出，又颇失礼仪。其次，人们品茶，通常采用热饮，满满一杯热茶，会烫坏嘴唇，使宾客处于尴尬场面。第三是茶叶经热水冲泡后，总会或多或少地有部分叶片浮在水面。所以，人们饮茶时，常会用嘴稍稍吹口气，使茶杯内浮在表面的茶叶下沉，有利于品饮。而饮酒则不然，人们习惯于大口畅饮，这显得更为豪放，所以在民间有“劝酒”的做法。加之通常饮酒，不必加热，即使加热，也是稍稍加温就可以了，因此大口喝酒也不会伤口。所以说浅茶满酒，既是民间习俗，又符合饮茶喝酒的实际情况。

(五)“七分茶、三分情”

“七分茶、三分情”，其实就是浅茶满酒的体现。其做法是主人在为宾客分茶或直接泡茶时，用量正好控制在品茗杯(碗)的七分满为止，而留下的三分空间，则充满了主人对客人的情意。其实，这是泡茶和品茶的需要，而民间，则上升成为融洽宾主关系的一种礼仪用语。

(六)“叩桌行礼”

人们在饮茶时，能经常看到冲泡者向客人奉茶、续水时，客人往往会端坐桌前，用右手中指和食指，缓慢而有节奏地屈指叩打桌面，以示行礼之举。在茶界，人们将这一动作俗称为“叩桌行礼”，或叫“屈膝下跪”，是下跪叩首之意。这一动作的寓意，与前面所说的“叩指礼”相同，均表示对主人的尊重。不过，这一寓意动作，又有了新的发展。有的茶客也会用一个食指叩桌，表示我向你叩首；倘用除大拇指以外的其余四指弯曲，连连叩桌，寓意我代表大家或全家向你叩首。这种情况，多用于主人向你敬茶时运用。

(七)“以茶代酒”

在中国民间有以茶代酒之习俗，无论在饭席、宴请间，还有为朋友迎送叙谊时，凡遇有酒量小的宾客，或不胜饮酒的宾客，总会以茶代酒，以饮茶方式来代替喝酒。这种做法，不但无损礼节，反而有优待之意。所以，在中国此举随处可见。宋人杜来诗曰：“寒夜客来茶当酒，竹炉汤沸火初红。寻常一样窗前月，为有梅花便不同。”说的就是这个意思。

(八)“及时续水”

按照中国民间饮茶礼仪，当客人饮茶时，茶杯中的茶水只剩三分之一时，就得续水；否则就视为主人不热情，或认为主人不愿与来客多谈，请客人离开。因此，在日常接待活动中，一定要注意及时为客人续茶水。

(九)“捂杯谢茶”

宾主双方经过长时间品饮聊天后，来宾要告辞了。这时如果主人或服务生续水，客人可以用左手掌轻轻按一下杯(碗)口，意思是：谢谢你，请不必再续水，我要告辞了。使用这种无声的语言，既显来宾讲礼貌、有涵养、又符合“廉、美、和、敬”的中国茶道精神。

(十)“饮茶五忌”

在较为正式的场合饮茶时，应禁止下面五种不文明行为，统称“五忌”。一忌狼吞虎咽；二忌连饮数杯；三忌响声大作；四忌嚼食茶叶；五忌吐回杯中。

☞**思考题：**

1. 中餐礼仪有哪些讲究？
2. 西餐礼仪有哪些讲究？
3. 敬酒礼仪有哪些讲究？

☞**餐饮礼仪故事两则：**

一、求同存异①

1956 年夏，英国首相艾德礼访华，由北京来到上海。印度驻沪总领事在官邸花园举行酒会款待艾德礼，上海市市长陈毅应邀出席。陈毅和艾德礼在官邸草坪边踱步边交谈，长达 20 多分钟。此后，他们踱回酒会中心地带时，服务员托盘送上酒水，艾德礼拿的是一杯威士忌苏打，陈毅则拿一杯红葡萄酒。当两人碰杯时，陈毅风趣而又意味深长地说：“我们两人拿的酒不同，但这不妨碍我们碰杯。”

① 黄金祺. 外交外事知识和技能[M]. 北京：世界知识出版社，1999：188.

二、巧用颜色招顾客①

美国纽约有一家大饭店。早先这家饭店餐厅的地面、桌子和椅子都是红色的，每天推门的人很多，但进来就餐的人很少。在一位心理学家的启发下，经理把餐厅改为雅致的淡绿色，饭店马上车马盈门，宾客满座，但是顾客在用餐之后仍不愿离去，这就影响了餐桌的利用率。经理于是又把餐厅改为浅橙色，并用小面积红色点缀，结果顾客食欲大增，而且吃饱喝足即走。从此饭店利润大增。

① 张掌然. 交际艺术品评[M]. 武汉：华中理工大学出版社，1997：227.

第十四章　宗教礼仪

宗教是人类社会发展到一定阶段出现的历史现象，有其产生、发展和消亡的过程。随着社会的进步和历史的发展，宗教也在不断演变，由部落宗教演化为民族宗教，一些宗教进而发展成世界宗教。在宗教发展过程中，各种宗教逐渐形成了自己的教义信条、神学理论、清规戒律和祭仪制度等。

目前，世界上存在着佛教、犹太教、基督教、道教、伊斯兰教、印度教、神道教等多种宗教。全世界现有宗教信徒数十亿人，其中大多数为当今世界三大宗教——基督教、伊斯兰教、佛教的信徒。

宗教是社会意识形态之一，是上层建筑的一部分。宗教不仅对信徒的思想观念产生深刻的影响，而且对他们的行为方式也有着重要的影响。宗教礼仪是宗教信仰者为了表达对崇拜对象的尊敬和崇拜而规定或约定俗成的仪式、礼节、活动等，对于坚定和巩固信徒的信念，激发和增进信徒的宗教感情有着重要的作用。了解宗教礼仪，尊重不同民族不同宗教信仰者的习惯，是扩大对外开放的需要，也有助于我国人民与世界各国人民友好往来和文化交流的广泛开展。因此，本章着重介绍世界三大宗教的主要礼仪和主要节日。

第一节　基督教礼仪

基督教是世界三大宗教之一，有着悠久的历史、系统的教义和丰富的文化。基督教分为天主教、东正教和新教三大支派。天主教是原始基督教的直接延续者和继承者，又称罗马公教，也就是普世大公教会。东正教是在1054年由天主教分离出来的东方教会，也称为东方正教。新教为16世纪宗教改革运动中脱离天主教而形成的教派，它自己不断分出许多宗派，亦译为“抗罗宗”或“更正教”。我国宗教界称为“基督教”的教会，在国际上和学术界称为新教，也称基督新教，中国民间则称为“耶稣教”，以区别于天主教和东正教。1807年新教正式传入我国。基督教有许多宗教礼仪和节日。它的礼仪核心是天主教七大圣礼。基督教的礼仪和节日的内容主要是在天主教和东正教中实行，新教经过宗教改革后，礼仪简化，主要的节日有：圣诞节、受难节、复活节以及圣灵降临节。

一、基督教礼仪

(一)天主教礼仪

每一种宗教信仰都有其表达信仰的方式，有其礼仪。天主教也有它自己的圣事礼仪，被称为“七件圣事”，即圣洗、坚振、告解、圣体、终敷、神品及婚配。天主教会认为，这七件“圣事”都是耶稣基督亲自确立，每个信徒通过领受“圣事”接受基督的恩典和宠佑。

(1)圣洗：又称洗礼，是天主教正式入教的仪式。通过施洗，可以洗去入教者身上的罪过，使领洗者接受基督的“恩宠”。受洗是一种记号，标志着受洗者从此成为基督的子民，有权领受其他“圣事”。施洗的方式分为注水洗礼和浸礼两种，天主教会普遍采用注水洗礼。

(2)坚振：也称坚信礼，在入教者受洗后，再接受主教的按手礼和敷油礼。在举行此礼时，主教手画十字架，油膏敷脸面。它主要使信徒获得“圣灵”降身，坚定信仰，加强灵命。

(3)告解：也称忏悔，是教会为赦免教徒在受洗入教后所犯罪过并重新获得上帝恩宠而设。教徒向神甫告明所犯罪过，表示忏悔，神甫对所告的罪过严守秘密并指定忏悔者如何补赎，以此显明：使人除去死罪，使人免去永刑。

(4)圣体：亦称为圣餐，是教会为纪念耶稣为赦免人类罪恶而代为牺牲肉体和血而设。圣体有面饼(耶稣肉体)和葡萄酒(耶稣血)两种。天主教“圣体”仪式是在举行完弥撒后，进行“圣体”圣事，由主教(或神甫)主礼。圣体是灵魂的粮食，它的功效主要是“增圣宠，加神力”，与基督契合，保存和滋养灵性生命，保证天堂永福和未来肉身复活。

(5)终敷：天主教神甫向临终的教徒敷擦圣油并念诵经文的圣事礼仪。当信徒年迈或病危时，神甫要用油敷擦人身上的眼、耳、鼻、唇、手、脚、腰七处部位，并画十字架。借此仪式可以使受敷者领受基督恩宠，减轻其痛苦，赦免在世之罪过。

(6)神品：又称授圣职、授神职，指通过授任祝圣礼仪，使被祝圣者接受一定的神职，为上帝的子民服务。

(7)婚配：天主教徒结婚时由神甫在教堂举行的圣事礼仪。通过婚配礼仪，双方正式结为夫妻，接受祝福。这种婚姻具有一定的稳定性和制约意义。此礼教导婚姻双方实行一夫一妻制，不可分离。

(二)东正教的礼仪

东正教是基督教的三大派系之一，自称信奉正统的基督教教义。东正教起初盛行于巴尔干半岛、西亚和北非地区，后来传播到俄罗斯、东欧、北美和其他一些国家。在当今中亚、近东、东欧、俄罗斯等地区人们的生活中，它仍然具有重要的地位。

神圣礼仪乃是东正教的基督徒正式聚集的集体行动。教会的集体行动是上主召叫的行动。教徒形成一个群体，一起敬拜、祈祷、歌唱，聆听上主话语，接受律法的教导，在基督里向天父感恩，经历上主永恒的国度。东正教会通常是在主日举行神圣的礼仪，主日是在安息日之后。

东正教在圣礼上也有七件圣事，与天主教大致相同，同时它在节日、斋戒上也与天主教大致相同。但由于东正教不接受天主教的某些教条，因而两者的节日仪式有所不同。东正教比较坚持古代基督教会的教义和传统礼仪，强调与神交通的神秘意义和礼拜活动的神圣气氛。其教士们穿着很夺目，教堂布置得庄严和华美，挂满了圣徒像，特别是在举行宗教仪式时，教堂内烛光万点，唱诗班和信徒的合唱美妙动听，常使参加者陶醉于其中。东正教教士衣着与天主教教士不同：东正教主教头戴圆筒帽，身穿银白色或黑神袍，胸挂圣像，手持权杖；天主教主教则头戴瓜子帽或四角帽，身穿金黄色长袍，胸挂十字架，手戴权戒。在圣餐礼上，东正教徒是同领饼和酒；而天主教规定，只有神职人员才能同时领饼和酒，平信徒只能领饼。东正教准许除主教以外的神职人员结婚，而天主教则规定神职人员都不能结婚。在做祈祷时，信徒要用手在胸前画十字。东正教在改革以前是用两个手指画十字，现在用三个手指(拇指、食指和中指)在胸前自右向左、自下向上画十字；天主教则用整个手掌在胸前自左向右、自上向下画十字。东正教还有一些特殊的仪式，如水祓除仪式，这是用斋戒沐浴等方法除灾求福的宗教仪式。

(三)新教的礼仪

新教提倡简化礼仪，在衣着上比较自由，礼仪上只保留洗礼和圣餐两大圣礼，在崇拜中注重讲道。洗礼有点水礼和浸水礼两种。接受洗礼是耶稣基督的命令，信而受洗，表明与主同死、同埋葬、同复活，归入基督。其教会活动主要为讲道、唱诗、祷告等。圣餐：是由基督亲自设立，也要求信徒守此礼。圣餐的意义在于：纪念主恩；杯是立约的血；与主相会；肢体契合(同领一饼一杯，信徒相交)。

天主教和东正教的礼仪相对复杂；新教礼仪相对少些，强调人与上帝的直接联系，通过圣经和上帝交流。

二、基督教节日

基督教有不少节日，节日中有很多礼仪。在节日上，东正教的一些大的节日与天主教节日大体相同，只是称谓不同。东正教的其他一些小型节日则因民俗习惯不同而与天主教不同，如乔治节、尼古拉节、彼得节、殉教节等。对于较为重要的节日，东正教与天主教也有所不同。此外，东正教还很看重下列节日，常举行大的纪念活动，这就是主割礼节、圣母节、施洗约翰诞生节、施洗约翰砍头节、彼得节和保罗节等。对新教来讲，节日不是那么多，主要是圣诞节、受难节和复活节等。

(一)天主教节日

天主教有四大瞻礼(主要节日)和八大节日。

1. 四大瞻礼

(1)耶稣圣诞瞻礼：纪念耶稣诞生的节日，也称圣诞节，日期为12月25日。耶稣诞生的确切时间和日期，圣经并无记载。公元336年罗马教会开始在12月25日纪念耶稣诞生。5世纪中叶以后，耶稣圣诞瞻礼作为天主教的一个重要节日成为教会的传统。教徒一般会参加12月24日午夜12时(即25日零点)在教堂举行的子时弥撒。现在，圣诞节在欧洲、美洲、大洋洲及非洲和亚洲的一些国家和地区已经成为民间习俗中的主要节假日之一。

(2)耶稣复活瞻礼：即平常人们所说的复活节，是纪念耶稣被钉十字架死后第三日复活的节日，每年春分第一个月圆后的第一个星期日为耶稣复活瞻礼主日。庆祝活动一般持续7天，而且瞻礼前还有隆重的庆祝仪式和活动。在欧洲、美洲、大洋洲及非洲和亚洲的一些国家和地区，复活节已经成为民间的主要节假日之一。

(3)圣神降临瞻礼：纪念圣神降临的节日，在耶稣复活瞻礼后第50天即耶稣升天瞻礼后第10天庆祝。圣神降临瞻礼也称圣神降临节，又称“五旬节”，是天主教会最重要的节日之一。圣神降临于人间，在神学上意味着天主圣子耶稣基督升天后，天主圣父差遣圣神永驻并运行于人间，关照信徒、教会和人世。

(4)圣母升天瞻礼：纪念圣母马利亚肉身和灵魂一同荣召升天的节日，也称圣母升天节，日期为8月15日。

2. 八大节日

它们是：三王来朝节、大圣若瑟节、圣母领报节、圣十字架节、诸圣瞻礼日(也称万圣节，纪念“所有在天享荣福的得求诸圣”的节日，日期为11月1日)、追思节、圣母献堂节、圣母无染原罪始胎节(纪念圣母“始胎无玷”的节日，日期为12月8日)。

(二)东正教节日

东正教主要有十二大节日，即主降生节、主领洗节、主进堂节、圣母领报节、主进圣城节、主升天节、圣三主日节、主显圣容节、圣母安息节、圣母圣诞节、举荣圣架节、圣母进堂节。此外，还有许多专门纪念“有灵”圣像的节日。东正教实行牧首制，牧首是教会的最高领导。16世纪至今，俄罗斯东正教实行的也是牧首制。

(三)圣诞节和复活节

圣诞节和复活节是天主教、东正教、新教共同庆祝的重要节日，已融入民俗文化，成为民间习俗中的节日，在全世界有很大影响。因此，本书在这里着重介绍一下圣诞节、复活节和狂欢节。

1. 圣诞节

圣诞节是基督教世界最大的节日。这一天，世界所有的基督教会都举行特别的礼拜仪式，是一个普天同庆的日子。4世纪初，1月6日是罗马帝国东部各教会纪念耶稣降生和受洗的双重节日，称为主显节，亦称显现节，即上帝通过耶稣向世人显示自己。当时只有耶路撒冷的教会例外，那里只纪念耶稣的诞生而不纪念耶稣的受洗。后来，历史学家们在罗马基督徒习用的日历中发现公元354年12月25日页内记录着：“基督降生在犹大的伯利恒。”经过研究，一般认为12月25日定为圣诞节可能开始于公元336年的罗马教会，大约在公元375年传到小亚细亚的安提阿，公元430年传到埃及的亚历山大里亚，耶路撒冷的教会接受得最晚，而亚美尼亚的教会则仍然坚持1月6日主显节是耶稣的诞辰。

12月25日原来是波斯太阳神(即光明之神)密特拉的诞辰，本是一个异教徒节日，同时太阳神也是罗马国教众神之一。这一天又是罗马历书的冬至节，崇拜太阳神的异教徒都把这一天当做春天的希望、万物复苏的开始。可能因为这个原因，罗马教会才选择这一天作为圣诞节。这是教会初期力图把异教徒的风俗习惯基督教化的措施之一。后来，虽然大多数教会接受12月25日为圣诞节，但又因各地教会使用的历书不同，具体日期不能统一，于是就把12月24日到第二年的1月6日定为圣诞节节期，各地教会可以根据当地具体情况在这段节期之内庆祝圣诞节。自从12月25日被大多数教会公认为圣诞节后，原来1月6日的主显节就只纪念耶稣受洗了，但天主教会又把1月6日定为三王来朝节，以纪念耶稣降生时东方三王(即三位博士)来朝拜的故事。基督教新教和天主教规定于每年12月25日庆祝圣诞节，而东正教和其他东方教会由于历法不同，其12月25日相当于公历1月6日或7日。随着基督教的广泛传播，圣诞节已成为各教派基督徒，甚至广大非基督徒群众的重要节日。在欧美许多国家里，人们非常重视这个节日，把它和新年连在一起，而庆祝活动的热闹与隆重大大超过了新年，成为一个全民的节日。19世纪，圣诞卡开始流行，圣诞老人出现，圣诞节也开始流行起来了。

(1)圣诞卡。是祝贺圣诞及新年的贺卡，上面印着关于耶稣降生故事的图画，以及庆祝圣诞、新年快乐之类的祝愿的话。

(2)圣诞夜。根据耶稣诞生在夜里的故事，圣诞节的庆祝活动也从12月24日夜间开始，半夜时分达到最高潮。这一夜就被称为圣诞夜，也称为平安夜，时间是12月24日晚到25日晨。

(3)报佳音。圣诞夜自12月24日晚至25日晨。教会组织一些圣诗班(或由信徒自发地组成)挨门挨户地在门口或窗下唱圣诞颂歌，叫做报佳音，意思是再现当年天使向伯利恒郊外的牧羊人报告耶稣降生的喜讯。报佳音的人称为“Christmas Waits”，这项活动往往要持续到天亮，人数越来越多，歌声越来越大，以至于大街小巷尽是歌声。

(4)圣诞颂歌。圣诞节时唱的赞美诗称为圣诞颂歌。圣诞颂歌非常多，曲谱多取自著名音乐家的名作。经常唱的有《普世欢腾》《马槽歌》《三博士歌》《圣诞佳音歌》《牧人闻信歌》《小伯利恒歌》《荣耀歌》《新生王歌》《圣诞夜歌》《平安夜》等，其中以《平安夜》最为有名。

据说，1818年在奥地利一个名叫奥本多夫的小镇上住着一个默默无闻的神父摩尔。这年圣诞节，摩尔发现教堂里管风琴的管子被老鼠咬坏了，修理已经来不及了。怎么庆祝圣诞呢？他忽然想起《路加福音》里记载着，耶稣降生时，天使向伯利恒郊外的牧羊人报佳音后，高唱颂歌：在至高之处荣耀归于上帝，在地上平安归于他所喜悦的人。他灵机一动，根据这两句经文写成一首赞美诗，取名《平安夜》。摩尔写好歌词后拿给本镇小学教师葛路伯看，请他谱曲。葛路伯读完歌词后很受感动，谱好曲，第二天在教堂里演唱，大受欢迎。后来有两个商人路过这里，学会了这首歌，他们为普鲁士国王威廉四世演唱，威廉四世听后极为赞赏，下令把《平安夜》定为全国教堂过圣诞节时必唱的歌曲之一。此外，有条件的教堂每年圣诞节时还会演唱德国著名音乐家亨德尔的《弥赛亚》等音乐作品，通过这些音乐崇拜活动来增添节日的喜庆气氛。

(5)圣诞老人。据说，圣诞老人原是小亚细亚的一位主教，名叫尼古拉，他因和蔼可亲、慷慨济贫而闻名，死后被尊为圣徒，也称为圣尼古拉。由于民间有关尼古拉的传说都联系到少年儿童和礼物，从此，圣诞老人便成为专门在圣诞节向孩子们送礼物的慈祥老人的形象。后来通过文学和绘画，圣诞老人逐渐成为身穿红外衣的白胡子老人形象。据传，每年圣诞节他驾着驯鹿拉的雪橇从北方来，由烟囱进入各家，把圣诞礼物装在袜子里，并挂在孩子们的床头。所以，西方人过圣诞节时，父母把给孩子的圣诞礼物装在袜子里，在圣诞夜时挂在孩子们的床头。第二天，孩子们醒来后的第一件事就是在床头寻找圣诞老人送来的礼物。如今，圣诞老人已经成为吉祥如意的象征，是过圣诞节时不可缺少的人物。

(6)圣诞树。圣诞树是庆祝圣诞节不可缺少的装饰物，如果家中没有圣诞树，就大大减少了过圣诞节的气氛。关于圣诞树的来源有多种传说。

一种传说是这样的：大约在16世纪，圣诞树最先出现在德国，德国人在圣诞节的时候，把常年葱绿的松柏枝摆设在屋中，使之成为圣诞树，以增添圣诞节的气氛。以后德国宗教改革家马丁·路德把蜡烛安放在树林中的树枝上，然后点燃蜡烛，使它看起来像是引导人们到伯利恒去。现在人们已改用粉色的小灯泡来装饰圣诞树了。

另一种说法是：在很久以前，有个善良的农民，在圣诞节那天，遇到了一个穷苦小孩，热情地接待了他。临别时，孩子折下一树枝插在地上，树枝立即长成大树，孩子指着这棵树对救助他的农民说，每年今日，树上都长满礼物，以报答你们的盛情。所以，今天人们所见的圣诞树上总是挂满了小礼物。

圣诞树真正出现在圣诞节时，先见于德国，后传于欧洲和美国，成为圣诞节的重要装饰。圣诞树种类繁多，有美丽的天然松柏圣诞树，也有引人注目的人造圣诞树和白色圣诞树。每棵树上都装有五彩缤纷的装饰品，但每棵树的树顶上必有一个特大的星星，象征着三博士跟随星星而找到耶稣，而且也只有该家庭的一家之主可以把这颗希望之星挂上。

(7)圣诞袜。最早是一对红色的大袜子，多大都可以，因为圣诞袜是要用来装礼物的，是小朋友最喜欢的东西，晚上他们会将自己的袜子挂在床边，等待第二天早上的礼物。

(8)圣诞帽。那是一顶红色帽子，据说晚上戴上睡觉除了睡得安稳和有点暖外，第二天你还会发现在帽子里多了点心爱的人送的礼物。在狂欢夜它更是全场的主角，无论你走到哪个角落，都会看到各式各样的红帽子，有的还有帽尖发亮的，有的是金光闪闪的。

(9)圣诞礼物。据《圣经》记载，来自东方的圣人在耶稣降生的时候赠送礼物，这就是圣诞老人为儿童赠送礼品习俗的由来。英国少年儿童在圣诞前夕把长筒袜子放在壁炉旁，相信圣诞老人在夜里会从大烟囱下来，给他们带来满袜子的礼物。

(10)圣诞大餐。圣诞节作为一个隆重庆祝的节日，不能少了好吃美味的食品。圣诞节火鸡大餐就是例牌主菜，以前的人们或许会用微波炉自己做，现在的人们过节很多就是在外面餐馆里用餐了，商家也会利用机会招徕顾客，当然还有许多圣诞节食品，如姜饼、糖果等。

圣诞节尚有必不可少的节目，如家庭式的、朋友式的、情人式的等节目，这是友情、亲情、爱情聚会的好时光。人们戴着圣诞帽，唱着圣诞歌，说说大家的圣诞愿望。

此外，圣诞节的民风民俗还有：圣诞柴与火、圣诞游行、圣诞邮票、圣诞花、圣诞果等。

2. 复活节

复活节是基督教纪念耶稣复活的节日，是最古老、最有意义的基督教节日之一。根据《圣经》记载，耶稣被钉死在十字架上，死后第三天复活，后升天。每年在教堂庆祝的复活节日期是根据春分月圆后的第一个星期日这样一个时间来推断。在庆祝此节时，基督教有复活蜡烛点燃礼和蜡烛赞。庆祝活动中以大型复活蜡烛为中心，信徒们手持一支小小的燃烧着的蜡烛，以表示每个人的成义是由基督而来的。晚上在教堂有烛光游行。手持蜡烛的信徒们走完一段神圣的道路，游行结束了。执事将蜡烛置于祭台上，象征着基督降临在信徒的聚会中。基督徒参加复活节前夜的烛光游行，可亲身感受和体验其中的宗教内涵和氛围。

到了复活节，天主教徒在用食物之前，先要予以祝圣。鸡蛋同样很早就有了特殊的寓意：它象征着春天，新生命的开始。它还被赋予了一层宗教意义：象征着耶稣复活，走出坟墓。在复活节的早晨，信徒们见面时的第一句话就是："主复活了!""主真的复活了！哈里路亚!"意思是纪念当初耶稣复活后，门徒们互相转告这个惊人的喜讯。在西方国家，人们习惯互赠复活节彩蛋，因为鸡蛋象征生命与繁荣，复活节彩蛋因而也成为一种精致的工艺品。

东正教庆祝复活节有诸多礼仪。星期五是受难节，东正教教堂里常安放着一件用木头制作的装饰性工艺品，形状像一座小房子。信徒们将之称为"墓祭铭"，上面有耶稣的画像和十字架。纪念仪式开始后，虔诚的信徒抬着墓祭铭，在教堂内缓缓而行。随着庄重肃穆的音乐，信徒们诵读着祷词，唱着赞美诗，把手中的鲜花撒向墓祭铭。这种仪式象征着耶稣的葬礼。星期六的午夜，烛光照射，信徒们手持蜡烛，坚信此为永不熄灭的火光。从教堂回来后，人们便围坐在餐桌旁，开始吃彩蛋。彩蛋要两人一起碰破，并且相互说一些特定的祝福的话，这种礼仪要一直持续 40 天之后耶稣升天。在星期天，希腊东正教信徒有吃羊肉的习俗，以纪念希腊从土耳其的统治下解放出来，这一风俗已经延续了几百年。聚餐也是家人团聚的美好时刻，有些人把朋友、亲戚邀在一起，烹制各种食品，共同庆祝耶稣的复活。

复活节是基督教各派都十分重视的盛大节日，其礼仪的特点是将一个又一个具体的仪式连缀在一起，再现耶稣受难及复活的事迹。天主教庆祝复活节也有其复杂礼仪。复活节循环期是一个较宽泛的节期，因而复活期指的是从复活主日到五旬主日(圣神降临)50 天的时间，是基督教礼仪的一个完整节庆，在礼仪年中称之为复活期。其间共有 7 个主日。复活主日礼仪即复活节的礼仪，是基督教节日中盛大的礼仪。基本程序为：耶稣的复活，复活第 40 天后升天，再过 10 天则是耶稣派遣圣神降临。在这 50 天里，又有一组与耶稣复活升天的节日和特殊的纪念日，如逾越节 8 日期、耶稣升天节、圣灵降临节等。

复活节前夕，孩子们为朋友和家人给鸡蛋着色打扮一番，这是一种表达关爱和祝福的方式。复活节那天早上，孩子们会发现床前的复活节篮子里装满了巧克力彩蛋、复活节小兔子、有绒毛的小鸡及娃娃玩具等东西。在多数西方国家里，复活节一般要举行盛大的宗教游行。游行者身穿长袍，手持十字架前进。节日游行洋溢着喜庆的气氛，热闹非凡，具有浓烈的地方特色。在美国，游行队伍中有身穿牛仔服踩高跷的滑稽小丑，也有活泼可爱的卡通人物米老鼠。在英国，游行多以介绍当地的历史和风土人情为主，游行者化装成苏格兰风笛乐队和皇宫卫士，吸引了众多的游客。复活节的到来还使人们纷纷换上新衣。

在德国，节日里家人团聚，品尝各种传统食品，亲戚朋友见面要互相祝贺，亲友间要互赠彩蛋。象征生命的蛋、火、水、兔等成了复活节的吉祥物。在莱茵河中游和黑森东部的一些城镇，至今保留着“彩蛋树”这一古老习俗。人们把成百的蛋壳涂上彩画，串成蛋链，在复活节这天挂在松树上，制成彩蛋树，大人孩子围着彩蛋树唱歌跳舞，庆祝复活节。在德国的巴伐利亚地区，每年的复活节居民们都要举行火炬赛跑，以庆祝耶稣的再生。有趣的是，在北莱茵上威斯特法伦州的吕克台复活节滚火轮，更是名闻遐迩。六个巨型大木轮被火点燃后滚下山谷，就像六个火球从天而降，漆黑的山谷被大火轮照得通明，它与五彩缤纷的焰火交相辉映，再次显示了火给人类带来了新生。

在欧洲许多国家，复活主日的主餐均食羔羊肉。复活节的庆典活动也由简单走向丰富多彩，现在带有世俗化的色彩。

除此之外，还有准世俗化的狂欢节。所谓准世俗化的节日是指起源于基督教节日礼仪，但在后来的演化中，其宗教色彩消失，与世俗化的节日几乎没有区别的节日。

3. 狂欢节

狂欢节的起源有几种说法，但从狂欢节的词源分析，实际上直接与基督教教会的礼仪节期联系在一起。狂欢节又译作“谢肉节”，意思是在大斋期的禁食之前举行向肉告别仪式，于是从基督教礼仪中又衍生出来一个欧洲的民间节日。这一节日初期主要在德语国家的天主教徒中进行。狂欢节的时间一般在基督教封斋节前三天。因为教会规定“封斋”期间禁止肉食和娱乐，人们在封斋开始前举行盛大聚会，唱歌跳舞，尽情欢乐，因而又称为“狂欢节”。现在，巴西狂欢节是世界上最大的狂欢节。

第二节　伊斯兰教礼仪

伊斯兰教是世界性宗教之一，7 世纪初兴起于阿拉伯半岛，主要传播于亚洲、非洲。20 世纪以来，在西欧、北美一些地区也有所传播和发展。全世界信奉伊斯兰教的穆斯林约有 13 亿人。在马来西亚、塞内加尔等 40 多个亚非伊斯兰国家中，穆斯林占全国总人口的大多数。在埃及、伊朗、沙特阿拉伯等 30 多个国家中，伊斯兰教被定为国教。如今，伊斯兰国家和穆斯林人民在国际政治、经济、文化生活中发挥着日益重要的作用。

一、伊斯兰教主要礼仪

伊斯兰教教义与礼仪主要由五大信仰、五项宗教功课和八项言行准则组成，现简介如下。

(一)伊斯兰教的五大信仰

《古兰经》第 2 章第 177 节说：“你们把自己的脸转向东方和西方，都不是正义。正义是信真主，信末日，信天神，信天经，信先知，并将所爱的财产施济亲戚、孤儿、贫民、旅客、乞丐和赎取奴隶，并谨守拜功，完纳天课，履行约言，忍受穷困、患难和战争。这等人，确是忠贞的；这等人，确是敬畏的。”其中提到的“五信”，就是伊斯兰教的五大信仰。

1. 信真主

伊斯兰教认为，安拉是宇宙的唯一主宰，是世界万物的创造者；安拉全知全能、至仁至慈、无形象、无方位、无所不在、无有匹敌。每一位穆斯林都必须信仰真主安拉。

2. 信末日

伊斯兰教认为，世界终将有一天要毁灭。在世界末日到来时，每个人都将被带到真主的面前接受审判，行善者进入乐园，作恶者堕入火狱。

3. 信天神

伊斯兰教认为，天神(又称“天仙”或“天使”)是真主用光创造的精灵，受真主驱使。天神数目颇多，其中著名的四大天神是：向穆罕默德传达真主“启示”的吉卜利勒、负责观察宇宙万物的米卡勒、专司人的生死事宜的阿兹拉伊勒、宣告世界末日来临的伊斯拉菲勒。

4. 信天经

伊斯兰教认为《古兰经》是真主安拉的语言，是“天经”。此前，安拉曾给其他一些民族降示过经典，而《古兰经》是安拉最后降示给穆罕默德的一部最完整、最可靠的神圣经典。穆斯林应信仰“天经”，用《古兰经》规范自己的言行。

5. 信先知

伊斯兰教认为，安拉在不同历史时期差遣过多位使者或先知，如阿丹(一译“亚当”)、努哈(一译“挪亚”)、易卜拉欣(一译“亚伯拉罕”)，而穆罕默德是安拉最后派遣的一位使者或先知，是“封印使者”或“封印先知”，其言行代表安拉的意志。

除了上述五大信仰外，许多穆斯林还“信前定”和“信后世”。所谓“前定”，即人生的命运由安拉意志先天决定，而所谓“后世”与短暂的今世相比，长存有“后世”幸福的乐园，才是人们的真正归宿。

(二)伊斯兰教的五项基本功课

伊斯兰教的五项基本功课(即念功、拜功、斋功、课功和朝功，合在一起简称“五功”)，是每个穆斯林必须履行的五项基本义务。

念功，系阿拉伯文的意译，原意为“作证”，音译“谢海代”。念功即念证词“除了安拉，别无神灵；穆罕默德是安拉的使者”。伊斯兰教创始人穆罕默德自公元610年开始创教活动。起初，他秘密传教，教义的基本信条是“认一论”(一神论)，即世界上只有一个神——安拉，“安拉是独一的主宰”(《古兰经》6:19)。

三年后，穆斯林增至30余人，穆罕默德正式宣称自己是“安拉的使者”，开始公开传教。从此，承认和念诵“除了安拉，别无神灵；穆罕默德是安拉的使者”，便成为伊斯兰教徒——穆斯林信仰的根本和首要的功课。

拜功(亦称“礼功”)，阿拉伯文意译，音译“撒拉特”。每天五次面向麦加天房诵经(《古兰经》)、祈祷和跪拜；每周星期五午后在大礼拜寺(大清真寺)举行集体礼拜，简称“聚礼”；每年开斋节(新疆穆斯林称“肉孜节”)和宰牲节(亦称“古尔邦节”)，在大礼拜寺集体礼拜，合称“会礼”。

穆罕默德创教初期，他仿效阿拉伯先知易卜拉欣的做法，每天早晚各礼拜一次。公元621年，穆罕默德将每天礼拜的次数增为五次，并且确定了礼拜的时间。五次礼拜在日出前、晌午、晡时、日落后和夜晚做，分别称作晨礼、晌礼、晡礼、昏礼和宵礼。礼拜旨在使穆斯林对真主安拉更加虔诚，同时也有益于保持身心的纯洁。“拜功的确能防止丑事和罪恶……”(《古兰经》29:45)

公元622年，穆罕默德迁居麦地那后，穆斯林队伍逐渐壮大。怎样召唤穆斯林群众按时做礼拜呢？像犹太教那样用号角来召唤，或者像基督教那样用钟声召唤人们做礼拜，都不合适。最后，穆罕默德确定用宣礼的办法(礼拜寺设宣礼台，后来发展为宣礼塔，声音洪亮的宣礼员站在上面高声唱诵宣礼词)，召唤穆斯林做礼拜。直到现在，世界各地的穆斯林仍然用宣礼的办法，召唤做礼拜，不过已经使用了现代化的扩音器。

穆罕默德初到麦地那时，为了团结和争取城内的犹太教徒，亦朝向犹太教的圣地耶路撒冷做礼拜。伊斯兰历(以下简称伊历)二年(623)，穆罕默德将礼拜朝向由面向北方的耶路撒冷，改为面向南方的麦加天房。同年，穆罕默德还制定了举行节日礼拜的制度。每逢开斋节(伊历10月初)、宰牲节(伊历12月10日)，穆斯林齐集礼拜寺聚礼，然后互相祝贺节日快乐。

斋功，阿拉伯文意译，音译“沙吾姆”。在斋月(伊历9月)里，每天自破晓到日落，禁绝一切饮食和房事等。穆罕默德起初按照先知易卜拉欣的做法持斋，即每月13、14、15日封斋三天。迁居麦地那后，穆罕默德仿效犹太人，定1月10日(犹太教的赎罪日)为斋戒日(后改为自愿斋戒日)。公元623年，穆罕默德规定，每年拉马丹月(阿拉伯文“伊历9月”的音译)，成年的穆斯林应持斋。“拉马丹月中，开始降示《古兰经》，指导世人，昭示明证，以便遵循正道，分别真伪。故在此月中，我们应当斋戒……”(《古兰经》2:185)斋戒旨在考验穆斯林对真主安拉的忠诚；锻炼战士的意志；让饱汉体验饥饿和干渴的滋味，从而体会饥民的痛苦，向饥民馈赠物品。

课功，阿拉伯文的意译，音译“扎卡特”。伊斯兰教法定的“天课”(“宗教税”又称“济贫税”)，是穆斯林的一种善功。

穆罕默德在施舍方面也堪称师表。早在创教前，他就经常接济穷人。传教初期，他一方面自己带头施舍，同时劝说有钱人赈济贫弱孤寡，以维系人心，缓和贫富间的矛盾。此时的施舍，尚是一种自愿的捐助。公元623年，穆罕默德确定了缴纳天课的制度，规定了天课的标准及其分配原则。每人每年应纳财产的1/40(后改为收入的1/10)，用于救济穷人和国家行政。

朝功，阿拉伯文的意译，音译“哈杰”。凡有能力者，一生中须朝觐圣地麦加一次，朝觐后荣获“哈吉”(朝觐者)称号。

朝觐，原来是阿拉伯半岛上信仰多神教、拜物教的部落的传统宗教仪式。每年禁月(即1、7、11、12四个月，禁月里禁止打仗)，教徒们云集麦加城内的“克尔白”(阿拉伯文“立方体”的音译)神庙敬神献祭。神庙里摆着各部落崇拜的三百多尊偶像，而镶在神庙东南角石壁上的一块黑陨石，被古代阿拉伯人视为“神物”。

公元626年，穆罕默德参照古代阿拉伯的朝觐仪式，初步制定了伊斯兰教的朝觐制度。“凡能旅行到天房的人，都有为安拉而朝觐天房的义务。”(《古兰经》3:97)朝觐是在形式上沿袭阿拉伯宗教古习而在内容上却与之大相径庭的一项重要制度。

伊历6年11月(628年年初)，穆罕默德率领1000多人前往麦加小朝(阿拉伯文的意译，亦译“副朝”“巡礼”，音译“欧木拉”。伊历12月8、9、10日朝觐麦加，称为“大朝”或“正朝”，其他时间皆称“小朝”)。此行虽然未能如愿，但他在麦加附近的侯德比叶村与古莱西贵族代表签订了《侯德比叶协议》。协议主要内容包括双方休战10年，穆斯林有权朝觐天房等。

翌年，穆罕默德率领2000余名穆斯林，补行了小朝。

伊历8年(630)，穆罕默德率领一万余名穆斯林，浩浩荡荡挺进麦加。进占麦加后，穆罕默德带头摧毁了神庙内外的所有偶像，下令涂掉了将众天使画成美女的壁画；宣布黑陨石为“圣物”，并将神庙改为圣寺(礼拜寺)。同年，穆罕默德再次履行了小朝。

伊历10年11月25日(632)，穆罕默德带领数万名穆斯林，由麦地那出发，前往麦加朝觐。翌日清晨，穆罕默德和众穆斯林受戒，穿上了戒衣。12月4日，到达麦加。使者抚摸、亲吻黑陨石，绕天房走7圈。然后，在绥法和麦尔沃两座小山之间(相距400多米)奔走7次。12月8日，穆罕默德到达米纳山，做了礼拜。9日，在阿拉法特山发表了著名的演说。10日，在米纳山谷，向三根石柱各掷石七粒(相传，易卜拉欣曾在此掷石驱魔)，尔后回到麦加，献祭牲畜，剃头，再次绕天房走7圈。穆罕默德此次(第一次也是最后一次)正式朝觐天房时所履行的仪式，便成为穆斯林朝圣的最高典范。

一年一度的朝觐活动，既有助于统一各地穆斯林的意志，又有利于增进穆斯林的团结和联系。此外，当时管理天房的麦加贵族的经济利益也得到了维护。上述表明，伊斯兰教的五功，是伊斯兰教创始人穆罕默德根据政治、经济、宗教的需要，参考阿拉伯古代习俗和其他宗教，逐项确定和逐步完善起来的。

据9世纪辑成的《布哈里圣训实录》记载，穆罕默德曾说：“伊斯兰教建筑于五根柱石之上：念证词、做礼拜、纳天课、朝觐、守斋月。”后来，人们便把上述五点称作伊斯兰教的五项基本功课，简称“五功”，沿用至今。

(三)伊斯兰教的八项言行准则

(1)顺从。穆斯林应当顺从真主安拉的意志，顺从先知穆罕默德的教导，顺从代表民意的领导者。

(2)仁慈。穆斯林应孝敬父母，和睦亲戚和邻居，宽以待人，扶弱济贫。

(3)公正。穆斯林应为人正直，办事公道，买卖公平。

(4)坚忍。穆斯林应坚定信仰，知足常乐，反对贪婪。

(5)劝善。穆斯林不仅要以身作则，起模范带头作用，而且还应规劝自己周围的人遵纪守法多做好事。

(6)止恶。穆斯林看见有人干坏事必须严加制止，并要引导他弃恶从善，做一个好公民。

(7)远奸。穆斯林在社交场合，不要同行为不端且屡教不改的人交朋友，更不要与这种人为伍。

(8)近贤。穆斯林要多结交廉洁奉公的好人，和他们一起推动社会进步。

二、伊斯兰教主要节日

(一)宰牲节(伊历12月10日)

宰牲节阿拉伯语音译是“尔德·艾道哈”，又称“古尔邦节”(古尔邦意为“献牲”)，是阿拉伯各国穆斯林和伊斯兰国家穆斯林的重大节日。每年宰牲节，许多穆斯林赴伊斯兰教圣地麦加朝觐，参加宰牲活动。而各地穆斯林则沐浴盛装，去清真寺参加会礼，赞颂安拉。会礼后，有经济能力的穆斯林宰杀牛、羊、骆驼，作为献祭以及待客、馈赠亲友的礼品。

(二)开斋节(伊历10月1日)

伊斯兰教规定，伊历9月(拉马丹月)为斋月，凡年满17岁的男子、年满15岁的女子，除了老、病、孕、婴和正值经期的妇女外，所有穆斯林都要守斋1个月。斋月期间，穆斯林要在黎明前吃好封斋饭，从拂晓至日落，禁止饮食、抽烟等。日落后方可开始饮食，饭后到清真寺做礼拜。

伊历10月1日见到新月便可开斋。开斋节一般为3天，人们恢复白天吃喝习惯，沐浴更换新衣，去清真寺参加会礼等庆祝活动。家家户户备有节日佳肴，款待亲朋好友；一些富裕的穆斯林还向穷人施舍。

(三)圣纪与圣忌(伊历3月12日)

圣纪是指伊斯兰教创始人穆罕默德诞生纪念日。据说，穆罕默德于公元571年4月20日(伊历3月12日)出生。相传穆罕默德于伊历11年3月12日(公元632年6月8日)逝世，故又称该日为“圣忌”。每年这一天，世界各国穆斯林都要举行各种形式的聚会，聆听教长诵读《古兰经》，讲述穆罕默德的生平，赞颂先知的功德等。他们还要宰牛杀羊进行祭祖，以表达对穆罕默德的敬仰之心和缅怀之情。

(四)阿舒拉节(伊历1月10日)

“阿舒拉”系阿拉伯语“十”的音译。逊尼派穆斯林和什叶派穆斯林都把这一天当做节日纪念。逊尼派把伊斯兰教传说中的宗教故事，如真主于该日创造天园、努哈(诺亚)制造的方舟于该日拯救遭洪水危险的人们等，均同这一天联系起来。逊尼派穆斯林在这一天自愿斋戒，诵经祈祷。

什叶派则把这一天作为纪念侯赛因的哀悼日。公元680年，穆罕默德的外孙、阿里次子侯赛因被伊拉克人拥立为哈里发后，自麦地那赴库法上任。10月10日行至卡尔巴拉时被伍麦叶王朝大军包围。侯赛因随行人员仅200名左右，寡不敌众，侯赛因被抓住，但他拒不承认叶齐德为哈里发，成为殉教者。这天时值伊历61年1月10日，即阿舒拉日。每年这一天遂成为什叶派穆斯林纪念侯赛因的哀悼日，又称“阿舒拉节”。

每逢阿舒拉节，什叶派穆斯林都要举行隆重的祈祷仪式。他们身穿黑色丧服，朗诵哀悼侯赛因的诗歌，思念侯赛因的功德。

(五)法蒂玛节(伊历6月15日)

法蒂玛节是穆罕默德之女、阿里之妻法蒂玛逝世纪念日。法蒂玛于公元605年生于麦加，18岁时与阿里结婚。法蒂玛聪颖贤惠、富有主见，曾随父参与攻克麦加和辞别朝觐等重大活动。在布哈里和穆斯林各自汇编的圣训集中，均收有法蒂玛传述的圣训

18段。穆罕默德逝世后，法蒂玛十分悲伤，料理完父亲的后事后半年就去世了。各国穆斯林都很尊敬法蒂玛，什叶派尊称法蒂玛为“圣母”。每逢法蒂玛的忌日，各国穆斯林妇女都要举行纪念活动，听阿訇诵经、赞主、赞圣，讲述法蒂玛的品德、事迹。

除了上述节日外，比较重要的伊斯兰教节日还有登霄节(伊历7月17日)、盖德尔夜(伊历9月27日)。

第三节 佛教礼仪

佛教是历史悠久的宗教，曾对包括中国在内的一些亚洲国家产生深远的影响。佛教现为世界三大宗教之一，目前全球约有3亿多佛教徒。佛教徒主要集中在亚洲。

一、佛教历史概况

(一)佛教创始人释迦牟尼

释迦牟尼(约前565—约前485)原是古印度北部迦毗罗卫国(今尼泊尔境内)的太子，本名悉达多，后被尊称为释迦牟尼(意为“释迦族的圣人”)。

释迦牟尼自幼生活优裕，长大后娶妻并生有一个儿子。父亲希望他继承王位，但他不满人世间的不平等，人生的苦难令他烦恼，而当时占统治地位的婆罗门教的主张也不能使他在精神上得到解脱。因此，29岁时，他毅然舍弃王位、财富，离开父亲、妻子，出家修行，寻找人生的真谛。

释迦牟尼出家后曾到摩揭陀国的首都王舍城修习，也曾在尼连禅河附近树林中苦思冥想，最后来到菩提伽耶一棵菩提树下，盘腿静坐。他经过7年的修行，终于大彻大悟而“成佛”，并创立和传播佛教。

释迦牟尼创立的佛教，其教义的核心是“四谛”，即四个真理：苦谛(以为世俗世界的一切，本性都是“苦”)、集谛(指造成世间人生及其苦痛的原因)、灭谛(指断灭世俗诸苦得以产生的一切原因，是佛教修行所要达到的目的)、道谛(摆脱苦难的理论说教及修习方法)。佛教反对种姓制度的不平等，主张众生平等，倡导生死轮回、善恶报应，劝人在世从善等。

释迦牟尼在印度北部、中部恒河流域进行说法传教，长达45年。他带出了许多弟子，组成佛教僧团，奠定了原始佛教的基础。释迦牟尼80岁时在传教途中染病仙逝。

(二)佛教的传播

释迦牟尼仙逝后，其弟子们继续在南亚传播佛教。佛教在传播过程中，先后形成小乘佛教和大乘佛教两大教派。公元前2世纪至公元15年间，注重修持和自我解脱的小乘佛教盛行。其后，重视利他，即利益大众、解脱大众的大乘佛教渐占上风，传至全印度。后来又逐渐传入现今的斯里兰卡和东南亚一带，向北传至中亚，于公元1世纪传入中国。

传入中国的佛教分北传佛教和南传佛教。北传佛教以大乘佛教为主，传入汉族生活的大部分地区和西藏、内蒙古等西北地区；南传佛教以小乘佛教为主，主要传入云南一带傣族、德昂族、布朗族等少数民族生活的地区。

佛教传入中国后，与中国固有的儒、道传统文化互相影响、融合，成为中国文化不可分割的一部分。中国逐渐成为佛教文化的世界中心之一，并将佛教及佛教文化传入日本、朝鲜、柬埔寨等国。

释迦牟尼涅槃不久，其弟子们为保存他的说教，统一佛教信徒的认识，通过会议方式的结集，形成公认的经、律、论。经是释迦牟尼在世时的说教，后增入少数佛教徒(阿罗汉或菩萨)的说教；律是释迦牟尼为信徒制定的必须遵守的仪轨规则；论是关于佛教教理的阐述。经藏、律藏、论藏合称三藏，统称大藏经，在此基础上，后来又增加了有关经、律、论的注释和疏解等典籍，成为卷帙浩繁的四大部类。

二、佛教主要礼仪

佛教的主要礼仪有剃度、受戒、参、斋、合十、五戒、礼拜、超度等。

1. 剃度

剃度是佛教徒剃除须发、接受戒条的仪式。佛教认为剃度是度生死之因，故称之为剃度。

2. 受戒

受戒是佛教徒接受佛教戒律的仪式。戒有五戒、八戒、十戒等。受戒仪式不尽相同。

3. 参

参是佛教的一种仪式。参有朝参、晚参等仪式。朝参是指早晨进堂听住持说法。晚参是指傍晚集会听住持说法或念诵。

4. 斋

斋作为佛教礼仪有两种含义：一是过中午不食名斋。二是素食也称为斋或“吃斋”。

5. 合十

合十是佛教徒的普通礼节。合十也称合掌，行礼时，左右合掌，十指并拢，置于胸前，表示敬意等。

6. 五戒

五戒是佛教徒应遵守的五个戒条，即：一不杀生；二不偷盗；三不邪淫；四不妄语；五不饮酒。

7. 礼拜

礼拜是佛教仪式。《大唐西域记·三国》：“致敬之式，其仪九等：一发言慰问、二俯首示敬、三举手高揖、四合掌平拱、五屈膝、六长跪、七手膝踞地、八五轮俱屈、九五体投地。”

8. 超度

超度是佛教仪式。僧、尼为人诵念经忏，借此“超度亡灵”，“超脱苦难”。

此外，佛教仪式还有“绕佛”“布萨”和“闭关”等。根据佛教的制度，僧人的生活应当清净而俭约，不涂香装饰，不自歌舞也不观听歌舞。平日昼夜除一定时间睡眠、托钵、饮食、挑水等，其余时间都应用心研究教理和修习禅定。僧人的服装有便服和制服两种，制服有五衣、七衣和祖衣三种，总称袈裟。僧人平时穿便服，上殿诵经及参加庆典活动时穿制服。

三、佛教主要节日

(一)佛诞节(阴历四月八日)

佛诞节是佛教徒纪念释迦牟尼诞生的节日。每逢此日，佛教寺院举行隆重的诵经法会，拜佛祭祖。佛教徒用各种名香浸水灌洗释迦牟尼像，称为浴佛。所以，佛诞节又称浴佛节。

(二)成道节(阴历十二月八日)

成道节是佛教徒纪念释迦牟尼成道的节日。据说释迦牟尼成佛之前，曾苦修多年，变得骨瘦如柴，遇一牧女送他乳糜，食后身体逐渐康复，后端坐菩提树下沉思，于十二月八日“成道”。为纪念此事，我国佛教徒每逢此日，以米、赤豆和果品等煮粥(俗称“腊八粥”)供佛。

(三)涅槃节(阴历二月十五日)

涅槃节是释迦牟尼逝世纪念日。由于南传佛教、北传佛教对释迦牟尼的生卒年月的说法不同，各国纪念“涅槃日”(佛教称死为“涅槃”)的时间也不一致。届时佛教寺院举行佛涅槃法会，挂释迦牟尼涅槃图，诵《遗教经》等。

(四)盂兰盆会(阴历七月十五日)

盂兰盆会是佛教徒缅怀祖先的节日。盂兰盆是梵文的译音，意为“救倒悬”。据说，释迦牟尼的弟子目连，仿佛看见去世的母亲在地狱受苦，如处倒悬，求佛超度。释迦牟尼要他在7月15日备百味饮食以供众僧，可使其母解脱。佛教徒据此神话办起盂兰盆会。过节时，除施斋供僧外，佛教寺院还举行诵经法会，举办水陆道场等。

除以上四大节日外，佛教还有观音节、灯节、守夏节和泼水节等。

☞**思考题：**

1. 基督教的洗礼有几种？如何施洗？
2. 伊斯兰教的创始人是谁？他给后世留下了什么？
3. 佛教徒怎样行合十礼？

☞**宗教礼仪故事两则：**

一、尊重客户习俗，赢得客户信任

北京某外贸公司一位女业务员，为了开展向中东某国的出口业务，潜心了解阿拉伯国家的民俗礼仪，在去该国推销产品时，尊重阿拉伯人的习惯，穿上素服，戴上头巾，不露秀发，由此赢得了客户的信任。在客户应邀来京谈判时，她又处处注意礼仪，坚持平等互利，每逢伊斯兰教节日，便中止谈判，安排客户前往北京牛街礼拜寺进行宗教活动，这样既建立了友谊，也取得了对方的信任与尊重，进而签了上百万元的出口合同，而且这位阿拉伯客户凡有进出口业务都愿找这位女士。

二、彼此尊重　皆大欢喜[①]

1954—1955年，中国向刚刚建立友好关系的印度、缅甸和印度尼西亚派出大型综合文化代表团进行访问和演出。代表团有京剧、舞蹈、歌唱和民乐四个队，其中有第一流艺术家李少春、袁世海、李和曾、叶盛章、张美娟、茹元俊、黄玉华、谷春章、贺梦梨(京剧)、戴爱莲、舒巧、张均、仲林(舞蹈)、蔡绍序、周碧珍、董爱琳(歌唱)、卫仲乐、陆春龄、任同祥、李乙(民乐)等。印度、缅甸和印度尼西亚都是民族主义资产阶级共和国，各信奉印度教、佛教和伊斯兰教。它们同中国的意识形态不同，宗教信仰不同，而且都有对共产主义抱有疑虑和偏见的人士。代表团所带演出节目的选择就是一个很微妙的问题。当时所定方针就是不带任何具有政治刺激性和敏感性的节目，而以向三国人民介绍高水平的中国民族艺术和促进各国人民间的友好关系为访问演出的目的。代表团团长是著名文学家(时任文化部副部长、无党派人士)郑振铎，副团长为著名作家周而复，秘书长为著名诗人楼适夷，笔者以秘书兼翻译的身份随往。当时我们的方针是：节目愈不带政治色彩，就愈能起到政治作用。事实证明，代表团的演出获得了巨大成功，以艺术和友谊"征服"了三国朝野各界人士。如印度报刊称赞中国的民乐为"来自天上的仙乐"，缅甸总理吴努授予李少春的美猴王、张美娟的打出手和任同祥的唢呐演奏金质奖章。其中尤其成功的节目是京剧《秋江》一折。《秋江》描写坠入情网的女尼陈妙常追赶赴京赶考的书生潘必正，途中为大江所阻，老渔翁帮她用小舟渡江，终于追上了情郎。舞台上只有渔翁手中船桨一个道具，通过两人的舞蹈动作描写了小舟在江上行驶的种种情景，充分体现了中国戏曲表演体系——梅兰芳表现体系的特色。艺术家叶盛章(饰渔翁)和黄玉华(饰陈妙常)的精彩表演每次都能深深打动观众，使他们看得如痴如醉。按原则，女主人公是尼姑，尼姑思凡，追赶情郎，这同三个宗教国家的宗教感情不是正好抵触吗？但放弃这一精彩的折子又很可惜。代表团的决策者决定按"求同存异"的精神，把女尼这一宗教身份改为一般世俗少女，这样一改，既保留了这一节目，又避免了刺伤对方宗教感情的任何可能。这是一种十分成功的改动。总体来说，代表团的政策掌握非常巧妙，确保了访问演出的成功。

① 黄金祺. 外交外事知识和技能[M]. 北京：世界知识出版社，2009：176-177.

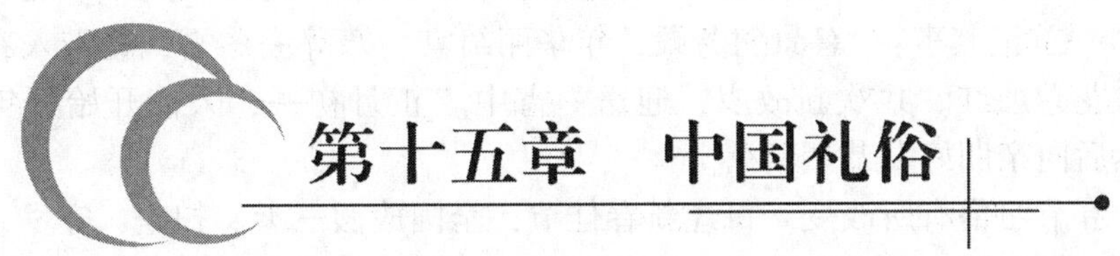

第十五章　中国礼俗

我国是一个统一的多民族的社会主义国家。在广阔的中华大地上，生活着56个民族。各民族既有热爱祖国、尊老爱幼、勤劳勇敢等许多共同之处，又有各自独特的风俗习惯。限于篇幅，本章着重介绍中华民族的主体民族——汉族的一些习俗与礼仪，并简要介绍人口较多的10个少数民族富有特色的习俗与礼仪。

第一节　汉族习俗与礼仪

汉族主要由先秦时代的华夏族发展而来，在长期的历史过程中融合了众多民族，成为中华民族的主体民族。据2010年第六次全国人口普查统计，不含港、澳、台地区，中国汉族总人口为12.259亿，占全国人口的91.51%。汉族居民分布于全国各地，主要聚居区在黄河、长江、珠江流域和松辽平原。

在漫长的历史发展过程中，汉族人民创造了光辉灿烂的汉文化，形成了丰富多彩的习俗与礼仪。这里主要选择介绍汉族的传统节日、诞辰庆祝及婚俗。

一、传统节日

(一)元旦

元旦在古代时亦称“元日”。据说以农历正月为元，初一为旦。后历代的元旦日期不尽一致。辛亥革命后，农历正月初一改称春节，把阳历1月1日称为新年。1949年9月27日，中国人民政治协商会议第一届全体会议通过决议，“中华人民共和国纪年采用公元纪年法……”将公历(阳历)1月1日正式定为元旦，农历(阴历)一月一日定为春节。

北宋著名政治家、文学家王安石的佳作《元日》，生动地描述了古时人们欢庆元旦的热闹情景：“爆竹声中一岁除，春风送暖入屠苏。千门万户曈曈日，总把新桃换旧符。”

如今，每逢元旦，全国放假一天。祖国各地张灯结彩，欢庆元旦。家家户户收拾得干干净净、整整齐齐。亲友互寄节日贺卡，亲切问候，沉浸在节日的欢乐气氛中。

(二)春节

春节是汉族人民最隆重的传统节日。春节持续时间长，过去一般从农历十二月二十三日(俗称“小年”)到正月十五日前，其内容丰富多彩，主要有过小年、祭灶、扫尘、买年货、贴春联、贴年画、除夕守岁、放鞭炮、拜年等。喜庆活动通常在大年三十(俗称“除夕”)达到高潮。家家户户装饰一新，男女老少欢聚一堂，吃丰盛的团圆饭(年饭)。许多人家彻夜不眠，“秉烛待旦”，迎接新年的到来，谓之“守岁”。唐太宗李世民有《守岁》诗一首记其事：“暮景斜芳殿，年华丽绮宫。寒辞去冬雪，暖带入春风。阶馥舒梅素，盘花卷烛红。共欢新故岁，迎送一宵中。”正月初一，人们开始拜年，先拜高堂尊长，然后向亲朋好友恭贺新禧。

如今，春节习俗有所改变。每逢新春佳节，全国放假三天。扫尘、守岁、拜年等习俗仍然盛行，但祭灶、拜天地神祇、行跪拜磕头礼等一些带有封建迷信色彩的陋俗被扬弃，而除夕晚上观看中央电视台的春节联欢晚会节目，春节期间举行团拜、亲朋好友间互发短信、微信等具有时代特色的活动，为春节增添了新方式、新内容。

(三)元宵节

农历正月十五，是元宵节。

据载，汉文帝刘恒将农历正月十五定为元宵节。农历正月十五之夜，是一年中第一个月圆之夜。相传汉明帝于元宵节在宫廷、寺院“燃灯表佛”，令士族庶民仿行，以后相沿成俗。因此，元宵节亦称“灯节”。

每逢元宵节，家家户户吃元宵(又名“汤圆”)，象征家庭团圆，和睦幸福。入夜，大街小巷张灯结彩。人们上街观灯，其乐融融。南宋著名词人辛弃疾(1140—1207)的《青玉案·元夕》，准确描述了宋代的灯会盛况：“东风夜放花千树，更吹落，星如雨。宝马雕车香满路。凤箫声动，玉壶光转，一夜鱼龙舞。 蛾儿雪柳黄金缕，笑语盈盈暗香去。众里寻他千百度，蓦然回首，那人却在，灯火阑珊处。”

元宵节习俗一直流传下来。如今，每逢农历正月十五，家家户户吃汤圆。华灯初上，城市里各种灯会竞放异彩，吸引了大量观众；农村儿童手提各种形状的小灯笼游玩，十分开心。而一些城乡居民扭秧歌、猜灯谜等，更增添了节日的欢乐气氛。

(四)清明节

清明节一般在农历二月中，公历4月5日前后(多为5日，有时为4日或6日)。清明节前一天，是纪念春秋时代晋文公的贤臣介子推的寒食节。

古时候，到了清明节，人们焚火寒食，上坟扫墓。唐代著名诗人杜牧的佳作《清明》脍炙人口，而唐代诗人高菊裥的清明诗，则形象地描述了清明节扫墓的情景：“南北山头多墓田，清明祭扫各纷然。纸灰飞作白蝴蝶，泪血染成红杜鹃。”此外，节日活动还有插柳、踏青、斗鸡、放风筝、荡秋千等。

如今，每逢清明节，人们手持鲜花或小花圈，为故人扫墓。不少单位还组织学生、职工，为英烈扫墓，向他们敬献花篮。许多人结伴踏青，欣赏美丽的春色。而“世界风筝之都”潍坊市举办的国际风筝节和北京等城市举办的风筝比赛，让国内外游客大开眼界。

(五)端午节

农历五月初五日，是端午节。

关于端午节的起源，主要有“屈原说”“伍子胥说”“龙节说”“恶日说”和“夏至说”五种。其中“屈原说”在民间流传最广。

屈原是战国时代楚国人，著有《离骚》等传世之作。他热爱楚国，刚直不阿，曾担任左徒。后来楚王听信谗言，把屈原削职流放。公元前278年，楚国郢都被秦军攻破。屈原悲愤万分，于同年农历五月五日抱石投汨罗江，以身殉国。两岸百姓惊悉噩耗后，纷纷划船打捞他的尸体，往江里扔粽子，使鱼虾饱食，不吃他的尸体。唐代文秀的《端午诗》中说：“节分端午自谁言，万古传闻为屈原。堪笑楚江空渺渺，不能洗得直臣冤。”宋代时，朝廷追封屈原为“忠烈公”，定农历五月五日为端午节，并谕知全国纪念屈原。历代沿袭下来，形成端午节吃粽子、赛龙舟的习俗。

直到今天，每逢端午节，家家户户吃粽子，怀念屈原。许多地方举行龙舟赛，鼓声震天，欢声动地，十分壮观。

(六)中秋节

农历八月十五日，是中秋节。

中国古代把月亮尊奉为“月神”，周代已有中秋祭月活动。汉晋隋唐，出现登台观月、泛舟赏月等活动。宋代始定农历八月十五日为中秋节。

中秋之夜，金风玉露，月亮又圆又亮。家家户户围坐在一起，一边观赏明月，一边品尝月饼。人们因月圆联想到合家团圆，盼望与亲人聚会。北宋著名文学家苏轼(1037—1101)的佳作《水调歌头》，因隽永地表达了怀念亲人的眷眷情思而传颂至今：

“明月几时有？把酒问青天。不知天上宫阙，今夕是何年。我欲乘风归去，又恐琼楼玉宇，高处不胜寒。起舞弄清影，何似在人间！　转朱阁，低绮户，照无眠。不应有恨，何事长向别时圆？人有悲欢离合，月有阴晴圆缺，此事古难全。但愿人长久，千里共婵娟。”

如今，每逢中秋佳节，家家户户欢聚一堂，一边品尝月饼，一边欣赏明月。而昔日带有迷信色彩的祭月活动，则已被人们所抛弃。

(七)重阳节

农历九月九日，是重阳节。

据《易经》“以阳爻为九”，九为阳数。九月九日是两个阳数相重，故名“重阳”。战国时，重阳日已被视为吉日。汉代时，在重阳日过节渐成风习。重阳节活动内容主要有登高、赏菊(重阳节亦称“菊花节”)、喝菊花酒、插茱萸(一种中药植物)、吃重阳糕。在描写重阳登高的大量诗篇中，唐代优秀诗人王维(701—761)的《九月九日忆山东兄弟》久负盛名：“独在异乡为异客，每逢佳节倍思亲。遥知兄弟登高处，遍插茱萸少一人。”

重阳节习俗一直流传下来。如今，每逢重阳节，人们登山远足，进行野餐。政府职能部门和一些社会团体向老年人表达敬意，帮助他们解决困难。全国许多城市在重阳节前后举办菊花展。造型奇特、色彩纷呈的菊花展，吸引了无数爱菊、赏菊的市民。眼下菊花酒已不多见，但醇香爽口的菊花晶、菊花茶等，则颇受广大顾客的青睐。

二、诞辰礼仪

诞辰礼仪可细分为诞生礼和生日礼。

(一)诞生礼

诞生礼，是指孩子出生后举行的一系列喜庆活动，主要有贺三朝、满月礼、百日礼、周岁礼等。

实际上，孩子尚在母腹中，亲友们已是喜上眉梢，开始为孩子准备衣物。孩子出生后，女婿应去岳父家“报喜”，送去染红的鸡蛋(俗称“喜蛋”等。)

1. 贺三朝

孩子出生第三天，家长要宴请亲家及诸亲友，称“贺三朝”。该日午饭后给孩子洗澡，俗称“洗三”。

2. 满月礼

孩子满月，家长要请亲朋好友喝满月酒。宾客携贺礼赴宴。满月日给孩子剃头发(称“剃胎发”)。

3. 百日礼

孩子出生一百天，家长要设宴款待前来庆贺的亲友。贺百日的传统礼物有百家衣、长命锁及鞋帽等。

4. 周岁礼

孩子满周岁，家长要宴请亲朋宾客，还要举行富有特色的“抓周”活动。

抓周旨在检测周岁幼儿的性情、志趣，并据此预测其未来。通常在男孩面前放上弓箭、纸笔、算盘、珠宝、饮食、玩具等，在女孩面前再加上刀剪针线，看孩子抓取何物。古时候，父母最希望儿子抓纸笔、弓箭，盼望儿子长大后“文能治国，武能安邦”。其实，孩子抓取何物并不能决定其一生，家长也不必太在意，但观看幼儿摸爬玩耍的天真神态，倒是别有情趣。

(二)生日礼

生日礼，即过生日的礼俗。

青少年和中年人每逢生日来临，要举行庆贺活动，即“过生日”。一般逢10举行隆重庆贺，尤以10岁、30岁为重。为年满60岁的老人举行庆贺活动，则称“做寿”。逢10(如70岁、80岁、90岁)做大寿。

古代孩子过生日，吃喝一顿就算了事。但为老人祝寿则特别讲究，通常要设寿堂、贴寿联、挂寿幛、点寿烛、献寿桃、吃寿面等。

近些年来，孩子们的生日越来越受重视。一般家庭父母等长辈要给过生日的孩子送礼物，如送玩具、新衣服、学习用品等，另给数额不等的现金。如今过生日，点生日蜡烛、吃生日蛋糕，已成为新时尚。

生日蛋糕上所插的蜡烛的支数要与生日主人的年龄相对应。通常20岁以下可用1支蜡烛代表1岁，有多少岁插多少支，如过20岁生日便插20支蜡烛。20岁以上者，可用1支大蜡烛代表10岁，1支小蜡烛代表1岁。

现在给老人祝寿，一般是中西结合，既吃生日蛋糕，又吃长寿面，还要拍“全家福”照片，以资留念。

三、婚俗

婚俗，即婚姻习俗。

男大当婚，女大当嫁。婚姻是人的终身大事，关系重大。因此，婚姻大事自古以来就很受重视。早在先秦时代，便形成了旨在使婚礼隆重而正大光明的“六礼”。

“六礼”即纳采、问名、纳吉、纳征、请期、亲迎。

1. 纳采

男方父亲遣媒人向女方家提亲，女方父母同意后，男方派使者以雁、家鹅等物品为贽礼，正式向女方求婚。

2. 问名

男方通过媒人询问女方姓名、出生年月日、排行、生辰八字等。男方收到女方的庚帖后，请人占卜，预测这门亲事的吉凶。

3. 纳吉

男方占卜获得吉兆，便立即向女方家报喜，双方换帖，订立婚约。

4. 纳征

男方向女方送聘礼，进一步确定婚事。近代婚俗中的“送彩礼”，即由此演变而来。

5. 请期

即议定结婚日期。男方择定完婚吉日，备礼去女方家，以征得同意。

6. 亲迎

男方于择定成婚日去女方家迎娶新娘。迎娶是婚礼的高潮，主要仪式包括迎轿、拜堂、合卺(后改为喝交杯酒)、闹洞房等。

上述“六礼”，对汉族婚俗的演变长期起着主导作用。“六礼”使婚礼规范化，有章可循，但过于繁琐、迂腐，故此在历史上曾造成许多有情人难以结合的悲剧。到了近代，婚俗有所简化。婚嫁礼仪主要有说媒、相亲、定亲、迎娶等。而如今，婚俗更趋于简便。男女双方认识后彼此满意，大多数青年征得父母同意并交往一段日子便可筹办婚事，然后选择春节、元旦、“五一”或“十一”等节庆假日举办婚礼。也有些青年人选择旅行结婚的方式。

第二节　主要少数民族习俗与礼仪

中国是个统一的多民族国家，有55个少数民族。每个民族都各有千秋和特色。本节仅选择介绍壮族、满族、回族、苗族、维吾尔族、土家族、蒙古族、藏族、朝鲜族和高山族这10个人口较多的少数民族颇具特色的民风民俗。

一、壮族习俗与礼仪

壮族是中国人口最多的少数民族之一，现有人口1600多万，其中绝大多数分布在广西壮族自治区，另有少部分生活在云南、广东、贵州和湖南等省境内。

壮族以大米、玉米、糯米为主食，喜欢吃清淡食物和粽子，其风味食品有色、香、味俱全的五色饭、沙糕，鲜美可口、略带甜味的白斩鸡，以及色泽金黄、脆嫩香酥的烤乳猪等。

壮族婚姻实行一夫一妻制。男女青年可以自由参加社交活动，谈情说爱，结婚则需要事先征得父母的同意。

壮族盛行入赘的习俗，即男子上女家门，婚礼在女家举行。在婚礼上有一项特别的仪式，就是女家请本族德高望重的长者，为新女婿改姓换名。姓从妻，名只保留后一个字，中间的字表示辈分，参考女方家的排行。入赘后的男子，在家庭中、社会上与其他男子享有同等的地位，不受歧视。不过，少数地方认为上门不光彩。

壮族人素有尊老敬老的传统美德，平时尊敬老人，细心赡养老人，为老人祝寿时唱的《祝寿歌》简朴、动人：

> 祝贺啊祝贺，祝你老人家，寿如清溪白鹤鸟，坚似高山香樟心。祝你七十好高龄，祝你八十好诞辰，祝你九十好高寿，祝你百岁抱玄孙。

壮族是一个善于唱歌的民族。农历三月初三，是壮族富有特色的歌节。相传三月三是壮族歌仙刘三姐去世的日子。人们为了纪念她，便在她的忌日唱歌怀念她。每逢三月三歌节，人们做五色饭和彩蛋，姑娘们精心赶制绣球。当日，小伙子们打扮得英俊潇洒，姑娘们也是如花似锦。人们先抬歌仙刘三姐的神像游行，然后汇集在风景秀丽的河边、山谷，进行交流和对歌。小伙子选择他中意的姑娘对歌，姑娘则把绣球抛向意中人。小伙子若中意抛绣球的姑娘，就把礼品绑在绣球上，抛还女方。歌节里歌声动人，笑声朗朗，充满了诗情画意。

二、满族习俗与礼仪

满族是中国人数较多的少数民族之一，现有人口约1100万，其中大部分分布在辽宁、吉林、黑龙江三省，其余的散居于内蒙古、河北、北京、西安等地。

满族的主食有大菜包、大饼子、窝窝头、发糕等。满族人喜欢吃甜食和猪肉炖酸菜，喜欢喝酒、抽烟。中原人视为“关东三大怪”之一的“十七八的姑娘叼着大烟袋”，正是东北地区满族人嗜好抽烟的生动写照。满族的著名风味食品有萨其马、满汉全席等。满族人忌吃狗肉。

满族妇女的服饰较有特色，其中最有名的就是旗袍。妇女特别讲究头饰，着重头簪装饰。

满族人住房内一般均设有“万字炕”(即里屋西、南、北三面都是土炕)，西炕被视为最尊贵之处，用来供奉祖宗，故不可随意坐在上面。

满族的家庭添丁加口时也有传统的习俗。满族精于骑射，所以，生了男孩就在家门口挂上一把弓箭，生了女孩则挂一根红布条，表示吉祥。

满族人重礼节、讲礼节，平时相见都要行请安礼。若遇长辈，先请安再讲话。逢年过节，晚辈要向长辈行大礼——打千。男子屈右膝，右手沿膝下垂；妇女双手扶膝下蹲。平辈亲友相见，不分男女行抱腰接面大礼。

满族盛行挂旗习俗，旗亦叫门笺、窗笺，类似剪纸。春节时，家家户户都要在门楣上、窗户上挂旗，以增添节日气氛。

三、回族习俗与礼仪

回族是中国少数民族中人口较多、分布地区最广的一个民族。据 1990 年统计，全国共有回族居民 860 万人。根据 2010 年第六次全国人口普查统计，回族人口数约为 1058 万。全国 2000 多个县、市中，几乎都有回族居民。回族相对集中在宁夏回族自治区，以及甘肃、河南、新疆、青海、云南、河北、山东、安徽、辽宁、陕西、天津、北京等地。

回族因长期和汉族杂居，基本使用汉语，但在宗教生活中使用一些阿拉伯语词汇。回族人一般都用汉名汉姓，再另起一个阿拉伯语名字，称“经名”。例如现代著名回族学者马坚，其经名为穆罕默德。

回族的衣着与汉族差别不大，其主要不同之处是，回族男士头戴白色平顶圆帽，妇女戴头巾(盖头)较普遍。通常老年妇女戴白色盖头，已婚妇女戴黑色盖头，未婚女子戴绿色盖头。

回族信奉伊斯兰教。依据伊斯兰教教义，回族在肉食上以牛、羊肉为主，禁食猪、狗、猫、骡、驴和狮、虎、狼、豹等动物的肉，禁食自死动物，禁食血液和禁止饮酒。回族的风味食品有油香、馓子等。

回族一般是族内通婚，也有少量回族人与外族人结婚。回族青年男女成亲，一般需要具备下列条件：一是必须双方情愿；二是需要得到双方父母的允许；三是要有证婚人；四是男方赠送女方一件信物或一个钱包，钱包中一般只有几枚硬币。婚礼通常在男方家举行。教长先问女方同意嫁给男方吗？再问男方同意娶女方为妻吗？当教长写完婚书并当众宣读后，女方家长和男方家长相继对这门亲事发表意见，众人鼓掌祝贺。

回族的民族节日主要有开斋节(伊历 10 月 1 日)、宰牲节(伊历 12 月 10 日)和圣纪(伊历 3 月 12 日)三大节。每逢这三大节日，回族和其他信奉伊斯兰教的中国少数民族放假一天，以便欢度节日。

四、苗族习俗与礼仪

苗族是中国西南地区人口较多的一个少数民族，现有人口约 942.6 万。苗族主要居住在贵州省东南部和湖南省西部，另有少数分布在云南、四川、广西、广东等地。贵州、云南苗族多数居住在山区，以务农为主。

苗族妇女心灵手巧，擅长刺绣。苗族人民普遍爱穿带花纹的衣服。因此，苗族被誉为“无人不穿花”的爱美民族。苗族妇女爱穿百褶裙，佩戴金银制的饰品。每逢盛大的民族节日和群众性的聚会，青年男女都要披上美丽的花披肩，光彩照人。

苗族青年的恋爱习俗比较独特，十五六岁的女孩子和十六七岁的男孩子可以参加“游方”，即寻找异性朋友。每逢节假日或农闲时，男女青年便会不约而同地聚集到村寨附近的社交场所“马郎场”，通过低声轻唱情歌找对象，谈情说爱。苗族青年还有“踩脚传情”的习俗。游方时，小伙子用脚尖轻踩女青年的脚，表达爱慕之情。女青年若接受小伙子的求爱，便也轻踩小伙子的脚，若不接受，则不理会。

每年农历正月初一至初八，是苗族人民一年一度的传统佳节采花山。节日里，人们穿着民族盛装，喝香醇的美酒，跳起古老的芦笙舞，而传统的斗牛、舞狮等活动，更增添了欢乐的气氛。

五、维吾尔族习俗与礼仪

维吾尔族是中国古老的少数民族之一，现有人口约1006万，主要聚居于新疆维吾尔自治区，其中88%居住在天山以南的新疆南部地区。另有少量维吾尔族人居住在湖南省的桃源、常德等县。

维吾尔族有本民族的语言和文字。

维吾尔族的服饰丰富多彩。维吾尔族人戴的四楞绣花帽图案精美，鲜艳夺目，富有特色。维吾尔族妇女喜爱穿用鲜艳绸缎制作的连衣裙。

维吾尔族人喜欢吃面食、牛羊肉及酸奶。其特色食品有烤全羊、香脆的圆形烤饼和色香味俱全的“抓饭”等。在节日或喜庆日子里，或者贵客光临，维吾尔族人要吃抓饭或以抓饭招待客人。汉族是先上酒菜后上饭，而维吾尔族是先上饭菜，后上酒，饭菜分几道上。维吾尔族在居家进餐时，讲究长辈坐上席，长辈先动筷。年轻人在长辈面前不得吸烟、喝酒。汉族人喜欢纯清茶，回族人喜欢盖碗茶，哈萨克族人喜欢奶茶，而维吾尔族人则喜欢喝药茶。

维吾尔族人素有歌舞民族之称。男女老少几乎人人能歌善舞。

维吾尔族信奉伊斯兰教，禁食猪肉等。

维吾尔族最盛大的民族节日是古尔邦节(即宰牲节，伊历12月10日)。节日期间，维吾尔族人穿新衣、宰牛羊，唱歌跳舞，喜气洋洋。

六、土家族习俗与礼仪

土家族是中国历史悠久的少数民族之一，现有人口约835万，主要分布在湖南省湘西土家族苗族自治州和湖北省西南部的恩施土家族苗族自治州。

土家族服饰独特，妇女挽发髻、用布缠头，穿滚有三道花边的左襟大褂，俗称“三滴水”。男子则穿扣子很多的对襟短衣。

土家族的风味食品有坨子菜和合菜。坨子菜是把大坨的猪肉拌上小米和灌肠一块蒸在米饭上。合菜是把油炸豆腐、粉条、胡萝卜和白菜一锅炒，猪杂、海带放在锅上蒸。

土家族热情好客。每当家里来了客人，土家人就会为客人端上一碗香气扑鼻的“太婆油茶”。此茶油而不腻，相当可口。

土家人爱唱山歌。他们说：“不唱山歌喉咙痒，嘴巴一张像河淌。”土家人的传统舞蹈是摆手舞。舞蹈开始时，首先，一人在中间打鼓敲锣，其他人则由领舞者带领围圈跳舞，以两手摆舞为主，舞一圈或数圈变换一个动作。摆手舞节奏明快，动作优美，具有鲜明的民族特色。

七、蒙古族习俗与礼仪

蒙古族是中国人口较多的少数民族之一，现有人口约598万，大多数聚居在内蒙古自治区，其余分布在辽宁、吉林、黑龙江、甘肃、青海等省以及新疆维吾尔自治区境内。

蒙古族有自己的语言和文字。

蒙古族男女老幼喜欢穿长袍，束腰带，穿马靴。

蒙古族以肉食、奶食为主。爱吃羊肉、炒米，爱喝奶酒、奶茶(砖茶熬好后加牛奶和盐)。饮茶可以提神，解除疲劳，又可消化油腻食物，补充维生素。

能挡风御寒、易于搬迁的蒙古包，是生活在大草原上的蒙古族人民喜爱的居所。

蒙古族热情好客，讲究礼貌。蒙古族有句谚语："没有羽毛，有多大的翅膀也不能飞翔；没有礼貌，再好看的容颜也被人耻笑。"蒙古族人民对来客，不论熟人还是生人，总是热情问候，殷勤待客。他们把客人请进蒙古包，先煮奶茶招待，再请客人吃酥脆的油炸馃子以及独具草原风味的"手扒羊肉"等。

蒙古族同辈相遇要互相问好，遇到长辈则首先请安。走路、上车、进门、落座，喝茶、吃饭、喝酒，一定让老人或长辈领先。

一年一度的"那达慕"，是蒙古族传统的节日盛会。"那达慕"系蒙古语音译，意为"娱乐""欢聚"或"游戏"。那达慕大会上除了"好汉的三种竞赛"——摔跤、射箭、赛马外，还有各种歌舞游艺和物资交流活动，热闹非凡。

八、藏族习俗与礼仪

藏族是中国历史悠久的少数民族之一，现有人口约628万，主要分布在西藏自治区以及与之相邻的四川、青海、甘肃和云南等省的部分地区。

藏族有自己的语言和文字。

藏族的服饰美观大方。男子普遍头戴镶边皮帽或毡帽，身穿长袍，束腰带，穿长靴，腰佩藏刀。女子头梳小辫，再戴帽或包布帕，穿藏袍。

藏族人爱吃糌粑、肉食、奶制品，爱喝酥油茶。

藏族青年的恋爱方式颇具特色，抢帽子就是其中之一。当小伙子看中了一位姑娘，他不是先向姑娘表白，而是设法抢走她的帽子，过几天再奉还。倘若姑娘喜欢这个小伙子，就会高兴地收回帽子。如果不喜欢，就不要这顶帽子了。

藏族姑娘向小伙子表达爱情的方式则是赠送自己随身佩戴的耳环或者项珠之类的饰物。倘若姑娘正合小伙子的心意，他就会乐意接受，否则就不得收取姑娘的信物。

藏族人民有尊老爱幼的优良习俗。每年藏历新年(藏历正月初一，与汉族的春节相近)的黎明，家里的女儿或儿媳，要出去背回当年的第一罐水，即"吉祥水"，煮好酥油茶敬献给老人。

献"哈达"是藏族最常见的一种礼节。藏族人民在迎送宾客或与亲朋交往中，把哈达赠送给对方，表示敬意和祝福。

藏族是一个能歌善舞的民族，歌声悠扬、嘹亮。男性的舞蹈动作粗犷、奔放，女性的动作优美、轻柔。

九、朝鲜族习俗与礼仪

朝鲜族是中国颇有特色的少数民族之一，现有人口近200万，主要聚居在吉林省，另有少数分布在辽宁、黑龙江等地。

朝鲜族服装比较精美。男子爱穿漂亮的坎肩，妇女喜欢穿白色和色彩艳丽的短衣长裙。短衣为斜襟，无扣，以布带打结，衣襟上挂上彩绸飘带；裙的长短视年龄大小有别，中年以上的妇女穿长及脚面的裙，少女及女青年的裙子则较短。

朝鲜族以大米、小米为主食，其风味食品有打糕、冷面、泡菜等。朝鲜族人爱吃狗肉，爱喝花茶和白酒。

朝鲜族素有尊老爱幼、礼貌待人的优良传统。老年人在家庭中和社会上处处受到人们的尊重；年轻人对老人说话要用尊称敬语。

朝鲜族是一个能歌善舞的民族，无论男女老少，几乎人人能唱会跳。每逢节假日或喜庆日，朝鲜族群众载歌载舞，欢腾雀跃。朝鲜族妇女还擅长荡秋千和跳跳板，她们的高超水平令人赞叹不已。

十、高山族习俗与礼仪

高山族是中国宝岛台湾的主要少数民族，现有人口约49万。高山族是中国台湾地区最早的居民，世世代代生活在那里。高山族主要分布在台湾岛的山区和东部纵谷平原及兰屿岛上，也有少量高山族人散居在福建、上海、北京、武汉等省市。

大部分高山族人居住在山区，主要从事农业和狩猎业。

高山族实行一夫一妻制的婚姻。高山族姑娘可以自由恋爱，当她们长大成人后，父母便另盖一间房子让其独自居住。钟情于她的小伙子便在她门前吹奏鼻箫或嘴琴，表达爱慕之意。姑娘愿意就请他进屋谈情说爱。当感情成熟时，男女双方手牵手来到姑娘的父母面前，表白他们两情相许，结成伴侣。

高山族人忌讳接触死者的家属与遗物。他们不吃动物的头和尾巴。部分高山族人出门时若遇见百步蛇或山猫，便认为不吉利。

第三节　现代礼俗

礼俗是历史的产物，随着时代的进展不断发生变革。近百年来，中国发生了翻天覆地的变化。20世纪初，清王朝覆灭；20世纪中叶，国民党反动统治崩溃，中华人民共和国成立；20世纪后半叶，站起来的中华儿女阔步向前，历经风雨磨难，但百折不挠，奋斗进取，使一个初步繁荣昌盛、充满勃勃生机的社会主义中国巍然屹立在世界的东方。

百年沧桑，华夏巨变。其间，产生了一些新的礼俗。本节着重介绍五四青年节等9个比较重要的现代节日的源流，简要介绍20世纪90年代以来时兴的成人仪式，并择要介绍近年来相继出现和逐渐形成的一些新时尚。

一、现代节日

(一)妇女节

3月8日，是世界各国劳动妇女的节日。

1909年3月8日，美国芝加哥女工为争取自由平等，举行大罢工和示威游行，得到美国广大劳动妇女的积极响应。1910年8月，第二届国际社会主义妇女代表大会在丹麦哥本哈根举行。大会通过了德国革命家克拉拉·蔡特金的建议，定3月8日为国际劳动妇女节。1911年3月，美国、德国、瑞士等国的妇女首次举行纪念活动。1924年3月，中国妇女代表在广州举行活动，纪念“三八”妇女节。1949年12月，中华人民共和国中央人民政府政务院通令全国，规定每年3月8日为妇女节。

每年“三八”妇女节，全国妇女放假半天。许多单位举办各种各样的活动，如召开小型座谈会，举行表彰优秀妇女大会，组织女职工看电影等。

(二)植树节

3月12日，是中国的植树节。

1925年3月12日，中国伟大的革命先行者孙中山先生逝世。1929年，当时的国民政府规定3月12日为植树节。1979年2月23日，第五届全国人民代表大会常务委员会第六次会议根据国务院的建议，正式确定3月12日为植树节。此后，每年3月12日，党和国家领导人与群众一起植树造林，绿化祖国。

(三)劳动节

5月1日，是全世界劳动人民的节日。

1886年5月1日，美国芝加哥工人举行大罢工，要求改善劳动条件，实行8小时工作制，经过流血斗争，终于赢得了胜利。1889年7月14日，第二国际成立大会在法国巴黎举行。大会通过了法国代表拉文的提议，把5月1日定为“国际示威游行日”，也称“劳动节”。1890年5月1日，法国、美国、荷兰等国许多城市的工人举行声势浩大的示威游行，显示了欧美无产阶级的战斗力量。1922年5月1日，中国劳动人民代表在广州召开全国第一次劳动大会，庆祝国际劳动节。1949年12月，中华人民共和国中央人民政府政务院规定5月1日为劳动节。

每年5月1日，全国放假一天。许多单位召开表彰大会、庆功会，宣传劳动模范的先进事迹。不少地方举办游园会，欢庆“五一”国际劳动节。

(四)青年节

5月4日，是中国的青年节。

1919年5月4日，以北京大学为首的北京13所高校的3000多名学生举行集会和示威游行，抗议帝国主义列强侵犯中国领土主权的无理决定，要求惩办亲日派卖国贼曹汝霖、陆宗舆、章宗祥。爱国学生痛打了正在曹汝霖住宅的章宗祥，放火焚烧了曹宅。北洋军阀派出大批军警镇压学生的爱国运动。

北京学生的反帝爱国斗争，首先得到全国各地学生的响应，他们纷纷举行罢课和示威游行。1919年6月3日以后，上海、唐山、九江等地工人举行罢工游行，上海和其他城市的工商业者相继罢市。起初主要由青年学生参加的爱国运动，逐渐发展成为无产阶级、小资产阶级和民族资产阶级共同参加的全国范围的革命运动，并最终取得了胜利。

1939年，陕甘宁边区西北青年联合会规定5月4日为中国青年节。1949年12月，中华人民共和国中央人民政府政务院正式宣布5月4日为中国青年节。

每年5月4日，全国各地青年举办报告会、演讲会、文艺晚会等各种活动，纪念五四运动，欢度青年节。

(五)儿童节

6月1日，是国际儿童节，是全世界儿童的节日。

1949年11月，为了保障全世界儿童的生存权、保健权和受教育权，反对帝国主义战争贩子虐杀儿童，改善儿童生活，国际民主妇女联合会在莫斯科举行的理事会上做出决定，每年6月1日为国际儿童节。1949年12月，中华人民共和国中央人民政府政务院规定6月1日为儿童节。

每年6月1日，中国各地儿童身穿节日盛装，举行联欢会、游园会等活动，和世界各国儿童共同欢庆自己的节日。

(六)建党节

7月1日，是中国共产党诞生纪念日。

1921年7月，中国共产党第一次全国代表大会在上海举行。出席大会的有毛泽东、董必武、何叔衡、陈潭秋、李达等12名代表以及包惠僧、共产国际代表马林和尼科尔斯基列席会议。大会通过了党纲，选举了党的领导机关，宣告中国共产党正式成立。1941年6月，中共中央决定7月1日为党的诞生纪念日。

每年7月1日，全国各地举行研讨会、表彰会、庆功会、文艺晚会等活动，纪念党的生日。许多新党员在这一天宣誓入党。全国各条战线的共产党员和广大群众积极工作，以实际行动庆祝党的生日。

(七)建军节

8月1日，是中国人民解放军诞生纪念日。

1927年8月1日，周恩来、朱德、贺龙、叶挺、刘伯承等领导武装部队3万余人，在江西南昌举行起义，向国民党反动派打响了第一枪。经过5个多小时的激战，全歼南昌守敌。当天，在南昌成立了以共产党人为核心，有国民党左派人士参加的中国国民革命委员会。此后，朱德、陈毅率领一部分起义部队到达井冈山，和毛泽东领导的工农革命军会师，成立了中国工农红军第四军。1933年7月，中华苏维埃中央政府在瑞金做出了《中央政府关于“八一”纪念运动的决议》，规定8月1日为中国工农红军诞生纪念日。1949年6月15日，中国人民革命军事委员会正式发布命令，规定以“八一”字样作为中国人民解放军军旗和军徽的标志。从此，8月1日成为纪念中国人民解放军诞生的节日。

每年8月1日，全国各地广泛开展拥军优属活动，举办军民联欢会等，纪念“八一”建军节。

(八)教师节

9月10日，是中国教师节。

中国曾于20世纪30年代建立过教师节。1951年，教育部和全国教育工会宣布“五一”国际劳动节同时为教师节。1985 年 1 月 11 日，国务院向全国人民代表大会常务委员会提出关于确定每年 9 月 10 日为“教师节”的议案。同年 1 月 21 日，第六届全国人民代表大会常务委员会第九次会议同意国务院关于建立教师节的议案，决定每年 9 月 10 日为我国教师节。

每年 9 月 10 日，全国各地举办茶话会、表彰会、联欢会等多种活动，欢庆教师节。

(九) 国庆节

10 月 1 日，是中华人民共和国成立纪念日，亦称国庆节。

1949 年 9 月 21 日至 9 月 30 日，中国人民政治协商会议第一次全体会议召开。会议通过了《中国人民政治协商会议共同纲领》，确定“中华人民共和国”为中国的国家名称；选举毛泽东为中央人民政府主席，朱德、刘少奇、宋庆龄等为副主席；制定了国旗，规定《义勇军进行曲》为国歌，决定把北平改名为北京，作为首都。

1949 年 10 月 1 日，在北京天安门举行了隆重的开国大典。毛泽东、朱德、周恩来等国家领导人登上天安门城楼。毛主席亲手按动电钮，升起新中国第一面五星红旗，并庄严宣告：“中华人民共和国成立了，中国人民从此站起来了！”1949 年 12 月 3 日，中央人民政府委员会第四次会议通过决议：10 月 1 日为中华人民共和国国庆节。国庆期间祖国各地张灯结彩，各族人民以各种方式热烈欢庆国庆节。

二、成人仪式

成人仪式即成年礼，是一种古今中外都流行的风习。

(一) 古今中外成人仪式一瞥

1. 中国成年礼

在中国，行成年礼由来已久，它是由上古氏族社会的成丁礼演变而来。男子 20 岁成年，要举行加冠礼。男子加冠，先把垂发束在一起，盘绕在头顶，用一块整幅(0.7 米宽、2 米长)的黑帛包住头发，然后加冠。加冠后便进入成人行列，既可以享受成年人的权利，又要为社会尽一个成年人应尽的义务。

女子 15 岁成年，行加笄礼。笄，即簪子。女子加笄，先把头发绾到头顶，用黑布包上发髻，然后插簪子固定。女子加笄后方可婚嫁。

汉唐以后，人们逐渐把成年礼和婚礼合在一起。但我国一些少数民族，如纳西族，至今还流行该民族传统的成年礼。男子成年行穿裤子礼，女子成年行穿裙子礼。

20 世纪 90 年代以来，为了帮助年满 18 岁的公民树立成人意识，明确社会责任，全国许多城市开始举办现代成人仪式。1993 年 12 月 18 日，共青团上海市委在上海人民英雄纪念塔前举办了“上海市首届 18 岁成人仪式”。1995 年五四青年节，北京、上海、天津等地分别举办了隆重的成人仪式。1995 年国庆期间，全国 20 多个省的许多城市普遍举行了成人仪式。通过举行成人仪式，极大地激发了广大青年人的责任感和使命感。如今，每逢青年节和国庆节，全国各地纷纷举办成人仪式。

2. 外国成人仪式

成人是人生旅程中的一个重要转折点。世界上许多国家都有成人节或举办成人仪式的习俗。这里仅简单介绍日本、德国的成人节和以色列犹太人的成人仪式。

(1) 日本的成人节。日本为成年人举行仪式古已有之。1948 年，日本政府决定每年

1月15日为成人节，并规定年满20岁的青年(从上一年1月15日到当年1月15日期间年满20岁者)均有权参加成人仪式。届时全国放假一天。

每逢成人节，年满20岁的青年身穿节日盛装(男穿笔挺的西服，女穿华丽的和服)，到当地公会堂或区民会馆参加政府部门为他们举办的成人仪式。举行成人仪式时，首先由当地政府首脑致辞，然后青年们高声宣誓。宣誓完毕，大家把领带、围巾、影集、日记本等礼品、纪念品赠送给青年，以示祝贺。这些青年人从此正式进入成人的行列，享有法律赋予的一切权利，履行法律规定的所有义务。

(2)德国的成人节。在德国，根据日耳曼民族的古老传统，年满14岁便意味着已长大成人。在成人节这天上午，年满14岁的男子、女子身穿鲜艳的服装，参加成人仪式。在成人仪式上，当地负责人首先致辞，然后，成年男女举起右手宣誓。接着，前来庆贺的师长、亲友向他们赠送礼物，天真活泼的小朋友向他们敬献鲜花。晚上，则举行盛大的晚会，欢庆成人节。

(3)以色列犹太人的成人仪式。在以色列，年满13岁的犹太男子、年满12岁的犹太女子便算成人，他们要参加在耶路撒冷老城举行的成人仪式，其主要程序包括在哭墙前起誓，成为犹太教徒等。

(二)我国成人仪式

成人仪式是一项十分有意义的活动，时间可安排在五四青年节或十一国庆节，地点宜选择具有历史意义的标志性场所。

成人仪式的基本程序如下：

升国旗，奏、唱国歌；

党政领导讲话；

革命老前辈代表致辞；

父母代表发言；

成人代表表达心声；

面对国旗宣誓；

颁发纪念品；

参加公益活动。

☞1995年5月4日李岚清同志的讲话与成人誓词

在北京中学生成人仪式上的讲话

(1995年5月4日)

李岚清

青年朋友们：

今天，参加你们的18岁成人仪式，我感到十分高兴。从现在起，你们就踏进了成年人的行列，成为共和国的年轻公民。在此，我向你们及你们的同龄人表示热烈的祝贺！向为千千万万青少年的健康成长付出辛勤劳动的老师、家长和社会各界致以诚挚的谢意！

18岁是人生的一个重大转折，是人生新的起点。从今天开始，你们将以更加自主、更为积极的姿态去面对人生，你们的生活将会越来越丰富多彩。你们将享有全部宪法权利，承担全部宪法义务，在社会生活中扮演更加重要的角色，发挥更大的作用。你们将和你们的父母兄姐一样，担负起对国家、社会和家庭的责任，成为共和国新的建设者和保卫者，成为建设有中国特色社会主义的生力军。共和国因为拥有你们这样朝气蓬勃、风华正茂的年轻人而充满生机、活力和希望。

今天是“五四”青年节。76年来，“五四”精神激励着一代又一代热血青年，为民族的振兴、国家的富强，前赴后继、英勇奋斗。当前我国正处在改革和发展的关键时刻，作为跨世纪的一代青年，你们身上凝聚着党和人民的殷切期望，担负着中华民族21世纪崛起和腾飞的历史使命。希望你们努力把自己培养成为跨世纪的一代“四有”新人。你们要树立远大的理想和坚定的信念，在学习和实践中确定正确的世界观、人生观和价值观；你们要弘扬中华民族的传统美德和社会主义的新风正气，努力养成良好的社会公德和高尚的道德情操；你们要刻苦学习现代科学文化知识，不断掌握新知识、新技能、新本领；你们要锻炼身体、磨炼意志，努力拥有一个能够担当起建设祖国未来重任的强健体魄。

我借此机会，将江泽民总书记提倡的下列64个字的创业精神作为对你们的赠言，希望我们共勉：解放思想，实事求是，积极探索，勇于创新，艰苦奋斗，知难而进，学习外国，自强不息，谦虚谨慎，不骄不躁，同心同德，顾全大局，勤俭节约，清正廉洁，励精图治，无私奉献。

青年朋友们，我们所处的时代，是一个需要青年而又培养青年的时代，是一个呼唤人才而又造就人才的时代。希望你们珍惜青春年华，珍惜时代赋予的宝贵机遇，在奉献奋斗和创造中领悟青春的瑰丽、人生的真谛和生命的价值，用自己的双肩担负起振兴祖国的历史责任，用坚定的信念撑起中华民族时代精神的脊梁。

成人誓词

我是中华人民共和国公民，在十八岁成人之际，面对国旗，庄严宣誓：

我立志成为有理想、有道德、有文化、有纪律的社会主义公民，遵守宪法和法律，热爱社会主义祖国，拥护中国共产党的领导。正确行使公民权利，积极履行公民义务，自觉遵守社会公德。服务他人，奉献社会；崇尚科学，追求真知；完善人格，强健体魄，为中华民族的富强、民主和文明，艰苦创业，奋斗终生！

三、新时尚

自从中国实行改革开放政策以来，中外交流日益扩大，国民经济迅速发展，城乡居民的收入水平和生活水平不断提高，人们在衣、食、住、行、社会交往以及娱乐消费等方面，相继出现和逐渐形成一些新时尚。

(一)衣着趋向优美、个性化

过去，中国老百姓的服装样式简单、颜色单调，大多数男士穿着蓝色中山装或列宁装。因此，外国人戏称中国人是“蓝蚂蚁”。但近20年来，这种情况发生了巨大的变化。人们的衣着从单一走向多元，服装的质地越来越考究，款式越来越新颖，色彩越来越丰富，美不胜收。

(二)饮食讲究质量、科学化

随着经济的蓬勃发展和“菜篮子”等工程的顺利实施，饮食品种逐渐齐全，商品数量日益充足，市场走向兴旺与繁荣。广大消费者的饮食观及饮食结构也随之发生了很大的变化。

过去，中国实行计划经济，许多商品凭票证限量供应。实行改革开放后，市场逐渐活起来，商品丰富、充足，百货大楼、超级市场、副食品商店里货物琳琅满目。人们只要有钱，想吃啥买啥，非常方便。

如今，大多数居民家庭的饮食观发生了变化，不仅要吃饱，而且要吃好，饮食消费从量的满足转向质的追求。餐桌上的花样增多，牛奶、咖啡、果汁、啤酒、白酒、葡萄酒、矿泉水等多种酒水供人们选用。人们的膳食构成正在改变，米饭、馒头等传统主食逐渐减少，肉、鱼、蛋、奶、植物油、豆制品、水果、蔬菜相应增加。部分家庭注意饮食科学化，根据人体需要合理安排饮食，摄取适量的蛋白质、脂肪、糖、维生素、矿物质和水。

(三)室内装修追求新潮、舒适

近些年来，中国城乡居民的居住条件有了较大的改善，人均居住面积逐渐扩大。无数城镇居民从一居室住房扩展到两居室、两室一厅，不少家庭搬进了三室一厅，一些家庭甚至住上了三室两厅、四室两厅。

许多家庭分到或购买了宽敞或较为宽敞的住房后，便开始对室内进行精心装修。地上铺地板或地砖，墙上贴瓷砖或刷乳胶漆，天花板吊顶。客厅、卧室里不同形状的吊灯、壁灯、吸顶灯、床头灯以及五光十色的窗帘与精美的地毯壁挂，使家里充满了温馨和浪漫色彩。厨房装吊柜、无烟灶台以及配备电饭锅、微波炉等现代炊具，烹调既省时省力，又赏心悦目。卫生间安装浴盆、洗脸台、烘发器等，方便而舒适。此外，人们在房间隔音、家具艺术化等方面下工夫，使居住环境更加舒适和安逸。

(四)化妆、美容之风日盛

随着对外交流的不断扩大和人们生活水平的提高，化妆不再仅仅是演员、空姐的专利，从营业员到乘务员，从白领丽人到普通市民，化妆之风日盛。日霜、晚霜、洗面奶、营养护肤品、增白霜、防晒霜，以及香水、口红、睫毛膏等各种国产的、进口的美容品、护肤品、化妆品应有尽有。

近些年来，人们从最初的注意理发到讲究美发，从画眉发展到文眉、文眼线，从隆鼻发展到隆胸以及割眼皮、切眼袋、挖酒窝等一系列美容。

爱美之心，人皆有之。整形美容，无可非议。不过，整容得当，的确可以美化容貌，但如整容不当，则会弄巧成拙。因此，整形美容应慎重，要因人而异，千万不要一味赶时髦、追潮流，以免事与愿违，后悔莫及。

（五）圆购车之梦

中国的交通业近些年取得了大的发展。其中，公路建设和航空事业更是突飞猛进。目前，中国公路、铁路、内河航道、航线里程总长度已达200多万公里。人们上班乘车、乘地铁，旅行坐船、坐飞机，均很方便。

出租汽车行业在全国大部分城市中迅速崛起，仅武汉市就有出租车1万多辆。

随着中国轿车工业的崛起，购买小汽车已经不再是一个难圆的梦，现在购买小汽车的家庭为数不少，准备购车者为数也不少。在城市和农村，虽然不少家庭购买了摩托车，有些家庭甚至购买了汽车，但自行车至今仍是中国城乡居民喜欢的日常交通工具。

（六）都市兴起礼仪文化热

中国是一个具有5000多年历史的文明古国、礼仪之邦。尊老爱幼、讲究信义、以诚待人、先人后己等美德传承至今。近些年来，随着经济的大发展，人民生活水平的不断提高，物质生活逐渐富裕起来的人们，对精神生活有着更强烈的渴求，从而自觉或不自觉地加入精神文明建设的大军。

这些年，贺卡（如贺年卡、生日卡等）日趋流行，它将人们的温情和祝福传至四面八方。遍布大街小巷装饰精美的礼品店和香气四溢的鲜花店，让人感到生活是多么美好。在都市，逢年过节，人们探亲访友不再总是拎着罐头、水果，而送上一束康乃馨或红玫瑰已成为许多人尤其是青年人的选择。在政府和企业的社会活动中，礼仪的成分也明显加重。一些注重企业形象的企业、文化品位较高的公司，纷纷建立起自己的礼仪队和以礼仪表演为主要任务的管乐队、时装队等，既给都市增添了斑斓的色彩，又提高了企业的知名度和美誉度。礼仪文化已成为现代企业文化的重要组成部分。

礼仪文化热的另一重要标志，是教育文化领域和新闻出版界对它表现出的极大兴趣。例如，1995年暑假期间，武汉大学开设礼仪文化课，预计会有200余人选修此课，没想到一下子竟有800多名学生报名选修。教务部只好临时增开一个班，但蜂拥而至的学生仍把教室挤得满满的。2015年1月6日《潇湘晨报》报道，湖南大学的“现代礼仪”课在中国大学MOOC平台爱课程发布的数据显示，已有3.3万人选修，在该平台爱课程中位列第一。为了满足人们对礼仪知识的渴求，一批涉及礼仪文化的报刊及介绍礼仪知识的图书也及时面世，对礼仪文化热的兴起和发展起到了推波助澜的作用。

如今，越来越多的人在社会交往中自觉使用礼貌用语，到别人家登门拜访时事先预约。自费到境内外旅游者也多了起来。节日里，报名参加集体婚礼的新人踊跃，电台、电视台生日点歌、逢年过节电话拜年和使用手机发短信拜年非常时兴。“英语热”“考研热”“出国热”“创业热”和“健身热”在辽阔的华夏大地上不断升温。此外，随着社会的发展与科技的进步，通过国际互联网发电子邮件以及网上聊天、交往等，逐渐成为新时尚。

☞思考题：

1. 古今汉族习俗有哪些异同？

2. 我国少数民族习俗有什么特点？

3. 我国近年来出现了哪些新时尚？

☞现代礼俗故事两则

一、超凡脱俗的“超天婚礼”

1993年10月28日，上海展览中心喷泉广场上，搭起了一个漂亮的鲜花彩台，中间簇拥着一颗用鲜花镶成的“爱心”，上空高悬着“今生今世——超天婚礼”八个大字，超天集团和上海市公共关系协会联合主办的一场新颖别致、格调高雅的盛大婚礼正在举行。9对新郎新娘中，有5位来自美国、瑞士、加拿大和中国香港。

广场上空，证婚人——著名电影表演艺术家白杨郑重宣布证婚词的声音响起；此后，新郎、新娘互赠戒指，拥抱亲吻；一块上下五层、直径1米多的特大蛋糕由9对新人分切；广场上响起洪亮的钟声……

——首次在大陆举行涉外集体婚礼；

——首次在上海展览中心喷泉广场举行大型婚礼；

——首次由一家企业和公共关系协会联合主办公益性婚典活动；

……

“首次”，自然成为新闻热点。上海的大众传播媒介纷纷播发了这则新闻。超天集团策划的这次公共关系新闻产生了轰动效应，获得了很大的成功。

二、词不达意

新年快到了，某单位举行元旦聚餐。一位刚参加工作不久的年轻职工对一位即将退休的老同志说：“您多吃菜，来，我敬您一杯。您跟我们不一样，我们今后聚餐的机会多得很，您老是吃一顿少一顿……”老同志听了小伙子的话后，脸色非常难看，旁边的几位同事忙用眼色示意小伙子不要再说下去。可是，这位小伙子仍然没有领悟，自以为是地继续说：“我这是真心实意地敬您啊，自从我进单位以来，您给了我不少帮助，喝一杯吧，再不喝就没有机会了。”此时，老同志脸色苍白，起身拂袖而去。

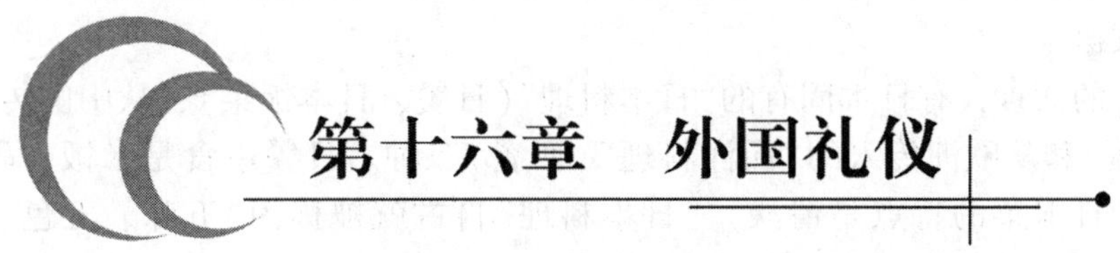

第十六章 外国礼仪

第一节 亚非国家习俗与礼仪

亚洲和非洲境内的国家总数近百个，各国风土人情均颇具特点。本节选择几个有代表性的国家和地区，对它们的礼仪作简单介绍。

一、日本习俗与礼仪

日本全称日本国，位于东北亚，是东太平洋上的一个岛国。

(一)民族、语言

日本列岛居住着约 1.2650 亿人，其中大和族 1.2 亿多人，约占日本全国人口的 99%。阿伊努族是日本最古老的居民，现有人口约 1.6 万，主要居住在北海道地区。①

日本以日语为国语。日语与汉语有着悠久的历史渊源。从公元前 1 世纪起，中国汉朝和日本就开始了友好往来和文化交流。在古代，日本民族只有自己的语言，而没有自己的文字。公元 5—6 世纪，日本人民开始借用中国汉字创造字母——假名。现代日语主要由 51 个假名和 1850 个常用汉字组成。

(二)衣着、饮食

和服是日本传统的民族服装，以高度的艺术性和独特的款式闻名于世。

和服宽大舒适，美观大方，特别是女式和服，色彩缤纷，图案美丽。图案上的花卉、人物、风景、动物栩栩如生，鲜艳夺目。

和服不用纽扣，用带子束腰和固定造型。而女式和服背后的背包，常见的有正方形、长方形、蝴蝶形和花瓣形等，是由一根宽腰带结扎成的，用来起装饰作用，使人显得身材修长、风姿绰约。

日本妇女常在节日、假日、婚礼、葬礼、聚会等场合中穿和服，在不同的季节、场合，分别穿质地、色彩、图案不同的和服。

日本女子跳民间舞、串门子或出席隆重的仪式时，与和服相配套，要穿一种名叫

① 日本国家概况[EB/OL].[2019-05-20].http://www.fmprc.gov.cn/web/gjhdq_676201/gj_676203/yz_676205/1206_676836/1206xo_676838/.

“草履”的草鞋。草鞋呈椭圆形，用草、皮革、布制作而成。而日本男子在夏季穿和式单衣时，特别喜欢穿木屐(称“下驮”)。日本的木屐类似我国南方的木拖鞋，不同之处是木屐底下前后有两个齿支撑鞋底，上面用带子系住脚趾。

日本男士上班时大多穿西装、打领带。同样，日本大多数职业女性和姑娘也穿西服套裙或连衣裙。

日本人的饮食，有日本固有的“日本料理”(日餐、日本饭菜)、从中国传入的“中国料理”(中餐)和从欧洲传入的“西洋料理”(西餐)三种。日餐主食是米饭，副食是蔬菜和海产品。日本菜的特点是清淡。“日本料理”自古就被称为“五味、五色、五法的料理”。“五味”指甜、酸、咸、苦、辣；“五色”指白、黄、赤、青、黑；“五法”指生、煮、烤、烫、蒸。日本人以熟食为主，但也喜吃生食。著名日本风味食品有生鱼片、寿司和鸡素烧等。这里略作介绍。

生鱼片(刺身)：把鲜鱼(金枪鱼最佳)、鲜贝等切成薄片，蘸着放有山葵末(味似芥末，呈绿色)的酱油吃，配些鲜嫩的菜叶，如黄色的花、绿色的叶和青白相间的萝卜丝等，色味诱人、新鲜可口。

寿司：将浇了醋的米饭捏成小团，然后在饭团里放各种生鱼片或生虾、生鱼子、黄瓜、香菇、菠菜、紫菜等，卷好后切成数块，蘸酱油吃，鲜美爽口。

鸡素烧：以牛肉为主要原料(偶尔用鸡肉、猪肉)，外加白菜、洋葱、大葱、芹菜、豆腐、粉丝等，放在锅里一起炖，炖的过程中加酱油、砂糖、清酒、盐等佐料，炖好后盛起来。吃的时候先在碗里打一个生鸡蛋，然后放入鸡素烧搅拌着吃，吃起来滑溜溜的，别有风味。

此外，日本的名菜还有烤鱼、油炸大虾、鸡肉串、涮牛肉、汤豆腐等。

日本人一日三餐中较重视晚餐。传统早餐是就着咸菜、酸梅(梅干)吃碗米饭，喝碗酱汤。但不少日本人尤其是日本青年人早餐吃一块面包，煎两个鸡蛋，喝一杯牛奶或咖啡等，既简单，又方便。中午大多数日本员工在各自单位或单位附近吃饭，或在立式食堂站着吃碗荞麦面条或意大利宽面条，或在咖啡馆吃盒饭，或下饭馆进餐。学生则在学校吃午餐。日本人的晚餐较丰盛。不少家庭主妇都会做中国菜、西餐等，因此，晚餐虽然以日本饭菜为主，但常常辅以中式或西式烹调的菜肴；饭后还要喝茶，以助消化。

日本人喜欢喝酒，全国饮酒者有5000多万，几乎占全国人口的一半。日本人饮酒以啤酒、清酒为主，偶尔也喝威士忌、白兰地。通常在晚间开怀畅饮。有的日本人一个晚上下几家酒馆，下酒菜有一包鱼片干、一包牛肉干或一袋花生米就行了。

日本人对餐具很讲究，除了使用陶瓷、金银、木制器外，大多使用比较保温的漆器。日本人比较注重美感，餐具形状也是多姿多彩，有扁有圆、有高有低、有八角形、有叶状等。日本人吃日餐、中餐时使用尖头筷子，吃西餐时使用刀子和叉子。

日本人进餐时，习惯于用筷子把饭碗里的米饭夹起来放进嘴里，而不是把饭碗送到嘴边，用筷子把米饭扒进口中。日本人请客时，头一个开始用餐的往往不是主人而是主宾，其他客人和主人都要等主宾拿起筷子才能跟着拿起筷子。

(三)礼仪、禁忌

1. 礼仪

(1)礼仪教育与社交礼仪。在日本，小孩子从会说话起，就开始接受父母、亲属的礼仪教育。小学生入学后，要接受学校的礼仪教育。在小学生守则上，有关待人接物的规矩都写得清清楚楚。礼仪是日本中学生的必修课。日本青年走上社会后，还要接受工作单位的岗前培训和礼仪训练，从发型、衣着、坐立姿势、鞠躬角度、打电话和接电话的口气与表情，到怎样带路和开门，以及如何奉茶、如何与主管谈话等都有一定的规矩。许多单位还将厚达数百页的礼仪手册发给日本新职员，以此规范他们的行为举止，提高他们的礼仪水平。此外，日本还有不少团体和个人积极提倡、组织开展礼仪活动。

日本人平时见面互致问候，行鞠躬礼，身体向前倾15°为一般礼节，30°为普通礼节，45°为最尊敬礼节；若老朋友久别重逢会一边握手，一边鞠躬。初次见面，要行90°鞠躬礼，男士双手垂下贴腿鞠躬，女士一边将左手压着右手放在小腹前鞠躬，一边说“初次见面，请多关照”，然后互相交换名片。交换名片时，年纪较轻和身份较低的人先递上名片。

日本人在社交场合注意仪表的美观，勤修边幅，保持衣着整洁。天气炎热时穿衬衣不卷袖子，在公共场合不穿背心。日本人讲究坐立姿势，讲话低声细语，措辞含蓄婉转，笑不露齿。接电话时，当对方通报姓名后，自己也会迅速自报单位姓名。通话完毕，等拨号者先挂断，自己才放话筒。

在日本，根深蒂固的等级观念与盘根错节的集团意识已浸透到社交活动中。日本人相当重视等级观念，在工作单位，下级对上级毕恭毕敬；在社交场合，对地位比自己高的人要用敬语称呼，交谈中使用的动词也要用敬体。不论举行何种性质的集会，与会者各自谦让一番后，最终总是按最恰当的等级次序落座。此外，不少日本人有相当强的集团观念，注意集团内外有别，即使平时对集团领导人有意见，牢骚满腹，但与集团外的人接触时，总是说自己集团的好话。在作自我介绍时，也是突出介绍自己所在的集团，简单地介绍自己。强烈的集团意识，导致一些谨小慎微的日本人局限于内部交流的小圈子里，而较少参与集团外的横向交流。

(2)社交10条。日本人认为谦恭是一种美德，他们提倡在社交中克制自己，尊重他人，并总结出以下10条礼俗：

①忘掉自我。

②切莫自夸和自我吹嘘。

③要尽量避免议论别人。

④说话要有条理，表达清楚。

⑤避免使用直接性语言。

⑥避免攻击他人。

⑦避免道破他人的秘密。

⑧不显示自己曾施惠与他人。

⑨不忘记自己曾接受他人的恩惠。

⑩不可说大话。

(3)送礼礼仪。日本人在社交活动中非常重视送礼和还礼。日文中“馈赠”一词写作“赠答”。遇红白喜事送礼，访亲问友、做客赴宴要携带礼物。此外，还有季节性送礼习俗，每年仲夏，下级给上级、晚辈给长辈、孩子给父母送礼，以表谢意。每年岁末，上级给下级、长辈给晚辈，大人给孩子及孩子的老师送礼，以示关怀。日本人送礼的内容丰富多彩，礼品包括土特产、工艺品或其他有实用价值的东西。日本人送礼时喜欢单数。礼品讲究包装，往往要包上好几层，再系上一条美观的红白纸绳或缎带。送礼时要双手捧着送上。受礼也应用双手，并要微微鞠躬。日本人很注重礼尚往来，除了办丧事等特殊情况接受赠礼后不宜立即还礼外，一般都要尽快还礼，或等待适当时机给予回报，所赠礼品的价值应与受赠礼品价值大体相等。

为了保持关系和增进情谊，日本人在新年来临前夕纷纷给亲友师长寄贺年片。此外，许多日本人讲究礼节性书信往来，如按照时令寄早春(梅雨、暑期、寒冬)书信，根据不同情况寄祝贺信、慰问信、感谢信、通知信等。

(4)拜访礼仪。在日本，到他人家中做客，要预先和主人约定时间并按时赴约。进门前要按电铃、通报姓名。进屋前，主动摘帽、摘围巾、脱鞋、脱大衣。寒暄后，即把礼品献给主人。做客时要讲礼貌，未经允许不得擅自进入人家的卧室、厨房。交谈完毕和茶余饭后，由客人主动表示谢意和提出告别。回到住所后要打电话告诉对方，并再次致谢意。

2. 禁忌

日本人举止庄重，谈吐文雅，图吉利，避凶祸，在日常生活和社会交往中有不少忌讳，归纳如下：

(1)语言忌。参加别人的婚礼时忌说“完了”“断绝”等词；参加葬礼时，忌说“频繁”“又”等词；与男士交谈时，忌问收入、物价等；与女士谈话时忌问年龄及婚配情况；对老人忌用“年迈”等字眼；和残疾人谈话时，忌说“残疾”之类的词语。应称盲人为“眼睛不自由的人”，称聋子为“耳朵不自由的人”，称哑巴为“嘴巴不自由的人”。众人一起评论他人时，忌谈他人的生理缺陷等。

(2)数字忌。日本人对数字的吉凶概念很敏感，忌讳“4”(与“死”发音同)、“9”(在日语中有一种发音同“苦”字谐音)。因此，在喜庆场合和剧场、影院、医院等场所，一般不使用这几个“不吉利”的数字。

(3)衣着忌。在正式场合忌衣着不整；参加别人的婚礼时，男士宜穿黑西服，系白领带；女士宜穿色彩明快的服装，但艳丽的程度忌超过新娘的服装。参加葬礼时，男士应穿黑色西装或燕尾服，系黑色领带，女士应穿黑色套装或黑色连衣裙，忌衣服颜色过于明快。

(4)筷子忌。日本人一家人或亲朋好友围坐在一张桌子上吃饭的时候，忌舔筷(用舌头舔筷子)、迷筷(拿筷子在餐桌上晃来晃去)、移筷(连续夹两种菜)、扭筷(扭转着筷子用嘴舔粘在筷子上的饭粒)、插筷(用筷子插着菜送进嘴里)、掏筷(用筷子从菜的当中扒开挑菜吃)、跨筷(把筷子跨放在碗、碟上面)、剔筷(用筷子当牙签剔牙)。

(5)邮信忌。忌邮票倒贴。向受灾人发慰问信时，忌用双层信封。折叠信纸时，忌将收信人的名字头朝下。

(6)馈赠忌。赠送礼品时，忌讳以梳子作礼品。

(7)颜色忌。日本人忌绿色，认为绿色是不祥的颜色，因此忌用绿色作装饰色；忌紫色，认为紫色不牢靠，因此忌用紫色纸或紫色布包装食品等。

此外，在商品上，日本人忌用狐狸(贪婪)、獾(狡诈)等图案。

二、韩国习俗与礼仪

韩国全称大韩民国，位于亚洲大陆东北部，朝鲜半岛南部。

(一)民族、语言

韩国是单一民族国家，该国绝大多数国民是朝鲜族人，截至2020年3月，总人口为5117.8万。①

韩国以韩国语为国语。韩国人使用的主要语言韩国语中，含有大量中文词汇。此外，英语在韩国比较普及。

(二)衣着、饮食

韩国的传统民族服装有上千年的历史。男装宽袖短褂、长袍，裤子肥大。长袍在前右侧交叉，由长带结成蝴蝶结系住，裤腿口有带子束在脚踝处。女装为宽松短衫和高腰长裙。宽松短衫在前面交叉，由长带结成蝴蝶结系住，高腰长裙则系在胸部，脚上穿白色袜子和船形鞋。传统的韩国服装不用纽扣、拉链或领钩、裤钩，而用带子系住。以前，大多数韩国人喜欢穿白色衣服，节日期间穿颜色鲜艳的服装。不少男士爱戴帽子。韩国人现在的服装是民族传统服装和新式流行服装并存。城市里，男士平时以穿西服为主，只有在出席重要的集会或盛大的节日时，才穿传统的民族服装。在农村，大多数老年男子仍喜欢穿民族服装，少数老年人戴斗笠、穿长袍。中老年妇女喜欢穿民族服装，穿带钩的船形胶鞋。在日常生活中，年轻人大多穿流行服装，只是在按传统仪式举行婚礼时，新郎、新娘才穿传统民族服装。

韩国的食品以辣为一大特色，另一个特色是少油。韩国人的日常伙食比较简单，一般就是米饭、泡菜再加一碗汤。韩国米饭白而且香软，吃起来十分可口。韩国人生活崇尚简朴，在吃的方面比较随意，唯独对泡菜情有独钟。

韩国泡菜的种类较多。按季节可以分为春节的大白菜泡菜、夏季的黄瓜泡菜、秋季的萝卜泡菜、冬季的辣椒泡菜。韩国人做泡菜的材料五花八门，最常见的一种是大白菜泡菜，红艳、清香，保持了原有的水分，吃起来辛辣却没有苦涩的感觉。韩国人家一般有腌菜器皿，自己腌制各种泡菜，随时取用。每到初冬，韩国几乎家家户户开始制作泡菜。以最常见的大白菜泡菜为例，先把一棵棵大白菜放在盐水里泡一两天然后取出，用清水洗干净，用辣椒粉、蒜、姜、葱、白糖、芝麻、鱼虾酱等十多种佐料拌成的底料一层层涂抹在白菜上，然后再一层层包好，装入菜坛或者菜缸里密封好，发酵一个月左右，便成了爽口、酸辣的韩国泡菜。如今，韩国人已经开发出泡菜色拉、快餐泡菜等新品种，从而适应了生活节奏加快的人们的需要。

除了泡菜外，韩国人还非常喜欢吃烤肉。烤肉的种类很多，如烤牛肉、烤牛排、烤五花肉等。其中最常见的是烤牛肉。吃烤肉时，生菜、芝麻叶、生蒜及小青椒是不可少的，尤其是用芝麻叶包烤肉，别有一番风味。

---

① 数据来源于中华人民共和国驻韩国大使馆经济商务处网站。

(三)礼仪、禁忌

1. 礼仪

大部分韩国人热情、好客，性格开朗，彬彬有礼。韩国人重视礼节，尊老爱幼，讲究等级(职务和头衔)和男女有别。

(1)尊老礼仪。韩国社会具有“尊老”传统。在韩国公共场合，年轻人与年长者打交道，必须表示应有的礼节。无论是认识的还是陌生的，都要让座、让道，使用敬语，表示谦恭的姿势……而年长者则要表现出尊严，对看不顺眼的事可直接指斥。除了地位高低以外，一般来说，年龄关系大于其他关系。在韩国，年轻人不能在年长者面前吸烟，否则被认为是一件非常失礼的事情。万一正在吸烟时碰到年长者，也应马上把拿烟的手藏在背后，等年长者走了以后再吸烟。在韩国，谁要是“没大没小”，会被看成是粗俗无礼之辈。

(2)着装礼仪。在韩国，大学男教师必须穿西服、打领带，即使在夏天穿短袖衬衣，也一律打领带。一位教师衣着端庄、仪表整洁，不仅是为人师表者的仪容所要求，而且也是对学生的尊重。此外，韩国公务员和公司职员等，也十分讲究着装礼仪。

(3)饮食礼仪。韩国人吃饭，一般要等长辈先动筷，晚辈才能动筷。吃饭时，要安静地坐着吃，不可喋喋不休。进餐时，晚辈不能正面对着长辈喝酒，而是应该侧身90°左右。韩国人非常重视环保，环保意识较强。在韩国大大小小的餐馆，包括学校的教师餐厅、学生餐厅，一律使用金属筷子。由于金属筷子夹食容易滑动，所以厂家特意在筷子下端制成锯齿形状。韩国禁止使用一次性木筷，认为一次性消费浪费太大，不利于环保。因此，韩国所有餐厅的水杯都是金属杯子，而不提供一次性纸杯。

(4)见面礼仪。在社交场合，韩国男士一般先鞠躬再握手。男士一般不主动和女士握手。在社交场合，女士很少握手，但如果女士先伸出手，男士也应该和她握手。年少者见到年长者、下级见到上级要先鞠躬，待对方伸出手后再握手。初次见面的两个韩国人，通常先仔细阅读对方的名片，再比较彼此的年龄，然后才正式开始交谈。

2. 禁忌

韩国人忌讳数字“4”，因为在韩语中，“4”和“死”的发音一样。

韩国人聚会时，除了专业女歌手外，忌讳随便邀请女性唱歌。

韩国人说话比较直率，但是在公共场合和社交活动中，他们忌谈国内政治问题、宗教问题。

三、泰国习俗与礼仪

泰国全称泰王国，位于中南半岛中部。

(一)民族、语言

泰国是一个多民族国家，全国有30多个民族。2018年，泰国总人口数为6900万。其中泰族(也称“暹罗人”)是泰国的主体民族，占人口总数的40%，老挝族占35%，马来族占3.5%，高棉族占2%。此外，还有华人、混血人种等。

泰语为国语，通用英语。

(二)衣着、饮食

泰国男子一般穿衬衫、长裤。泰国女子上身穿长袖短衫，常披披巾(亦称围幔)，下身多穿筒裙。泰国各族妇女筒裙的颜色有所不同，例如腊佤族妇女喜欢穿长到膝盖的白上衣和黑底红花纹的筒裙。而克伦族妇女则身穿齐腰的黑色上衣，下身着有多种花纹的筒裙。如今，喜欢穿长裤的妇女逐渐增多。

在泰国，人们到庙里烧香拜佛或参观访问必须衣冠整洁。进庙前，得先脱鞋。若穿背心、裤衩进入庙内，则被视为亵渎神灵。

泰国气候炎热，盛产大米。因此，泰国各族均以大米为主食。泰国人喜欢吃鱼、鸡、鸭、猪肉、鸡蛋等。菜肴多为煎、炸、炒、烤，以酸、辣、鲜、冷为特点。

泰国人爱吃酸东西，例如，他们有一道名菜即为“酸猪肉”。此外，他们十分喜欢喝酸辣汤，而住在海边的泰国人，则几乎顿顿少不了渍酸鱼。

泰国人爱吃辣味，无论在城市还是农村，用虾酱、蒜、辣椒、柠檬等原料制成的辣椒酱，是家家饭桌上不可缺少的调味品。他们的传统食品——米线也要浇辣汤吃。他们还喜欢喝椰浆辣汤，几乎是无辣不下饭。

泰国人常吃的蔬菜有青白菜、南瓜、黄瓜、豆荚、豌豆、芭蕉蕾、含羞草以及各种鲜嫩的菜类野生植物。剁生牛肉也是泰国人喜爱的美味。

泰国人习惯吃冷食，例如凉菜、冷面等。他们不仅喝茶放冰，而且饮用其他饮料如可口可乐、水果汁、啤酒、咖啡等也放冰。

泰国人一般早晨 7 点吃早餐，中午 12 点吃午餐，下午 6 点吃晚餐。早餐喜欢吃猪油糕、甜面包、水饺、汤面和西式点心。他们的家常饭有咖喱饭、米粉、面条、肉末炒饭等。此外，香甜可口的粉蕉糯米粽和花汁粽子也是泰国人喜爱的食品，而香喷喷的泰式春卷和可口的炸香蕉，则是他们的风味小吃。槟榔和榴莲是他们最爱吃的水果。

(三)礼仪、禁忌

1. 礼仪

(1)合十礼。泰国人见面时一般不握手，而是行合十礼，并互道一声“沙越里”(泰语音译，意思为“安乐吉祥”)。合十礼源于佛教的合掌礼。行礼时双手合掌，十指并拢，置于胸前，手掌尖对鼻尖，微微低头。晚辈见长辈时双手举至眼部，平辈相见举到鼻部，长辈对晚辈还礼时至胸前。地位较低或年纪较轻者应先行礼。行礼时动作缓慢有度。当一方致意时，受礼者应还合十礼。泰国人告辞时也互致合十礼。但是，现在泰国政府官员、知识分子见面时常握手问好。

(2)新屋落成仪式。泰国人在新屋建成后要举行庆祝仪式，以求平安。仪式主要活动是清晨僧人诵经。诵经时，要用法纱环绕新屋，“法纱”的一端由僧人执在手中，据说此举可以驱邪避灾。僧人诵经后，将法水和沙子撒在新房四周。此后，新屋主人向僧人布施斋饭以及日常用品，并宴请前来祝贺的亲友。

(3)生日燃烛式。泰国人大多重视过生日。在过生日的前夜，往往要举办燃烛式。点燃两支长长的蜡烛，其中一支必须与过生日者一样高，以祈健康长寿。

许多泰国人讲文明、讲礼貌，老人和蔼可亲，青年人彬彬有礼，妇女谦恭端庄，脸上常带着友好的微笑。泰国人讲话轻声细语，举止温文尔雅。泰国人讲究礼仪，例如，泰国平民遇见王室成员或高僧，须行下跪礼，而王室成员和高僧则不须还礼；行人从坐着的人身边经过时，要略微躬身，以表示礼貌；长者在座，晚辈应坐地或蹲跪，头的高度不可超过长者。此外，泰国人的拜师仪式也相当隆重。

2. 禁忌

(1)头部忌。泰国人十分重视头部，认为头部是人的智慧所在，是身体的最重要部位，是神圣不可侵犯的。随便用手触摸他人的头部，被视为对他人的极大侮辱。即使对小孩表示亲昵，也不要随便抚摸头部，以免给小孩带来“厄运”。

(2)门槛忌。到泰国朋友家中做客，进门时要小心跨过门槛，万万不可踩着人家的门槛。泰国人认为门槛下住着神灵，断不可冒犯。

(3)红色忌。在泰国，人们用红笔将死者的姓名写在棺木上。因此，泰国人忌用红笔签名，认为红色是不吉利的。

(4)鹤、龟忌。鹤和龟的图案在泰国是不受欢迎的。鹤被视为“色情”鸟；龟则被视为男性“性”的象征。因此，泰国人忌讳这两种动物以及印有其形象的物品。

(5)发怒忌。泰国人讨厌在公共场所勃然大怒的人。在社交场所大发脾气的人，常常会失去友谊；在商务活动中容易发怒的人，往往会丢掉生意。

四、菲律宾习俗与礼仪

菲律宾全称菲律宾共和国，位于亚洲东南部。

(一)民族、语言

菲律宾是一个多民族国家，现有居民10098万(2015)，分属90多个民族。马来族占全国人口的85%以上，包括他加禄人、伊洛戈人、邦班牙人、维萨亚人和比科尔人等。人口较多的民族还有摩洛人(245万)等。人数较少的山区民族有60多个，总计200万人。此外，华侨、华裔和菲籍华人有100多万人。

使用拉丁字母的菲律宾语(以他加禄语为基础)是菲律宾的国语，英语为官方语言，使用较广泛。

(二)衣着、饮食

现代菲律宾男士上身多穿一种名叫“巴龙”的丝质紧身衬衣，下身穿西装长裤，通常把衬衣下摆放在裤子外面。女士的服装叫“特尔诺”，是一种圆领短袖连衣裙，腰细下宽，两袖挺直，两边高出肩，宛如蝴蝶展翅，所以也叫“蝴蝶服”。男女学生则通常穿T恤衫和西装短裤。摩洛男子通常穿紧身短上衣和肥大的灯笼裤，头戴白色小圆帽，外出时系腰带，佩带短弯刀。而妇女上穿长袖对襟的衣衫，下穿裙子或纱笼，喜欢戴色彩鲜艳的头巾和镯子、项链、耳坠等首饰。

菲律宾人的主食是大米和玉米，米饭用瓦罐或竹筒煮熟，味道清香。菲律宾的椰子产量居世界首位。许多菲律宾人喜欢用椰子汁煮饭和煮木薯，并用香蕉叶包饭。菲律宾人把玉米晒干后磨成粉，然后做成各种食品。副食是各种肉、海鲜和蔬菜等，喜欢香辣味道。菲律宾的名菜有醋焖鸡、咖喱牛肉、虾子煮汤、肉类炖蒜、炭火烤乳猪等。居住在城市的上层家庭则大多吃西餐。市民早晨7点至8点用早餐，常吃米饭、鸡蛋、发酵面包和小圆甜面包，喝茶或咖啡；中午12点至下午1点用中餐，一般吃面条、米饭、猪肉、鱼汤和水果(菠萝、芒果)等；下午3点至5点吃蛋糕、甜煎饼、果馅饼，饮茶；晚上7点至8点进晚餐，饭前喝开胃酒(甜酒或啤酒)，吃米饭、甜糕点、海味、蔬菜等。阿埃塔人每天只吃两餐，早起上工或出猎前吃昨天晚餐的剩饭，晚餐是正餐。游猎的阿埃塔人猎食野生动物肉，还食用野蜂蜜以及野果。务农的阿埃塔人日常食用大米和芋类等，传统的烧饭方法是把米和水放入绿竹筒，封好口放在火上烧，阿埃塔人用手抓饭吃。信奉伊斯兰教的摩洛人喜欢吃鱼虾。炒菜时常用刺激性的调味品，习惯用右手抓饭吃。菲律宾人多爱咀嚼槟榔和烟叶。

(三)礼仪、禁忌

1. 礼仪

(1)见面礼。菲律宾人很讲礼貌，同辈人相见时，互相握手问好。遇见长辈时，要亲吻长辈的手背，或者拿起长者的右手碰自己的前额，以示尊敬。女友之间久别重逢时往往拥抱和亲吻。

(2)叫门礼。菲律宾他加禄人在访亲拜友时，进屋前要先敲门，并轻声而有礼貌地说：“先生，有人!”

2. 禁忌

(1)颜色忌。菲律宾青年人恋爱时，男友常赠送女友化妆品和鲜花等。花的颜色以白色为佳，茶色和红色属禁忌之色。

(2)话题忌。菲律宾人聊天时常谈论教育、孩子等大众话题，而忌谈政治、宗教等敏感话题。

五、马来西亚习俗与礼仪

马来西亚位于东南亚，介于太平洋和印度洋之间。

(一)民族、语言

马来西亚是一个多民族国家，有30多个民族。现有居民3240万(2019)，其中马来人69.1%，华人23%，印度人6.9%。此外，还有巴基斯坦人、爪哇人等。

马来西亚以马来语为国语。现代马来文分使用阿拉伯字母的“爪威”马来文和使用拉丁(罗马)字母的马来文(也叫卢米文)。自1960年起，卢米文成为全国的官方语言，但允许爪威文继续使用。华人使用华语，印度人使用泰米尔语。过去长时间作为官方语言的英语，继续在当地知识分子和政府机构中使用。

(二)衣着、饮食

马来西亚人传统服装的特点是又宽又长，穿在身上遮手盖脚。平时，男子穿着长到足踝的布质纱笼，上身再套一件衣身宽松、袖子宽大的无领衬衣“巴汝”。逢年过节，或者访亲探友，男子上穿巴汝，下着长裤，腰部围上一条叫“三宾”的短纱笼，头戴一顶叫“宋谷”的白色无边帽，脚穿皮鞋。近些年来，男子常在社交场合穿由蜡染花布做成的长袖上衣“巴迪”，美观而凉爽。女子穿无领长袖的连衣长裙，上有手工绣的精美图案，头上围一条薄薄的纱巾垂挂到肩旁或胸前。平时在家或出门购物时，则多穿式样和男子服装差不多的便装。由于马来装宽大，所以现代马来西亚人上班时大多穿轻便的西服。但在工余时，马来西亚人还是喜欢穿传统的民族服装。此外，马来西亚成年男子外出时一般佩带一把长约12~15英寸的短剑。他们把它视为一种力量、智慧、坚强、勇敢和吉祥的象征。

马来西亚人以米饭为主食，副食是海鲜、鸡肉和牛肉等，喜欢吃辣味。风味佳肴有烤羊肉串、鸡肉炒饭和鱼汤面条等。马来西亚人一日三餐，通常早晨7—8点用早餐，主要食品有椰子汁配鱼烹制的米饭、咖喱鱼和盐渍玉米等。下午1—2点用午餐，主食有米饭、肉类和咖喱鱼，辅助食品有腌鸡蛋、辣椒酱以及白菜、菠菜和黄瓜等蔬菜，饭后饮茶，吃芒果、菠萝等水果。晚上7—9点用晚餐，食品与午餐大体相同。马来西亚人进餐时，菜肴、食物摆在地上的草席上或餐毯上，辣椒等佐料盛在椰壳做的碗里。男子或年长妇女盘坐于地，年轻女子则屈腿而坐，均用洗干净的右手抓饭菜吃。在一些传统的家庭中，妇女要在男人们吃完以后才开始就餐。

马来西亚人多数信奉伊斯兰教，食牛肉、鸡肉和鱼。

华人的菜肴以“色、香、味”出名，多是中国广东、福建风味。

大部分印度族人信奉印度教，普遍喜欢辣味，饭菜中常加辛辣的咖喱和多种浓稠的调味品。

(三)礼仪、禁忌

1. 礼仪

(1)见面礼。马来西亚人见面时通常行鞠躬礼。男子行礼时，一边举右手抚于胸前，一边深深鞠躬，以示敬意。女子行礼时，双膝微微弯曲，然后再深深鞠躬，以示敬意。

(2)做客礼。马来西亚人注重礼节。到别人家访问或做客时，衣冠整洁，按时赴约，否则被认为失礼。马来西亚人的内厅是祈祷和做礼拜的地方，因此，进屋时应当脱鞋。若穿鞋进内厅，则被认为有渎神灵。在马来西亚人家做客时，主人会以马来西亚糕点以及冰水等招待客人。客人应当吃一点、喝一点，以示领受主人的情意。客人如果谢绝主人的殷勤款待，会引起主人的反感。因此客人不要太客气，以免宾主之间产生隔阂和不愉快。

2. 禁忌

(1)触摸头部忌。马来西亚人认为头部是神圣不可侵犯的，因此忌摸别人头部。如果某人的头部被别人触摸，便认为受了极大的侮辱。

(2)公开亲热忌。在首都吉隆坡，严禁男女在公共场合接吻，违者会被处以2000林吉特(合530美元)的罚款或一年的囚禁。

(3)黄色、白色忌。马来人忌黄色，黄色是马来西亚王公贵族的专用色。马来人忌用白色纸包礼品，因为白色与办丧事有联系。

六、新加坡习俗与礼仪

新加坡全称新加坡共和国，位于东南亚马来半岛南端，马六甲海峡南口。

(一)民族、语言

新加坡是一个多民族国家。境内住有20多个民族的居民。公民和永久居民399万人，常住人口564万(2018年12月)。新加坡人口主要有三大类：华人、马来人、印度人。其中，华人占新加坡总人口的 74.2%，马来人占 13.3%，印度人占 9.1%，其他种族占 3.4%。

新加坡国语为马来语，行政机关用英语。官方语言有 4 种：华语、马来语、泰米尔语和英语。在日常生活中，华人以讲华语为主；马来人以讲马来语为主；印度人以讲泰米尔语为主。

(二)衣着、饮食

新加坡华人的衣着很清爽，女士们大多穿裙子，年轻姑娘喜欢穿颜色鲜艳的裙子，老年妇女则爱穿颜色淡雅的裙子，端庄大方。男士文职人员着装较为规范，一般是白衬衣、系领带，下穿西装裤。学生上学都穿校服，男生穿白衬衫、黑裤子；女生穿白上衣、红裙子。

新加坡印度人的服饰另有特色，男士常包头(以布缠头)，上穿带袖短衫，下穿围裤(用两块白布或丝织品缠绕下身)，扎白色腰带。女士则穿别具一格的纱丽。纱丽是印度妇女的传统民族服装。纱丽由一块宽 1 米、长 5~8 米的丝绸或其他布料做成，通常不用剪裁和缝制，是一种披围式服装。布料四周有花边，中间有编织或印染上的各种图案。纱丽的穿法是，将一块纱丽从腰部自左向右围起，一直围到脚跟，成一筒裙状，系一个活结，然后把末端搭在左肩；如果反方向围，则把末端搭向右肩。新加坡的印度裔妇女一般上身内穿一件短袖紧身胸衣，中间露出两寸左右宽的一段腰肢。她们十分讲究佩戴首饰；除了佩戴头饰(一种用小链子和钩子固定在头顶和额部的装饰品)外，常戴手镯、耳环。已婚妇女还戴鼻饰，结婚时戴上的项链更是时刻戴在脖子上。

新加坡华人的主食为米饭、包子等，副食是以甜味为主的闽粤风味菜肴，如炒鱼片、炒虾仁、油炸鱼等。传统早餐是油条和热豆浆，而现代青年人乐意吃面包、蛋糕，喝牛奶、咖啡。中餐有海味(海参、虾、蟹)、豆腐及各种新鲜蔬菜等。下午，喜欢吃些点心。点心花样繁多，有桂花汤圆，不同做法的年糕，各具风味的粽子和江米莲藕等，还有著名的八宝饭。晚餐也较丰盛。饭后常喝绿茶，最爱吃桃子、荔枝等水果。华人把中国的烹调技艺带到了新加坡。该国流传着这样的食谣：“潮州果条福建面，广府叉烧海南鸡，北方水饺湖南辣，客家狗肉上海糕。”

印度人的主食为大米饭和印度烙饼，副食以鸡、鸭、鱼、虾和番茄、洋葱、土豆、白菜、山芋等蔬菜为主，喜欢用辣椒做调料。常喝羊肉汤，忌食牛肉。爱喝红茶、咖啡、酸奶和冷开水。

(三)礼仪、禁忌

1. 礼仪

(1)见面礼。新加坡的华人见面时多行传统礼——相互作揖；马来人见面时多行握手礼；印度人见面时常行合十礼。

(2)红包礼。新加坡华人过春节时，亲友之间要互赠红包，以联络感情。有些企业家在员工初四上班时，要分发一个开工红包给员工，以表示开门吉利。

(3)敬长礼。新加坡人非常重长辈。他们的敬老准则是：对父母和其他长辈，要用亲切的称呼；当父母或其他长辈讲话时，不要插嘴；父母或其他长辈呼唤时，要随叫随到。

(4)待邻礼。在日常生活中，大多数新加坡人能够自觉地执行《邻里礼貌守则》：“见到邻居要互相问候；逢年过节要请邻居来访；帮助邻居照管房屋；使用公共电话或公用场所，要时时多为别人着想。”

(5)微笑礼。新加坡人十分重视“礼貌之道重于行”的准则，他们的礼貌口号是：“真诚微笑。”人们待人接物，总是伴以真诚的微笑。当因故对别人有所干扰时，当事人总要笑着说：“对不起，打扰您了。”在公共电话机旁排队打电话时，打电话者会笑着对等候者说：“对不起，让您久等。”即使交通警察对违章者罚款时，也是笑容可掬。因此，一些司机幽默地说：“我最怕警察对我笑。”

新加坡重视礼貌教育，其文化部印发了《礼貌手册》，对在家庭、学校、工作场所和马路如何讲礼貌提供指导。而在街头张贴的讲礼貌宣传品上，总是印有笑脸和口号：“处世待人，讲究礼貌”“真诚微笑，处世之道”“人人讲礼貌，生活更美好”。

(6)待客礼。新加坡店员更重视礼貌待客。他们严格遵循的守则是：“顾客临门，笑脸相迎；顾客购物，别等他开口；顾客选物，耐心介绍；顾客提问，细心聆听，认真解答。”

2. 禁忌

(1)言辞忌。新加坡人忌说“恭喜发财”。他们将“发财”理解为“不义之财”，认为说这句话不是教唆人发不义之财，就是侮蔑别人的财路不正。

(2)长发忌。新加坡人对留胡须、蓄长发的男士较厌恶。众多的家长和学校，严禁男青年留长发。许多公共场所的标语牌上写着：“长发男子不受欢迎!”

(3)颜色忌。新加坡人忌黄色。

七、印度尼西亚习俗与礼仪

印度尼西亚全称印度尼西亚共和国，位于亚洲东南部，地跨赤道。印度尼西亚在加里曼丹岛上和马来西亚接壤，在新几内亚岛上与巴布亚新几内亚为邻。与泰国、新加坡、菲律宾、澳大利亚等国隔海相望。印度尼西亚国土横跨赤道，位于太平洋与印度洋之间。各岛沿海多平原，内部多山。

(一)民族、语言

印度尼西亚是一个多民族国家，全国有100多个民族，总人口2.555亿(2018年印度尼西亚国家统计局数据)，是世界第四人口大国。印度尼西亚有四个大民族，其中爪哇族占全国总人口的45%，巽他族占14%，马都拉族占7.5%，马来族占7.5%，其他民族占26%。人数较多的民族还有米南卡保人(560万)、华人(500万)、巴塔克人(340万)、巴厘人(270万)和齐亚人(220万)。

印度尼西亚以在马来语的基础上发展起来的印度尼西亚语为国语。英语是第二语言，在政府部门及商业上广泛使用，荷兰语也较流行，另外还有爪哇语、巽他语、汉语等民族语言。

(二)衣着、饮食

印度尼西亚人喜欢穿色彩鲜艳的蜡染服装，克巴雅上衣是印度尼西亚妇女的民族服装。克巴雅上衣长袖、无领、不安纽扣，穿时用别针将左右两片襟边别住。这种服装分长式、短式和便服、礼服。长式服装长至膝盖，短式服装到腰以下。便服以单色或花棉布制作，不加绣饰，适合日常穿。礼服的料子相当考究，通常为纱、绸或浮花锦缎以及麻为主。作礼服穿时，下身配以长花裙或纱笼。纱笼是一种长2.5米、宽1.5米的圆筒裙，男女均可穿着。穿时从头顶套入，拉至下身，双手各执纱笼的一端往前伸展，然后对折。折起的边摆放左边或右边均可，最后用一条窄布带系上。纱笼的图案有的用蜡染法，有的用彩线和金银线织成。印度尼西亚男子平时多戴帽子或缠头巾，身着无领衬衫，下穿纱笼。现代青年人喜欢颜色鲜艳的T恤衫、斜纹布牛仔裤等流行服装。

印度尼西亚各岛居民的服装大同小异，几乎都是上穿衬衫，下着纱笼。在印度尼西亚城市生活的华人妇女大多穿印尼式服装，男士则普遍穿欧式服装，上着衬衫，下穿长裤。而生活在印度尼西亚乡村的华人，通常穿长裤和衬衫，头戴编织的凉帽，脚穿平底凉鞋。此外，巴塔克人的服装比较独特，男士上身穿低领长袖短上衣，下身着缠裙，肩披长围巾。女士下身着长缠裙，姑娘胸部用布裹起来，已婚妇女则裸露肩部。她们右肩搭条布巾，为背孩子用。无论男女，头上都缠头巾。男子头巾缠在头的周围，头顶露出，而女子的头巾缠成水牛角状。

总的说来，印度尼西亚人衣着比较保守，不过，城市男士上班时普遍穿衬衫、长裤，而女士多穿色彩淡雅的有袖罩衫及长裙，普遍喜欢佩戴戒指、耳坠等金银首饰。

印度尼西亚人的主食为米饭，副食为牛、羊、鸡肉和鱼，爱吃烤牛、羊肉，爱吃动物的内脏，如肚、肠、肝等。烹调方法以烤、煎、爆、炒为主，喜欢脆、酥、甜、香。喜欢在饭菜中加入香料和辛辣调味品(如香菜、丁香、柠檬草、辣椒、咖喱等)。著名的什锦黄饭是印度尼西亚人举行隆重庆典的礼饭和祭祖时的供品。将姜黄汁、椰汁、香茅草及小橘叶放入大米里煮，煮熟后即成黄色米饭，盛到盘子里或者椰叶盒中，上面再盖上肉丝、鸡蛋丝、炸黄豆和炸红葱等。

印度尼西亚人早晨7点半左右吃早餐。许多人喜欢吃西餐，喝鲜橘汁。此外，炒饭和炒面也是人们喜爱的早餐食品。

印度尼西亚人中午12点到下午1点吃中餐。中餐食品有米饭、虾饼、牛肉或红烧鸡、鱼及豆芽等蔬菜。饭后吃芒果、菠萝、荔枝等水果。

印度尼西亚人晚上7点到8点吃晚餐。晚餐一般比较简单、清淡，普通食品有鸡蛋煎饼、鸡粥、面食等。印度尼西亚人喜欢吃中国菜，尤其爱吃粤菜、川菜。他们通常喝的饮料是冰茶和冰水，爱喝加糖红茶以及果酒等。

印度尼西亚的主要风味食品有咖喱鸡、烤肉串、咖喱叉烧肉、肉蛋炒面以及酸辣鱼酱等。

印度尼西亚盛产香蕉，香蕉有10多个品种，因此，印度尼西亚人吃香蕉的方法也是多种多样，生吃，炸吃，做成团烤熟，做成香蕉泥、羹、面，煮香蕉粥，以及晒成香蕉干等。

(三)礼仪、禁忌

1. 礼仪

(1)见面礼。印度尼西亚穆斯林见面时通常行握手礼互致问候，也有一些印度尼西亚人习惯行鞠躬礼，行礼时，上身以前倾30°为宜。信奉印度教的巴厘人则行合十礼。

(2)名片礼。在印度尼西亚，知识分子、公务人员尤其是商人，当与生人初次结识的时候，总要立刻将自己的名片呈递给对方，借此表达友好之情和敬意。

(3)搀扶礼。按照印度尼西亚人的礼节，年轻人见到行动不便的长者或老人，应主动上前去搀扶。在某些情况下，例如走险路、上下楼梯和台阶、上下车的时候，男子也应搀扶女子。男子搀扶女子时，只能轻扶其臂，切不可挽其手，否则便为失礼。

(4)宴会礼节。宾客赴宴不可太早或过迟，应准时到达或不晚于5分钟。到达时要先向女主人致意，并与邻近者握手，向较远者点头示意。席次一般按男宾职位高低安排。以男女宾相间为原则。入座后姿势宜端正。每道菜上桌时，女主人先作品尝的表示，客人要注意女主人的动作。喝汤时不要发出响声。如果出席西式宴会，要注意刀、叉、勺的用法和饮酒礼节。侍者先上鸡尾酒，上鱼时上白酒，上鸡时上红酒，上点心、水果时倒香槟酒。红白酒杯及香槟酒杯均有区别，不可混用。白兰地等烈性酒一般饭后在客厅中饮咖啡时享用。宴毕，主宾应尽余兴，不要过早告辞。通常应等主宾告辞后，其他宾客方可向主人致谢，告辞。

(5)巴塔克人的公媳对话礼节。苏门答腊岛上的巴塔克人，儿媳与公公不能直接对话。有话要说时，须通过“中间人”做媒介。如儿媳要问公公中午吃什么饭，须对在场的第三者发问：“××，请问一下公公，中午吃什么饭?”公公答：“××，请告诉她，中午吃米饭。”而充当中间人的第三者不必讲话。如果没有第三者在场，房屋、家具、石头、树木、公路等均可充当“中间人”。

(6)米南卡保人的岳母、女婿对话礼节。米南卡保人实行的是母权制家庭制度。男子出嫁，女子娶亲。丈夫夜间到女家过夜。在夫从妻居的情况下，规定岳母和女婿不能同盆吃饭，不能同席而坐，不能直接对话，有事得通过第三者转达。

2. 禁忌

(1)口哨忌。爪哇人夜间外出忌吹口哨，以免口哨声招来恶魔，导致不幸。

(2)左手忌。印度尼西亚人敬烟、倒酒、端茶、递东西等均用右手，忌用左手。用左手待客被视为不礼貌。

(3)打听隐私忌。在印度尼西亚，不要打听别人的私事，以免引起对方的反感。

(4)动作忌。在印度尼西亚，用手对别人指指点点是不礼貌的行为，故应谨慎处世。

(5)触摸头部忌。印度尼西亚人认为头部是神圣的部位，不容亵渎。因此，在与印度尼西亚人交往时，不要随便触摸印度尼西亚人的头部。

八、阿拉伯国家习俗与礼仪

(一)民族、语言

阿拉伯国家是指以阿拉伯民族为主，居民大多信奉伊斯兰教、讲阿拉伯语，并且加入了阿拉伯联盟的国家。阿拉伯国家统称阿拉伯世界，现有22个国家，分布在亚洲的西部和西南部以及非洲的北部和东北部，总面积约1420万平方公里。位于亚洲的国家有：伊拉克、叙利亚、黎巴嫩、约旦、巴勒斯坦、也门、沙特阿拉伯、科威特、阿曼、阿联酋、巴林和卡塔尔；位于非洲的国家有：埃及、苏丹、南苏丹、利比亚、突尼斯、阿尔及利亚、摩洛哥、毛里塔尼亚、索马里、科摩罗和吉布提。

阿拉伯国家以阿拉伯人为主体，其中又可细分为伊拉克阿拉伯人、叙利亚阿拉伯人和沙特阿拉伯人等。此外，人数较多的少数民族有库尔德人、柏柏尔人、土耳其人和努比亚人等。阿拉伯世界总人口约3.7亿。

阿拉伯语是阿拉伯国家的官方语言。阿拉伯语可分为正规语和方言，正规语在阿拉伯各国都通用，方言是各国当地流行的语言。此外，部分阿拉伯国家通行两种官方语言，如伊拉克通行阿拉伯语和库尔德语。在一些阿拉伯国家里，少数民族在日常生活中使用本民族语言，如叙利亚的库尔德人、亚美尼亚人和土耳其人分别使用库尔德语、亚美尼亚语和土耳其语。摩洛哥的柏柏尔人使用柏柏尔语。而不少阿拉伯国家还通用英语或法语。如阿尔及利亚和突尼斯通用法语，阿拉伯联合酋长国和巴林通用英语。

(二)衣着、饮食

大袍是阿拉伯人的传统服装。大袍衣袖宽大，袍长至脚。它既是平民百姓的便服，也是达官贵人的礼服。大袍衣料有棉布、纱类、毛料、呢绒和聚酯纤维混纺等。对于生活在炎热少雨地区的阿拉伯人来说，宽松舒适的大袍比其他式样的服装更具散热护身的特点。大袍犹如一个立式通风管，上下流动的气流可以带走人体的汗水，使人觉得凉爽。阿拉伯男子多穿白色大袍，而阿拉伯妇女常穿黑色大袍，其中苏丹等国妇女也穿白色大袍。

阿拉伯人习惯穿大袍，但各国阿拉伯人的衣着又有所区别。如沙特阿拉伯、科威特、阿联酋和巴勒斯坦等国的男士，常用白布缠头，并套上一个黑色头箍。头巾起帽子的作用，夏天遮阳防晒，冬天保暖御寒。也门人、阿曼人和毛里塔尼亚人只包头巾、不戴头箍。埃及、利比亚和阿尔及利亚等国的男子很少包头巾，常戴高筒毡帽。此外，也门、阿曼、阿联酋等国流行男穿裙子女穿裤，而利比亚、突尼斯等国的男士则喜欢穿肥大的灯笼裤。

埃及、利比亚、叙利亚、伊拉克等阿拉伯国家的不少知识分子和公务人员，上班时穿西装革履，回到家中再换上传统服装。不少年轻人则常穿T恤衫、牛仔服、夹克衫等。另外，也门和阿曼的成年男子常佩带腰刀，有的挂在腰带上，有的插在胸前特制的宽皮带上，以显示男子汉的威武气概。

阿拉伯各国妇女的衣着也有所不同。如沙特妇女的黑袍是一件宽大的黑斗篷；埃及妇女的黑袍穿、披均可；苏丹妇女爱穿拖地长袍；利比亚妇女外出时，常用一块类似披单的布(城市妇女多用白布，农村妇女喜欢用花布)把全身裹得严严实实，只露出双眼或一只眼睛。

海湾阿拉伯国家妇女至今仍严守伊斯兰教教规，外出时戴黑面纱，以免被陌生男子窥见自己的容貌，但她们穿的刺绣服装却相当华丽。而叙利亚、伊拉克、埃及和利比亚、黎巴嫩等国的妇女很少戴面纱，在这些较开放的国家里的城市妇女，尤其是现代女青年和上流社会妇女，常穿典雅的西装套裙和飘逸的连衣裙。此外，也有不少女学生喜欢穿长裤和牛仔裤。阿拉伯各国妇女均讲究佩戴金银首饰。在喜庆、节日期间，她们佩戴银头箍，头箍系银链，前额挂金银线，佩戴金鼻环、金耳环、金项链、金戒指、金手镯、金脚镯与脚铃，有的富家女还在胸前佩一块上面镶有宝石、珍珠的金胸饰，珠光宝气，雍容华贵。

苏丹、突尼斯和利比亚等一些阿拉伯国家的部分妇女，至今还保留文身(刺青)的习俗。她们一般在鼻子上用针刺细线条，然后抹上绿色或红色香膏；还常在两腮、下巴、前胸、后背、手背、脚背等部位刺上星星、月亮、花朵等图案。她们认为文身是成人成婚的标志，并使人吉祥如意和保持永恒的美丽。

阿拉伯人的食品种类繁多。他们以大饼、面包、米饭为主食，喜吃牛、羊、鸡、鸭、鱼肉和鸡蛋等，忌吃猪肉、驴肉、狗肉。阿拉伯菜也有冷热之分，热菜一般以炖煮、熏烤为主，冷菜有切碎的西红柿、香芹菜，再淋上橄榄油制成的沙拉。阿拉伯名菜有烤全羊、烤羊肉串和烤鱼，这里略作介绍。

烤全羊。把一只肥嫩的羔羊宰杀后，去掉头、蹄，掏空内脏后塞满大米、葡萄干、杏仁、橄榄、松子等干果和调料，放在火上烘烤到熟。烤熟的羔羊肉外焦里嫩。

烤羊肉串。把撒上佐料的羊肉块穿在铁钎上用火烤熟后，切成片夹在薄饼或面包里，配上洋葱、西红柿等。

烤鱼。将活鲤鱼或草鱼由脊背处从头到尾劈开，去掉内脏，洗净、撒盐，用两头削尖的木棒从有皮的一面插进肉里，把棒的另一端插在地上，竖立在用杏树、桃树等果木树枝燃烧的火堆旁，鱼大约烤半小时就呈焦黄色，并散发出淡淡的香味。这时，把穿在木棒上的鱼取下来，皮朝下放在文火上再炙烤 10 分钟，就可拌佐料食用了。

阿拉伯人一日三餐。信奉伊斯兰教的阿拉伯穆斯林餐前都要说："以普慈特悲的安拉的名义。"用餐后则说："一切赞颂全归万物之主安拉。"早餐一般是夹奶酪的大饼或面包，喝一杯牛奶或茶或咖啡。下午 2 点左右吃午餐，午餐主食通常是加入黄油、葡萄干和其他调料的炒米饭，副食有烤鸡、烤牛肉、羊肉泥和白菜以及用黄瓜、洋葱、香菜等做成的杂拌汤。晚餐也以大饼或面包为主食，佐以豆角、烤肉、沙拉、泡菜、果酱，另有蚕豆粥等。

阿拉伯人比较喜欢吃甜食。

逢年过节，家家户户都吃抓饭。抓饭是用羊肉、鸡肉、豆子、茄子、葡萄干、柠檬、橘皮和香菜焖制的浅黄色的米饭。阿拉伯人吃抓饭时用右手。现在的阿拉伯人除了吃传统的抓饭仍用手抓外，吃其他饭菜时均使用刀、叉和勺子。

阿拉伯人禁忌饮酒，喜欢喝茶、咖啡、酸牛奶、柠檬汁和各种果汁等，爱吃苹果、桃、梨、椰枣、石榴、柑橘、无花果、西瓜、葡萄等水果。

(三)礼仪、禁忌

1. 礼仪

(1)见面礼。人们首次见面或关系一般者见面时行握手礼，但同性亲朋好友见面时行亲吻礼，关系特别要好的男子之间互相贴面，先贴左脸颊，再贴右脸颊，之后再贴一下左脸颊，以示友好。彼此熟悉或合得来的女子之间平时行握手礼，久别重逢时则互相亲吻对方的脸颊，先亲一下对方的右脸颊，再亲一下左脸颊，之后，再亲一下右脸颊。此外，部分阿拉伯国家的一些地区还有特殊的见面礼节，例如，一些科威特人见面时，除了握手外，还喜欢吻对方的额头和鼻子。因为信奉伊斯兰教的阿拉伯人做礼拜时，额头和鼻子是头部最先着地的部位。吻这两个部位，一是表示尊重对方，二是期望双方吉祥如意。也门马里卜地区的阿拉伯人则常行碰鼻尖礼。

(2)家庭礼仪。大多数阿拉伯人家庭讲究家庭礼仪，敬重双亲，尊老爱幼，亲人之间互相关心，互相帮助。不过，在一些男尊女卑的传统观念较严重的阿拉伯人家庭里，男主女从的现象普遍存在。

(3)公共场所礼仪。阿拉伯人比较讲究公共道德，出门时衣冠整洁，购物自觉排队，在公共场合特别尊重妇女，在公共汽车上为老人让座等。当人们相遇时，步行者先问候骑乘者，年轻者先问候年长者，行者先问候坐者，后到者先问候先到者，个人先问候大家等。讲话时注意看着对方，声音不大不小，语言婉转；听讲者神情专注，不轻易打断对方的讲话。当有人需要帮忙时，大家都会自觉地伸出援助之手。阿拉伯人具有好客的优良传统，他们不仅逢年过节邀请亲朋好友到家里做客，盛情款待，对于素不相识的不速之客和萍水相逢的过路人，也同样以礼相待。倘若有谁待客冷淡或将远方客人拒之门外，则被认为有伤风化，会受到众人的批评。

2. 禁忌

(1)饮食忌。伊斯兰教禁酒和禁吃猪肉，虔诚的阿拉伯穆斯林滴酒不沾，不食猪肉。

(2)问候忌。许多阿拉伯人在交往中忌问候对方的女眷。所以，在阿拉伯国家，很少有人唐突地问对方："您夫人近来好吗？"

(3)偶像忌。恪守伊斯兰教的沙特阿拉伯人禁止崇拜一切偶像，尤其为膜拜而制的人物塑像是绝对禁止的。

(4)左手忌。大多数阿拉伯人习惯在卫生间用左手清洁身体，故认为左手是不干净的。所以，人们吃饭、握手或传递物品等均用右手，而忌用左手递东西给别人和用左手行握手礼等。

九、以色列习俗与礼仪

以色列全称以色列国，位于亚洲西部，地中海东岸。陆上与巴勒斯坦、约旦、叙利亚、黎巴嫩、埃及接壤。国土面积为 1.52 万平方公里。现在以色列实际控制面积约为 2.5 万平方公里。海岸线长度为 198 公里。

(一)民族、语言

以色列现有居民 884.2 万人(2018 年，包括约旦河西岸、加沙地带和东耶路撒冷犹太居民)，其中犹太人为 545 万人，约占 76%，阿拉伯人、德鲁兹人及其他人占 24%。

以色列的国语是希伯来语，官方语言是希伯来语和阿拉伯语，通用英语。

(二)衣着、饮食

以色列人的传统服装为长袍，外出时常束腰带。此外，许多男子外出时还用亚麻头巾缠头，而一般妇女则戴面纱。妇女佩戴耳环、手镯等首饰。现代以色列人的服装逐渐欧化，政府、公司职员上班时多穿西服，而不少年轻人更喜欢样式新颖的欧美流行服装。

以色列人一日三餐，主食是面饼、面包。一般食用牛、羊和禽类的肉及鸡蛋，通常吃葱、蒜、韭菜和瓜类等蔬菜。他们爱吃豆子，喜欢喝牛奶、咖啡、啤酒、葡萄酒等，常吃的水果有葡萄、石榴、无花果、柑橘、香蕉、西瓜等。以色列人独特的烹饪法不多，但他们会做多种风味菜。在他们的餐桌上，既有阿拉伯的油炸丸子，又有欧洲的红烧牛肉等。

（三）礼仪、禁忌

1. 礼仪

（1）见面礼。以色列人见面时通常行握手礼，亲密朋友久别重逢时行拥抱礼，女友之间相互亲吻。宾主见面相互躬身施礼，把手放在胸口、嘴上和额头，分别表示我的心、我的嘴、我的头脑，都愿意为您效劳。

（2）待客礼。以色列人非常好客，把远道来的客人看成上帝派来的使者。他们热情迎接客人，以丰盛的饮食款待客人。当客人执意要走时，主人常送出很远。

一般说来，以色列人的性格比较急躁，对于繁琐的仪式缺乏耐心。但大多数以色列人待人坦率、诚恳，守信誉。

2. 禁忌

（1）忌造偶像等。信奉犹太教的以色列人严格遵守“摩西十诫”，即所谓古代以色列部族首领摩西在西奈接受上帝授予的十条诫命：不可信他神、不可造偶像、不可妄称神的名称、安息日不可工作、孝敬父母、不可杀人、不可奸淫、不可偷盗、不可作伪证、不可贪恋他人之物。

（2）饮食禁忌。犹太教禁止食用出自不干净动物身上的东西。因此，以色列人忌吃不洁的动物（马、猫、猪、狗、自死动物）以及虾、蟹、贝类等。

第二节　欧洲国家习俗与礼仪

欧洲国家数量众多，各国风俗习惯虽然大体相同，但也有着各自鲜明的特点。本节简要选介几个有代表性的国家的礼仪。

一、俄罗斯习俗与礼仪

俄罗斯全称俄罗斯联邦，位于欧亚大陆的北部，领土包括欧洲的东半部和亚洲的北部，东临白令海、鄂霍次克海、日本海，南濒黑海和里海，西濒波罗的海，北靠巴伦支海和楚科奇海等。东西最长9000公里，南北最宽4000公里。全国总面积1707.54万平方公里，居世界第一位。邻国西北面有挪威、芬兰，西面有爱沙尼亚、拉脱维亚、立陶宛、波兰、白俄罗斯，西南面是乌克兰，南面有格鲁吉亚、阿塞拜疆、哈萨克斯坦，东南面有中国、蒙古和朝鲜。俄罗斯共与14个国家接壤。东面与日本和美国隔海相望。海岸线长33807公里。

（一）民族、语言

俄罗斯联邦是个多民族国家，居住着194个民族，1.468亿人（2018），居世界第7位。其中俄罗斯人占全国总人口的77.7%，鞑靼人占3.8%，乌克兰人占3%，楚瓦什人占1.2%，巴什基尔人占0.9%，白俄罗斯人占0.8%，摩尔多瓦人占0.7%，日耳曼人和车臣人占0.6%，阿瓦尔人、亚美尼亚人和犹太人占4%。

俄语是俄罗斯族人的民族语言，系俄罗斯联邦全境内的官方语言和通用语言。各共和国有权规定自己的国语，并在该共和国境内与俄语一起使用。一些少数民族也讲民族语言，如鞑靼人讲鞑靼语，乌克兰人讲乌克兰语，楚瓦什人讲楚瓦什语，巴什基尔人讲巴什基尔语，白俄罗斯人讲白俄罗斯语，车臣人讲车臣语。

(二)衣着、饮食

俄罗斯联邦各民族的服装在款式和花色上都有各自独特的风格。俄罗斯北部地区妇女的传统服装是在衬衣外面罩上无袖长裙——“萨腊方”，每逢过节或婚嫁时还要戴一顶用锦缎和彩珠装饰的华丽的头饰，而男子通常穿领口和下摆都绣着花的斜领衬衫。俄罗斯人习惯戴帽子，秋戴呢帽，冬戴皮帽。在春秋两季，人们喜欢在西服外面穿上件漂亮的风衣。在冬季，男女老少皆穿羊皮大衣或羊皮外套，穿皮鞋、皮靴或毡靴。现代俄罗斯青年平时以穿深色(青色较多)西服为时尚，而女青年则喜欢穿美观大方的浅色连衣裙、西服上衣或西服裙，夏天系花头巾。顿河一带的哥萨克妇女则在发髻上蒙一块小小的绸帕。

俄罗斯境内乌克兰族少女常戴飘垂着彩带的花冠，脖颈上挂一串珊瑚或珍珠项链。已婚妇女戴一种能遮着头和面颊的白色帽子，男子头戴没有帽檐的黑色筒帽，肥袖口的绣花衬衣掖在灯笼裤内，腰间系一条宽宽的黑色腰带。

俄罗斯境内白俄罗斯族农村姑娘至今仍穿传统的民族服装——双肩绣满各种美丽图案的衬衫和大方格的布料短裙，腰间系一条小花围裙，再配上五彩丝绒编织成的腰带。

许多俄罗斯人爱好体育锻炼，因此，在各种训练基地和体育场所，不同项目的体育爱好者身穿网球套装、体操紧身衣、游泳衣、足球服、速滑连衫服等，显得格外精神。

俄罗斯人讲究烹调，做菜时很重视调料，菜肴丰富多彩。主要食物有面包、牛奶、土豆、牛肉、猪肉、鱼、鸡蛋和蔬菜。俄罗斯人喜欢吃黑麦面包、鱼子酱、咸鱼、黄油、酸黄瓜、酸白菜、酸牛奶、西红柿、蘑菇、火腿、冻肉等，还喜欢吃用面粉、蜂蜜加香料做成的甜食(蜜糖饼干)和鱼肉馅的面点，但一般不吃乌贼、海蜇、海参和木耳等食物。

俄罗斯人通常一日三餐。早餐时间在早晨7点至8点，喜欢在面包上抹上黄油或鱼子酱，夹一块奶酪或几片香肠，吃个煎鸡蛋，喝一杯甜茶或咖啡或酸牛奶。午餐在下午1点至3点之间，菜肴较为丰盛。人们喜欢在吃饭的时候喝伏特加(饭前或饭后一般不喝)，沙拉、肉冻、火腿、凉拌生菜、腌青鱼是大家爱吃的菜。正规的俄式午餐第一道菜是汤，汤的品种繁多，有鲜鱼汤、鸡清汤、肉丸豌豆汤、酸白菜汤等。与西方人不同的是，俄罗斯人在喝汤时可以吃面包，而且餐桌上除了白面包以外还必须放一碟黑面包。第二道菜一般为煎烤的鸡、鸭、鱼、肉，如铁扒笋鸡、奶汁烤鱼、煎牛排、炸肉饼等。饭后吃些果子冻、煮水果、冰淇淋一类的甜食，再喝一杯橘汁或柠檬茶或加牛奶的咖啡等饮料。绝大多数机关、企业、学校有自己的食堂。许多人在单位食堂进午餐，也有一些人到单位附近的快餐部就餐，少数人则去菜饭讲究、价格昂贵的餐馆。晚餐在7点左右，与午餐不同之处只是少一道汤菜，但多数人的晚餐比较简单，只吃一道鱼或肉菜，有人干脆以面包和茶当饭。

俄罗斯人喜欢喝红茶，一般下午5点至6点为喝茶的时间。茶水中放糖，就着点心、饼干、蛋糕等甜点喝。农民们则喜欢用茶炊(过去多是富有特色的铜制茶炊，现在则大多使用电茶炊)将水煮沸，用时将茶叶放入水壶，沏开，再将滚烫的茶水倒在小碟中，一边嚼着方糖，一边小口小口地啜饮。

不少俄罗斯人有饮酒的嗜好，平日除了经常饮用葡萄酒、香槟酒和冰镇啤酒以外，最喜欢就着咸青鱼块、酸黄瓜和鱼子酱夹心面包喝上几杯大众化的伏特加。通常一个男子汉一瓶，而且往往是豪饮，一杯酒一饮而尽。

(三)礼仪、禁忌

1. 礼仪

(1)见面礼。俄罗斯人民注重礼貌，见面时要相互问好，道一声"早安""日安"或"晚安"。同事相见一般行握手礼；女子之间的好友相遇时，通常是亲切拥抱，有时也接吻；男子之间则只互相拥抱；男士对女士则以亲吻手背为宜。

俄罗斯人初相识时，一般称姓并加同志，熟悉了以后就会互用爱称(如喀秋莎是叶卡切琳娜的爱称)。对一般的同志和朋友只称其姓，对晚辈和至亲好友可直呼其名，对成年人以称其名和父名为最适宜。

(2)公共场所礼仪。俄罗斯人外出时都衣冠整齐，在电车上和公共汽车上主动给老人、残疾人、孕妇和儿童让座。人们在言谈中常使用"请""谢谢""对不起"等礼貌语言，普遍自觉遵守公共秩序，注意保持公共场所的卫生。

(3)待客、做客礼。俄罗斯人比较好客，喜欢在节日或工作之暇邀友小聚。主人请客之前要打扫和布置房间，餐桌上一定要摆放鲜花。餐具要在客人到来之前摆好，食品丰盛，饮料充足。

应邀做客要准时赴约，进屋要敲门，得到允许才能入内。进屋先脱外套、帽子、手套和围巾，然后向女主人鞠躬问好，并向男主人和其他人问好。进餐时动作要文雅，嚼东西时要微闭嘴唇，不要嚼出声来。

(4)赠礼礼仪。俄罗斯人也有在逢年过节或婚丧嫁娶等特殊日子和做客、探望病人等特殊情况时向亲友赠送礼物的习惯。他们讲究送礼要及时，不要"雨后送伞"。礼品要合适，应因人因事而异，如给女主人送鲜花，给儿童送智力游戏玩具等。俄罗斯人特别注重礼品的美观及实用，收礼者要对送礼者表示谢意。

2. 禁忌

(1)颜色忌。俄罗斯人忌讳黑色，他们认为黑色是不吉利的颜色，而红色是美丽和吉祥的象征，白色表示纯洁，绿色代表希望，粉红色是青春的象征，蓝色表示忠诚；黄色在俄国人的眼中是背叛、分手的象征，因此，送花一般不送黄色的花。

(2)数字忌。俄罗斯人和西方人一样，也忌讳"13"这个数字，认为它是凶险和死亡的象征，而数字"7"则是个吉祥的标志，意味着幸福和成功。

(3)动物忌。俄罗斯人忌讳兔子，他们认为兔子胆小无能，是不吉利的动物，而认为马能驱邪，会给人带来好运气。他们还喜欢猴子、熊等动物。

此外，俄罗斯人还忌讳打翻装盐的瓶子，打碎镜子，打听女子的年龄，询问别人的收入等。

尤其需要提到的是，送花一般要送单数，最好是3或5枝，不送一枝花；参加葬礼的时候才送双数花。

二、德国习俗与礼仪

德国全称德意志联邦共和国，位于欧洲中部，南依阿尔卑斯山，西北临北海，东北濒波罗的海，全国总面积约35.7万平方公里，海岸线长1333公里。

(一)民族、语言

德意志联邦共和国现有人口8179.9万(2011)，居民中主要是德意志人(也称“日耳曼”人)，另有少数丹麦人、荷兰人、吉卜赛人和索布人、土耳其人、南斯拉夫人、意大利人、希腊人、阿拉伯人、波兰人、西班牙人、奥地利人、罗马尼亚人、葡萄牙人等。

德意志部族之间使用各自的方言，但通用标准德语。

(二)衣着、饮食

绝大多数德国人的衣着无鲜明的民族特色，但穿戴很整洁。成年男士平时穿西服套装或夹克，备有合适的大衣；锻炼时穿运动服；看歌剧或出席社交场合穿礼服。有些员工上班时穿工作服；大中学生着装则较随便，往往穿宽松的衣服；年轻人中比较流行穿牛仔服等休闲服。生活在德国北部的汉堡男士爱戴一种小便帽，而生活在南部巴伐利亚州的男士则习惯戴插有羚羊毛的毡帽。

德国女士通常穿西服套装、短上衣和裙服，在特别隆重的场合穿长夜礼服。不少青年女子喜欢穿连衣裙，而上年纪的女性多爱穿色彩艳丽的衣裙，外套一件浅色风衣或呢大衣，戴一顶呢帽或绒线帽。

德国中年人对服装的颜色、款式较讲究，力图选购与自己的肤色、头发、体型相协调的衣服，以便反映出自己的个性和特点。

德国人以面包、土豆为主食，偶尔用大米、面条作主食。喜欢吃猪肉、牛肉、鸡、鸭、野味和青菜；爱吃香蕉、苹果、柑橘、草莓等水果。口味喜欢酸甜、清淡，不爱吃太油腻、过辣的菜肴。相对而言，居住在德国东部的人较重视早餐和午餐。早餐爱吃面包和蛋糕，还有黄油、蜂蜜、果酱、香肠、火腿和煮得很嫩的鸡蛋，喝咖啡或可可之类的饮料。午餐主要包括汤、带配菜的肉食和甜食，以及男士喜欢喝的啤酒、白兰地等，饭后上冰淇淋和咖啡。晚餐一般不准备热菜，而以凉菜、凉肉、沙拉、面包、干酪、鲜嫩可口的小萝卜头、西红柿、黄瓜、鱼子酱为主，有时喝点酒，晚饭后要饮茶。

居住在德国西部的人早餐较简单，通常吃面包、黄油、果酱或少许火腿、灌肠。午餐、晚餐较丰盛，主副食有烤肉、煮土豆、炸土豆条、面包、面条、沙拉、鸡蛋、鸡、鸭肉、海味等食物，以及啤酒、咖啡和水果。

德国人对餐具很讲究，一般家庭备有各种碟盘、杯子、刀叉和匙子。吃肉、鱼、奶酪要分别使用不同的刀子。通常右手持刀，左手持叉。饮酒也有规矩，吃饭时应先喝啤酒，再喝葡萄酒；吃凉菜饮甜葡萄酒；吃鱼、蛋和烤肉饮白葡萄酒；吃野味饮烈性红葡萄酒；吃干奶酪时饮啤酒。伏特加酒应当一饮而尽，而甜酒和白兰地酒则分若干口喝干。

(三)礼仪、禁忌

1. 礼仪

(1)见面礼。在德国，当熟人相见时，男性首先向女性致意，年轻男性首先向年老男性致意，年轻女性首先向年长女性和比自己年纪大得多的男性致意，下级首先向上级致意。握手时，年长女性先向年轻女性伸手，女性先向男性伸手，老师先向学生伸手。如果两对夫妇见面，先是女性互相致意，然后男性分别向对方的妻子致意，最后才是男性相互致意。在街上打招呼，男性应欠身、脱帽。

(2)交谈礼。交谈时要看着对方的眼睛。讲话应慢条斯理，吐词清晰，不要吹牛、说大话，不要应承自己办不到的事。谈话时，不要将两手插在衣袋或裤兜里，更不能对别人指手画脚。当对方反驳自己的意见时，切勿急躁、恼怒。

(3)待客礼。星期日下午是德国人在家接待宾客的时间，家家户户都保持着最佳状态的整洁，以便随时准备开门迎接客人。大多数德国人不喜欢夸夸其谈，待人接物以诚恳为礼。一般说来，主人要等客人坐定之后才能坐下，并应热情待客，如给客人上饮料、敬烟、递打火机等。细心的主人上饮料前会征求客人的意见：“我可以为您倒什么饮料?”或者问：“您想喝点什么?”德国人敬烟不劝烟。客人告别时，要让客人自己开门，否则容易使人误解是下逐客令。

2. 禁忌

(1)符号忌。德国人最禁忌的符号是“卐”。1921 年，希特勒设置“卐”字旗作为纳粹党(Nazi)的标志。第二次世界大战期间，纳粹的暴行令人发指，因此，德国人对这个符号十分反感。

(2)颜色忌。德国人禁忌以茶色、红色、深蓝色和黑色作包装色的物品。在德国一些地方，红色被视为色情的颜色，而黑色是悲哀的颜色，令人毛骨悚然。

(3)食物忌。德国人忌食核桃。

三、法国习俗与礼仪

法国全称法兰西共和国，位于欧洲大陆的西部，三面临海，东南部濒地中海，西濒大西洋，西北部临英吉利海峡。国土面积 55.16 万平方公里，海岸线长 2700 公里。

(一)民族、语言

法国现有人口 6720 万(2018)，包括 400 万外国侨民，其中 150 万来自欧盟各国。其中法兰西人约占 90%，还有阿尔萨斯人、布列塔尼人、科西嘉人、佛拉芒人、加泰隆人和巴斯克人等少数民族以及葡萄牙人、阿尔及利亚人、摩洛哥人，意大利人、西班牙人、突尼斯人和华人等外国移民。

法国官方语言为法语。法兰西人都使用法语，一些少数民族及外来移民在使用法语的同时还使用本民族语言。例如布列塔尼人讲布列塔尼语，科西嘉人操意大利语，阿尔萨斯人通用法语并使用德语，阿拉伯移民兼讲法语和阿拉伯语。

(二)衣着、饮食

法国人十分重视服饰，把服饰看做是身份的象征。法国男士通常穿全套黑色、灰色或蓝色西服，内穿白衬衣、西装背心，系领带。

法国女士大多穿美观、舒适的流行时装，平时普遍穿连衣裙和套服，岁数大的女士喜欢穿裙子，而不少女青年爱穿各种裤装，但她们在正式场合均穿华丽的礼服。

法国人讲究衣服的面料、色彩和款式，有选择地穿戴适合自己的服饰。随着季节的变化，五颜六色，不同款式的毛衣、夹克衫、运动服、羽绒服、毛料长大衣、皮衣等，把人们装扮得更加潇洒。

法国人讲究饮食，好吃也会吃。他们重视烹调技艺，法国大菜名扬四海，法国亦被誉为“烹调之国”。法国烹调以煎、炸、煮、烤、熏为主，著名的美味佳肴有炸牛排、烤蜗牛、烤鹌鹑、葡萄酒煮虾和鲜鱼、鹅肝等。

法国人的宴会十分考究，饭前先喝威士忌或朗姆等开胃酒。上菜的顺序如下：第一道是汤；第二道是冷盘，多为肉肠、火腿肉就小哈密瓜之类的菜；第三道是正菜，通常是炸牛排、烧羊肉、烤鸡、海鲜等；第四道是蔬菜，多为生菜、番茄配以佐料搅烂而成的沙拉，或是其他青菜与火腿肉拌成；第五道是各式各样的奶酪；第六道是蛋糕、巧克力等甜食和冷饮；第七道是水果和咖啡。席间，配备有各色葡萄酒和长面包。最后还有一道白兰地之类的烈酒或香槟酒。

如今，法国人的日常饮食也是一日三餐。早、午餐比较简单，晚餐较丰盛。早餐一般在七八点钟，通常是一杯加奶咖啡或红茶，吃几片涂有果酱、黄油的面包或油酥月牙面包或巧克力，再来一只煮鸡蛋。午餐一般在中午 12 点半至下午 1 点。大半职工和学生回家用膳，也有不少职工在单位食堂进餐，可以吃到胡萝卜沙拉、猪排加土豆泥、小红肠以及新鲜蔬菜、水果等。食堂里还备有各种酒、饮料。而许多年轻人则喜欢上迅速方便的快餐店，买一份火腿三明治加甜点或麦当劳快餐，吃点水果，再喝一杯咖啡，就是一顿午餐。晚餐一般在六七点钟，主食仍然是面包，但菜肴、酒水充足，汤、各式生菜、炸牛排、青蛙腿、罐焖鸡以及鱼虾等，是晚餐桌上的佳肴。此外，50%的法国人临睡前要喝点东西。

法国人十分讲究佐料的调配，并精于此道。大多数法国人喜欢吃奶酪，每人每年平均消费 18. 6 公斤奶酪，居世界前列。法国奶酪也久负盛名。奶酪有长形、方形、圆形、柱形、三角形等诸多形状；奶酪颜色有红、绿，蓝、白、黄、黑等；奶酪味道不仅有浓、淡、香、苦、酸等不同口味，而且有加入胡椒、果仁等独具特色的多味奶酪，从而满足了各种消费者的需求。

法国人喜欢喝咖啡，一日三餐都少不了。法国的大街小巷均设有咖啡馆，人们边喝咖啡边聊天，其乐融融。

法国人很喜欢饮酒。法国是白兰地、香槟酒的故乡，酒店遍布法国城乡。善饮的法国人很讲究酒具，例如，用镂花大口半球形的鸳鸯脚空杯喝香槟酒，用小口鼓腹的高脚玻璃杯喝白兰地。

法国人还非常注重酒与菜的搭配。例如吃肉时喝红葡萄酒，吃鱼或海鲜时喝白葡萄酒，而味道较淡的玫瑰红葡萄酒，吃鱼吃肉时均可饮用。法国人还喜欢喝矿泉水和酸牛奶。

（三）礼仪、禁忌

1. 礼仪

大多数法国人讲究文明礼貌，具有良好的社交风范。他们注重外表美，衣着整洁；他们崇尚“骑士风度”，特别尊重妇女；他们谈吐文雅，在日常生活中经常使用“对不起”“不客气”“很乐意为您服务”“谢谢”等礼貌用语。此处仅着重介绍一下握手礼和谈话礼等。

（1）握手礼。在法国通行握手礼，不论什么场合都要握手。当你进入法国的办公室时，你必须与所有在场者一一握手，走时还要再重复一遍。但男女见面时，男子要待女子先伸出手后才能与之相握。男子与女子握手时应脱去手套，女子则不必。如女子无握手之意而不主动伸出手，男子就应点头鞠躬致意。当然，若是女主人，一般都会热情伸出手来表示对客人的欢迎。

（2）尊重妇女。在公共场合，大多数法国男子会礼貌地对待每一位相识的或不相识的妇女。女子走进房间时，男士要起立；拜访时，先向女主人致意，告别时，先向女主人道谢；男女共餐时，点菜、上菜、敬酒均应“女士优先”；男女同行时，男士要为女士开车门、房门；上楼时，女士走在男士前面，下楼梯时，则男士先行；乘电梯和汽车时，男士均应后进先出；坐火车时，男士会把靠窗的座位让给女士。

（3）谈话礼。有教养的法国人十分注重谈话的礼貌，与人交谈时，态度热情大方，语气自然、和蔼，言辞文雅、婉转，声音高低适度。交谈时尽可能选谈诸如文化、教育、体育等大家都感兴趣又都有所了解的公共话题，并注意自我克制，不把自己的观点强加于人，尽量避免冒犯他人。在听别人讲话时，神情要专注，眼睛应注视对方，不轻易打断别人的话。

2. 禁忌

（1）颜色忌。法国人忌讳灰绿色，因为在第二次世界大战期间，希特勒法西斯军队穿着灰绿色军服。法国人亦讨厌紫色，因为它是西方公认的属于同性恋者的颜色。一般法国人喜欢天蓝色或淡蓝色。

（2）菊花忌。在法国，人们通常把黄色的菊花放在墓前吊唁死者。因此，法国人忌讳菊花。

（3）数字“13”忌。信奉天主教的法国人不喜欢“13”这个数字，认为 13 号加上星期五是非常不吉利的数字。因此，他们往往以“14(A)”或“12(B)”代替 13。

（4）打听隐私忌。在法国，与人交谈时，绝对不要过问别人的隐私，不要询问对方的年龄、家庭生活、婚姻状况、有无子女等，更不要打听对方的工资、财产、家庭用具的价值以及人体的各种功能等，以免令人讨厌。

四、英国习俗与礼仪

英国全称大不列颠及北爱尔兰联合王国，位于欧洲西部。东、南隔北海、多佛尔海峡、英吉利海峡，与欧洲大陆相望，西临北大西洋与冰岛、北美洲相望。英国由大不列颠岛（包括英格兰、苏格兰、威尔士）、爱尔兰岛东北部和一些小岛组成。全国面积 24.41 万平方公里（包括内陆水域）。其中，英格兰地区 13.04 万平方公里，苏格兰 7.88

万平方公里，威尔士2.08万平方公里，北爱尔兰1.41万平方公里。海岸线总长11450公里。

(一)民族、语言

英国是个多民族国家，现有居民约6605万(2017)，其中英格兰占83.6%，苏格兰占8.6%，威尔士占4.9%，北爱尔兰占2.9%(2008)。此外，还有50万犹太人，13万诺曼底人，以及一些印度人、巴基斯坦人等，英籍华裔和侨居英国的华人约有15万人。

英国官方语言为英语。在威尔士半岛北部，许多威尔士人讲威尔士语。在苏格兰西北部的山区和赫布里底群岛，有少数盖尔人讲盖尔语，居住在诺曼底群岛上的诺曼底人大多通晓英语，但他们内部讲一种保持了中世纪特点的法语。

(二)衣着、饮食

英国人服装的总趋向是舒适与多样化。男子平时的穿着上下身是不成套的，一般不系领带；上班和出席社交场合，则多穿西服，系领带或领结；近年来双排扣西服已让位给单排扣西服。如果参加宴会、音乐会或看戏剧的时候，则打扮得更加考究，有时还要穿晚礼服。一些英国绅士仍然戴圆顶帽，而鸭舌帽在乡村还很流行。英国年轻人的衣着则较随意，平时更喜欢穿便装夹克和牛仔裤。

英国的女士通常穿西装裙，但不少职业妇女穿工装裤上班。她们有的时候也穿潇洒的流行服装。但观看歌剧的时候则要穿长的晚礼服，而出席音乐会却不妨穿短服。大多数女士至今仍保持在公共场所戴帽子的传统习惯，戴着帽子参加婚礼、游园会和赛马会等。许多妇女讲究服装的个性化，除了大多束腰外，她们的衣服款式很少有一样的。

苏格兰男士的服装可谓别具一格，他们成套的民族服装包括：一条长度及膝的方格呢裙、一件色调与之相配的背心和一件花呢夹克、一条无花纹的领带、一双长筒针织厚袜，裙子用皮质宽腰带系牢。

英国人的饮食习惯是一日四餐，即早餐、午餐、午茶餐和晚餐。口味清淡，不吃辣。一般英国人用早餐的时间是早晨7时许，食品有牛奶、咖啡、用燕麦(大麦)片或玉米片加奶和糖煮成的粥，煎或煮鸡蛋，涂黄油或果酱的烤面包片；有的时候还有咸肉或火腿或冷鱼等，比较丰盛；大多数英国人早餐只吃些面包抹黄油，喝杯咖啡或牛奶，就匆匆上班了，只有休息日才有时间慢慢享用丰盛的早餐。

午餐一般在12点至下午2点之间。员工一般在外面用快餐(炸鱼薯片、汉堡包、热狗、三明治、意大利干酪馅饼等)。也有一些工厂、政府部门、大公司或学校设有餐厅，供应简单的午餐或小吃，价格比外面的餐馆便宜。在自己家吃午饭的，大多数人的午餐也比较简单，吃些头天晚上剩下的冷肉，外加用土豆、沙拉、黄瓜、西红柿、胡萝卜、莴笋、甜菜头等蔬菜制成的凉菜，以及肉饼、布丁和水果，饭后喝杯咖啡。也有少数人认为午饭是主餐，要新做牛排、羊排或鱼，还要吃甜饼、饼干、干酪，喝啤酒。午茶餐在下午4点钟左右，以喝茶(奶茶)为主，同时吃一块蛋糕或一些饼干等。英国人称此为“茶休”(Tea break)，时间15~20分钟。不少英国人还有喝上午茶的习惯。

晚餐一般在晚上7点多钟，是一天中最丰盛的一餐。一些讲究的家庭进餐前要换上晚礼服。正规的晚餐至少上三道菜，最常见的主菜就是烤炙肉类浇肉汁，以及牛排、火腿、鱼等，通常是每人一大块肉(鸡肉、羊肉、猪肉、牛肉等)，一盘拌了黄油的土豆泥，一盘青菜（沙拉等）。另外，饭前每人有一盘汤，饭后有点心和冰淇淋以及水果。晚餐时一般要喝啤酒或葡萄酒，一些富人则喝烈性的蒸馏酒——威士忌。

在英国较正式的宴会上，对餐桌上餐具的摆设有一定的要求，中间是餐盘，左边是叉子，右边是刀子。刀叉的数目是相等的，根据宴会的繁简，一般是两至三套。汤匙则摆在刀子的右边，餐盘的前面横摆着的是吃布丁的匙和叉子、吃水果的小刀。左方较小的碟子是面包兼沙拉碟，正前方偏右是大水杯，再右依次摆列白葡萄酒杯、红葡萄酒杯、香槟酒杯。刀、叉、匙的取用，是由外及里依次使用。

英格兰穷人和苏格兰人，多数是一日三餐，即早餐、午餐和正餐茶（High tea）。正餐茶一般在下午6点钟，相当于晚餐。睡觉前吃一点冷菜了事。

虽然绝大多数英国人不善于烹调，但是，英国一些风味佳肴还是富有特色的。例如可以称为"国菜"的"烤牛肉加约克郡布丁"，用鸡蛋加牛奶和面，与牛腰部位的牛肉和土豆一起放在烤箱中烤，烤得金黄可口。再如英国的传统食品"炸鱼薯片"，是用各种海鱼的肉块裹上鸡蛋面糊在油内炸熟，外配油炸土豆片，再撒上盐末和白醋等作料，吃起来别有风味。此外，英国渔民熏制的鲱鱼和鲭鱼，味道也不错。

英国注意选用健康食品，健康食品的特点是低热量、无盐或低盐、食物纤维多，主要原料为脱脂乳、大豆、蔬菜和酸奶酪等。目前，英国人的饮食正朝着"更益于健康"的方向演变，他们尽可能少吃糖和奶油，多吃蔬菜、牛肉、禽肉及鱼肉；少喝茶及咖啡，多喝果汁及低脂牛奶。此外，英国人中素食主义者人数正在增加。若请人吃饭，最好先问问对方是不是素食主义者。

（三）礼仪、禁忌

1. 礼仪

（1）称呼。英国人一般对初识的人，根据不同情况采取不同的称呼方式，对地位较高或年龄较长的男女，称为 Sir（先生）或 Madam（夫人），而不带姓。这是正式并带有敬意的称呼。一般情况下则使用 Mr（先生）、Mrs（夫人）或 Miss（小姐），并加带对方的姓。结识一段时间后，双方关系逐渐密切，就会自然改为用个人的名字相称。一些英国青年相识后便直呼其名。而亲人挚友之间，互相称呼时还使用昵称，但不及美国人那样普遍。

（2）见面礼。英国人初次相识时，一般都要握握手。而平时相见，很少握手，彼此寒暄几句，除了对不常见面的朋友问"身体可好"之外，通常只道声"早安"，或"下午好"，再则就对变化无常的天气略加评论。有时只是举一下帽子表示致意而已。不过，朋友久别重逢时要握手。此外，人们在长途旅行之前要握手话别。

（3）介绍礼。英国人为他人做介绍的先后顺序是：先向年长者介绍年轻者；先向女士介绍男士（只有王子例外）；先向身份高者介绍身份低者；先向先到者介绍后到者；先向已婚妇女介绍未婚女子。

（4）谈话礼。英国人在日常交谈中，注意使用"请""谢谢""对不起"等礼貌用语。他们有很强的民族自豪感，但谈及自己却很谦虚。他们一般不和别人进行无谓的争论。在倾听别人意见时，保留自己的看法，不打断对方讲话，不用手指点对方。他们喜欢讲风趣幽默的妙语，而很少说引起对方不愉快的话。他们讲究风度，很少有人在谈话时大发脾气，令人扫兴。

(5)“女士优先”(ladies first)。英国男子崇尚绅士风度，在社交场合遵循“女士优先”的原则。发表演说时，开场白总要先说“女士们”，再说“先生们”；在宴会上或餐馆里，先给女客人上菜，再给男客人上菜；在轮船遇到危难时，一定让妇女和儿童先上救生艇；男女同行，让女士走在前面，男士走在后面；若并肩而行，男左女右；进入剧场或电影院，也应让女士先行；到衣帽间存放衣物，男士要先帮女士脱下大衣存放好，然后再存放自己的大衣。

(6)做客礼仪。在英国，不速之客是不受欢迎的。无正当原因，切勿随便闯入别人的“个人天地”。若有事拜访人家，要事先约好。应邀赴茶会或做客，一要注意衣着整洁(大多数英国男子讲究修边幅，不留胡须)；二要尽量准时到达，不宜迟到或早到。英国人讲究准时，诚如作家冯骥才所说：“钟表对于他们，好像一个特殊的计算器，计算一个人的信义、教养和品德的水准。”进门前应先敲门或按电铃，经主人允许方可进入。男士进门须脱帽，以示敬礼。如果男女主人在一起，应先与女主人打招呼。若是礼节性拜会，客人一般不宜停留过久，以 20 分钟为宜。

(7)敬茶礼。英国人喜欢通过请友人喝下午茶，增进了解和友谊。英国人喝茶大多是红茶加牛奶和糖。糖和牛奶放在单独的器皿中，客人根据自己的口味取用后，用自己的小茶匙调和。客人取用饼干、三明治或小面包时，可放在自己的小吃盘里。有时茶会上还备有咖啡，供客人选用。

(8)敬酒礼。英国人酷爱饮酒，不少男士有在小酒馆消磨空闲时光的习惯。有些英国人也乐意邀请朋友下酒馆小酌。英国人请人喝酒，往往请客人挑选酒，并劝客人尽兴喝，但不灌酒。宾主不时互相举杯，说一声健康。英国人请朋友喝酒，主要是为了欢聚一下，促膝畅谈。

(9)公共场所礼仪。绝大多数英国人能够自觉遵守公共秩序，等车排队，购物也排队，井然有序。他们看电影，看演出，听音乐会，注意保持安静，很少有人走动、说话或大声咳嗽。为演员的精彩表演鼓掌也有讲究，看戏是在每一幕结束时鼓掌，看芭蕾舞则可以在演出中间、一段独舞或双人舞表演之后鼓掌，听音乐会则在一曲终了之后鼓掌。

2. 禁忌

(1)忌问私事。英国人忌讳询问别人的私事，忌讳打听女子的年龄与婚姻状况等。在日常交往中，不过问人家从哪里来，到哪里去？不过问别人的收入、存款、物价、房租等，也不要问别人属于哪个党派，选举中投谁的票等，以免落个没趣和让人讨厌。

(2)忌讳“13”。绝大多数英国人忌讳数字“13”，认为这个数字不吉利。因此，英国人请客时总是避免宾主共 13 人(通常是 12 人)，重要的活动也不安排在 13 日，英国的饭店一律没有 13 号房间。

(3)忌讳黑猫、孔雀。虽然不少英国人喜欢养狗喂猫，但有些英国人却认为，黑猫是不祥之物。如果有人看见黑猫在他的面前穿过，便预示他将遭到不幸。英国人视孔雀为淫鸟，认为孔雀开屏是自我炫耀。

(4)忌碰响水杯。有些英国人认为，在吃饭时如果刀叉碰响了水杯，而任它发声不去制止，便会带来不幸。所以，英国人吃饭时，尽量避免刀叉器皿碰撞出声，万一碰到杯子发出响声时，要赶快用手捏一下，使它停止作响。

此外，还有一些英国人认为，家中镜子破碎和百叶窗突然不关自合，预兆家中将有丧事发生。

五、意大利习俗与礼仪

意大利全称意大利共和国，位于欧洲南部，北连欧洲大陆，东临亚得里亚海，西濒利古里亚海和第勒尼安海，南临爱奥尼亚海。意大利西同法国接壤，北与瑞士、奥地利相连，东同斯洛文尼亚毗邻，并与阿尔巴尼亚隔海相望，南部的隔海邻国有阿尔及利亚、突尼斯、利比亚和马耳他。全国领土面积 30.13 万平方公里，海岸线长约 7600 公里。

(一)民族、语言

意大利现有居民 6040 万人(2019)，其中绝大多数为意大利人。少数民族有法兰西人(大多住在意大利西北部)、加泰隆人(撒丁岛)、弗留里人(东北部)、拉丁人(北部的南蒂罗尔地区)。另外还有为数不多的日耳曼人、南斯拉夫人、阿尔巴尼亚人、希腊人和阿拉伯人等。

意大利官方语言为意大利语，在一些场合也使用英语，个别地区讲法语、德语。

(二)衣着、饮食

意大利人普遍讲究衣着。平时，男士大多穿着整洁的西装革履，系一条享誉世界的意大利真丝领带；女士则穿着漂亮的西服裙，脚蹬一双精美的意大利皮鞋。

意大利人穿着注意场合，在隆重的场合穿典雅的礼服，在风光秀美的旅游景点，穿着舒适的旅游服、海滨服等，在家里则穿宽松的便服或休闲装。

意大利人的主食以面食为主，例如包馅的比萨饼、面包、面条和精美的甜点心等，偶尔吃炒米饭。副食丰富多彩，主要有牛肉、鸡肉、火腿、香肠、鸡蛋、海鲜以及土豆泥、西红柿、豌豆等多种蔬菜。意大利菜的特点是味道香浓，多用炒、煎、炸、烩、焖等方法烹调。意大利人喜欢吃巧克力、奶酪、饼干、冰淇淋，常吃柑橘、葡萄等水果以及金枪鱼罐头、西红柿等。

大部分意大利人特别爱喝酒，午餐、晚餐都要喝酒，通常喝啤酒和葡萄酒(平均每人每年消费葡萄酒 80 公斤)，有时喝威士忌。不少人喝咖啡时也要掺上一点酒。意大利人常饮一种名叫“维诺”的红葡萄酒，该酒烈性不强，酸甜可口，深受意大利人的青睐。

(三)礼仪、禁忌

1. 礼仪

(1)见面礼。意大利人热情、爽朗，普通同事见面时行握手礼；熟人、友人之间见面时常行拥抱礼。通常男子之间相互抱肩拥抱，关系亲近的女子之间互亲对方的脸，男女之间互贴面颊。

(2)谈话礼。意大利人开朗，健谈，讲究礼仪。两人交谈时习惯保持 40 厘米左右的礼节性距离。因为双方间距太远，容易冲淡谈话气氛，倘若离得过近，又难免使人拘谨。

2. 禁忌

(1)手帕忌。在意大利，友人之间赠送礼物时，忌送手帕。因为他们认为手帕是分手时擦泪之物。

(2)菊花忌。意大利人普遍忌讳菊花，视菊花为墓地之花。所以，意大利人平时忌讳以菊花相赠，甚至连带菊花图案的礼品也属禁忌之列，因为菊花是送给死人的，以表哀思。

第三节 美洲、大洋洲国家习俗与礼仪

美洲、大洋洲国家数量不多，但其中一些国家特色鲜明，发展速度很快。本节选介美国、加拿大、澳大利亚三国的礼仪。

一、美国习俗与礼仪

美国全称美利坚合众国，位于北美洲大陆南部，本土东西长 4500 公里，南北宽 2700 公里，领土还包括北美洲西北部的阿拉斯加和太平洋中部的夏威夷群岛，全国面积 937.2615 万平方公里。美国北邻加拿大，东濒大西洋，西临太平洋，南邻墨西哥。海岸线总长 22680 公里。

(一)民族、语言

美国是一个移民国家，居民中的绝大多数是外来移民或他们的后裔，包括 100 多个民族。美国总人口 3.2676 亿(2018)，其中，白人占 75%，拉美裔占 12.5%，黑人占 12.3%，亚裔占 3.6%(华人约 243 万人)。美国人大部分是欧洲移民的后裔，他们的祖先多来自英国、德国、法国、荷兰、意大利、西班牙、葡萄牙及北欧各国。

英语为国语，但在词汇和发音上与英国英语略有不同。绝大多数居民会讲英语。印第安人讲印第安语。许多移民使用两种语言，如墨西哥人既讲英语又讲西班牙语，华人讲英语和汉语等。

(二)衣着、饮食

绝大多数美国人平时着装随意，款式多样。春季和夏季，姑娘们身穿各色花裙，而许多上年纪女士的着装比年轻人还艳丽；小伙子们则穿着图案繁多的 T 恤衫或比较新潮的衬衣。秋天，人们普遍穿着各式夹克衫、运动衫和毛衣，年轻人大多喜欢穿耐磨的牛仔裤和多口袋的服装。天冷时，再加一件夹衣或皮夹克或大衣。

美国人虽然平时着装无拘无束，但在某些场合仍有一定的规范和要求。例如上歌剧院看歌剧，女士习惯身穿拖地礼服，而男士们则衣冠楚楚，打着蝴蝶式领结。在参加重要聚会时，男士身着西装，女士身着西装裙或连衣裙，料子质地考究。在宴会和舞会上也都要穿比较讲究的正式服装。美国的正式服装有燕尾服、大晚礼服和小晚礼服。许多美国男士备有面料精良而且合体的小晚礼服。

美国人讲究社交礼仪，在衣着上也逐渐形成了一种大家认可的风俗习惯。例如不宜穿着运动衣在办公室办公，不能身穿晚礼服在大白天逛商店，不可以穿背心出入公共场所，更不能穿着睡衣出门；否则，会遭人嘲笑。

在美国，多数公司要求职员上班时穿公务套服。公务套服一般选用色调柔和的毛料制成，以蓝、灰、棕色和茶青色居多。公务人员穿上公务套服，显得庄重而洒脱。但在乡镇，穿舒适的猎装上班的人也不少。

美国的大学生着装简朴，一般下身常穿牛仔裤，上身所穿衣服随季节变化而不同。夏天穿一件短袖衬衣或圆领衫，秋天穿毛衣，冬天加件厚外套，也有一些女大学生披上一条墨西哥披肩挡风御寒。

美国大学生在毕业典礼、授予学位和国家重大庆典时穿大学礼服。大学礼服由长袍、方帽和兜帽三个部分组成。它以式样和颜色标示出学位等级，并用不同的颜色表示学科类别。

美国人在穿衣时，追求式样新颖，注意服饰的整体美和色彩的协调，而对衣料却不大讲究。一些富人买衣服大手大脚，但多数中等收入者购买高档服装则相当慎重，考虑再三。不少美国人酷爱旅游，宁愿将钱省下来去旅游。过去美国妇女以戴帽为时尚，而现在戴帽者越来越少了。

美国人的饮食习惯一日三餐。早餐通常吃烤面包、火腿肠或香肠，喝牛奶、果汁、咖啡或红茶，有时再加上薄煎饼、煎鸡蛋及燕麦粥等。中午多在学校或单位用餐，或吃自带的饭菜，常常是几片三明治(夹肉面包)、几块饼干、一些蔬菜如沙拉等，一两只香蕉或一个苹果或橘子，再冲上一杯咖啡；或者到附近的餐馆或快餐店吃汉堡包(夹牛排、洋葱圆面包)或意大利式烤馅饼或炸肉三明治或“热狗”(夹香肠面包)配一小袋法式油炸土豆片，喝一瓶汽水等饮料。晚餐一般比较丰盛，通常先上一份果汁或浓汤，然后上大盘沙拉和几盘凉菜，接着上主菜。常吃的主菜有烤鸡、烤肉、牛排、猪排、火腿、炸鸡、油炸虾及烤羊排等。主食则为炒米饭和面包片。餐后还有甜食(蛋糕、家常小馅饼)和冷饮(冰淇淋)等，最后再喝一杯咖啡。美国多数人家有在睡觉前吃点东西的习惯，孩子们通常喝杯牛奶，吃块小甜饼，成年人则吃些水果和糖果。

一般而论，美国的食物味道比较清淡。其主要特点是香、脆、甜、辣。大多数美国人喜欢吃番茄酱。现代美国较富裕的家庭不仅讲究吃饱、吃好，而且注意科学配餐，吃“保健食品”，例如多吃新鲜蔬菜、新鲜水果、豆类食品(豆腐等)，少吃咸肉、水果罐头和甜点心；吃肉要量少而且是瘦肉，吃鸡鸭去掉皮；喝脱脂奶和酸奶；喝咖啡尽量不放糖，或用代用糖。

美国是个移民国家，各国美味佳肴荟萃，有意大利的通心粉和烤馅饼，德国的羊肉片，中国的炒面、麻婆豆腐、腊肉和北京烤鸭，印度的咖喱饭菜，墨西哥的豆肉，匈牙利的蒸肉等。此外，美国一些地方菜肴也很有名，如宾夕法尼亚州的飞禽肉馅饼、肯塔基州的炸鸡和色香味俱佳的夏威夷州烤猪等。

美国餐馆的种类繁多，高级的有夜总会(Night club)和晚餐俱乐部(Supper club)等，次一级的是餐厅、食堂、简易餐厅等。此外还有自助餐厅、小吃店等。

美国人喜欢喝鸡尾酒、啤酒和葡萄酒，也爱喝咖啡、牛奶、茶、可乐、橘子汁等饮品。

(三)礼仪、禁忌

1. 礼仪

(1)见面礼。美国人在日常交往上较随便，朋友之间见面时通常打个招呼。美国人一般只同那些不常见面的朋友握手，而不同经常见面的熟人握手，但在正式场合，人们讲究礼节。见面时行握手礼，男女之间由女方先伸手；长幼之间，年长的先伸手；上下级之间，上级先伸手；宾主之间，则由主人先伸手。人多时不可交叉握手。

(2)女士优先。美国人在社交场合，遵循女士优先的原则，例如上楼梯，应让女子走在前边；下车、下楼时，男士应走在前边，以便照顾女子；进餐时，要请女士先点菜，等等。

(3)讲礼貌语言。美国人热情洋溢，经常在各种场合讲礼貌用语。见面时互相致意，亲切问候，说话常带“请”等客气字眼，无论是谁，得到别人的帮助时都会道谢。

(4)做客礼仪。美国人办事讲究效率，计划性强，因此，若想拜访人家，必须事先约好，不做不速之客。赴约要准时，既不要早到，让人家措手不及，也不要迟到，让人家久等。做客时更要彬彬有礼，落落大方。访问时间不宜太长。若到亲友家中做客，一定要准备小礼物(如香水、酒等)送给主人。

一般来说，许多美国人在非正式社交场合比较随便，不拘礼节，但大多数美国人是讲礼貌的。例如，美国人如果要拒绝别人的要求，往往首先要说非常抱歉，然后尽量用婉转的言辞坦陈自己的意见。为了提高礼仪水平，美国首都华盛顿市及其他城市，还专门开办了女子礼仪学校，指导不同的人学习社交礼仪和化妆技术等。

2. 禁忌

(1)忌打听或谈论别人的隐私。美国人注重个人隐私权。美国俗语“Go fly your kite”(去放你自己的风筝)，形象而婉转地点明了这一点。因此，在社交场合，忌问女子的年龄、婚配、履历等，忌问男子的收入、财产、信仰、党派等，也不要随便问别人来自何方，去向哪里。

(2)忌同性跳舞。同性双双起舞，往往被认为是同性恋者的行为。

(3)忌在宴会上喝醉。在宴会上喝酒要适量，切勿贪杯，喝得大醉。

(4)忌在别人面前吐舌头。美国人认为，成年人在别人面前吐舌头，是一种既不雅观又不礼貌的行为。

(5)忌讳“13”和“星期五”。美国人忌讳“不吉利”的“13”和“星期五”等。

(6)忌随地吐痰和乱扔果皮纸屑。美国人普遍认为，在公共场合随地吐痰和乱扔果皮纸屑，是缺乏教养的行为。

二、加拿大习俗与礼仪

加拿大位于西半球北美洲北半部，东濒大西洋，西临太平洋，南界美国，北临北冰洋。西北与美国的阿拉斯加州接壤，东北隔巴芬湾与格陵兰岛相望。全国总面积9984670平方公里，居世界第二位，其中陆地面积9093507平方公里，淡水覆盖面积891163平方公里。海岸线长达96030公里，其中大陆海岸线长28743公里，岛屿海岸线长67287公里，居世界首位。

(一)民族、语言

加拿大是个多民族国家，全国总人口3707万(2018)。其中，英裔居民占42%，法裔占26.7%，其他欧裔占13%，土著居民(印第安人、米提人和因纽特人)约占3%，其余为亚洲、拉美、非洲裔等。现有华人约109万人。

英语、法语同为官方语言。居民中讲英语者约占67.10%，讲法语者约占15.2%(主要集中在魁北克省)。既会讲英语又会讲法语两种语言的加拿大居民约占全国总人口的16.3%。

(二)衣着、饮食

加拿大居民大多是英国、法国的移民及其后裔。因此，大体上保留了上述两个国家的基本传统和特点的英裔加拿大人和法裔加拿大人，其衣着习俗分别与英国人、法国人大致相同。但总的说来，加拿大人比较讲究服饰的整洁和美观。春季、夏季，男士常穿西装，女士大多穿裙服。在漫长而寒冷的冬季，人们身着的毛衣、大衣、夹克、羽绒服、滑雪衫等服装五颜六色、精彩纷呈。加拿大人平时购物、外出旅游或看电影时，衣着较随便，但上班、进剧院、去教堂和赴宴时则着装整齐、庄重。许多妇女特别是法裔女士出门时还会着意化妆、打扮一番。

加拿大人的饮食习惯和美国人的饮食习惯比较接近，喜欢吃牛肉、鱼、野味、黄油、奶酪、鸡蛋及土豆、胡萝卜、西红柿、生菜等蔬菜，不爱吃辣味菜肴。日常饮食为一日三餐，早餐通常有面包、牛奶、烤肉、香肠、炒鸡蛋、果汁、咖啡等；中餐有面包、米饭、牛排、虾、鸡、土豆丝、烤肉、橘子汁、葡萄酒、咖啡、水果等；晚餐比较丰盛，往往是全家人一起共进晚餐，除了吃面包、烤肉、干贝、多种蔬菜外，还要喝汤、饮酒(有白酒、甜酒、红葡萄酒、啤酒、威士忌等)，饭后喝咖啡、吃水果。

加拿大名菜多是法国风味菜，如炸牛排、洋葱汤、浓豌豆汤等。此外，加拿大各地也有一些有特色的菜肴，如蒙特利尔市居民用苹果作填料烹制的布罗美湖鸭、北部的因纽特人做的北极鲑鱼，以及沿海诸省制作的海味和果味甜食。

(三)礼仪、禁忌

1. 礼仪

(1)见面礼。加拿大人随和、友善，讲礼貌而不拘繁礼。相识的人见面时互致问候，老朋友久别重逢时则拥抱和握手。

(2)公共场所礼仪。加拿大人在公共场所讲究文明礼让，出门时衣着整洁，注意公共卫生，没有人随地吐痰。他们自觉遵守交通规则，依序排队上车，在公共汽车上主动让座给残疾人。

(3)待客礼。加拿大人很好客，过节(感恩节、圣诞节)时喜欢在家里宴请客人。主人事先将各种食品摆在桌上，然后主人和宾客随吃随取，边吃边谈。

这里顺便指出，加拿大人一般不做不速之客。欲访问别人先预约，然后准时赴约。

2. 禁忌

(1)数字忌。信奉基督教的加拿大人忌讳“13”这个数字，认为它不吉利。因此，门牌号码、聚会日、宴会的桌号均不用“13”这个数字。

(2)话题忌。加拿大人在社交场合温文尔雅，谈锋甚健。但大家都忌讳谈及死亡、灾难、性等方面的话题，以免破坏轻松的气氛。

此外，一些加拿大人认为，吃饭时把盐撒了不吉利，玻璃碎了也是不祥之兆。所以，应尽量避免发生此类事件。

三、澳大利亚习俗与礼仪

澳大利亚全称澳大利亚联邦，位于南半球，东濒太平洋，西临印度洋，领土包括澳大利亚大陆和塔斯马尼亚岛，面积 769.2 万平方公里。海岸线长达 36735 公里。

(一)民族、语言

澳大利亚是一个主要由外来移民及移民后裔组成的移民国家，现有 100 多个民族，共计 2533 万人(2019)，其中 74%为英国及爱尔兰后裔；5.6%为亚裔；土著居民约占 2.3%；其他民族占 18.8%。

澳大利亚全国通用英式英语。不过，澳大利亚人有自己独特的表达方式，语速较慢，使用俚语也比较多。此外，在澳大利亚运用较普遍的主要外语有意大利语、希腊语、德语和汉语。

(二)衣着、饮食

澳大利亚人平时着装比较随便，但办理公事、做客及赴宴时，或者在正式的社交场合，则讲究衣着整齐。男士西装革履，打领带；女士习惯穿裙子，配上衬衫或上装。

一般说来，澳大利亚的多数中老年人通常穿庄重的传统款式服装，而许多青年人则喜欢色彩鲜明的流行新潮服装。

总的说来，澳大利亚人的饮食习惯与英国人差不多，口味清淡，不喜欢辣味，爱吃猪肉、牛羊肉、鸡、鸭、鱼、虾、蛋及南瓜、土豆、洋葱、洋白菜、西红柿、胡萝卜和豆角等蔬菜。一日三餐，早餐一般是早上 7 点半至 8 点半，通常吃面包、果酱、鸡蛋、咸肉等，喝茶或咖啡；中午 12 点至下午 2 点吃午餐，常吃鱼、意大利馅饼、炒饭等；下午 6 点至 7 点进晚餐(主餐)，主要食物有蛋糕、薄煎饼、羊肉、牛肉和色拉等。澳大利亚人常吃的菜肴还有煎蛋、炒蛋、冷盘、火腿、脆皮鸡、油爆虾、糖醋鱼、腰果肉丁、熏鱼、奶油烤鱼、炸大虾等。澳大利亚名菜有烤牛排、悉尼岩牡蛎等。澳大利亚人常吃苹果、柑橘、葡萄、香蕉、菠萝、梨、桃等水果。

澳大利亚人以喝咖啡为主，也喝红茶、中国红茶等。他们也有在下午 4 点左右喝下午茶的习惯。此外，他们喜欢喝酒，比较常喝的酒有啤酒和葡萄酒，尤其爱喝冰镇啤酒。许多澳大利亚男性公民有下班后到酒吧喝几杯的习惯，其中不乏嗜酒如命的酒徒。旅澳华人、华侨喜欢吃色、香、味、形俱佳的家乡饭菜，而不少澳大利亚人也乐意品尝花样繁多的中国风味饭菜。因此，澳大利亚全国各地共开有中餐馆 1000 多家，生意相当兴隆。

(三)礼仪、禁忌

1. 礼仪

(1)见面礼。澳大利亚人见面时一般行握手礼。好朋友相见，男士亲切地互相拍拍对方的后背，要好的女性朋友相逢时常常亲吻对方的脸颊。

(2)称呼礼。大多数澳大利亚人性格外向、热情、坦率，容易接触和相处。初次见面称呼别人时先道姓，加上“先生”“小姐”或“太太”等。熟识后若以名相称，则表明双方的关系很融洽。

(3)交谈礼。澳大利亚人真诚、踏实，不喜欢自夸与吹牛的人。交谈时语气平和，声音高低适度，不喜欢拐弯抹角、拖泥带水。异性之间交谈时，男士若对女士挤眉弄眼，是不礼貌的行为。

2. 禁忌

(1)数字忌。信奉基督教的澳大利亚人忌讳数字“13”，认为“13”是个不吉利的数字。

(2)比较忌。自尊心很强的澳大利亚人，不喜欢别人把他们与英国人或美国人相比，或者评论他们之间的异同。澳大利亚人常为自己独特的民族风格而自豪。

(3)话题忌。澳大利亚人很随和，但对宗教却非常认真。因此，平时交谈应尽量避免谈工会、宗教与个人问题等话题，也不要谈论澳大利亚土著人社会与现代人社会的关系，以及关于袋鼠数量的控制等敏感的话题。

☞**思考题：**

1. 日本人和阿拉伯人的问候礼有何区别？
2. 新加坡人和俄罗斯人怎样看待微笑礼？
3. 法国人和英国人的饮食各有什么特点？

☞**礼仪故事两则**

一、访法纪事

(梁晓声)

20世纪80年代，我曾和林斤澜、柳溪两位老作家访法。有一个风雨天我们的汽车驶在乡间道路上。在我们前边有一辆汽车，他们的车轮扬起的尘土，一阵阵落在我们的车前窗上。而且，那条曲折的小道没法超车。终于到了一个足以超车的拐弯处，前边的车停住了。开车的丈夫下了车，向我们的车走来，用法语跟我们的司机说了半天。后来，我们的车开到前边去了。

我问翻译：“你们说了些什么？”

他说，对方坚持让我们将车开到前边去。

他说，对方认为，自己的车始终开在前边，对我们太不公平。

隔日，我们的车在路上撞着了一只农家犬。是的，只不过是“碰”了那犬一下。只不过它叫着跑开时，一条后腿稍微有那么一点儿瘸。法国司机却将车停下了，去找养那只犬的人家。十几分钟后回来，说没找到。半小时后我们决定在一个小镇的快餐店吃午饭，那个法国青年说他还是得开车回去找一下，说若不去找，他的心里很别扭。

后来他终于找到了养那条犬的一户农家，而那条犬已经若无其事了。于是郑重道歉，主动留下了名片、车号、驾照号码……

回来时，他心里不“别扭”了。接下来的一路，又有说有笑了。

我想，文明一定不是要刻意做给别人看的一件事情。它应该首先成为使自己愉快并且自然而然的一件事情。

二、改变形象　布什反败为胜

在1988年的美国总统选举中，乔治·布什的对手杜卡基斯猛烈抨击布什是里根的影子，没有独立的政见。而布什在选民中的形象也的确不佳，在民意测验中一度落后于杜卡基斯10多个百分点。不料两个月以后，布什以光彩照人的形象扭转了劣势，反而领先10多个百分点，创造了奇迹。其原因是布什在专家的指导下，克服和纠正了演讲的弱势，纠正了尖细的嗓音、生硬的手势和不够灵活摆动手臂的动作，显示出独特的魅力。为了吸引选民，经过化妆师设计，布什经常穿着浅色的西服，配以卡其布蓝色条纹厚衬衫，以显示“平民化”，终于获得了最后的胜利。

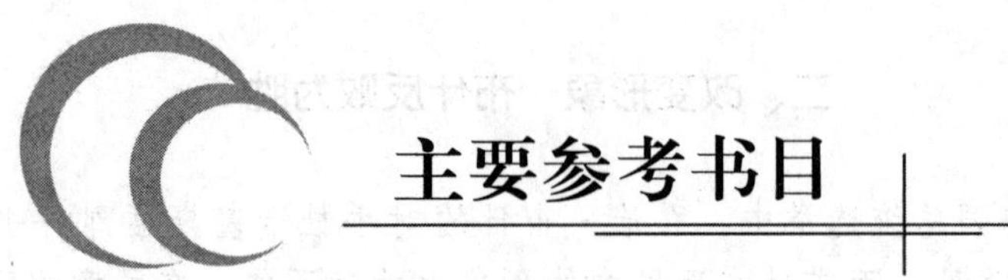

主要参考书目

1. 李斌. 国际礼仪与交际礼节[M]. 北京：世界知识出版社，1985.
2. 李荣建，宋和平. 外国习俗与礼仪[M]. 武汉：武汉大学出版社，1996.
3. 李荣建，宋和平. 谈判艺术品评[M]. 武汉：华中理工大学出版社，1997.
4. 李荣建，宋和平. 礼仪训练[M]. 武汉：华中理工大学出版社，1999.
5. 金止昆. 服务礼仪[M]. 北京：北京大学出版社，2004.
6. 李荣建，宋和平. 社交礼仪[M]. 武汉：武汉大学出版社，2005.
7. 李荣建. 社交礼仪[M]. 北京：清华大学出版社，2007.
8. 李荣建，宋和平. 现代礼仪教程[M]. 北京：首都经济贸易大学出版社，2008.
9. 李荣建. 现代礼仪丛书[M]. 武汉：武汉大学出版社，2007.
10. 李荣建. 中国优秀礼仪文化[M]. 南京：江苏人民出版社，2015.

后　记

我在武汉大学任教逾 30 年，除了讲授世界历史和外语课外，有幸从 1993 年起开始讲授礼仪学，受到莘莘学子的热烈欢迎，先后选修礼仪课的学生有数千人。同学们学习礼仪的热情和收获，使我深受感动和鼓舞。

武汉大学作为一所文理科综合性大学，十分重视对学生人文素质的培养。2004 年，社交礼仪课获“武汉大学通识教育课程建设”项目的立项资助，《社交礼仪》教材被列入 21 世纪高等学校通识教育系列教材，我和宋和平老师承担了编写任务。

《社交礼仪》以我们编写的两本礼仪教材《外国习俗与礼仪》(武汉大学出版社 1996 年版)、《礼仪训练》(华中理工大学出版社 1999 年版)和我们的礼仪教学实践为基础，并且参考了礼仪方面的文献及资料。

《社交礼仪》2005 年由武汉大学出版社出版后，受到礼仪学界同仁和广大学子的好评，被许多大专院校选作礼仪教材，曾荣获第八届全国高校出版社优秀畅销书一等奖，并被教育部遴选为“十一五”国家级规划教材。

2010 年，我和主要合作者宋和平商量后，邀请国内部分优秀礼仪专家参与本教材第二版修订工作。其中，冯兰教授撰写公关礼仪，丁永玲教授撰写服务礼仪，李晶副教授参与撰写外事礼仪，肖安平博士参与撰写宗教礼仪。这本教材是我国礼仪学界同仁精诚合作的结晶。

2015 年，我们又对本教材进行了修订，增加了微信礼仪、地铁礼仪等内容，请周静副教授改写了求职礼仪。

本次修订稿与时俱进，增加了志愿者礼仪、自驾车礼仪，更换了部分案例，更新了有关数据等。

欢迎礼仪界同仁和广大读者朋友继续提宝贵意见，帮助我们逐渐完善本教材。谢谢大家！

李荣建

2020 年 5 月于武汉大学